근대 한국의 문명전환과 개혁론

- 유교 비판과 변통 -

김 도 형

저자 김도형

 서울대학교 국사학과, 연세대학교 대학원(문학박사)에서 수학하였으며,
계명대학교 사학과를 거쳐 현재 연세대학교 사학과 교수로 재직 중이다.
한국사연구회 회장, 한국사연구단체협의회 회장 등을 역임하였고, 일본역
사교과서 문제로 한일 간에 만들어진 한일역사공동연구위원회 연구위원
으로 활동하였다. 1876년 전후의 시기에서 일제하에 이르는 시기의 정치
사상사, 민족운동사를 주로 연구하고 있다. 〈대한제국기의 정치사상 연
구〉 등 한국 근대사 관련 논저가 다수 있다.

근대 한국의 문명전환과 개혁론

초판 1쇄 인쇄 2014. 10. 31.
초판 1쇄 발행 2014. 11. 07.

지은이 김도형
펴낸이 김경희
편 집 정다운 · 김동석
경 영 강숙자
영 업 문영준
경 리 김양헌
펴낸곳 ㈜지식산업사
        본사 · 경기도 파주시 광인사길 53
         전화 (031)955-4226~7 팩스 (031)955-4228
        서울사무소 · 서울시 종로구 자하문로6길 18-7
         전화 (02)734-1978   팩스 (02)720-7900
        한글문패   지식산업사
        영문문패   www.jisik.co.kr
        전자우편   jsp@jisik.co.kr
        등록번호   1-363
        등록날짜   1969. 5. 8.

책값은 뒤표지에 있습니다.

ⓒ 김도형, 2014
ISBN 978-89-423-1176-7 (93910)

이 책을 읽고 지은이에게 문의하고자 하는 이는
지식산업사 전자우편으로 연락 바랍니다.

"이 저서는 2008년도 정부(교육부)의 재원으로 한국연구재단의 지원을 받아 연구되었음
(NRF-2008-812-A00267 과제명, 〈한국의 근대화와 유교〉)"

근대 한국의 문명전환과 개혁론

- 유교 비판과 변통-

김 도 형

지식산업사

책머리에

19세기 후반 이후 한국사회는 개혁의 시대였다. 그 개혁은 중세 체제를 청산하고, 새로운 서양 문명을 받아들이면서 추진되었다. 이런 과정에서 대대적인 '문명 전환'이 일어났다. 곧 유교, 주자학을 기반으로 이루어진 '문명'이 점차 부정·극복되고, 서양 문명이 그 자리를 차지하게 되었다. 이 책은 이러한 문명 전환을 둘러싸고 일어난 여러 개혁론의 추이를 검토한 것이다.

개항을 계기로 조선왕조와 그 지배층, 유자층이 가장 고민 했던 문제는, 서양을 어떻게, 어느 수준에서 받아들일 것인가, 동시에 국정 교학이었던 유교를 어떻게 처리할 것인가라는 점이었다. 서양은 월등한 무력과 경제력을 배경으로 자신들의 '문명'을 과시하였고, 비서구 지역의 전통은 '야만' 또는 '미개'로 규정하였다. 서양문명을 받아들이는 것이 곧 문명화, 개화로 받아들여졌고, 따라서 전통문화와 유교는 어떤 형태로든지 변하지 않을 수 없었다. 한국 근대의 개혁론은 이런 차원에서 형성·발전되었다.

개항 이후 제기된 개혁론을 유교 문명과 서양 문명의 갈등 속에서 체계화해야 하겠다는 구상은 오래되었지만, 본격적으로는 10여 년 전, 박은식朴殷植, 장지연張志淵의 개혁론을 정리하면서 시작되었 다. 이들은 유교적 변통론, 변법론에 의거하여 개혁론을 제시하였는 데, 이는 일본의 문명개화론을 받아들인 논자와는 분명히 달랐던 것 이다.

이들의 개혁론을 다시 점검하려면 개항 이후 근대개혁론을 새롭 게 정리하지 않으면 안되었다. 마침 당시 같은 학과에 근무하던 고 故 김준석金駿錫 교수(2002년 작고)와 이런 문제를 면밀하게 토의하 였는데, 그는 연배인데도, 은사 송암松巖 김용섭金容燮 교수 아래 동 학同學으로 지내면서 한국사상사를 새롭게 쓰자는 약속을 한 터였 다. 그도 마침 유형원柳馨遠의 개혁론을 '변법론變法論'이라는 관점에 서 정리하였다. 이 논의는 저자에게 큰 힘이 되었다.

저자는 이 주제로 대학원 강의에서 한 학기(2009년 1학기) 세 미나를 진행하였다. 세미나에서는 조선 후기 실학에서 해방 후 분단 시대에 이르는 시기의 사회개혁론과 유교 문제를 다루었고, 때로는 동아시아(중국, 일본, 베트남)의 경우도 검토하였다. 강의에 참여했 던 대학원생들의 발표와 토론이 많은 도움이 되었다.

하지만 학교 안팎의 여러 허드렛일들 때문에 그 연구의 진척은 매 우 느렸고, 또 발표했던 몇몇 개별 논문들을 새로 정리하고, 다시 빈 부분을 채워서 하나의 책으로 체제를 정리하는 데 오랜 시간이 걸렸 다. 내용에 따라서는 부득이하게 필자의 다른 책에서 이미 다루었던 내용을 다시 정리하기도 하였다. 그런 가운데 은사 송암선생님이 거 시적인 시각에서 한국 문명의 변화 과정을 밝힌《東아시아 역사 속의 한국문명의 전환》은 길잡이가 되었다. 곧 송암선생이 제기한 "제2차 문명전환"의 시기가 바로 이 책에서 다룬 주제였기 때문이었다.

원고 집필에서 교정, 출판에 이르는 데 꽤 많은 시간이 걸렸다. 마침 학술진흥재단(한국연구재단)의 인문저술지원(2008년)을 받아 마무리할 수 있었다. 이 책에는 그 연구 결과 가운데 전반부에 해당하는 1910년 이전 근대개혁기의 유교 문제만을 수록하였다. 근대개혁사상의 연원이 되는 18~19세기의 실학사상에서 1910년에 이르는 시기의 개혁론을 시간의 흐름에 따라 계기적으로, 그리고 계통적으로 정리하였다. 일제시기와 해방 직후에 이르는 시기의 문명화와 민족문화, 고유사상, 유교 문제에 대해서는 또 다른 책으로 정리할 예정이다.

이 책을 정리, 출판하는 과정에서 개인적으로는 건강하게 환력還曆을 맞는 기쁨을 누렸다. 이 책이 저자 개인에게는 자축인 셈이다. 그러나 무엇보다도 은사 송암 선생이 본격적으로 다루지 못한 '제2차 문명전환'의 내용을 조금이나마 채운 것이 된다면, 이로써 학은에 보답한 것으로 여겨본다. 더불어 오래 전에 했던 김준석 교수와의 약속을 일부 지킨 것으로 여기고, 이를 다행으로 생각한다.

원고를 정리하고 출판하는 일에서 많은 사람이 도와주었다. 옛날식으로 작성한 원고를 교열하고, 원전 인용과 한자 표기 등을 깔끔하게 정리하는 일은 대학원의 박사생 김재은, 이현희, 고태우와 이연주 석사가 도와주었다. 출판사에서는 김자경, 정다운씨가 이를 맡아 주었다. 더욱이 지식산업사 사장 김경희 선배님께 존경을 표하지 않을 수 없다. 상업성이 없는 책을 한국학 진흥의 책임감에서 기꺼이 간행을 맡아 준 것 뿐 아니라, 지루하고 재미없는 원고를 꼼꼼하게 읽고, 그 표현은 물론, 책 제목에 이르기까지 많은 가르침을 주어, 보잘 것 없는 책을 품위 있고 학술적 가치가 드러날 수 있도록 만들어 주었다.

끝으로, 언제나 '일'을 핑계로 소홀했던 가족들이나 주변 분들에게도 고마움을 전한다. 이 책이 저자의 미안함을 조금이라도 갚을 수 있는 것이라면 좋겠다.

2014년 10월

김 도 형

목 차

제3장 문명개화론의 문명관 변화와 유교 비판

제4장 변법개혁론의 유교 개혁과 국수보전

제5장 결 론

제1장

서 장

1. 근현대 동아시아와 유교

(가) 어느 사회, 어느 시대든지 사회구조가 크게 전환되는 시기에는 언제나 새로운 문명·이념과 전통적인 것 사이에 치열한 대립이 전개되었다. 전통문명은 새로운 문명으로 말미암아 청산되기도 하고, 또는 전통의 변용, 양자의 융합 등을 거치면서 새로운 사회를 이끌 자신의 문명을 만들기도 했다. 한국 역사에서도 문명의 대전환은 몇 차례 있었다.[1] 전근대사회에서는 중국의 유교·한자문명의 전래로 말미암아 대규모의 문명 전환이 일어났고, 근대사회에 접어들면서 서구문명의 수용 과정에서 대대적인 전환이 진행되었다. 이 전환은 오늘날에도 '세계화'라는 이름으로 우리 사회를 휩쓸고 있다.

동아시아에서 근대사회로의 이행은 이질적인 서양문명의 수용으로 이루어졌다. 그리고 그 과정은 매우 급하고도 복잡하였다. 큰 흐름에서 본다면, 동아시아 유교문화권의 근대사회로의 이행은 유교와 이에 바탕을 둔 전통문화를 부정, 극복하는 과정이었고, 새로운 서양문명이 영역을 확대해 나가는 과정이었다.

---

1) 김용섭,《東아시아 역사 속의 한국문명의 전환》, 지식산업사, 2008.

동아시아 삼국의 근대화와 그 이후의 역사적 경로는 서로 달랐다. 동일한 유교문화권이던 세 나라는 서양문명을 수용한 이후, 일본은 제국주의국가로, 조선은 일본의 식민지로, 중국은 반식민지半植民地로 재편되었다. 이러한 상이한 역사 경로는 서양문명의 수용 형태, 그리고 전통문화와 유교를 다루는 태도 등과 깊이 연관되어 이루어졌다. 유교문화권의 근대화는 일방적으로 유교를 부정하고 이를 극복하는 것으로만 이루어지지는 않았다. 유교를 어떻게 다루느냐, 서양문명을 어떻게 인식하고 받아들이느냐 등에 따라 근대개혁의 방법과 노선이 달라졌고, 그 사이에 치열한 논쟁과 대립이 전개되었다. 동아시아 삼국 모두 유교 전통을 절대적으로 고수하려던 입장부터 서양문명을 적극적으로 수용하려던 입장까지, 수준을 달리하는 여러 계열과 노선이 펼쳐졌다. 중국의 근대화 과정에서는 양무파洋務派, 변법파變法派, 혁명파革命派의 대립이,2) 일본의 경우에는 '화혼양재和魂洋才'와 문명개화론의 대립이,3) 조선에서도 신학新學과 구학舊學의 논쟁 등이 제기되었다.4) 동아시아 삼국이 각각 치른 이런 논쟁은 유교와 전통의 변용 또는 청산이라는 모습으로 나타났다.5)

2) 小野川秀美,《清末政治思想史硏究》, みすず書房, 1969.

3) 민두기, 〈中體西用論考〉,《東方學志》18, 1978(《中國近代改革運動의 硏究》, 일조각, 1985).

4) 李光麟, 〈舊韓末 新學과 舊學과의 論爭〉,《東方學志》23·24합, 1980(《韓國開化期의 諸問題》, 일조각, 1986); 柳永烈, 〈大韓自强會의 新舊學折衷論〉,《崔永禧華甲紀念 韓國史學論叢》, 1987; 졸고, 〈한말 근대화 과정에서의 구학·신학논쟁〉,《역사비평》34, 1996; 백동현, 〈대한제국기 新舊學論爭의 전개와 그 의의〉,《韓國思想史學》19, 2002 등.

5) 高田淳,《中國の近代と儒敎》, 紀伊國屋書店, 1970; 竹内弘行,《中國の儒敎的近代化論》, 硏文出版, 1995; Elman, Benjamin A., Duncan, John B., and Ooms, Herman ed., Rethinking Confucianism: Past and Present in China, Japan,

(나) 유교문화권에 속했던 중국, 일본, 조선, 베트남 등이 근대 세계 체제 속에 편입되면서 왜 각각 다른 길을 가게 되었을까? 이 주제는 동아시아 해당 국가의 학계는 물론 서양의 역사학계에서도 논쟁적으로 연구되어 왔다. 한국에서 흔히 제기되는 "한국은 왜 일본의 식민지가 되었는가?"라는 질문도 이 논의의 한 부분이 될 것이다. 그 과정에서 제기된 문제가 반제반봉건反帝反封建 민족운동의 성격, 그리고 이와 연관된 반牛식민지 사회구조에 남아있던 봉건적, 또는 반봉건적 속성, 곧 지주제와 유교적 유습 등이었다.

동아시아 근대화를 둘러싼 논쟁은 러시아혁명과 제1차 세계대전 이후 본격적으로 일어났다. 식민지 해방과 민족문제는 제국주의 침략을 비판하던 코민테른에서도 전략, 전술을 세우는 데 가장 중요한 변수였다. 이런 문제의식에서 자본주의 이전 사회구성체를 다룬 이른바 '아시아적 생산양식 논쟁'도 일어났다.

한편 1920년대 일본에서는 메이지유신과 일본자본주의 성격을 둘러싼 논쟁, 그리고 1930년대 중국에서는 중국 민족해방운동의 노선과 관련된 '중국통일화 논쟁'이 일어났다. 이른바 자본파資本派, 봉건파封建派 등으로 구분되는 논의는 식민지 조선의 사회 성격을 둘러싸고도 일어났다. 이 논쟁들은 각국의 사회운동, 민족운동의 전략을 설정하기 위한 현실적 필요성에서 나온 것이었다. 사회에 여전히 강고하게 남아있던 봉건적 양상을 설명하지 않을 수 없었던 것이다.

동아시아 근대화에 대한 논의들은 제2차 세계대전 이후 새로운 형태로 전개되었다. 제3세계 세력은 제국주의가 세워 놓은 역사론을

Korea, and Vietnam, UCLA Asian Pacific Monograph Series, 2002 등 참조.

비판하기 시작하였다. 그들은 제국주의의 식민 지배 이념으로 만들어진 정체후진성을 비판하고, 내적 발전에 의한 역사 연구를 정립하였으며, 그 역사론의 일환으로 '자본주의맹아론'을 제기하였다. 한국 역사학계도 조선 후기 사회의 변화 속에서 자생적 자본주의 맹아를 찾아냈다. 사상적으로도 종래의 유교적 이념과 사회질서를 부정하고 새로운 이념으로서 '실학實學'에 주목하였고, 중세 이념인 주자학은 비판, 극복되어야 할 것으로 규정하였다. 그리고 제국주의 지배 아래서 자생적 자본주의화의 길이 좌절, 왜곡되면서 봉건적 토지구조와 유교이념이 부분적으로 재생산되고 온존되었다고 보았다.

이러한 제3세계 세력의 움직임에 대응하여 미국에서는 '근대화론'을 체계화하였다. 근대화론은 냉전체제 아래 미국의 세계전략으로, 제3세계 민족해방운동과 사회주의화를 방지하면서, 자본주의적 세계질서를 강화하기 위한 것이었다. 근대화론에서는 비유럽 지역에서 유일하게 자본주의화에 성공한 일본에 관심을 집중하고, 일본 근대화를 제3세계 근대화의 유력한 모델로 제시하였다.[6] 또한 이를 위해 정치·경제·사회는 물론 지적·심리적 부문에서 근대화 지표를 설정하고, 그 지표에 의거하여 근대화 유형과 과정을 국가별로 분류, 비교하였다. 그 결과 중앙집권적인 여타 아시아 국가와는 달리 일본만이 유럽식 봉건제도를 가졌고, 봉건사회 안에서 특유의 내재적 발전을 이루었으며, 사회구조와 가치관, 국민성, 지도자의 소질 등에서도 특출하였다고 분석하였다.[7]

---

6) 金原左門, 《增補版 日本近代化論の歷史像—その批判的檢討への視點》, 中央大學出版部, 1971.

근대화론에 따르면, 한국 전근대사회에서 자생적 자본주의의 가능성은 없었다. 문호개방 이전의 한국 사회(중세 또는 전통사회)는 매우 안정적, 곧 정체적인 구조였고, 내적인 힘에 의한 자본주의화는 불가능하며, 이는 오직 식민지 아래에서 가능하였다고 파악하였다. 또한, 조선왕조가 중국이나 일본보다 더 안정적으로 오랫동안 유지되었다는 '조선사회의 안정성'을 강조하였다. 이 안정성은 조선의 관료체제, 신분제도, 그리고 유교사상 때문이라고 여겼고, 이 때문에 서양문명이 수용되는 변화기에 조선사회는 능동적으로 대처하지 못하고 일본보다 뒤떨어지게 되었다고 보았다.[8]

1970~1980년대 이후 동아시아 지역에 이른바 신흥공업국(NICs)이 등장하자 새로운 논의들이 제기되었다. 근대화론의 체계 속에서, 신흥공업국가 경제발전의 요인, 특히 자본주의 발전

---

7) エドウィン O. ライシャワー, 《日本近代の新しい見方》, 講談社, 1965, 43~92쪽. 그는 ①중일 양국의 전통적 대외관의 차이, ②다른 문명국을 항상 의식하는 일본과 그렇지 않은 중국의 태도 차이, ③활발한 일본의 蘭學, ④각 藩의 근대화로의 건설적인 반응, ⑤계급적으로 배타적인 집단의 목표 지향성, ⑥기업 지도자의 존재, ⑦비판적 재야 지도자의 공적 등을 거론하였다. 그는 이런 이론에 따라 정치적 차원(절대전제주의, 완전민주주의)과 경제적 차원(완전자유경제, 완전통제경제)을 분리하여 각국의 근대화를 유형화하였다.

8) E. Wagner, *The Literai Purges: Political Conflict in Early Yi Korea*, Cambridge, Mass. Harvard Univ. Press, 1974; J. Palais, *Politics and Policy in Traditional Korea*, Cambridge, Mass. Harvard Univ. Press, 1975(李勛相 역, 《傳統韓國의 政治와 政策》, 신원문화사, 1993); J. Palais, "Confucianism and the Aristocratic/Bureaucratic Balance in Korea", Harvard Journal of Asiatic Studies, vol. 44, no. 2, 1984; M. Deuchler, *The Confucian Transformation of Korea : A Study of Society and Ideology*, Cambridge: Harvard Univ. Press, 1992(이훈상 역, 《한국사회의 유교적 변환》, 아카넷, 2003) 등.

과 정치적 독재 문제(개발독재), 그리고 신흥공업국 자본주의의
역사적 기원과 식민 지배 문제 등이 거론되었다. 한국의 경제발
전도 식민 지배 아래에서 이룬 자본주의 발전이 그 토대가 되었
다고 강조되었다. 곧 '식민지근대화植民地近代化'였다.

신흥공업국의 출현은 유교를 재해석하는 근거를 제공하였다.
신흥공업국인 한국, 대만, 홍콩, 싱가포르가 모두 유교문화권에
속한 공통점 때문이었다. 뒤늦게 시작한 자본주의화, 경제발전을
비약적으로 이룰 수 있었던 힘이 바로 유교에 있다는 것이었다.
곧 '유교자본주의론儒敎資本主義論'이었다.[9] 개신교의 합리주의가
서양의 자본주의 정신이었던 것처럼, 유교의 합리적 정신, 근검
절약 등이 아시아 신흥공업국의 경제발전을 가능하게 하였다는
주장이었다.

최근 새로운 경제대국으로 성장한 사회주의 국가 중국은 문화혁
명文化革命을 끝내면서 바로 개방, 개혁정책을 시행하는 '현대화'
를 추진하였다. 중국의 현대화는 서구의 자본주의적 시장경제를
도입하는 방향으로 이루어졌다. 그리하여 중국의 현대화 방안을
정립하는 과정에서 그 방식을 둘러싸고 치열한 논쟁이 전개되었
다. 그 핵심은 문화혁명 시절에 철저하게 파괴했던 중국의 전통
과 유교를 어떻게 할 것인가라는 문제였다. 논쟁은 대체로 유학
부흥론儒學復興論, 비판계승론批判繼承論, 서체중용론西體中用論, 철저

---

9) Tu, Wei-ming, ed., *Confucian traditions in East Asian Modernity:
Moral Education and Economic Culture in Japan and the Four
Mini-Dragons*, Cambridge: Harvard Univ. Press, 1996; 함재봉, 《유교 자본
주의 민주주의》, 전통과 현대, 2000; 김홍경, 〈유교자본주의론의 형성과 전개〉,
《동아시아 문화와 사상》 2, 1999; 이승환, 〈반유교적 자본주의에서 유교적 자본주
의로〉, 같은 책, 1999 등 참조.

재건론徹底再建論 등으로 구분되었는데,10) 그 논의 가운데 중국 정부는 비판계승적 입장에서 경제발전을 추구하였다. 세계의 새로운 강국으로 성장한 중국은 공자孔子와 논어論語를 재해석하고 부활시키고 있다.

한편, 전혀 다른 차원에서 '유교적 근대'라는 논의도 제기되었다. 동아시아사 연구를 지배한 서구중심사관(또는 아류인 일본중심사관)을 비판하고, 새로운 패러다임으로 동아시아 중심의 역사를 재구성하자고 하면서, 소농사회인 남송의 주자朱子 사상(주자학)을 아예 '근대' 사상으로 규정한 것이다. 따라서 명청 시대의 중국과 같은 시기의 일본·조선·베트남 등은 모두 '유교적 근대', 곧 '동아시아 근세'였다는 것이다. 이 논의에서는 아울러 후쿠자와 유키치福澤諭吉 이래 명제가 된 '유교 부정과 근대화'라는 점도 비판하였다.11)

(다) 동아시아 근·현대화와 유교 문제를 둘러싸고 이루어진 학문과 정치 논쟁으로 한국 근대사를 보는 시각은 다양해졌으며, 시대에 따라 변화되어 왔다.12) 한국 근대사는 근대 민족국가를 건설하

---

10) 중국의 현대화와 문화열에 대해서는 한국철학사상연구회 논전사분과 엮음, 《현대중국의 모색》, 동녘, 1992 참조. 논쟁의 계열 가운데 중국의 전통문화를 근본적으로 개조하고 서양문화를 전체적으로 받아들여야 한다는 '철저재건론자'들은 중국의 전통사회를 이른바 '시스템이론'으로 분석하여 '초안정적 중국봉건사회론'을 주장하였다(金觀濤, 《中國史의 시스템理論的 分析》, 河世鳳역, 신서원, 1995).

11) 宮嶋博史, 〈儒敎的近代について―21世紀東アジア硏究バラダイムー〉, 《日本學報》 84, 2010; 《일본의 역사관을 비판한다》, 창비, 2013; 《미야지마 히로시, 나의 한국사 공부》, 너머북스, 2013.

12) 졸고, 〈近代社會成立論〉, 《韓國史 認識과 歷史理論》 김용섭 교수 정년기념 한국사학논총(1), 지식산업사, 1997 참조.

는 과정이고, 이를 견인한 것은 민족주의였다. 제국주의 침탈 아래서 민족주의는 외세를 막아내는 저항적, 배외적인 성격에서 점차 근대화, 문명화를 추진하고 근대국가를 만들어가는 이념이 되었다. 이러한 논의에서는 언제나 유교가 핵심적인 문제가 되었다.

유교는 형성 초기부터 다른 제가諸家 사상을 배척하는 '벽이숭정闢異崇正'과 중화를 높이는 '존화양이尊華攘夷'를 그 이념으로 하였다. 조선 후기의 유자들은 이를 더 강화하여, 명나라 멸망 이후 중화 문명의 명맥은 조선에만 이어지고 있다는 유교문화의 자부심으로 '소중화小中華'를 자처하였다. 그들에게 서양문명은 배척해야 할 '금수禽獸의 문명'이었다. 서양문명의 전래가 그 세력의 침범과 같이 이루어지면서 서양문명을 배척하는 벽이론闢異論, 화이론華夷論은 자국의 문화를 지킨다는 점에서 '민족적' 의미를 지닐 수 있었다. 연구자들은 이를 '봉건적 민족주의', 또는 '주자학적 민족주의'로 규정하였다.13) 1970년대 박정희 정권 아래서 풍미하던 '주체적 민족주의' 논리에서 척사론과 이들의 의병항쟁은 민족주의, 민족주의운동으로 규정되었고, 한국 민족주의의 연원으로 파악되기도 하였다.14) 해방 이후 여러 정권에서도 유교사상의 윤리적 측면, 애국적 측면 등을 활용하여 체제 유지 이념으로 활용하였다.

13) 金龍德, 〈朱子學的 民族主義論〉, 《朝鮮後期思想史硏究》, 을유문화사, 1977.
14) 대표적으로 崔昌圭, 《近代韓國政治思想史》, 일조각, 1972; 〈斥邪論과 그 性格〉, 《한국사》 16, 국사편찬위원회, 1975; 吳瑛燮, 《華西學派의 思想과 民族運動》, 국학자료원, 1999 등.

2. 한국의 근대개혁과 유교

1) 19세기 전반 실학사상의 동향

（가） 조선후기, 왜란과 호란 이후 조선사회는 급격하게 변하였다. 이 변화의 핵심은 생산력의 증대와 상품화폐경제의 발전이었다. 농촌사회에서는 지주층의 토지집적이 진행되고 지주 경영이 강화되었으며, 부농층이 성장한 반면, 빈소농층, 유민층이 증가하였다. 상업에서도 상인층의 자본 축적과 선대제先貸制에 따른 상품 생산을 통하여 전국적인 유통망이 형성되었으며, 수공업에서도 임노동자를 고용한 분업적 생산이 이루어졌다. 이런 변화를 배경으로 중세적 신분 구조가 흔들리고, 피지배층의 반봉건反封建 의식도 성장하였다. 농촌사회에서 깊어진 모순, 대립 구조 속에서 농민층은 항세抗稅, 항조抗租 운동을 일으켰고, 이 운동이 대규모 농민항쟁으로 발전하면서 조선 봉건국가는 파탄 상태에 빠지게 되었다.15)

사회경제 구조의 변화는 사상계의 변화도 초래하였다. 기존의 정치이념이었던 주자학朱子學은 체제 동요를 막기 위해 더욱 강화되었다. 양란으로 국가 체제의 위기를 맞게 되자 이를 극복하기 위한 '국가재조國家再造' 논의가 집중적으로 일어났다.16) 집권층이나 대부분의 주자학자는 구래의 질서를 재건하는 방향에서 그 방안을 마련하였다. 일각에서는 주자학 이념을 변용하여 체제 위기에 대처하였다. 그러나 당시의 사회 변화가 그런 미봉책으로 더 이상 대처할 수 없

---

15) 근대사연구회, 《韓國中世社會 解體期의 諸問題: 朝鮮後期史 연구의 현황과 과제 （上·下）》, 한울, 1987.
16) 金駿錫, 〈兩亂期의 國家再造 문제〉, 《韓國史研究》 101, 1998.

다는 판단에서 새로운 이념인 실학사상實學思想이 대두되었다.

　실학사상에는 당시의 사회 변화를 반영하는 다양한 논의와 개혁론이 포함되어 있었다. 농업생산력, 상품화폐경제, 상공업, 신분제, 토지개혁론 등의 사회경제 문제를 비롯하여, 왕권을 둘러싼 정치 운영, 화이관과 자국의 역사·문화 등에 대한 논의도 있었으며, 심지어 실제 생활에서 제기되는 다양한 관심까지 포괄하였다. 현실에서 야기된 실제적인 현안을 해결하고자 했던 점에서 실학은 실질과 실용의 학문이었고, 또한 경세經世의 학문이었다. 그러나 조선 후기의 변화가 결국 중세체제의 파탄에 이르면서 실학사상은 체제를 개혁하기 위한 개혁사상으로 정착되었다. 이런 점에서 그들은 당시 사회의 지배 이념이었던 주자학과 다른 인간관, 경세관을 구축하였다. 실학은 중세체제를 부정하고, 또 근대를 지향하는 이념이었던 것이다.

　그리고 실학사상에는 논자의 현실 인식과 관심 분야에 따라 논의 체계와 강조점이 다른 계열이 포함되어 있었다. 즉 조선 후기의 사회 변화를 어떤 입장에서 파악하고, 이를 어떤 방향으로 개혁할 것인가에 따라 차이가 있었던 것이다. 흔히 실학을 학문적 경향에 따라 중상학파重商學派·중농학파重農學派 혹은 경세치용經世致用·이용후생利用厚生·실사구시實事求是 학파 등으로 분류하는 연유도 여기에 있다.[17] 하지만 이런 분류로는 체제개혁론으로서의 실학사상을 잘 드러낼 수 없다. 실학사상이 17세기에서 19세기까지 중세체제의 모순이 심화됨에 따라 논의가 다양해지고 발전하였던 점, 더욱이 실학자의 사상적 연원과 정치적 입장에 따라 학파가 형성되고 있었던 점에 유의해야 할 것이다.[18]

17）李佑成,〈實學研究序說〉,《實學研究入門》, 1973.
18）정호훈,〈朝鮮後期 實學의 展開와 改革論〉,《東方學志》124, 2004 참조.

(나) 서울·경기 지역의 남인南人 실학자들은 당시의 사회문제의 핵심을 농업 문제, 토지문제에 있다고 파악하고, 토지개혁을 바탕으로 개혁론을 구상하였다. 17세기 전반 이수광李睟光, 한백겸韓百謙을 거쳐 유형원柳馨遠의 《반계수록磻溪隨錄》에서 제시된 변법적變法的 국가개혁론이었다.[19]

유형원이 체계를 세운 국가개혁론은 서울·경기 지역의 남인 실학자들에 따라 발전되어 갔다. 더욱이 이익李瀷은 실학사상을 더욱 폭넓은 개혁론으로 만들어갔다. 이익은 주자학의 사유체계에 얽매이지 않고 학문 영역을 개척하여, 성리, 심학 외도 다양하고 실제적인 학문 분야를 연구하는 박학博學, 하학下學의 학추를 세우고 후학들의 자유로운 학문 활동을 장려하였다.[20] 성호학파 후예들은 경학經學, 지리학, 사학史學, 서학西學, 음운학音韻學, 천문학 등으로 연구 영역을 확대하였다. 이에 이르러 남인 실학은 토지개혁론, 사회개혁론을 근간으로 인문학에서 자연과학까지 두루 포괄하는 학문체계를 이루게 되었다.

이익 이후 남인계 실학은 서학 인식과 관련하여 분화되었다. 박학과 하학의 학풍 속에서 그들은 당시 전해진 서학에도 관심을 가지게 되는데, 서학에 대한 인식 차이로 말미암아 사회개혁론을 둘러싸고도 점차 차이가 나타났다. 이른바 성호 좌파와 우파로의 분화였다.[21] 곧 권철신權哲身—정약전丁若銓·정약용丁若鏞으로 이어지는 계보(좌파, 신서파信西派)와 안정복安鼎福—황덕길黃悳吉로 이어지는 계보(우파, 공서파攻西派)였다. 우파에서는 서학을 부

---

19) 金駿錫, 《朝鮮後期 政治思想史 研究 -國家再造論의 擡頭와 展開-》, 지식산업사, 2003; 정호훈, 《朝鮮後期 政治思想 研究: 17세기 北人系 南人을 중심으로》, 혜안, 2004.

20) 원재린, 《朝鮮後期 星湖學派의 形成과 學風》, 혜안, 2003.

21) 강세구, 《성호학통 연구》, 혜안, 1999.

정하고, 유교적 원칙을 강조하면서 점차 보수화하여 갔고, 좌파
에서는 서학을 신앙하거나 그 문화를 수용하면서 다소 급진적
인 사회개혁을 구상하였다.

남인의 변법적 실학은 정약용이 체계적으로 정리하고 집대성하
였다. 그는 고전유학에서 출발하여 사서四書, 육경六經에 대한 재해
석을 통하여 자신의 경학론과 사회개혁론을 구축하였다. 젊은 시절
에 제기했던 여전론閭田論을 비롯한 〈탕론蕩論〉, 〈원목原牧〉 등에서
보인 개혁론은 뒷날 《경세유표經世遺表》를 통해 정전제井田制를 기반
으로 한 국가체제개혁론으로 마무리되었다.22)

(다) 한편, 집권 노론老論의 일부 유자들도 개혁론을 제기하였다.
18세기 후반, 서울을 중심으로 형성되었던 낙론洛論 계통의 북학론
北學論이었다. 이용후생利用厚生 차원에서 북쪽 청나라의 선진문물을
배워 당시의 사회문제를 해결하자고 주장하였다. 북학론의 학문체계
를 세우는 데 큰 구실을 한 사람은 홍대용洪大容과 박지원朴趾源이었
다.23)

홍대용과 박지원은 실용적, 현실적인 차원에서 경제지학經濟之學,
명물도수지학名物度數之學을 추구하였다. 홍대용은 자연에 대한 탐구
를 비롯하여 율력律曆, 산수算數, 전곡錢穀, 갑병甲兵 등을 경제지학으
로 생각하였고, 박지원은 이를 '이용후생과 정덕正德'의 관계로 설명
하였다. 박지원은 물질적인 풍요를 인민들에게 부여하는 이용후생이

---

22) 金容燮, 〈18,9世紀의 農業實情과 새로운 農業經營論〉, 《大東文化研究》 9,
     1974(《신정증보판 韓國近代農業史研究〔Ⅰ〕》, 지식산업사, 2004 재수록); 趙誠乙,
     〈丁若鏞의 政治經濟 改革思想 研究〉, 연세대학교 박사학위논문, 1991 참조.
23) 北學論의 형성, 발전에 대해서는 유봉학, 《燕巖一派 北學思想 研究》, 일지사,
     1995 참조.

정치 운영의 기본이 되어야 하고, 이를 바탕으로 도덕적 교화가 가능하다고 생각하였다.24) 북학파는 이용후생을 위한 방안 마련에 힘을 기울였다.

북학파의 이용후생 방안의 핵심은 생산력 증대였다. 그들은 당시 사회 변화에서 불거진 문제점도 이를 통해서 해결할 수 있다고 보았다. 박지원이 《과농소초課農小抄》에서 농업 생산의 중요성을 거론하고 농법·농업 기술을 상세히 분석한 것도 이러한 생각에 바탕을 둔 것이었다. 그도 토지 재분배를 거론하였지만, 생산관계, 토지 소유 구조의 근본적 변혁을 통해 사회를 개혁하려고 했던 남인계의 실학사상과는 그 구조가 달랐다.

생산력 증대를 위한 방안 가운데 하나가 '북학北學', 곧 청의 선진문물을 배우고 조선에 활용하는 것이었다. 소중화를 주장하던 조선의 유학자들에게 청은 '오랑캐'였고, 그들의 문화 속에는 이미 서양의 학문도 들어와 있었다. 하지만 이런 청의 학문 가운데 이용후생 차원에서 배울 것은 배워야 한다는 것이 '북학론'이었다. 청의 학술과 문물을 수용하여 사회경제적 생산력과 문화 수준을 높이면 인민의 생활이 윤택해질 것이라고 보았던 것이다. 청에게서 농법과 농업기술 도입을 주장하고, 또한 해외 통상의 활성화를 주장한 것은 이런 이유였다. 북학론은 이덕무李德懋, 박제가朴齊家 등으로 계승, 발전되었다. 더욱이 박제가는 《북학의北學議》에서 청과 대외 통상을 확대하고 그 문물을 수용해야 한다고 주장하였다. 북학론은 18세기

---

24) 노대환은 18세기 후반에 성명지학性命之學, 의리지학義理之學 일변도인 성리학을 탈피하여 경세지학經世之學을 중시하는 실학풍이 형성되었는데, 북학은 의리·경세 절충학풍의 대표적인 산물이라고 규정하였다(노대환, 《동도서기론 형성과정 연구》, 일지사, 2005, 33~37쪽 참조).

후반에서 19세기 초반에 이르면서 하나의 시대 조류로 형성되어, 서울 지역을 중심으로 노론·소론 집권층의 자기 변화 논리로 자리 잡아갔다.25)

한편 소론 계통에서도 '실학'이 제기되었다. 유수원柳壽垣은 《우서迂書》를 통하여 조선의 근본 법제인 《경국대전經國大典》을 새롭게 정비, 보완하여 현실 변화에 대응하려 하였다. 그는 상품화폐경제를 활성화하고, 사민四民을 엄격하게 구분하며, 이 범위 안에서 한전제限田制를 시행하여 토지제도의 모순도 해결해야 한다고 하였다.26) 그는 현실의 변화를 인식하면서도 이를 체제 보완 차원에서 해결하려고 했던 것이다. 이런 절충적인 소론 계통의 실학풍은 그 뒤에도 계속 이어졌다.

18세기 정국에서 소론은 영조의 탕평책蕩平策 시행으로 어느 정도 역할을 하였지만 여러 정치적 사건 때문에 그 세력은 크게 약화되어 갔다. 19세기에 들어 소론계 실학은 서유구徐有榘가 정리하였다. 그는 자신의 가학家學 전통에서 농업 문제를 제기하였는데, 정전제나 한전제 시행이 현실적으로 어렵다고 보고, 실현 가능한 방안으로 국둔國屯, 민둔民屯과 같은 둔전제屯田制 실시를 주장하였다.27) 19세기 전반 서울, 경기 지역을 근거로 활동하던 소론 계통의 학자들은 대개 노론 정권에 부분적으로 참여하였는데, 이런 처지에서 자신들의 독자적 학풍을 확립하지 못하고 매우 현실적이고 절충적인 형태를 띠게 되었다.

---

25) 유봉학, 앞의 책, 46~47쪽.
26) 강만길, 〈朝鮮後期 商業의 문제점 －迂書의 商業政策分析－〉, 《韓國史研究》 6, 1971; 韓永愚, 〈柳壽垣의 身分改革思想〉, 《韓國史研究》 8, 1972; 韓榮國, 〈聾菴 柳壽垣의 政治經濟思想(上)〉, 《大丘史學》 10, 1976 등 참조.
27) 金容燮, 앞의 글(1974).

(라) 실학사상은 조선 후기 사회 변화에 대한 대응책으로 마련된 체제 부정적인 학문체계였지만, 그 내부에는 학문적·정치적 입장, 곧 집권의 여부와 학문적 전통, 그리고 당색黨色에 따라 몇 계열이 존재하였다. 곧 토지개혁을 기반으로 국가의 변법적 개혁까지 구상한 근기近畿 남인 실학자, 이용후생을 중시하여 생산력 증대와 상품화폐경제 발전을 도모한 노론 낙론계의 북학론자, 그리고 이 두 방안의 절충적 입장의 소론계 실학자 등이 그것이었다.

19세기에 접어들면서 조선왕조는 안으로는 대규모 농민항쟁, 밖으로는 서양 열강의 무력적, 문화적 침략으로 말미암아 체제 위기에 맞닥뜨리게 되었다. 이에 정부와 지배층은 새로운 대응책을 모색하지 않을 수 없었다. 소중화론에 근거한 보수적 주자학자도 있었지만, 실학파의 후예들은 자신들의 계열에 따라 그 방안들을 변용하여 갔다.

박지원의 학풍을 계승한 북학론은 19세기 세도정권기에 부침浮沈을 거듭하였다.28) 천주교가 탄압 받는 가운데, 그들은 서양의 종교와 과학기술을 분리한다는 원칙을 한층 강화하였다. 더욱이 청에서 성행하던 고증학을 적극적으로 수용하면서 문자학, 음운학, 금석학 등에 대해 치밀한 논증과 학문의 정밀함을 추구하였지만, 점차 경세론과 동떨어져 갔다.29) 이런 의미에서 이 시기의 고증학적 학풍은 개혁사상으로서의 실학과 그 범주를 달리하는 경향도 있었다. 19세기 중엽 이후 세계정세의 변화와 서양 문물의 유입으로 정국이 큰 변동기에 들자 다시 새로운 방향이 모색되었다. 그 중심 노릇을

---

28) 유봉학, 앞의 책, 152~160쪽.
29) 노대환, 〈19세기 전반 지식의 對淸 危機認識과 北學論〉,《韓國學報》 76, 1994, 37~50쪽; 노대환, 앞의 책(2005), 96~99쪽 참조.

했던 사람이 박규수朴珪壽였다. 이 과정에서는 정치적 입장을 같이하던 소론계 실학자들도 보조를 같이 하였다.

남인계의 변법적 실학은 정약용으로 집대성되었으나, 그 이후에는 학파 내의 분화로 말미암아 정약용의 학문은 뚜렷하게 계승되지 않았고, 성호 우파에서는 황덕길을 계승한 허전許傳이 그 맥을 이어갔다. 두 계통 모두 남인계 실학의 전통에서 토지개혁론을 주장하고 있었지만, 그 의미는 점차 달라지고 있었다.

2) 근대개혁과 문명 · 국권 · 유교

(가) 1876년, '조일수호조규朝日修好條規'로 대외 문호를 개방한 조선은 세계 자본주의체제에 흡수되었다. 이에 제국주의가 지배하는 질서 속에서 자주적인 근대 민족국가를 만들고 식민지화의 위기를 벗어나기 위한 사회변혁이 필요하였다. 19세기에 들어 격화된 농민 항쟁을 해결하여 농민층을 안정시키고, 이들의 힘을 결집하는 동시에, 서양의 새로운 문명을 받아들여 근대체제를 구축해야 하였다.

이런 역사 과정에서 형성된 것이 민족주의民族主義였다. 식민지화의 위기와 식민 지배 체제 아래에서 형성된 민족주의는 단순하게 외세의 침투를 막고 자민족을 우선시하는 배외주의, 국수주의가 아니었다. 물론 성립 초기에는 강한 배타성과 민족의 강자화를 추구했던 점이 있었지만, 시대 변화에 따라 민족주의는 문명화, 근대화를 지향하였으며, 다른 민족을 침략, 지배하기 위한 논리가 아니라, 약소국 조선(한국)이 주체적으로 근대사회, 근대국가를 만들어가는 논리였다.

그런데 근대사회로의 변혁은 전 민족의 역량을 모아 통일적으로

전개되지 않았다. 변혁운동은 주도 세력의 사회경제적 배경, 정치사
회적 지향에 따라 여러 형태로 제기되었다. 이에 따라 만들어지는
근대사회의 성격 또한 달라질 수 있다. 민족주의는 민족문제, 문명
화, 계급문제를 해결하고 근대국가를 만드는 이념이었고, 이런 점에
서 민족주의는 저항성抵抗性, 근대성近代性, 계급성階級性을 그 기본
속성으로 하였다.

근대민족주의의 속성은 1876년 문호개방을 계기로 형성되었다.
첫째, 문호개방으로 한반도를 둘러싼 국제질서가 변하고, 불평등조
약에 근거한 제국주의 질서가 구축되면서, 민족문제의 성격이 바뀌
게 되었다. 전근대 동아시아의 국제질서는 흔히 중화체제中華體制 또
는 조공체제朝貢體制라 일컬어진다.30) 이 체제 아래 조선은 내정內政
이나 교린交隣은 자주적으로 행하였다. 그러나 개항으로 전근대적
동아시아 질서가 붕괴되고, 만국공법萬國公法이라는 이름 아래 제국
주의 국제질서가 형성되기 시작하였다. 하지만 현실적으로는 청국의
종주권宗主權에서 벗어나 '독립'해야 하였지만, 동시에 제국주의체제
아래의 불평등한 관계를 극복하여야 하였다. 이러한 변화 과정에서
민족문제도 새롭게 제기되었다. 하지만 일본이 국제 열강으로 떠오
르고 한반도를 침략, 식민지화하면서 민족문제의 핵심은 일본의 정
치적, 경제적 예속을 벗어나는 것으로 귀결되었다.

둘째, 제국주의가 지배하는 질서 속에서 개항은 서양문명이 유입
되는 계기가 되었다. 서양 열강의 침략을 막기 위해서는 거꾸로 서
양문명을 받아들여 근대화와 문명화를 이루어야 한다는 사실도 인

---

30) 김경태, 〈중화체제·만국공법질서의 착종과 정치세력의 분열〉, 《한국사》 11, 한
    길사, 1994;《근대한국의 민족운동과 그 사상》, 이화여대출판부, 1994; 김기혁,
    〈開港을 둘러싼 國際政治〉, 《한국사시민강좌》 7, 1990.

식하게 되었다. 종전의 유교문명으로는 당면한 현실 문제를 해결할 수 없다는 것이었다. 처음에는 서양의 기술문명만을 받아들이면 될 것으로 보았으나, 점차 서구문명의 우월성이 드러나면서 전반적으로 부르주아 사회경제 체제까지 받아들여야 할 것으로 생각하였다. 물론 서양문명의 어떤 분야를, 어떤 수준에서 수용할 것인가하는 점을 둘러싸고 시대의 변화와 노선에 따라 다양한 계열이 존재하였다.

개항 후, 자주와 문명화를 위한 논의들은 다양하였지만, 전통문화와 유교적 사유체계를 어떤 형태로든지 바꾸어야 한다는 공통점을 가지고 있었다. 중세체제의 이념인 유교는 기본적으로 상명하복上命下服의 명분론에 의거하여 사회질서를 유지하였다. 그러나 새로운 근대사회의 질서에서는 유교이념에 기반을 둔 상하질서의 명분론, 중국 중심의 화이론華夷論 등은 청산되어야 하였다. 서양문명을 전면적으로 부정하고 강한 배외성을 보여 '민족주의'로 규정되기도 하는 척사위정론斥邪衛正論은 근대사회변혁론이 될 수 없었다.[31] 유교이념이 지배했던 동아시아의 근대개혁은 유교를 극복하거나 변용하지 않으면 불가능하였고, 개혁론의 성격도 유교를 어떻게 처리하느냐에 따라 달라졌다.[32]

이런 점은 1905년 이후 전개된 계몽운동에서 단적으로 보였다. 계몽운동은 국권 회복을 목표로 하였고, 따라서 학문적 전통이 다른 다양한 사람들이 참여하였다. 이념적으로는 청일전쟁 이후 확산되던 문명개화론文明開化論과 변법개혁론變法改革論에 입각한 사람들이 계몽

---

31) 기존 유교 사회체제를 유지하려고 했던 보수적 유생층의 척사론조차도 시대의 변화에 따라 변화되는 모습을 보였다(졸고, 〈한말 재야지배세력의 민족문제인식과 대응〉, 《역사와 현실》 1, 1989).

32) 이러한 방법론에 대한 구체적인 연구는 閔斗基, 앞의 글(1978); 姜萬吉, 〈東道西器論의 재음미〉, 《韓國民族運動史論》, 한길사, 1985.

운동을 주도하였다. 국권 회복을 공동의 목표로 하면서도 구체적인
방안에서 입장이 갈린 것이 바로 신학문의 수용과 유교 처리 문제에
있었다. 당시 이 문제는 '구학舊學과 신학新學 논쟁'으로 나타났다.

당시 신문에서는 유교 처리 문제와 관련된 식자층의 다양한 동
향을 다음과 같이 분류하였다.

> 或曰 我自有我法하고 彼自有彼法ㅎ니 我何必效彼리오. 大學 一篇이 已足
> 治國平天下오 周禮 一部가 已足以正百官安萬民이어늘 夷狄之法을 豈可混用
> 於我國哉아 ㅎ느니, 此蓋一派오.
>
> 或曰 五帝가 不同禮ㅎ고 三王이 不同樂ㅎ니 古今이 殊宜에 豈可膠柱鼓瑟
> (고지식하여 융통성이 없음-인용자)이리오. 以舊學으로 爲體ㅎ고 新學으로
> 爲用ㅎ야 以彼之長으로 補我之短이라 ㅎ니, 此又一派오.
>
> 或曰 優勝劣敗는 天演公例라, 舊代學術이 固不適宜於今時이오. 舊時人物
> 이 固不適用於今時니 雖堯舜이 復作이라도 不可以治今日之天下라. 頑固思想
> 과 腐敗學問은 一切 摧陷而廓淸之ㅎ야 無復遺跡之可尋이라야 此國此民을
> 庶可拯救라 ㅎ니, 此又一派오.
>
> 或曰 舊學은 有舊學之特長ㅎ고 新學은 有新學之特長ㅎ니 於舊於新에 斟酌損
> 益ㅎ야 以定一代之新規ㅎ면 可以雄長六洲ㅎ고 卓冠古今이라 ㅎ느니, 此又一派오.
>
> 其他 或者는 謂今之可取가 只有器械而已라 ㅎ며, 或者는 謂今之可取가 只
> 有法律而已라 ㅎ며, 或者는 謂國可亡이언정 道不可亡이라 ㅎ며, 혹자는 謂頭
> 可斷이언정 髮不可斷이라 ㅎ야 千流萬派에 或東或西ㅎ며 千花萬卉에 或靑
> 或白ㅎ니 倘有慧眼人이 當作如何感慨오.[33]

---

33) 《皇城新聞》 1907년 5월 15일 논설 〈舊學問과 新知識의 關係〉.

　　다시 말해, 서양을 전면적으로 부정한 입장(척사론斥邪論)도 있었지만, 신학문을 수용하는 경우, ①체용론體用論에 따라 구학을 근본으로 하고 신학을 이용후생 차원에서 수용하려던 입장, ②신구학의 장점을 '짐작손익斟酌損益'하는 절충적인 입장, ③서구문명의 적극적 수용을 주장했던 문명개화론적인 입장 등이었다.

　　(나) 유교를 둘러싼 개혁론의 편차는 서양문명을 받아들이면서도 유교를 여전히 '문명'이라고 보는 논의도 있었지만, 그 반대로 서양문명을 가장 높은 단계의 문명으로 보는 입장도 있었다. 여기에서 유의해야 할 것은 논자에 따라 문명관이 다르다는 점이다. 같은 '문명', '개화'라는 용어를 사용하더라도 처지에 따라 그 의미가 달랐던 것이다. 점차 동양적(유교적) 문명관이 퇴보하고, 서양적 문명관이 자리 잡아가면서, 문명의 위계성이 역전되어 갔다.

　　유교적 기반 위에서 서양문명을 접하면서 서양문명을 인식하고 표현하는 용어는 여전히 유교적이었다. 이런 연유로 당시 개혁론의 구조를 이해하는 데 약간의 혼동이 있을 수 있다. 동양의 근대화가 서양문명을 번역, 학습, 적용하는 과정으로 진행되고, 유교의 변혁 자체도 여전히 유교 원리에 따라 설명되었기 때문이었다. 유교적 인식 틀에서 서양문명을 이해하고, 또 그 원리에 의거하여 '문명화'의 합리성을 구했다고 하더라도, 그들의 개혁론은 유교사회를 지향하지는 않았다. 단지 이를 설명하는 근거가 동양 고전이고, 유교적 용어였을 뿐이다. 이때 번역된 '용어'는 본래의 의미를 상실하고, 새로운 서양적 개념으로 정착되었다. 요점은 당시의 지식인들이 문명의 위계성 속에서 어떤 문명을 최고 수준의 문명으로 규정하고 이를 어떻게 달성하고자 하였는가의 차이에 따라 입장이 달랐다는 점에 있다.

개혁론 사이의 편차는 '문명', '개화'를 통해 지향했던 근대국가, 근대사회의 구상에 대한 차이였고, 또한 유교 처리, 서양 인식, 전통문화와 역사의 계승, 정치·경제 체제의 변혁 구상, 그리고 제국주의에 대한 대응 등에 대한 차이였다. 요컨대 민족주의의 속성으로 거론했던 '문명과 민족(국권)'에 대한 인식 차이였다.

이 책에서는 이를 크게 세 형태, 곧 양무개혁론洋務改革論, 변법개혁론變法改革論, 문명개화론文明開化論으로 구분하였다.

1876년 문호개방을 전후하여 서양의 무력적 침략에 맞닥뜨렸던 조선은 서양 열강의 침략 앞에서 나라의 자주독립을 유지하기 위해서는 역설적으로 서양문명을 수용하여 부국강병을 이루어야 한다고 판단하고, 이를 '개화開化'라고 생각하였다. 그런데 서양문명을 어떤 수준에서 받아들일 것인가에 대해서는 여러 논의가 가능하였다. 처음에는 서양의 기술문명만을 수용하면서 기존의 이념체계인 유교는 유지하고, 또한 유교적 이념이 실현되는 정치체제도 기존의 군주 중심으로 운영하고자 하였다. 이런 논의는 이미 조선 후기의 사회 변화에서 형성된 실학, 그 가운데서도 북학론이 계승되고 있었기 때문에 가능하였다. 즉 북학론을 계승, 확대하여 양교洋教는 절대 허가하지 않지만, 북로北虜=이적夷狄에서 서양의 기술까지는 수용할 수 있다고 하였던 것이다. 그들이 고수할 문명은 여전히 유교문명이었고, 서양의 기술도 이용후생의 차원에서 유교문명을 보완하는 것으로 생각하였다. 이를 양무개혁론, 또는 동도서기론東道西器論이라고 할 수 있다.

1880년대 초반 조선 정부의 개혁사업은 양무개혁론에 의거하여 추진되었다. 하지만 당시에는 이에 대한 반발도 거세었다. 척사 유생층의 만인소萬人疏도 있었고, 또 개화사업 과정에서 피해를 본 구식 군인과 민중층의 항쟁(임오군란)도 일어났다. 이런 소용돌이 속에서 새로운 논의들이 제기되었다. 더욱이 일본의 메이지유신을 경험하면서 서양문명을 적극적으로 받아들여 '문명화'하고, 동시에 청국의 간섭에서 벗어나야 한다는 문명개화론이 형성되었다. 양무개혁사업에 참여했다가 이탈한 김옥균, 박영효 등이 그 주역이었다. 이들은 유교의 절대성을 부정하고, 서양문명을 최고 단계의 '문명'으로 인식하였으며, 조선의 유교문명은 서양문명에 견주어 미개 또는 반¥개화 정도 된다고 파악하였다. 이 논의는 청일전쟁 이후 《독립신문》 등을 통해 확산되었으며, 이들은 서양의 기술은 말할 것 없고, 서양의 정치와 풍속, 그리고 종교도 받아들여야 한다고 주장하였다. 이에 기독교를 종교적으로 신앙하는 사람들도 차츰 늘어났다. 그러나 문명관이 바뀌면서 제국주의 침략을 정확하게 파악하지 못하고 국권國權(自主獨立)을 소홀히 하는 경우도 나타났다.

청일전쟁 이후 서양문명에 대한 긍정적 인식이 확산되면서, 대한제국 정부도 종래의 양무개혁 수준보다 더 폭넓게 서양문명을 인정하였다. 그리하여 대한제국은 '구본신참舊本新參'의 원칙 아래 개혁사업을 전개하였다. 이런 변화 속에서 많은 유생층의 사상도 변화되었다. 청국에서 일어난 변법자강운동의 영향으로, 그들은 과도한 서구화(구화주의歐化主義)를 비판하고 우리의 전통문명과 서구문명을 절충적으로 결합하고자 하였다. 곧 시세에 뒤떨어진 유교를 개혁하면서, 유교의 변통론變通論, 변역론變易論에 의거하여 서양의 정치론까지 수용하자는 변법개혁론이었다. 우리의 전통 학문 가운데 그들이 계승하고자 하였던 것은 조선 후기 실학이었다. 또 역사를 중시하여, 그 속에 담겨 있는 우리 정신, 국수國粹를 통하여 '민족'을 새롭게 발견하였다.

이상과 같이 근대개혁론의 핵심 문제는, 중세의 이념이었던 유교와 구래의 전통문화를 어떤 형태로 개혁 또는 변용해야 하느냐에 있었다. 서양문명의 수용과 유교의 변용이라는 관점에서 당시 개혁론, 사상계를 새롭게 정리할 필요가 있는 것이다.

(다) 이 책에서는 한국 근현대사의 전개 과정에서 나타난 문명관의 변화와 서양문명, 그리고 유교의 변화·변용 과정을 염두에 두고 한국의 근대개혁과 유교 문제에 접근하고자 한 것이다. 개항 뒤 한국 근대개혁 과정에서 유교 문제가 개혁론의 성격을 규정할 수 있는 핵심 현안이었던 만큼 지금까지 많은 연구가 이루어졌다.

한국 근대개혁론이 본격적으로 연구된 시기는 1970년대였다. 당시 풍미하던 근대화, 주체성, 민족주의 등이 복합되면서, 개화파와 개화사상의 근대성, 진보성 등이 강조되었다. 개화사상은 실학을 계승한 위에 서구적인 개화를 추구하였다고 파악되었다.[34] 당시 연구에서는 서양기술문명만을 수용한 동도서기론자도 모두 개화파의 범주로 규정하면서, 오히려 당시 정부의 제도 개혁, 부국강병을 주도했던 민씨 세력은 '수구파守舊派'로 보았다. 개화사상은 독립협회운동, 계몽운동으로 이어지면서 봉건적인 유교와 구습舊習 개혁을 주장하고 근대사상으로 정립되었다고 하였다.[35]

서양문명의 적극적 수용과 서구화를 지향하였던 개화파가 구습과 유교를 비판했던 것은 당연한 일이었다. 그러나 서구문명 수용을 통해 개혁을 추구했다고 이를 모두 개화파, 개화사상으로 정의하는

---

34) 李光麟, 《韓國開化思想硏究》, 일조각, 1979.
35) 愼鏞廈, 《獨立協會硏究》, 일조각, 1976; 《韓國近代社會思想史硏究》, 일지사, 1987.

것은 문제가 있다. 엄격한 의미의 개화사상은 서양 수준의 문명화·
개화·개명을 지향한 문명개화론이었다. 이는 서양의 기술문명만을
수용하고자 했던 초기의 양무개혁론(동도서기론)과도 다르며, 또한
유교개혁과 더불어 정치 변혁까지 추구했던 변법개혁론과도 그 방
안과 지향이 달랐다. 논자에 따라 문명개화와 유교 도덕을 결합하여
이를 강조한 변법개화론變法開化論 또는 동교서법론東敎西法論 등으로
규정되고 있으나, 그들이 문명화를 통해 지향했던 것은 서양의 문명
이었다.36)

　　이 책에서는 개화론開化論, 개혁론改革論의 성격을 위의 논점에
서 분류하고, 개항 전 19세기 전반기 사회개혁론의 전통부터 시작
하여 일제강점기 전까지의 유교 문제를 검토하고자 한다. 곧 ①한국
근대개혁론의 시원이 되는 실학사상과 그 내부의 두 계열, ②1880
년대 초 정부 개혁의 양무개혁론과 대한제국 개혁사업에서의 구본

---

36) 박영효朴泳孝나 유길준俞吉濬의 경우가 그러하였다. 초기 개화론자들은 모두 유
　　교적 인식의 틀 안에서 서양문명을 이해하고 서양문명의 적극적 수용을 통한 문명
　　화를 지향하였다. 그들이 '변법'의 논리를 거론하고, 또한 유교 경전을 그 논의의
　　근거로 제시한 것은 유교적 처지에서, 그리고 그들의 틀 속에서 서양문명을 이해
　　했기 때문이며, 그들이 유교적 사회질서에 머물러 있었기 때문은 아니었다. 흔히
　　지금의 연구에서 김옥균, 박영효를 '변법개화론'으로 규정하거나(靑木功一, 〈朴泳
　　孝の民本主義·新民論·民族革命論〉, 《朝鮮學報》 80·82, 1976·1977) 또는 유길준
　　을 포함한 이들의 논리가 "전통(유교)과 서양의 복합화"였다고 본 것은 이런 연유
　　이다(김현철, 〈박영효의 근대국가 구상에 관한 연구〉, 서울대학교 박사학위논문,
　　1999; 정용화, 《문명의 정치사상 : 유길준과 근대한국》, 문학과지성사, 2004; 〈유
　　교와 자유주의: 유길준의 자유주의 개념 수용〉, 《정치사상연구》 2, 2000). 이에
　　견주어 갑오개혁을 주도하던 유길준, 김윤식, 어윤중 등을 모두 변법개화론으로
　　분류하고, 이를 유길준이 체계화한 것으로 지적하면서, 김윤식의 경우는 동도서기
　　론에서 동교서법론東敎西法論으로 변화한 것으로 분석하기도 한다(주진오, 〈개화
　　의 성립과정과 정치·사상적 동향〉, 《1894년 농민전쟁연구(3)》, 역사비평사,
　　1993; 〈開化論의 論理와 系譜〉, 《韓國 近現代의 民族問題와 新國家建設》, 김용섭
　　교수 정년기념 한국사학논총(3), 지식산업사, 1997).

신참, 신구절충론적 개혁, ③문명개화론의 형성에서 계몽운동에 이르는 과정에서의 유교 문제, ④유교개혁을 기반으로 변법의 논리를 계승한 변법개혁론의 전개 등이 그 핵심 주제이다. 이에 따라 이 책에서는 다음과 같은 점에 유의하였다.

첫째, 실학과 개화사상의 연관 문제이다. 일반적으로 개화사상은 실학사상의 근대적 '계승繼承' 또는 '전회轉回'로 규정되고 있다.[37] 또한 박규수를 중간 고리로 하여 북학사상이 개화사상으로 계승되었음을 지적하고, 또 개화파는 사상적으로 노론 낙론 계열에서 나왔다는 점도 언급하고 있다.[38] 그러나 당시의 체제 문제였던 토지 소유·지배와 관련해서, 실학의 토지개혁론과 개화파의 농업론 사이에는 계급적·구조적 차이가 있다는 연구가 제기되었다.[39]

북학파의 학문적 계승이나 인맥 등으로 보면, 북학사상이 개화사상으로 연결된 측면은 있다. 북학론은 청의 문화를 적극적으로 배우자는 것이었고, 청의 문화에는 이적夷狄의 문화, 서양의 문화도 포함되었다. 그리하여 그들은 청국을 통한 서학西學 유입에도 관심이 있었다. 그러나 그들은 서양의 종교(서학)와 기술은 명백하게 구분하고, 기술문명은 수용할 수 있지만 서학에 대해서는 철저하게 반대하였다. 그런데 개화사상의 핵심은 서양의 기술은 말할 것 없고 정치체제와 종교(정교政教)까지 수용하여 서구화, 문명화를 추진하는 데 있었다. 이런 점에서 본다면 북학사상과 개화사상은 기본적으로 논의 구조가 다른 것이었다.

서양의 종교와 기술을 구분하고, 이용후생 차원에서 기술을 배워야

---

37) 金泳鎬, 〈實學과 開化思想의 聯關問題〉, 《韓國史研究》 8, 1972.
38) 유봉학, 앞의 책(1995).
39) 金容燮, 《韓國近代農業史研究〔Ⅰ · Ⅱ〕》, 지식산업사, 2004.

한다는 북학론은 개항 후의 사회에서 양무개혁론으로 제기되었다. 그 전환은 박규수를 통해서 이루어졌고, 북학론은 개항 후 민씨 세력, 김윤식 등 당시 집권층의 개혁 논리로 발전하였다. 지금까지 학계에서 민씨 세력의 사상적 성격, 북학론의 계승 향방 등에 대한 연구들이 진척되고 있어서, 이런 점이 점차 명확해지고 있다.[40] 개화파와 김윤식·민씨 세력 사이에는 '개화'의 개념에서도 동일하지 않았다. 적어도 1880년대에는 두 집단의 개혁적 성격이 다르다는 점을 분명하게 드러내는 연구가 필요하다.

둘째, 갑신정변 전 개화사상의 형성과 '분화'를 둘러싼 논의들이다. 1880년대 초, 집권층과 지식인층은 개항 이후 전개된 위기의식 속에서 대응책을 마련하였다. 유교를 기반으로 서양기술문명을 수용하자는 이른바 동도서기론이었다.[41] 동도서기론은 이후 대한제국의 개혁이나 박은식 등 개신유학자의 이념으로 이어졌다고 한다.[42] 그런데 최근의 연구에서는 동도서기론이 1860년대 후반에서 1880년대 초반 사이에 형성된 것이지만, 그 뿌리는 19세기 초반 이래 조선 유자들이 서양문명을 인식하는 일반적인 논리 구조였다는 점이 규명되었다.[43] 이런 점에서 본다면 '동도서기론'은 적어도 19세기 초·중

40) 金炳佑, 〈大院君執權期 政治勢力의 性格〉, 《啓明史學》 2, 1991; 〈高宗의 親政體制 形成期 政治勢力의 動向〉, 《大丘史學》 63, 2001; 《大院君의 統治政策》, 혜안, 2006.

41) 韓祐劤, 〈開港 當時의 危機意識과 開化思想〉, 《韓國史研究》 2, 1968(《韓國開港期의 商業研究》, 일조각, 1970에 재수록).

42) 동도서기론에 대한 연구 동향은 장영숙, 〈동도서기론의 연구 동향과 과제〉, 《역사와 현실》 50, 2003; 노대환, 앞의 책(2005), 9~21쪽 참조.

43) 노대환, 앞의 책. 또한 박규수도 1840년대 전후에 '동도서기론'의 맹아적 형태를 보이고(김명호, 《환재 박규수 연구》, 창비, 2008), 최한기의 학문 태도도 '동도서기'였다고 지적되고 있다(權五榮, 〈崔漢綺의 학문과 사상 연구〉, 집문당, 1999).

기 북학론의 논리구조이기도 하였다.

한편, 기존 학계에서는 갑신정변을 준비하면서 일어난 개화파의 분화를 설명하고 있다. 이때 개화파가 급진개화파(김옥균, 박영효 등)와 온건개화파(김윤식, 어윤중 등)로 분화되었다는 것이다. 여기에서는 갑신정변에서 타도의 대상이었던 민씨 정부는 말할 것 없이 '수구세력'으로 규정되었다. 그러나 민씨 정부의 개혁론도 논리적·인적 연관에서는 북학론의 전통 위에서 전개되었고, 김옥균·박영효 등도 처음에는 이 노선에 동참하였다. 그러다가 개화세력이 수신사修信使 등으로 일본에 드나들면서 일본 문명개화론의 영향으로 말미암아 문명개화론으로 전환하였다. 그들은 북학론을 계승한 것이 아니라 그 학문적 논리와 전통에서 '이탈'한 것이었다.

개화파의 '분화' 위에서, 흔히 개화파를 급진개화파와 온건개화파로 분류하거나, 또는 김윤식 등을 시무개화파時務開化派,[44] 김옥균 등을 변법개화파變法開化派로 규정하기도 한다.[45] 그러나 이런 분류로는 각 세력의 개혁 구상과 성격, 더욱이 유교에 대한 인식과 서양문명 수용 등의 논의들이 잘 드러나지 않는다. 그 차이는 개화의 방법으로서 급진이나 온건의 문제가 아니었다. 개화파의 이념적, 사상적 뿌리는 일본의 문명개화론이었고, 지향했던 바도 일본 메이지유신이었다. 물론 그들 스스로 이를 '변법'이라는 말로 표현하였지만, 유교적인 틀 안에서 제기된 변통變通, 변법론變法論과는 성격이 다른 것이었다.

셋째, 변법개혁론의 형성에 관한 문제이다. 서양문명을 적극적으로 수용하여 근대화, 문명화를 추진하자는 여론은 청일전쟁 뒤에 확

---

44) 한국근현대사회연구회, 《한국근대 개화사상과 개화운동》, 신서원, 1998.
45) 靑木功一, 앞의 글(1976·1977).

산되었다. 서양문명을 수용한 일본이 그 반대였던 유교국가 청국에 이겼다는 점 때문이었다.《독립신문》,《매일신문》, 독립협회 등이 이런 여론을 주도하였다. 이 영향으로 전통적 유자층의 사상 변화가 나타났다. 일반적으로 '개신유학자改新儒學者'로 불리는 사람들이었다. 이런 변화를 보인 박은식朴殷植, 장지연張志淵 등에 대해서는 많은 연구가 이루어졌으며, 그들의 활동 근거지였던《황성신문皇城新聞》에 대한 연구도 많다.

대부분의 연구자들은 이들의 사상적 변화를 '개화(자강)사상으로의 전환'이라고 파악하고 있다.[46] 그러나 이들 개신유학자의 개혁론은 개화파의 문명개화론과는 논리 구조가 달랐다. 개신유학자들은 유교를 근본으로 자강개혁自强改革을 추구하였고, 유교에 잘못이 있다면 이를 개혁하여 이념적으로 정립하자는 것이었다. 또한 이들의 논리는 서양 근대정치론의 수용 문제를 둘러싸고 동도서기론(양무개혁론)과도 달랐다. 그들은 이를 때에 따라 변하는 '수시변역隨時變易' 또는 유교적 변통론에 따라 정립하였으며, 이를 '변법'으로 보았다. 그들은 전통문화를 중시하고, 개혁의 역사적 근거로 조선 후기 실학에 주목하였다.[47]

변법론, 변통론에 입각한 개혁론은 당시 지방 유생에게도 큰 영향을 끼쳤다. 지방유생층의 사상적 전환에 대해서도 제법 연구가 이루어져 있다. 일각에서는 이들을 '혁신유림革新儒林'이라고 규정하였다. 이들의 사상 전환에 주목하는 것은 이들이 1910년 이후 민족운동에서 중요한 몫을 담당했기 때문인데, 더욱이 안동 지역의 유생층에 대한 연구가 축적되어 있다.[48]

---

46) 대표적으로 愼鏞廈,《朴殷植의 社會思想研究》, 서울대출판부, 1982.
47) 졸고,〈개항 전후 실학의 변용과 근대개혁론〉,《東方學志》124, 2004.

넷째, 대한제국 개혁사업(광무개혁)에서 작용한 유교 문제이다. 광무개혁의 성격에 대해서는 연구자에 따라 크게 세 입장이 제기되어 있다. 대한제국의 개혁은 친러수구파親露守舊派의 고식책으로, 개혁이라고 할 수 없다는 연구가 있는가 하면,[49] 대한제국의 개혁사업과 고종의 역할을 적극적으로 강조하는 입장도 있다.[50] 한편 광무개혁이 가지는 보수적 개혁, 지주적 입장을 지적하는 연구도 있다.[51] 이와 관련하여 유교는 광무개혁의 성격을 잘 드러내는 것이었다.

대한제국에서는 유교를 근간으로 개혁을 추진하였다. 그렇다고 대한제국이 서양학문에 소홀했던 것은 아니었다. 오히려 대한제국은 서양문명을 적극적으로 수용하고, 배우고자 하였다. 곧 '신구절충新舊折衷'의 입장에서 유교와 신학문을 결합하여, 개혁이념으로 삼았다. 이 점이 광무개혁의 성격을 잘 드러낸다고 할 것이다. 이에 대한 연구는 부분적으로 이루어져 있다. 대한제국 개혁사업 전체의 구조와 전통 의례, 유교 등과의 연관을 다루는 연구가 진척될 필요가 있다.

다섯째, 1905년 이후 국권 회복을 위한 계몽운동啓蒙運動에

---

48) '혁신유림革新儒林'이라는 말은 조동걸이 허위許蔿의 사상을 평가하면서 허위가 초기의 척사사상에서 벗어나 후반기에 들어 "민족자주성과 근대지향적 혁신유림"으로 변했다고 한 것에서 비롯되었는데, 그는 안동 지역의 이상룡, 유인식도 "을미의병의 반성적 전신轉身으로 혁신유림"이 되었다고 하였다(〈解題〉, 《國譯許蔿全集》, 아세아문화사, 1984). 안동 지역 유생층의 사상적 경향과 변화 과정에 대해서 趙東杰, 〈安東 儒林의 渡滿經緯와 獨立運動 上의 性格〉, 《大丘史學》 15·16, 1978(《韓國民族主義의 成立과 獨立運動史研究》, 지식산업사, 1989)로 정리한 바 있다.
49) 愼鏞廈, 앞의 책(1976).
50) 이태진, 《고종시대의 재조명》, 태학사, 2000.
51) 金容燮, 《韓國近代農業史硏究〔Ⅰ·Ⅱ〕》, 지식산업사, 2004.

서 유교, 유자儒者 문제이다. 1905년 을사늑약으로 국권이 상실
되자 국권회복운동의 일환으로 계몽운동이 전개되었다. 계몽운
동이 국권 회복을 목표로 했던 점에서 이념과 사회경제적 기반
이 다른 다양한 계층이 참여하였다. 그런데 많은 연구에서는 참
여층의 다양성에 주목하지 않고, 운동에서 드러난 민족주의적, 애
국주의적 성격만을 강조하였다. 최근의 연구에서는 계몽운동 내
부의 여러 계열을 분류하면서, 현실 인식, 사회진화론 적용, 학
문적 배경 등에서 차이가 있고, 이에 근거한 운동론에서도 일치
하지 않는다는 점을 규명하였다.[52] 각 계열에 따른 논의 구조는
곧 유교 인식, 개혁론과 유교의 연관 등으로 귀결되었다. 유교의
폐단을 극복하고 동시에 서양문명을 적극적으로 수용하여 개혁
과 국권 회복을 이루자는 계열과, 유교개혁과 종교화를 통해 서
양문명을 선별적으로 수용하여 국권 회복을 지향하는 계열이
함께 계몽운동을 이끌고 있었던 것이다.

　이런 점은 계몽운동 과정에서 일어난 신학·구학의 논쟁 혹은 신
구학절충론의 제기 등으로 분석되었다. 그러나 신구학 문제는 근본적
으로 개혁론의 성격과 관련된 것이었다. 이런 점이 규명되어야 계몽
운동이 지방의 자산가·유생층으로 확산되는 현상도 해명할 수 있다.
문명개화론 계열과 변법개혁론 계열이 각각 지향하는 '개화', '문명
화'의 내용이 다르다는 점을 분명하게 할 필요가 있다.

---

52) 拙著, 《大韓帝國期의 政治思想研究》, 知識産業社, 1994; 박찬승, 《한국근대정치
　　사상사연구》, 역사비평사, 1992, 제1장 참조.

제2장

정부의 근대화 정책과 유교 문명론

고종의 친정親政 후, 조선 정부는 변화하는 국제정세 속에서 국가의 자주권을 유지하기 위한 다양한 방안을 추진하였다. 서양 침략의 위기를 막기 위해 유교이념을 더욱 강화하면서, 부득이하지만 서양의 군사기술을 받아들여 부국강병을 이루고자 하였다. 조선 정부는 같은 문제에 맞닥뜨렸던 청국이나 일본의 경험을 살피면서 1880년대에 들어 본격적으로 이를 추진하였다. 정부의 개혁세력은 그들의 학문 전통이었던 북학론을 당시의 정세 속에서 변용한 양무개혁론으로 정립하였다. 박규수에서 시작된 양무론은 김윤식을 거쳐 체계화되고, 정부의 개혁정책으로 추진되었다.

정부의 개혁사업은 갑오개혁을 거치면서 한 단계 진전하였다. 더욱이 청일전쟁 이후 문명개화에 대한 여론이 확산되자, 개화와 서양문명에 대한 생각이 달라지기 시작하였다. 또 국가의 자주독립이 전면에 등장하면서 대한제국으로 개편되고, 군주가 주도하는 광무개혁이 추진되었다. 이 개혁은 1880년대 양무개혁론 차원의 서양 인식 수준을 넘어 '구본신참舊本新參'이라는 원칙 아래 '신구절충'의 형태로 추진되었다. 더불어 유교에 근거하여 황권皇權을 강화하고 사회의 기강을 세우는 동시에 서양의 상공업, 법률 등을 모두 채용하고자 하였다.

1. 1880년대 정부의 양무개혁사업

1) 북학론의 변용: 박규수의 양무론

(1) 북학론의 계승과 해방론

개항 전후 집권층은 국내외적으로 체제 위기에 맞닥뜨렸다. 반봉건 농민항쟁과 서양 세력의 침투에 따른 위기였다. 집권층은 이 위기를 극복하기 위해 다양한 방안을 마련하였다. 그들이 조선 후기 이래 취하고 있었던 기본 입장은 자신들의 지배권을 유지하면서 사회체제를 지속시키는 노선이었다. 이에 따라 삼정三政 제도를 부분적으로 개혁하여 농민항쟁을 수습하는 한편, 서양 종교는 철저하게 금지하였다. 그러면서도 서양기술과 문물은 대개 그 원류가 중국에 있다고 보고, 기존 체제를 부정하지 않는 범위에서 이를 허용하였다. 이것이 서울을 중심으로 형성된 북학론의 구조였다. 집권세력의 대응책은 서양의 종교는 말할 것 없고 기술까지 거부한 재야 유생층의 척사위정론斥邪衛正論과는 다른 것이었다.

대원군 집권 이후에도 그 대응은 크게 변하지 않았다. 대원군 집권기에 등장했던 정치세력의 대부분은 북학론의 전통에 서 있었다. 대원군은 세도정치를 주도하던 안동김씨 세력을 누르고 왕실의 권위를 높여야 하였다. 이를 위해 북학론의 후예들을 등용하면서, 경복궁 중건, 서원 철폐, 토호 징치懲治, 그리고 사색四色 등용 등을 실시하였다. 그리하여 대원군 집권기에는 일부 안동김씨 세력이 명맥을 유지하였지만, 정치 운영은 대원군 직속 계열을 비롯하여, 조대비파趙大妃派, 박규수 계열, 김정희金正喜 계열, 유신환俞莘煥 계열 등, 노론을 중심으로 이루어졌고, 여기에 소수의 남인 세

력이 가담하였다.1)

이들 북학파의 후예들은 대원군과 학문적으로 밀접한 관련이 있었다. 대원군이 등용한 정치세력은 노론 낙론洛論계였으며, 사승師承 관계에서도 서로 중첩되어 있었다.2) 그 가운데 더욱이 김정희계와 박규수계는 대원군 정치를 유지하던 주요 기반이었다. 대원군은 김정희와 내외 8촌의 인연이 있었고, 또 김정희로부터 시무時務에 관한 학문을 배우기도 하였으며, 김정희의 제자였던 신헌申櫶은 대원군에 의해 중용되었다.3) 박규수도 중요 직책에 등용되면서 《대전회통大典會通》 편찬, 경복궁 중건, 만동묘 철폐 등 대원군의 중요 정책에 관여하였다.4) 요컨대 대원군을 중심으로 형성된 정치세력은 대부분 노론의 정치론과 북학론을 계승하고 있었던 것이다. 그 가운데서도 박지

---

1) 金炳佑, 〈大院君執權期 政治勢力의 性格〉, 《啓明史學》 2, 1991;《大院君의 統治政策》, 혜안, 2006. 참조. 북학론을 학문적으로 계승하고 있던 세력은 ①박규수 계열: 김윤식金允植, 유길준俞吉濬, 박영효朴泳孝, 김옥균金玉均, 어윤중魚允中 등, ②유신환 계열: 유만주俞萬柱, 윤병정尹秉鼎, 김윤식, 김만식金萬植, 서응순徐應淳, 한장석韓章錫, 남정철南廷哲, 민영목閔泳穆, 민태호閔台鎬 (민영익의 생부, 후에 여은부원군驪恩府院君), 민규호閔奎鎬 등, ③김정희 계열: 민태호, 민규호, 신헌申櫶, 강위姜瑋 등, ④유만주 계열: 민영익閔泳翊, 유길준 등이었다(유봉학, 《燕巖一派 北學思想 硏究》, 일지사, 1995; 盧大煥, 〈19세기 중엽 俞莘煥 學派의 學風과 現實 改革論〉, 《韓國學報》 72, 1993 등 참조).
2) 유봉학, 위의 책(1995), 38~44쪽 참조. 김윤식은 유신환과 박규수의 문하에서, 민태호·민규호 등은 유신환과 김정희 문하에서 수학하였으며(김정희는 이들의 당숙이었음), 유길준과 민영익은 유만주 문하에서 배웠는데, 유길준은 박규수에게도 배웠다. 민영익도 유신환과 무관하지 않았으며, 김옥균도 일찍부터 민영익과 가까웠다.
3) 金炳佑, 앞의 글(1991), 136~142쪽.
4) 이런 점에 대해서는 金明昊, 〈大院君政權과 朴珪壽〉, 《震檀學報》 91, 2001 참조. 박규수의 역할에 대해서는 대원군 정권의 성격 여하에 따라 그 중요성이 다르게 파악될 수도 있으나, 그 여하에 관계없이 박규수는 학문적, 정치적 입장에서 대원군 정치와 결합하였고, 중요한 정치세력의 하나를 이루었다.

원의 손자 박규수(1807~1876)가 가장 중심적인 사람이었다.

이런 학문적 관련으로 그들의 현실문제 대응 자세도 크게 다르지 않았다. 먼저, 그들은 농민항쟁 수습 방안에서도 원칙적으로 같은 입장을 취하였다. 1862년 농민항쟁이 전국적으로 일어나자 정부에서는 삼정이정청三政釐整廳을 만들고 삼정이정책三政釐整策을 마련하였다. 그러나 그 방안은 정책으로 실시되지 못했고, 농민항쟁을 수습해야 할 책임은 고스란히 대원군 정권으로 넘어갔다. 대원군은 이미 정해진 삼정이정책을 바탕으로 양전量田, 호포제戶布制(동포제洞布制), 사환미社還米 제도 등, 삼정 제도를 부분적으로 개혁하는 방안을 마련하였다. 이런 원칙은 조선 후기 이래 정부가 줄곧 견지하던 노선이었다. 토지개혁론에 견주어서 보수적이었지만, 삼정의 원칙적인 운영만을 강조하던 보수적 입장에 견주어서는 개혁적인 것으로, 이른바 보수좌파적 입장이었다.5)

'진주민란'의 안핵사로 파견된 박규수의 수습책에서도 이를 확인할 수 있다. 그는 농민항쟁의 원인이 삼정문란, 그 가운데서도 환곡의 문란에 있다고 보고, 삼정의 이정釐整도 환곡 문제를 중심으로 강구하였다. 그는 당시 농민항쟁이 구래의 토지 소유 구조에서 비롯되었다는 것을 인식하지 못했다. 그는 도결都結의 폐단이 심각하다는 것을 지적하면서도 그 피해를 입지 않은 무전無田 농민층이 항쟁을 주도한 것을 이해하지 못했다. 오히려 그는 이를 지주나 부농들의 소행이라고 보았으며, 따라서 토지 재분배론을 명확하게 제기하지는 않았다.6)

---

5) 金容燮, 〈哲宗 壬戌改革에서의 應旨三政疏와 그 農業論〉, 《韓國史研究》 10, 1974(〈哲宗朝의 應旨三政疏와 三政釐整策〉, 《韓國近代農業史研究〔Ⅰ〕》 지식산업사, 2004).

한편, 대원군과 북학파 후예들은 서양에 대해 기본적으로 해방海防의 입장에 서 있었다. 당시 서양의 침략에 대해서 대체로 척사론과 해방론海防論이 제기되었는데, 서양 종교를 배척한 점에서는 두 입장이 동일하였다.7) 그러나 북학론을 계승한 논자들은 해방을 위해 서양기술은 수용할 수 있다는 입장을 취하였다.

해방론의 형성에 영향을 준 것은 위원魏源의 《해국도지海國圖志》였다. 이 책은 아편전쟁(제1차 중영전쟁) 패배에 자극 받아 편찬된 것으로, 세계 지리, 각국의 연혁, 종교, 역법 등을 소개하고, 군함·대포·망원경 등 서양 기기의 제작법까지 소상하게 기술하고 있었다. 이 책에서는 '사이장기師夷長技', 곧 서양의 장기인 전함戰艦·화기火器·양병養兵 등을 채용하여 서양을 방어하자는 해방론을 주장하였다.

6) 박규수가 토지 재분배론을 직접적으로 언급한 글은 없다. 다만 〈答金德崧論箕田存疑〉(《瓛齋集》 권4)의 해석을 둘러싸고 약간의 논란이 제기되고 있다. 김용섭은 박규수가 기자箕子의 정전井田 시행에 대해서 비판적, 회의적이었던 점을 지적하였다(〈甲申·甲午改革期 開化派의 農業論〉, 《韓國近代農業史研究〔Ⅱ〕》, 지식산업사, 2004, 41쪽). 그런데 같은 책 107쪽 보주補註에서 박규수가 기자 정전을 부정하지는 않았지만, 이 정전은 평양에서만 시행되고 전국적으로는 시행되지 않았다고 파악하였는데, 이는 그 전에 다른 유학자들이 기자 정전제가 전국적, 제도적으로 시행했다고 본 점을 비판한 것이라고 분석하였다. 이에 비해 손형부는 박규수가 박지원이나 서유구의 농업론에 영향을 받아 기자의 정전 시행을 인정하고 토지의 재분배론을 수용하였으나, 고관을 지낸 자신의 위치에서 이를 조정에 정면으로 제기하지 못하고, 그 차선책만 개진하였다고 보았다(《朴珪壽의 開化思想研究》, 일조각, 1997, 22~23쪽). 한편, 김명호는 박규수가 조부 박지원의 견해를 계승하여, 평양의 정전은 기자가 시행한 은나라 토지제도의 유적이라고 하고, 연암 이전에 여러 논자들이 기자정전론을 한전론이나 균전론 같은 토지개혁론의 근거로 삼고 있었던 점을 통해 박규수의 토지문제에 대한 생각을 짐작할 수 있다고 하였다(김명호, 《환재 박규수 연구》, 창비, 2008, 296~297쪽).

7) 이완재는 박규수의 논리도 척사론으로 규정하고, 이항로, 김평묵 등의 척사론은 폐쇄적, 배타적이라면 박규수, 윤종의 등의 척사론은 개방적, 수용적이라고 구분하고 있다(《朴珪壽 研究》, 집문당, 1999, 144쪽).

《해국도지》는 1845년 연행사 권대긍權大肯이 국내에 들여와 김정희, 박규수 등에게 영향을 주었으며,[8] 당시 유자층이 서양 사정을 파악하는 길잡이가 되었다.

박규수는 북학론의 전통에서 서교西敎를 이단異端, 사교邪敎로 규정하고 적극적으로 배척하였다. 박규수는 윤종의尹宗儀의 《벽위신편闢衛新編》[9]을 평하는 글(〈벽위신편평어闢衛新編評語〉)에서 천주교를 사교로 규정하였다.[10] 천주교의 '천天'은 서양의 어느 한 오랑캐가 다른 잡신들을 능가하기 위해서 고안해 낸 것이라는 점, 또 천주가 야소耶蘇로 강생降生하였다는 것은 중국 고대의 신화처럼 황당하다는 점, 그리고 서교의 교파가 셋(가톨릭, 프로테스탄트, 그리스정교)으로 나뉘어 서로 대립하고 있는 점 등이 그 이유였다. 박규수는 서양 사람들이 이런 종교를 전파하려는 것은 민지民志를 유혹하고, 결국 우리를 침략, 탈취하기 위함이라고 보았다. 그는 천주교 침략

---

8) 李光麟, 〈海國圖志의 韓國 傳來와 그 影響〉, 《개정판 韓國開化史研究》, 일조각, 1974. 다른 연구에서는 《해국도지》를 들여온 오경석吳慶錫을 1853~59년경에 개화사상을 형성한 최초의 선각자라고 지적하기도 한다(愼鏞廈, 〈오경석의 개화사상과 개화활동〉, 《歷史學報》 107, 1985). 그러나 《해국도지》가 해방론의 차원에서 쓰인 것이고, 조선의 식자층도 서양기술을 도입하여 서양을 막자는 차원에서 이 책에 주목하였다. 《해국도지》의 전래 이후 (전기前期)양무개화론이 형성되었다는 연구도 있다(靑木功一, 〈朴泳孝の民本主義·新民論·民族革命論(二)〉, 《朝鮮學報》 82, 1977, 172쪽).

9) 윤종의의 《벽위신편》은 "邪敎를 誅滅하는 방법으로는 革心케하는 것이 상책이요, 外寇를 방어하는 요령으로는 敵情을 캐내는 것이 급선무"라고 한 바와 같이, 천주교를 배격하고 외구外寇를 방어하기 위해 쓴 책으로, 척사론과 해외 사정 및 해방책海防策에 관한 글들(《황조경세문편皇朝經世文編》 등)을 모아 편찬되었다. 1848년에 일단 완성한 뒤, 1850년대에는 《해국도지》와 《영환지략瀛環志略》의 일부 내용을 추가하였으며, 만년인 1880년대까지 보완 작업을 계속하였다. 천주교의 교리를 비판한 단순한 척사론이 아니라, 척사론을 해방책과 결합하여 그 대안을 모색하였다. 이에 대해서는 김명호, 앞의 책(2008), 271~278쪽.

10) 이 글에 대한 분석은 김명호, 앞의 책(2008), 279~285쪽.

을 막는 것이 제일 긴요하고, 이를 위해서 무엇보다 정학正學, 곧 유
교를 밝혀야 한다고 주장하였다.

> 지금의 戎狄을 방어하는 일은 주나라, 한나라 때 戎狄을 방어하는 일과
> 다르다. 마땅히 正學을 밝히고 邪說을 없애는 것을 주로 해야 한다.11)

이와 동시에 박규수는 일반 사람도 천주교의 잘못된 교리를 아
는 것이 중요하다고 하였다. 중국이 마카오의 서양 사람에게 그들
의 도리서道理書를 한문으로 번역하여 바치게 한 것처럼, 먼저 천주
교의 교리를 한문으로 번역하고, 다음으로 유학자들로 하여금 그
교리서를 비판하는 책을 간행하여, 백성들을 교화시켜야 한다고 하
였다.12)

나아가 박규수는 서학을 비판하면서 동시에 유교의 이치가 서양
에도 전파될 것으로 확신하였다.

> 중국의 서적이 날로 해외로 흘러 나가, 싱가폴이나 말레이시아에서는 華
> 夷를 번역하고 교습하는 것이 千萬에 이른다. …… 혹 저 夷狄들이 중국 성인
> 의 서적을 열심히 오랫동안 익혀, 홀연히 걸출한 인물이 깨달아 하루아침에
> 바른 것(正)으로 돌아오는 것이 없지 않을 것이다.13)

유교의 우월성에 대한 박규수의 확신은 이 밖에도 여러 차례 표

---

11) 《朴瓛齋文》〈闢衛新編評語〉(《朝鮮學報》87, 1978, 252쪽).
12) 《朴瓛齋文》〈闢衛新編評語〉(위의 책, 251~252쪽).
13) 《朴瓛齋文》〈闢衛新編評語〉(위의 책, 253쪽). 이런 생각이나 표현은 《海國圖志》
    의 내용에 근거한 것이었다.

현되었다. 박규수는 일월日月같이 빛나는 공자·주공周公의 사상은 육경六經에 담겨 있고, 그런 성인의 가르침이 해외로 나가게 되면 깨달은 자가 나와 자기 인민을 선도하게 될 것이라 하였으며, 또 중국에 도가 있으므로 사방의 오랑캐가 머리 숙이고 귀의하여 같은 문자를 쓰겠다고 하면 오는 자는 받아들여야 할 것이라고 하였다.14) 김윤식의 회고에 따르면 박규수는 병인양요 당시에도 유교가 점차 서양으로 나아갈 것으로 보았고,15) 또 "사람들은 서법西法이 동래東來하면 이적·금수가 되는 것을 면치 못한다고 하지만 나는 이를 동교東敎가 서쪽으로 전해지는 조짐으로 여기니, 이적·금수가 장차 모두 감화되어 사람으로 될 것이다"라고 하였다.16)

　이처럼 박규수는 천주교를 사교邪敎로 비판하면서도, 동시에 서양의 기예가 발달했던 점은 인정하였다. 서양에서 천주의 존재를 신봉하기 때문에 천문 관측을 정밀하게 하여 산수算數에 밝을 수 있다는 것이었다. 그런데 박규수는 이 또한 중국에서 전해진 '서학중원

---

14) 《瓛齋集》 권4, 〈地勢儀銘幷序〉〔《朴珪壽全集(上)》, 아세아문화사, 214~215쪽
　　)〕. "성인의 교화 두루 미치어 / 세월 갈수록 더욱 빛나네 / 수만 축의 중국 서적
　　 들 / 한창 해외로 수출되니 / 동서남북 수만 리에 / 총명한 사람 하나 없으랴 / 시
　　 원스레 깨우치고서 / 제 인민을 선도하리라 / 중국에는 도가 있기에 / 사방 오랑캐
　　 들 머리를 조아리네 / 귀순하여 같은 문자 쓴다면 / 오는 자를 받아들이고 말고"
　　 〔김명호, 앞의 책(2008), 593쪽〕.

15) 金允植, 《續陰晴史(上)》 고종 27년(1890) 7월 15일(국사편찬위원회, 125쪽).
　　 "덕국에서 孔孟學校를 설립하고 중국에서 名儒를 초빙하니 학도가 수천 명 ……
　　 병인양요 시에 사람들이 모두 西學에 물드는 것을 우려하였지만 환재는 홀로 吾道
　　 가 점차 서양으로 나아가지 않으랴"라고 하였다.

16) 《續陰晴史(上)》 고종 28년(1891) 2월 17일(157쪽). "또 옛날 환재 상공이 말
　　 씀하시기를 '사람들은 서법이 東來하면 이적 금수가 됨을 면치 못하리라 했지만
　　 나는 이를 동교가 서방으로 전파되는 조짐으로 여기며 이적 금수는 장차 모두 감
　　 화되어 사람이 될 것이다'라고 하셨는데, 근래 들으니 덕국이 한문학교를 세우고
　　 性命之學을 가르친다 하니 환재의 말씀이 거의 들어맞는 것 같다."

설西學中源說’에 의거하였다. 즉 서양의 역법은 주진周秦 때에 역산을
담당하는 주인疇人의 자제가 오랑캐 땅으로 흘러들어 전해졌는데,
서양 사람들이 이를 더욱 정교하게 발달시킨 것으로 보았으며,[17]
서양의 지원설地圓說도 이미 중국 고대에서 밝힌 것이라고 하였
다.[18] 비록 서양의 기예가 뛰어날 수 있지만, 서양인들은 유교와 같
은 대도大道를 알지 못하기 때문에 목수나 수레 만드는 사람이 천덕
天德과 왕도王道를 말할 수 없는 것과 같다고 단정하였다.[19]

　박규수가 서양기술을 인정한 것은 《해국도지》의 영향 속에서 서
양의 사정을 파악하고, 또 서양을 막자는 ‘해방’의 차원이었다. 가령
그는 《해국도지》에 의거하여 지세의地勢儀라는 기구를 만들었는
데,[20] 서양의 침입에 대비하기 위해서는 우선 세계의 지리, 거리와
시각, 각국의 위치, 동서의 세력 판도 등을 알아야 한다는 점 때문
이었다.[21] 서교를 반대한 점은 척사론과 같지만, 서양기술의 수용
을 용인하고, 또 서양과의 교섭에 능동적, 개방적으로 대처하려는
점은 근본적으로 달랐다.

　박규수의 논의는 19세기 전반 이후 집권 유자층의 공통된 인식

---

17) 《朴瓛齋文》〈闢衛新編評語〉(앞의 책, 251쪽).
18) 《瓛齋集》 권4, 〈地勢儀銘并序〉(《朴珪壽全集(上)》, 207~208쪽). 지구가 둥글
　　다는 것을 중국에서는 이미 알고 있었지만, 서양인들은 실제 항해를 해 보고 알았
　　을 정도로 지둔遲鈍하다고 하였다. 이런 점에 대해서는 김명호, 앞의 책, 2008,
　　585~591쪽 참조.
19) 《朴瓛齋文》〈闢衛新編評語〉(앞의 책, 251쪽).
20) 박규수는 박지원이 중국에서 사 가지고 왔다는 지구의地球儀(많은 연구에서는
　　박규수가 《해국도지》에 의거하여 만든 지세의로 추정하고 있다)를 돌리면서 박규
　　수는 김옥균에게 “오늘에 중국이 어디 있느냐. 저리 돌리면 美國이 中國이 되며,
　　이리 돌리면 朝鮮이 중국이 되어 어느 나라든지 中으로 돌리면 중국이 되나니, 오
　　늘에 어디 定한 中國이 있느냐”라고 하였다고 한다(《丹齋申采浩全集(下)》, 〈地動
　　說의 效力〉, 형설출판사, 384쪽).
21) 孫炯富, 앞의 책(1997), 59~60쪽.

이었다. 해방의 차원에서 서양기술을 수용하자는 논의는 점차 확산되어 갔다.22) 서양 무기에 관심을 기울이고, 《해국도지》에 따라 무기를 제조하자는 논의도 대두되었다. 김윤식은 "양이洋夷의 장점은 적은 병력으로 정예이고, 무기가 편리하고 날카로움"에 있다고 하고, 이를 방어하는 '어양지도禦洋之道'를 강구하기 위해서는 수천만의 군대를 동원해도 소용없고, 정교한 대포를 요험지要險地에 배치하여 한방에 적선을 명중시켜야 한다고 하였다. 정교한 대포를 만들기 위해서 그는 이 책의 〈주해편籌海編〉에 있는 대포大砲, 활차滑車, 교가絞架, 강총扛銃, 대포擡砲, 수뢰차水雷車 등을 제조하고, 또 손돌항孫乭項, 갑곶진, 통진, 양화진 등의 연해 요해처에 포대를 구축하자고 하였다.23) 대원군도 부국강병정책을 추구하면서 《해국도지》를 활용하여 전선戰船, 수뢰포水雷砲, 마반포차磨盤礮車 등과 중화기를 운반하기 위한 거중기와 화약 등을 제조하였다.24)

　박규수는 대원군 집권기에 줄곧 중용되었다.25) 그는 대원군이 주도한 경복궁 중건에 협조하였으며, 만동묘 철폐에 대해서는 소극적이지만 외형적으로 협조하였다. 그 결과 박규수는 영전하여 평안감사가 되었다. 대외 문제 인식에서도 대원군과 큰 차이가 없었다. 《해국도지》에 의거하여 서양기술을 활용해서 군비를 튼튼하게 하여 서양을 막아야 한다는 점에서도 다르지 않았다. 1861년 박규수의 청국 사행

22) 노대환, 《동도서기론 형성 과정 연구》, 일지사, 2005.
23) 《雲養集》 권11, 〈洋擾時答某人書〉(《金允植全集 (貳)》, 아세아문화사, 289쪽).
24) 연갑수, 《대원군 집권기 부국강병정책 연구》, 서울대출판부, 2001, 186~205쪽 참조. 이런 군비 증강을 통한 강병책에 중요한 역할을 했던 사람이 김정희의 제자였던 신헌(신관호申觀浩)이었다. 병인양요 다음해인 1867년 《해국도지》에 의거하여 수뢰포를 만든 공로로 신관호의 벼슬 지위가 올라갔다(《承政院日記》 고종 4년 (1867) 9월 11일).
25) 대원군 집권 시기의 박규수에 대해서는 金明昊, 앞의 글(2001) 참조.

은 서양의 침략에 피해를 받은 청국을 의리상 위문하고, 또 청의 세
력이 회복되면 그 도움을 받기 위한 것이 목적이었지만, 동시에 '비
어지도備禦之道'를 수립하기 위해 서양 열강의 허실(습속의 편부便否,
지기志氣의 대소, 기용器用의 이둔利鈍, 행사行師의 율律, 어민禦民의
도道 등)을 정탐하고자 한 것이었다. 당시 박규수는 대청 관계를 유
지하고, 이를 이용하여 서양 침략을 대비해야 한다고 하였다.[26]

　이처럼 박규수는 북학론의 서양 인식 논리에 따라 서양의 종교
를 배척하고, 유교의 우월성을 확신하였다. 그러면서 동시에 시대의
변화에 따라 서양기술은 서양을 막기 위한 해방의 차원에서 필
요하다고 보았다. 그리하여 그의 사상은 오랑캐에서 배울 것이
있다는 이무론夷務論에서 점차 서양의 기술을 배우자는 양무론으
로 변용되고 있었다.[27]

(2) 문호개방론의 등장과 성격

　흔히 1860～70년대 초, 박규수가 대외 문호개방, 그 가운데서도 미
국과 수교를 구상하고 있었다고 지적되고 있다.[28] 이는 1911～1912년

---

26) 孫炯富, 앞의 책(1997), 97～126쪽. 박규수는 사행 보고를 통해 중국이 내란으
　로 힘을 허비하고, 내외정內外政의 문란으로 쇠약해졌다는 점, 또 서양은 중국의
　토지 침탈에 뜻을 두지 않고 오로지 통상과 종교의 포교에 주력하고 있는 점 등을
　거론하였다.

27) 이완재는 박규수, 윤종의 등의 개방적, 수용적인 '해방론적 척사론'은, 개화
　사상의 한 형태라고 할 수 있는 동도서기론적 수용태세로의 사상적 전환으로
　이해해야 한다고 하였으며, 양무론과 결부시켜 생각할 수 있는 것이라고 하였
　다(앞의 책(1999), 143～144쪽, 232쪽). 또한 김명호도 박규수가 이미
　1840년대 전후에 '동도서기론'의 맹아적 형태로 학문적 변화를 보였다고 분
　석하였다((김명호, 앞의 책(2008)).

28) 박규수의 대미개국론對美開國論에 대해서는 孫炯富〈朴珪壽의 對美開國論〉, 앞
　의 책(1997), 제2편 제2장 ; 송병기, 〈박규수의 대미개국론〉, 《한국, 미국과의 첫
　만남》, 고즈원, 2005 등.

무렵, 박규수의 《환재집瓛齋集》을 편집했던 김윤식의 회고에서 언급
된 것이다. 김윤식은 박규수가 당시를 춘추전국시대처럼 강국이 대치
하는 상황이라고 보고, 그 가운데 미국이 공평하고 부유하다는 점을
거론하였으며, "저쪽에서는 비록 말이 없더라도 우리는 마땅히 먼저
수교修交 맺기를 힘써 굳은 맹약을 체결하면 고립되는 우환을 면할
것"이라 하였다고 하였다.29)

　　하지만 박규수는 미국을 호의적으로 파악하고 있었지만, 미국과
수교를 구상하지는 않았다. 제너럴셔먼호 사건(1866) 당시, 평안감
사로 이를 지휘하였던 박규수는 이후 와츄셋호, 셰넌도어호, 그리고
신미양요(1871) 과정에서 미국에 대한 대응 지휘, 관련 문서 작성
등에 직접적으로 관여하였다. 박규수는 줄곧 미국과 무력적 대립보
다는 대화와 설득을 통해 분규를 해결하고자 노력하였고, 이를 위한
외교적 노력으로 청국에 보내는 자문咨文 작성에 힘을 기울였다. 미
국을 호의적으로 소개한 《해국도지》의 영향, 그리고 셰넌도어호 내
항 당시의 접촉 경험으로 박규수는 미국에 대한 호감을 가지고 있었
고, 미국을 대화와 설득이 가능한 상대로 여겼다. 하지만 그는 미국
과 수교까지 언급하지는 않았다. 박규수는 여전히 유교적 세계관에

---

29) 《瓛齋集》 권7, 〈美國兵船滋憂咨〉(《朴珪壽全集(上)》, 467~469쪽). 김윤식은
　　박규수가 "지금 세계를 돌아보니 정세가 날로 변하여 동서의 강국이 대치하고 있
　　으니, 옛날 춘추 열국시대와 마찬가지라. 동맹과 침략으로 장차 분쟁을 이겨내지
　　못할 것이다. (…) 나는 미국이 지구 상의 여러 나라 가운데 가장 공평하기로 이
　　름나 있고, 분쟁을 잘 해결하며, 또 六洲에서 가장 부유하고 영토를 확장하려는 욕
　　심이 없다고 들었다. 저쪽에서는 비록 말이 없더라도 우리는 마땅히 먼저 修交 맺
　　기를 힘써 굳은 맹약을 체결하면 고립되는 우환을 면할 것이다. 그런데도 도리어
　　밀어서 물리친다면 어찌 나라를 도모하는 길이겠는가"라고 하였다고 하였으며, 당
　　시 박규수가 작성한 외교 문서에서 이런 의사가 없는 것은 "나라를 팔았다는 죄를
　　면하기 위해" 자신의 뜻과 달리 작성하였기 때문이라고 하였다. 그러나 이런 지적
　　은 훗날 김윤식의 생각이 많이 첨부된 것으로 보인다.

따라 유교의 우월성을 확신하고, 동서 교섭에서 자신감을 보였으며, 서양과의 분규도 무모한 척화보다는 대화와 설득으로 풀어야 할 것으로 생각하였다.30) 당시 고종을 비롯한 조선 정부의 입장도 서양과의 수교에 대해서는 단호하였다.31) 핵심적 집권 관료였던 박규수가 이런 입장을 벗어날 수는 없었을 것이다.

그러나 서양기술을 받아들여 서양을 막자는 해방론은 급변하는 정세에 따라 변하였다. 서양 인식의 변화와 기술 수용의 긴급성, 그리고 통상 무역의 중요성이 제기되면서 '문호개방론門戶開放論'32)이 등장하게 되었다. 박규수가 이런 흐름을 잘 보여 주는데, 그가 이런 생각을 가지게 된 것은 1872년 중국 사행 이후였다.33) 이때 그는 유교적 체제 안에서 서양과의 통교와 문물 수용이 별로 문제가 되지 않을 것으로 판단하였다. 그는 청과 양이가 대등한 위치에서 외교 관계가 수립되어 있다는 점을 지적하

---

30) 김명호, 《초기 한미관계의 재조명 −셔먼호 사건에서 신미양요까지−》, 역사비평사, 2005.

31) 가령 "저들 오랑캐들과 和好하고자 하는 자가 있는 것 같은데 어쩌자고 하는 것인지 알 수 없다. 수천 년의 禮儀之國으로 어찌 犬羊과 더불어 화화하려고 하는가 (……) 만약 和자로 말하고자 하는 자가 있으면 賣國之律로 시행하라"고 하였다〔《承政院日記》 고종 8년(1871) 4월 25일〕.

32) 일반적으로 이를 '개국론開國論'이라고 표현하고 있다. 그런데 '개국'이라는 용어는 '쇄국'이라는 것과 마찬가지로 일본에서 사용하던 말이다. 일본에서는 막부의 대외 관계를 '쇄국'이라고 보고, 이에 대응하는 개념으로 '개국'을 사용하였다. 그러나 당시 조선에서의 '개국'은 나라를 처음 연 것, 곧 '건국'을 의미하였다. 후일 갑오개혁 시에 연호를 바꾸어 '개국기원開國紀元'으로 사용하고 있음에서 알 수 있다. 적당하지 않는 '개국'이라는 말 대신에 '문호개방', '개항' 등으로 이를 표현하는 것이 옳을 것이다. 그리고 중국, 일본 외의 국가에 문호를 개방한다는 것은 전근대적 화이관이 변하고, 이른바 만국공법적 질서를 수용해야 가능하였는데, 이런 점에서 엄밀한 문호개방론은 1880년대에 들어서 정착되었다.

33) 박규수의 문호개방론에 대해서는 孫炯富, 앞의 책(1997); 李完宰, 《韓國近代 初期開化思想의 硏究》, 한양대학교출판부, 1998 등 참조.

였으며, 청에서 전개된 양무운동으로 양화洋貨 매매, 서양인의 무기·화륜선 판매 등에서도 점차 중국의 이익이 늘어나고 서양인의 이익은 줄어들고 있다고 보았다.34) 그는 해외 무역을 하게 되면 국가의 재정도 확충되어 부강하게 될 수 있다고 생각하였다.35) 요컨대 서양과 통교하더라도 문제가 없을 뿐 아니라, 서양 기술을 배우면 서양의 이익 수취에도 대처할 수 있고, 또 통상 무역을 하면 정부는 말할 것 없이 일반인도 이익을 보게 될 수도 있다고 파악한 것이었다.

이런 와중에 일본과 '서계書契 문제'가 일어났다. 메이지유신 이후 일본이 스스로 황실皇室, 칙勅 등으로 높여 부르면서 우리를 귀국貴國이라고 낮추어 표현하고, 조선이 조급造給한 도서圖書를 사용하지 않고 스스로 만든 인신印信으로 날인한 점 등이 문제가 되었다. 그러나 박규수는 이를 문제 삼을 필요가 없다고 보았다. 그는 일본이 자존自尊하는 것 자체가 타국인 우리에게는 아무 상관이 없다고 하였고, 또 도서, 서폭書幅, 봉투封套 등의 문제는 큰일이 아니므로 신경 쓸 필요가 없다고 하였다.36)

오히려 박규수는 일본과 통교는 하는 수 없다고 생각하였다. 일본과는 구래의 형식보다 현실적으로 대응해야 하며, 더욱이 삼면이 바다인 우리나라 현실과 백성을 위해서 통교가 필요하다고 판단하였

---

34) 《日省錄》 고종 9년(1872) 12월 26일.
35) 《日省錄》 고종 11년(1874) 6월 25일. "서양 각국은 오로지 교역 상판을 중히 여기는데, 출항하는 상선을 모두 장부에 기재하고 그 화물을 계산하여 세금을 받아 이것을 나라의 재정으로 삼으며, 이것이 그들이 자랑하는 부강의 방법 …… 서양 각국이 일본과 통상한 것은 대개 백 년 이전부터였다. …… 그 군주가 사교에 빠져서 양이가 이를 돕기 때문이다. 이로써 일본은 양이를 따라서 중국에 교역을 청하였고, 중국 또한 이를 허락하였다."
36) 《瓛齋集》 권11, 〈答上大院君〉 甲戌(《朴珪壽全集(上)》, 750~752쪽).

다. 곧 우리 상인이나 어부가 일본에 표류하는 일이 일 년에도 수십
차례나 일어나기 때문에 일본과는 신의에 의거한 교린 관계가 필요
하다는 것이었다.[37] 만약 우리가 서계를 거부하고 수호를 거부하면
원한을 품게 된 일본이 무력으로 침략할 것이고, 이에 우리를 엿보고
있던 서양도 합세하게 되면 대응할 양책良策이 없다는 점도 지적하였
다.[38] 박규수는 일본과 3백 년 동안 이어진 교린을 복구한다는 명분
아래, 그리고 현실적으로는 일본에게 침략의 빌미를 제공하지 않기
위해서, 예를 갖추어 상대하고 통교해야 한다고 주장하였다.

　　박규수를 비롯하여 개항 전후 북학론을 계승하고 있던 집권세력
은 그들 집권층의 전통적 현실 대응 노선을 견지하는 방향에서 개항
전후의 현실 문제에 접근하였다. 정도의 차이는 있었지만, 18세
기 후반 이래 그들은 서양 문물의 중국원류설에 근거하여 이를
수용할 수 있다고 생각하였다. 대원군 집권기에 박규수가 요직에
등용될 수 있었던 것은 그들의 학문적 연원이 같고, 또 현실 문
제에 대한 대응책에서 서양 침입을 막아야 한다는 해방론이나,
농민항쟁을 수습하기 위한 보수적 개혁의 방안에서도 서로 견해
를 같이 하였기 때문이었다. 그러나 그 뒤 대외 문제를 둘러싸고
의견을 달리하면서 박규수 등은 대원군과 결별하게 되었고, 고종 친
정 아래에서 새로운 '문호개방론'으로 전환하였다.

37) 《瓛齋集》 권11, 〈答上大院君〉 乙亥 5月(《朴珪壽全集(上)》, 762쪽).
38) 《瓛齋集》 권11, 〈答上大院君〉 乙亥 正月(《朴珪壽全集(上)》, 754~756쪽).

2) 양무개혁론의 형성과 발전: 김윤식의 유교적 시무론

(1) 유교문명관과 서양기술

북학론의 학문적 전통에서 제기된 해방론, 문호개방론은 박규수를 비롯한 당시 집권세력, 그 가운데서도 서울 지역 노론 세력이 공유하던 논의였다. 이런 점에서 북학론의 후예들이 가졌던 근대개혁론은 남인 계열의 실학자들이 제기한 토지개혁론, 변법적 사회개혁론과는 그 입장을 달리한 것이었다. 북학론도 토지개혁과 상품화폐경제의 발전을 결합하여 사회개혁을 구상하기도 했지만, 최고위 집권층이 되었던 박규수는 그렇지 않았다. 박규수의 학문은 북학론을 대표하던 박지원의 학문에서도 후퇴한 모습이었다. 이런 현상은 서양 침략이라는 시대적 급박성에만 그 원인을 돌릴 수 없는 것으로, 당시 집권세력의 제약성이기도 하였다.

서양의 종교와 과학기술을 분리하여, 종교는 반대하되 중국에 연원을 둔 과학기술은 수용하여 서양의 침략을 막아야 한다는 북학론, 해방론은 이제 양무론, 곧 양무개혁론으로 발전하여 갔다. 양무개혁론의 논리 구조는 19세기 초반 이후 서울 지역 유자층이 공유하던 동도서기론이었다.[39]

---

39) 동도서기론에 대한 연구 경향에 대해서는 노대환, 앞의 책(2005), 9~21쪽 참조. 일반적으로 1880년대 초반 정부의 개혁사업과 집권세력의 논리로 동도서기론을 사용하고 있다(韓㳓劤, 〈開港 當時의 危機意識과 開化思想〉, 《韓國史硏究》 2, 1968(《韓國開港期의 商業硏究》, 일조각, 1970)]. 그러나 동도서기론의 구조는 이미 19세기 초엽부터 나타나기 시작하였으며(權五榮, 《崔漢綺의 학문과 사상 연구》, 집문당, 1999; 유봉학, 〈19세기 京華士族의 生涯와 思想 - 惠岡 崔漢綺를 중심으로〉, 《서울학연구》 2, 1994 등), 역사적으로 병인양요 이후에서 1880년대 초반에 이르면서 형성되었다고 하였다(노대환, 앞의 책(2005)]. 또한 1840년대

박규수의 뒤를 이어 집권층의 유교적 대응을 체계화한 사람은 김윤식金允植(1835~1921)이었다.[40] 김윤식은 청풍 김씨 김육金堉의 후손으로 노론 낙론 계열의 북학론을 익혔다. 8세 때 부모가 돌아가자 그는 이듬해 숙부 청은군淸恩君 김익정金益鼎(1803~1879)이 있던 양근의 귀천歸川으로 이사하여, 사촌인 김원식金元植, 완식完植, 만식晩植 등과 소산小山 김상필金尙弼 아래에서 수학하였다. 16세 때에 한양으로 옮긴 뒤에는 봉서鳳棲 유신환兪莘煥(1801~1859)의 제자가 되었다.[41] 낙론의 학통을 이어받은 유신환의 문하에는 민영목, 민태호, 민규호 등 민씨 세력과 김만식, 김광식, 한장석韓章錫, 남정철, 서응순徐應淳 등이 수학하였다. 25세 때, 유신환이 사망하자 김윤식은 다시 박규수의 문하에서 수학하였다. 숙모(김익정의 부인)가 박지원의 손녀(박규수의 사촌 누이)였던 점도 연관이 있었다. 이런 수학 과정을 통해 김윤식은 당시 집권세력의 북학론을 배우고, 또 민씨 세력을 비롯한 당시의 노론 명문세력, 그리고 박규수 문하의 김옥균, 박영효, 유길준 등과 사상적, 정치적 관계를 맺게 되었다.

김윤식은 31세 때 음관蔭官으로 출사하여 말단인 건침랑健寢郞이 되었으나 사직하였다. 40세 되던 고종 11년(1874) 3월, 창경궁의

박규수의 논리도 동도서기론이었다(김명호, 앞의 책(2008)). 이와 같이 동도서기론은 연구자의 입장에 따라서 매우 다양하였다. 분명하게 1880년대 초반 서양기술수용의 논리 구조는 동도서기론이었지만 개화, 문명화라는 차원에서 본다면 19세기 초·중반의 그것과는 다르다. '동도서기'라는 용어의 의미에만 집착하여 개화사상의 원류를 19세기 초엽의 최한기, 혹은 중엽의 오경석 등으로 올려 볼 우려도 있게 된다. '동도서기'라는 말은 서양을 만난 유자층의 일반적인 대응 논리였고, 시의성을 지니는 역사적 용어로는 부적당하다. 결국 서양의 문명과 유교를 어떻게 결합하여 근대개혁을 추진할 것인가에 논의의 핵심이 있다고 할 것이다.

40) 김윤식의 유교적 근대화에 대해서는 김성배, 《유교적 사유와 근대 국제정치의 상상력 - 구한말 김윤식의 유교적 근대 수용》, 창비, 2009 참조.

41) 盧大煥, 앞의 글(1993).

춘당대에서 열린 춘도기春到記 선발을 거쳐 바로 전시殿試에 응시하여[42] 대과에 급제하였다. 춘도기를 관장하던 독권관讀券官이 당시 우의정이었던 박규수였다. 이후 김윤식은 민씨 정권 아래에서 승진 가도를 달려 1880년대 초 정부의 근대화 양무사업의 핵심 인물이 되었다.

개항 전후, 국내의 가장 중요한 현안은 농민층의 몰락과 농민항쟁이었다. 김윤식은 농민층 안정을 위해 유교적 이념에 따라 지배층, 지주층의 입장에서 방안을 마련하였다. 김윤식의 스승 유신환은 농민경제의 균산화를 지향하지만, 토지개혁을 통한 균산화에 대해서는 의문을 제기하고, 농업 문제는 토지 소유의 균등화보다는 조세체제를 정비하는 것이 더 중요하다고 보았다. 곧 세를 전결田結에 집중시키고 이를 지주에게 부담시켜 농민 몰락을 막자는 것이었다. 유신환의 제자 가운데 서응순은 정전제를 이상으로 보면서도 현실적으로 실현하기 어렵다는 점에서 한전제를 주장하였다. 그런 반면 김윤식은 정전제가 실현 불가능하다고 보고, 조세제도의 개혁을 통하여 균부均富의 이념을 실현하고자 하였다.[43]

북학론의 계승은 서양문명을 보는 관점에서 잘 드러났다. 김윤식은 북학론의 전통 위에서 서양기술은 수용할 수 있다고 보았다. 앞서 본 바와 같이, 김윤식은 서양을 막기 위해서는 서양의 정교한 대포를 제조하고 이를 적이 침범하는 요충지에 배치하자고 하였다. 김윤식은 척사론을 "부패한 유자의 물정 어두운 생각이고 시무時務에

---

42) 《承政院日記》고종 11년(1874) 3월 1일.
43) 유신환은 토지개혁론을 구상하였고, 서응순은 이를 철저하게 따랐으며, 서응순의 토지개혁론은 박지원과 통하는 것이었다. 그러나 김윤식은 이를 따르지 않았다(김용섭, 〈甲申・甲午改革期 開化派의 農業論〉, 앞의 책(2004), 지식산업사, 42~49쪽)].

는 적당하지 않는 것〔腐儒迂見 無當於時務者〕"이라고 비판하였다. 그는 당시의 시세에서 해야 할 '시무'로 서양 기계를 꼽았다.44)

서양기술을 배우는 것은 '시무'이지만, 김윤식은 조선의 유교가 여전히 '문명'이라고 확신하였다. 당시 일본에서 흘러 들어온 '개화', '문명개화'라는 말이 제기되고 있었는데, 김윤식은 '개화'가 곧 서양 문명을 받아들이는 것이라고 생각하지 않았다. 갑신정변을 일으킨 사람들이 서양문명을 받아들이는 것을 '개화'라고 한 것에 대해, 다음과 같이 비판하였다.

> 나는 일찍이 開化之說을 심히 이상하게 여겼었다. 무릇 개화라는 것은 수풀이 우거지고 날짐승이 뛰는 변방의 미개한 풍속을 변화시키는 것이다. (그런데) 歐洲의 풍속을 듣고 점차 고쳐나가는 것을 開化라고 한다. 우리 東土는 문명의 땅이니 다시 무엇을 개화할 것이 있겠는가? 甲申 諸賊이 歐洲를 誠尊하고, 堯舜을 천하게 여기고 孔孟을 폄하하여 彝倫之道를 야만이라 일컬어 그 道를 바꾸고자 하는 것을 개화라고 칭한다. 이는 天理가 멸절한 것이니, 모자와 신발을 거꾸로 쓰는 것과 같다. 어찌 士君子가 이를 입에 올릴 수 있겠는가.45)

김윤식은 우리나라가 이미 유교가 있는 '문명의 땅'이니 다시 '개화' 할 필요는 없다고 보았다. 서양의 풍속을 따르는 것을 개화라고 하는 것은 결국 공자와 맹자의 이륜지도彝倫之道, 유교를 야만으로 여기는 것이므로, 이에 동의하지 않았다. 그는 변방의 미개를 개화로 변화시키는 것은 오직 유교만이 가능하다고 확신하였다. 이 글을 쓴 1890년대 초반에도 여전히 유교적 문명관을 고수하고 있었던 것이다.

---

44) 《雲養集》 권11 〈洋擾時答某人書〉(《金允植全集 (貳)》, 289~290).
45) 《續陰晴史(上)》 辛卯(1891) 2월 17일 〈宜田記述評語三十四則〉 (156쪽).

또한 김윤식은 당시 개화파들이 자신들의 '개화' 사업을 시세의 변화에 따라 마땅히 해야 할 '시무'라고 하는 것에도 동의하지 않았다.

> 그들이 말하는 '개발 변화'라는 것은 겉만 번지르르하게 꾸민 말이며, 이른바 개화라는 것을 곧 時務라고들 말한다. 조나라 武寧王이 中山을 정벌하기 위하여 마침내 싸움하기에 편한 오랑캐의 옷〔胡服〕을 입은 것이나, 한나라 이래 공주를 흉노족에게 여러 차례 시집을 보낸 것은 다 때가 급박했기 때문인데(곧 시무인데-인용자) 이것을 개화라고 말할 수 있는가?[46]

물론 김윤식은 서양의 군사 침략이 이루어지던 당시 현실 속에서 '시무'가 필요하다는 점은 부정하지 않았다. 하지만, '시무'는 말 그대로 때에 따라 다르고, 또한 나라에 따라 다르다는 점을 지적하였다. 그는

> 무릇 時務라고 일컫는 것은 무엇인가. 곧 그때에 마땅히 해야 하는 일이다. 마치 병자가 약을 쓰는데 마땅히 조제를 해야 하므로 비록 神異한 방법이 있다하나 사람 사람마다 쓸 수는 없다. …… 지금의 논자가 泰西의 정치제도를 모방하는 것으로 時務라고 일컬으니, 이는 자기의 힘을 헤아리지 않고 오직 남이 옳다고 하면 옳은 줄 알고, 氣稟이나 病證은 논하지 않고 남이 경험한 약을 복용하면서 명확한 효과를 구하는 것과 같으니, 또한 매우 어렵다. 무릇 경우마다 때가 있고, 나라마다 각각의 일이 있다.[47]

---

46) 앞과 같음. 이 글에 비추어볼 때 흔히 김윤식 등을 시무개화파로 규정하는 것(하원호, 〈개화사상과 개화운동의 역사적 변화〉, 《한국근대 개화사상과 개화운동》, 한국근현대사회연구회, 신서원, 1998; 한철호, 〈시무개화파의 개혁구상과 정치활동〉, 같은 책, 1998)은 김윤식의 언급을 정확하게 파악하지 못한 것으로 보인다.
47) 《續陰晴史(上)》壬辰(1892) 윤6월 21일, 〈時務說 送陸生鐘倫遊天津〉(234쪽).

즉 '시무'는 병자에게 약을 쓰듯이 반드시 병의 증세에 따라 약을 써야 한다는 것으로, 당시 조선의 문제를 해결하기 위해 서양의 정치제도를 모방하는 것은 시무가 아니라고 하였던 것이다.

이런 판단에서 김윤식은 조선이 해야 할 시무는 서양이나 중국과 다르다는 점을 강조하였다. 서양에서는 상공업을 발전시키고 나라를 부강하게 하는 것이 '시무'이고, 중국에서는 법과 기강을 세우면서 군사기술을 증강하여 밖에서 오는 수모를 막는 것이 시무라고 하면서, 조선의 경우에는

> 염치를 높이고 탐욕을 물리치어 백성을 삼가 구휼하고, 조약을 삼가 지켜 友邦과 싸우지 않는 것이 우리나라의 時務이다. 만약 우리나라가 청국의 일을 급히 본받아 병사의 기계에 전력한다면 백성은 곤궁해지고 재정이 바닥나서 반드시 땅이 무너지는 근심이 있을 것이다.[48]

라고 분명하게 논하였다.

이처럼 김윤식은 개화파들이 추구한 서양의 정치·제도를 모방하는 '시무'에는 찬성하지 않았다. 자신의 능력이나 처지를 헤아리지 않고 중국이 서양 제도를 모방하거나, 서양이 동양의 법규를 모방한다면 반드시 그 나라는 망하게 될 것이라고 본 것이다. 그는 백성의 곤궁함을 돌보면서 동시에 밖으로 외국과 맺은 조약을 잘 지키는 것이 당시 조선의 '시무'라고 하였던 것이다.

말할 것도 없이, 김윤식은 시무 차원에서 서양 기계를 수용하여 부강을 추구하는 현실적 요구를 외면한 것은 아니다. 하지만 군사기

---

48) 위와 같음.

술조차도 무작정 청국의 것을 모방하는 일에는 찬성하지 않았다.

> 이제 국세를 돌아보지 않고 泰西가 하는 바를 遠慕하면 이는 尺土에 의지
> 하지 않고 曹操와 싸우려 하는 것과 무엇이 다르랴. 때문에 나라를 잘 다스
> 리는 사람은 時制에 따르고 度力에 맞추어 처리하여 재산을 손상치 않고 백
> 성을 해롭게 하지 않으며, 다만 그 근본에 힘쓴 즉 가지와 줄기와 꽃과 잎은
> 장차 차례로 무성하게 될 것이다. 지금의 이른바 時務는 모두 泰西의 枝條花
> 葉〔가지, 줄기, 꽃, 잎-인용자〕이다. 그 뿌리는 튼튼하지 못한데 먼저 다른
> 사람의 末端을 배우는 것을 아는 것이라고 할 수 있는가? 지금의 시무를 아
> 는 이로는 북양대신 李鴻章만한 이가 없는데 (…) 그러나 단지 이홍장을 흠모
> 하여 일마다 天津을 모방하려 한다면 이는 우리나라 금일의 急務가 아닌데,
> 하물며 泰西의 枝葉 末端에 대해서랴.[49]

라고 하여, '근본'을 튼튼하게 하면 가지와 꽃에 지나지 않은 서양기
술도 자연스럽게 무성하게 될 것이라고 하였으며, 또 청국에서 추진
하는 시무도 우리에게는 급무가 아니므로 무조건 따를 수 없고, 우
리의 처지와 힘을 헤아려 시무 사업을 추진해야 한다고 하였다.

김윤식에게 가장 중요한 일은 임금부터 유교이념을 명백하게 확
립하는 일이었다.

> 오늘날에 성인이 비록 다시 일어난들 반드시 奇巧한 것을 창출하여 서양
> 오랑캐의 器械를 제어한다고 하기는 어렵고, 또 이는 聖人이 능히 할 수 있
> 는 일도 아니다. 서양 오랑캐의 기계를 제어하는 길은 다름이 아니라, 군주는

---

49) 앞의 글(234~235쪽).

德을 밝히고 신하는 직무를 충실하게 하며, 관인은 마땅한 사람을 뽑고, 백성
이 그 생업에 편안하게 하고, 通商은 허락할 수 있는 것은 허락하고, 조약을
삼가 지키며, 기계는 중시할 것은 존중하되 무익한 짓을 하지 말며, 정성과
柔遠함으로 추진하여, 돼지와 물고기까지 믿게 하여 德敎를 沛然히 四海에
넘치게 하면 四海의 나라들이 반드시 다투어 와서 예의를 갖추고 존칭하는,
그런 道가 있는 나라가 될 것이다.50)

고 하였다. 서양의 침략을 제어하기 위해서는 말할 것 없이 시세에
따라 통상조약을 맺어 삼가 지키고, 또 기계를 받아들여야 하지만,
더 중요한 것은 유교적 정치, 곧 덕교德敎였다. 요컨대 당시 조선 정
부에서 추진해야 할 시무는 유교를 튼튼히 하면서 우리에게 필요한
대외 통상, 조약 준수, 그리고 필요한 수준의 서양기술 수용이었다.

김윤식은 유교 논리에 의거하여 서양기술〔기器〕을 이해하였다.
임오군란 뒤 교지敎旨를 작성하면서 그는 "(서양)의 교敎는 배척하
지만 그 기器는 본받아 가히 병행하는 것은 어긋난 것이 아니다"라
고 하였다.51) 곧 '동도서기론'이었다. 그런데 김윤식은 도道와 기器
를 분리하여 인식하지 않았다. "형이상形而上을 도라 하고, 형이하形
而下를 기라 하는데, 도는 형상이 없고, 기에 거하니, 도를 구하는 자
는 기를 버리고 장차 어찌하겠는가"라고 하여,52) '도기합일道器合一'

---

50) 《續陰晴史(上)》 辛卯(1891) 2월 17일 〈宜田記述評語三十四則〉(156쪽).

51) 이용후생의 관점에서 "그 敎는 邪된 것으로 마땅히 淫聲 美色과 같이 멀리
해야 하지만 그 器는 이로우므로 利用厚生할 수 있으니, 農桑·醫藥·甲兵·舟車
의 제도는 어찌 꺼리어 하지 않으랴"라고 하였다. 이 글은 고종의 교지인데,
이를 지은 김윤식은 1914년에 자신의 문집을 편찬하면서 이를 수록하였다
(《雲養集》 권9, 〈曉諭國內大小民人〉).

52) 《續陰晴史(上)》 辛卯(1891) 2월 17일 〈宜田記述評語三十四則〉(153쪽).

의 논리를 가지고 있었다. 이용후생에 필요한 서양기술도 그 속에 도가 있는 것이며, 또 기를 버리고는 도도 구할 수 없다고 보았다. 곧 서양기술도 유교를 보완하는 것으로 간주하였던 것이다.

유교문명을 문명으로 보고, 필요한 기술은 수용할 수 있다고 파악한 김윤식은 일본의 근대화 과정에 대해서도 매우 비판적이었다. 영선사領選使로 청국에 갔을 때 천진군기소 총판 유향림劉薌林과의 필담 가운데

> 劉: 일본 왕의 문제라고 한다면 西洋化가 너무 지나치다는 것입니다. 사업을 용맹하게 추진하고 힘써 백성을 교화 진작하는 정치는 가히 취할 수 있겠지만, 단점을 버리고 장점만을 취하는 것이 옳으니 衣冠 正朔은 고치지 않는 것이 좋았을 것입니다.
>
> 金: 일본인들은 변신을 잘하는 것 같습니다. 일본의 文風은 원래 우리나라 남쪽 지방의 유림에서 유래되었습니다. 이후 중화의 서적을 구매하여 문학지사도 많이 출현하였습니다. 그런데 서양의 풍을 듣고는 돌연 서양화하였습니다. 가히 문명에서 야만으로 돌아가는 것이라 하겠습니다〔下喬木而入幽谷: 교목에서 내려와 유곡에 들어감-인용자〕. …… 단지 법제와 의관 정삭만을 바꾼 것이 아니라 문자도 제거하였다고 하는데, 일본도 동방 문명의 구역에 속하니 반드시 유림들의 반발이 있을 것입니다. 비록 강하다고 말하나 백성들과 화합을 얻었다고 할 수 없을 것입니다.[53]

라고 하여, 일본이 메이지유신으로 적극적인 서구화를 추진하면서 유교를 버리고 서양의 의발, 의관, 법제, 문자를 채택한 것을 비판하였다. 그러면서 일본이 유교적 의관과 정삭을 버렸기 때문에 서양인

---

53) 《陰晴史》 임오(1882) 2월 21일, 〈與劉薌林談草〉, 95~96쪽.

으로부터 모욕을 당한다고 지적하고, 이를 동양의 수치라고 하였다.[54] 김윤식의 유교적 문명관과 시무론을 볼 수 있는 대목이다.

(2) 유교적 사대질서의 유지: 양득론

1876년 문호개방 전후, 중국 중심의 전근대적 동아시아 화이〔조공〕질서가 변하기 시작하였다. 더욱이 일본은 조일수호조규 제1관에 '조선은 자주지방自主之邦'이라고 규정하고, 조선과 청국 사이에 유지되던 조공질서를 부정하고자 하였다. 말할 것 없이 조선 정부는 구래의 화이질서 속에서도 당연히 '조선은 자주의 나라'이므로, 이 조항을 '교린' 차원에서 이해하였다. 그러나 조선 정부와 식자층도 차츰 국제질서의 변화를 인식하였고, 그에 따라 1880년대에 들면서 미국을 비롯한 서양 여러 나라와 '수호조약'을 체결하였다. 하지만 조선과 청국 사이에는 여전히 구래의 화이질서가 유지되고 있었고, 조선의 근대화 개혁사업에도 청국의 영향이 강하였다. 조선에는 질적으로 다른 두 국제질서가 동시에 작용하고 있었던 것이다.[55]

김윤식은 1880년대 초반 정부의 양무개혁사업을 주도한 사람이었다. 유교적 입장에서 시무책을 제기했던 김윤식은 당시의 국제 관계 안에서 조선의 자주권을 지키는 방안도 철저하게 유교적 입장을

---

54) 앞의 글, 95~96쪽. 다른 문답에서도 김윤식은 "근래 일본인이 하는 것에 불만의 뜻이 많으니, 양인의 道를 즐거워하여 그 鬚髮, 의관, 典章, 法制 등을 모두 변화시켜 오직 눈이 깊고 코가 높지 못한 것을 한스러워한다. 또 백년 이래 문풍을 자못 숭상하였으나 지금은 문자를 掃除하고 전적으로 洋文를 익히니 이것은 진나라의 정치가 다시 일어난 것이다"라고 하였다(《陰晴史》임오(1882) 2월 11일, 〈與許涑文談草略〉, 79쪽).

55) 유길준은 이를 '양절체제兩截體制'라고 하였다(《西遊見聞》, 97쪽).

견지하였다. 곧 김윤식을 비롯한 집권층이 견지하고 있었던 동도서기론에서 '동도'는 유교사회를 유지하던 이념이었고, 유교적 질서 속에는 중국과의 화이질서도 포함되었다.56)

　　김윤식은 당시 조선을 둘러싼 국제 관계가 변하고 있음을 인식하고 있었다. 그는 먼저 "조약을 삼가 지켜 우방에 해를 끼치지 않는 것"을 조선의 중요한 시무로 보았다. 그는 당시 강대국이 약소국을 침략하고 있음도 알았고, 또 동시에 모든 국가가 평등한 관계 속에서 유지된다는 만국공법적 질서가 있음도 알고 있었다. 그는

　　　　우리나라는 평소 다른 나라와 교섭이 없었고, 오직 북으로 청국에 사대하고, 동으로 일본과 통하는 것[北事東通]만 있었다. 수년 이래 세계의 情形이 일변하여 구주의 나라들이 동양 제국보다 뛰어나고 모두 公法을 준수하고 있다. 이것을 버리면 고립되고 도움을 얻을 수 없어 스스로 보전할 수 없다.57)

라고 하였다. 즉 전근대 동아시아 국제질서가 변하고 있고, 달라진 국제질서 속에서 공법公法을 버리면 나라를 보전할 수 없다는 것이었다.

　　당시의 국제질서에 대처하는 김윤식의 입장도 철저하게 유교적 원리에서 나왔다. 첫째, 김윤식은 만국공법적 관계를 전국戰國시대처럼 인식하고, 이 관계를 유지하기 위해서는 유교적 예와 신의가 가장 중요한 원칙이라 하였다. 그는 만국공법이 나라 사이에 합의로 만들어진 법이 아니라 시세에 따라 제기된 '합종지설合從之說'과 같은 것

---

56) '동도'에는 유교적 이념에 기반을 둔 신분질서와 대외적으로 화이질서까지 포함하였으나, 점차 국내외 정세가 변하면서 그 내용이 축소되어 갔다. 더욱이 갑오개혁과 청일전쟁 이후에 봉건적 신분제도와 화이질서가 붕괴되면서 '동도'는 유교적 도덕, 윤리로 한정되어 갔다. 이런 추세는 일제하에서 분명하게 보였다.

57) 《續陰晴史(上)》 임진(1892) 6월 6일, 〈天津奉使緣起〉(227쪽).

이므로 다른 나라에 신의를 잃지 않는 것이 제일 중요하다고 보았던 것이다.58) 그는 "믿음[信]은 나라의 보물이니, 신의를 능히 지키면 비록 성곽, 갑병甲兵이 없더라도 스스로 보전할 수 있고, 신의가 없으면 비록 사해四海의 부富나 금탕金湯의 견고함도 기댈 수 없다"고 하면서, "약조約條는 나라에게는 나라를 지키는 보물이고, 사람에게는 호신護身의 부적이니, 사람마다 모두 약조를 안다면 몸도 보호할 수 있고, 외국의 모멸도 받지 않을 것"이라고 강조하였다.59)

둘째, 김윤식은 청과 사대 관계를 그대로 유지하고, 이를 통하여 서양의 침어를 방어하고자 하였다.

'親中國'하는 것은 우리나라가 중국을 섬기는 것이고, 수백 년 전부터 이어온 相守의 典禮이다. 海禁이 열린 이후 우리나라 역시 自主로, 만국의 가운데 섰으니 內治 외교는 청국이 간섭하지 않았다. 하지만 우리나라는 교제에 어두우므로, 만약 중국의 도움이 없으면 반드시 일에 따라 失誤가 있을 것이다. 중국과 우리 양국이 더욱 친밀할 뜻을 더하여 기회에 따라 몰래 도와주어 한 칸의 간격이 없게 하는 것과 같으니, 이러하면 가히 外人의 受侮를 방어할 수 있다. 이것이 중국과 친한 이익이다.60)

당시 서양이 지배하는 국제정세 속에서 서양의 침략과 수모를 방지하기 위해서는 중국의 도움이 반드시 필요하므로 중국과 더 친해야 한다는 것이었다. 그리고 이런 관계는 전통적으로 지켜온 전례 典禮, 곧 유교적 사대의 예의이기도 하였다.

---

58) 《陰晴史》 임오(1882) 2월 11일, 〈與許涑文談草略〉, 79쪽.
59) 《雲養集》 권7, 〈十六私議〉 12 講約(《金允植全集(壹)》, 502~504쪽).
60) 《續陰晴史(上)》 임진(1892) 6월 6일, 〈天津奉使緣起〉(228~229쪽).

이런 판단에서 김윤식은 미국과 수교를 추진하였다. 영선사로 파견된 김윤식에게는 군사적 기술을 배우는 임무와 더불어 '연미聯美'라는 임무가 주어졌는데, 그는 청의 사대 관계를 이용하여 미국과 수교하고자 하였다.

> 우리나라가 중국의 속방인 것은 천하가 모두 아는 바이나, 항상 중국이 着實하게 담당하는 뜻이 없는 것을 우려하였다. 우리나라가 孤弱의 형세에서 큰 나라의 보호가 없다면 홀로 서기 어렵다. 지금 李鴻章은 중국 兵權을 장악한 대신으로, 다행히 우리나라의 소중함을 맡아 의연히 각국에 聲明하고 約條를 大書하였다. 후에 우리나라에 일이 있을 때, 힘을 다해 구해 주지 못하면 반드시 천하 사람의 웃음을 살 것이다. 천하 사람이 중국이 우리나라를 擔任하는 것을 보면 각국이 우리를 가볍게 여기는 마음 또한 따라서 작아지고 막힐 것이다. 또한 중국 아래에서 自主를 고루 얻으니, 이는 각국과 더불어 相交하는 데 害가 없고 평등한 권리를 사용하는 것이다. 失權의 꺼림도 저촉되지 않고 事大의 의리도 위배하지 않으니 가위 兩得이다. 이홍장의 논의는 우리나라에 크게 이익이 될 것이니, 그런 까닭으로 누차 감사를 표하였다.[61]

이처럼 그는 우리가 중국과 더욱 친밀해지면 다른 나라 사람들이 우리를 업신여기지 못할 것이고, 또 우리는 그 질서 아래에서 다른 나라와 자주적으로 외교할 수 있을 것으로 보았다. 그는 유교이념에 입각한 사대질서를 유지하면, 중국과 전통적인 의리도 지킬 수

---

61) 《陰晴史》 신사(1881) 12월 27일, 57~58쪽. 청국 쪽에서는 '조선이 중국의 속방이 된 지 오래되었으나 외교, 내정 사의事宜는 균득자주均得自主'라는 조항을 조미 사이의 수호 조약에 넣는 것이 어떠냐고 하였고, 김윤식은 이에 찬성을 표하였지만, 오히려 미국 측에서 이를 반대하였다.

있고, 동시에 우리의 자주권도 보장, 유지할 수 있다는 점에서 이를 '양득兩得'이라고 하였다.

김윤식의 양무개혁론은 북학론에서 나온 것이었다. 김윤식 자신도 자신의 학문적 입장이 북학론에 있음을 명확하게 밝혔다. 그는 박지원 학문의 요체가 '시무'에 있다고 분석하고, 박지원이 유럽의 여러 나라도 아직 열리지 않은 당시에 이미 시국의 변화를 살펴보고 세상을 일깨우는 글을 지었으며, "오늘날 가장 긴요하게 여기는 시무時務의 여러 학문과 상합相合하지 않고도 대개 이를 증명해 보이고 있다"고 하였으며, 당시 개화 과정에서 소개된 서양학문과 문물, 곧 평등겸애설平等兼愛說, 군학群學〔사회학〕, 철학, 농학農學, 공학工學, 상학商學, 광무학鑛務學, 지전설地轉說, 화폐 유통, 철로 건설 등도 박지원이 이미 언급하였다고 하였다. 서양을 알지 못했던 당시에 박지원이 이런 시무학을 언급한 것은 "(박지원의) 경술經術이나 문장이 모두 육경에서" 나왔기 때문으로 분석하였다. 김윤식은 서구의 선법善法이 모두 육경에 '암합暗合'하지 않는 것이 없다고 보았던 것이다. 비록 박지원의 학문이 당시에는 쓰이지 못했지만, 김윤식은 "100년 후에 인지人智를 개발하고 원대한 효과를 거두고 있다"고 평가하였다. 이런 점에서 김윤식은 박지원을 "간세間世의 영웅이고 동양의 선각"이라고 칭송하였다.[62] 박지원의 북학론은 박규수를 거쳐 김윤식에 이르러 새로운 유교적 근대개혁론, 곧 양무개혁론으로 발전하였고, 김윤식은 이런 점을 자부하고 있었다.

---

62) 《雲養集》 권10, 〈燕巖集序〉(《金允植全集(貳)》, 166~170쪽).

3) 1880년대 정부의 양무개혁사업과 유교

(1) 양무개혁사업의 추진: 문호개방, 제도 정비, 서양기술 수용

박규수를 통해 전해진 북학론은 개항 전후의 정세 속에서 양무개혁론으로 정립되었다. 북학론의 후예들은 이 논리에 따라 문호개방을 확대하고 근대화 개혁사업을 추진하였다. 이는 고종 친정을 계기로 시작되어 1880년대 전반에 가장 활발하였다.

(가) 1873년 11월, 고종은 대원군의 참정參政을 비난하는 최익현의 상소를 빌미로 친정하겠다는 교지를 내렸다. 고종은 최익현을 귀양 보내는 동시에 대원군 세력을 몰아내고, 이유원李裕元, 박규수 등을 등용하였다. 그런 가운데 민씨 세력(민영목·민치상閔致庠·민승호閔升鎬·민태호·민규호 등)이 정권의 핵심으로 성장하였다. 이조판서 민규호가 무위도통사를 겸직하여 인사권과 군사권을 장악하고, 민치상이 호조판서가 되어 재정을 장악하였다. 민씨 세력과 정치적 입장을 같이 하던 박규수 계열의 김윤식·어윤중·김홍집金弘集·박영효·김옥균 등도 정권에 가담하였다.

이들은 먼저 대원군 세력을 제거하였다. 더욱이 경상도 지방의 대원군 지지 세력, 가령 동래부사 정현덕鄭顯德을 조세 수취 문제로 축출하고, 훈도 안동준安東晙을 서계書契 문제, 교린 단절의 책임, 직권 남용, 무역상의 폐단 등을 이유로 효수하였다. 또한 그들의 실정을 탐지하기 위해 박정양을 경상좌도 암행어사로 파견하였다.[63] 서

---

63) 고종 친정 초기의 정치세력의 동향에 대해서는 연갑수, 〈개항기 권력집단의 정세인식과 정책〉, 《1894년 농민전쟁연구(3)》, 역사비평사, 1993, 97~103쪽; 金炳佑, 〈高宗의 親政體制 形成期 政治勢力의 動向〉, 《大丘史學》 63, 2001, 139~142쪽.

계 문제 등에 관련되었던 사람들을 처리하면서 고종과 집권세력은 일본과 통교하고, 서양의 문물도 수용하는 방향으로 정책 노선을 바꾸어 갔다.

이즈음 고종의 대외관도 바뀌고 있었다.[64] 고종은 청국 사행이 돌아오면 청국과 서구 열강의 동향을 파악하고자 노력하였다. 친정 전에도 일본과 청국 사이의 수호조규와 통상장정, 양무운동의 현황, 서양의 동향 등에 관심을 보였다. 친정 이후에는 청과 서양이 조공 관계가 아닌 '인국교호지례隣國交互之禮'로 상대한다는 것, 또 많은 양이洋夷가 청국에 살고 있다는 점, 그리고 일본이 서양과 통교하여 양법洋法을 받아들여 서양과 다름이 없어졌다는 점 등에 관심을 표하였다. 물론 고종은 여전히 화이질서를 벗어나지 않았지만, 청의 법체계를 지키지 않는 서양과, 그것을 통제하지 못하는 청에 대한 의구심을 가지고 있었다. 요컨대 청과 서양 사이는 책봉, 조공의 관계가 아니며, 중화질서에 균열이 생기고 있었던 점을 알게 된 것이다.[65]

한편, 고종은 청국을 둘러싼 국제정세에 대한 인식 변화와 더불어 일본과 관계 개선도 모색하였다. 이미 일본과 〈청일수호조규淸日修好條規〉(1871)를 맺은 청국은 조선의 '내치內治외교外交는 자주'라는 기존 입장을 견지하면서 조일 사이의 통교를 권고했다. 조선

---

64) 安鍾哲, 〈親政前後 高宗의 對外觀과 對日政策〉, 《韓國史論》 40, 1998.
65) 안외순, 〈大院君執政期 高宗의 對外認識〉, 《東洋古典硏究》 3, 1994. 고종이 이런 변화에 관심을 보인 때는 대개 1872~73년 무렵이었다. 1872년 4월 고종은 사신에서 돌아온 민치상에게 청국을 둘러싼 국제정세에 대한 질의를 하였고, 또 그해 7월 진하겸사은행進賀兼謝恩行으로 가는 박규수에게도 청의 사정을 잘 탐문하기를 지시하였다. 박규수가 돌아오자 청의 양무사업 등에 대한 매우 많은 질의를 하였다. 이를 통해 청국 중심의 동아시아 질서가 변하고 있다는 사실을 알게 되었다. 앞서 본 바와 같이 박규수의 대외인식도 이즈음 변화하고 있었다.

정부도 일본과 통교는 화이질서의 '내치·외교의 자주'라는 점에서 3백 년 동안 이어져 왔던 구교舊交를 재개하는 것으로 판단하였다. 서계 문제나 운요雲揚호 사건 등에 대한 정부의 대응에는 박규수의 의견이 영향을 미쳤을 것이다. 말할 것도 없이 일본은 조선 침략을 위해 새로운 국제질서, 만국공법적 질서를 동원하고 있었지만, 조선의 집권층은 교린의 차원에서 접근하였고, 청국과 전통적인 관계까지 청산하는 것은 결코 아니었다.

일본과 통교 이후 조선 정부는 달라진 국제질서 속에서 나라를 보전하기 위해서는 부국강병이 필요하다고 판단하고, 부강을 위해서 서양의 기술문명을 적극적으로 수용하는 쪽으로 정책을 추진하였다. 북학론에서 제기되었던 해방론이 양무론으로 계승되었던 것이다. 서양기술이 중국에 연원이 있다는 논리로 시작된 서양기술 수용은 이때에 이르러서는 일본을 통한 기술 수용이라도 문제로 삼지 않았다.

조선 정부는 일본과 수호조규를 체결하면서 이미 일본을 통한 서양기술, 가령 화륜선 같은 것을 받아들일 수 있다는 입장을 가지고 있었다.[66] 문호개방을 반대하던 척사론자들이 왜양일체倭洋一體의 입장에서 일본이 타고 온 배가 서양의 배이고, 입은 옷도 서양 옷이므로, 왜는 서양의 앞잡이라고 했던 것과는 근본적으로 달랐다. 조규 체결 직후, 신헌은 일본이 병기(포) 제조 기술과 화륜선이 뛰어나다는 점을 소개하고, 일본인이 서양 옷을 입고 온 것은 화륜선에서 오르내리기 위해서는 할 수 없는 것으로 보았다. 그리고 일본측 대표 구로다 기요타카黑田淸隆가 6개월 안에 조선의 사절 파송을 요구하면서 "일본의 병농 기계가 천하에서도 우수하니, 무역하여 취

---

66) 安鍾哲, 앞의 글(1998), 146~149쪽.

할 의사가 있으면 장인匠人을 파송하여 본받을 것"을 제안하였는데,
고종은 이 보고에 큰 관심을 보였다.[67]

조선 정부는 개혁을 위한 정보 수집 차원에서 몇 차례 시찰단이
나 수신사修信使를 일본에 파견하였다. 먼저, 〈조일수호조규〉에 따라
수신사 김기수金綺秀를 파견하였다(1876). 이때 정부는 "옛 관계를
닦고 신의를 두텁게 할 것"을 명목으로 내세웠지만, 종래의 '통신사
通信使'가 아니라 '수신사'라는 새로운 이름을 사용한 것은 그 사행이
종래의 교린체제와는 다르다는 것을 보인 것이었다. 고종도 김기수
에게 "그들의 물정을 상세히 살피는 것이 긴요하므로 반드시 잘 탐
지"하라고 하고, "들을 만한 것은 하나도 빠뜨리지 말고 낱낱이 기록
하라"고 지시하였다.[68] 수신사 파견은 일본과 신뢰 관계를 회복하는
것 밖에도 일본에 대한 새로운 정보를 수집하기 위한 목적이 있었던
것이다.[69]

(나) 1880년대 들어 조선 정부는 본격적으로 양무개혁사업을
추진하였다. 제일 먼저 1880년, 2차 수신사 김홍집을 일본에 파견
하였다. 이 파견은 부국강병을 위한 양무정책의 첫 사업이었다. 김
홍집은 일본 정부와 인천 개항, 미곡금수 해제, 관세 문제 등을 협
의하였다. 그러면서 동시에 일본의 근대화 사업, 미국과 조약 체결
문제, 러시아의 침략 가능성 등을 시찰·탐문하면서 여러 계통의 사
람들과 접촉하였다. 김홍집은 러시아의 남진 의도, 일본의 해외 정

---

67) 《承政院日記》 고종 13년(1876) 2월 6일.
68) 《日省錄》 고종 13년(1876) 4월 4일.
69) 하우봉, 〈개항기 수신사의 일본인식〉, 《근대교류사와 상호인식(I)》, 아연출판부,
   2000.

보 수집 노력, 흥아회興亞會, 일본의 지리와 인물, 메이지유신 이후의 성과, 군사제도, 교육제도, 일본의 풍습, 경제 제도와 상황 등을 살펴보았다. 그는 일본이 취한 부국강병 정책의 성과를 긍정적으로 보았고, 그 자신도 근대화 정책에 대한 확신을 가지게 되었다. 그리고 주일청국공사관의 황준헌黃遵憲과 대담에서 국제정세와 통상 무역, 부국강병과 자강 등의 필요성을 절감하였다.[70]

김홍집은 귀국하면서 황준헌이 지은 《조선책략朝鮮策略》을 가지고 왔다. 그것은 주일청국공사 하여장何如璋과 황준헌이 조선 문제에 대해 의견을 제시한 것이었다. 청국에서는 러시아 남하에 대한 대비책으로 조선이 서양 열국과 입약立約할 필요성을 제기하였으며, 아울러 조선이 청국의 속국屬國이라는 명분도 유지하고자 하였다. 따라서 조선의 자강정책도 청국의 영향과 주도 아래에서 추진해야 한다고 제언하였다.[71] 그리하여 조선에게 "친중국親中國, 결일본結日本, 연미국聯美國"이라는 외교책과 국내의 자강책을 권고하였다.

《조선책략》에서 권한 외교 방안은 철저하게 '종주국' 청국의 입장을 그대로 보인 것이었다. 무엇보다도 청국과 조선의 전통적인 종속 관계를 더 긴밀하게 하여야 외국이 조선을 엿보는 것도 없어지고, 조선의 근본도 더 튼튼해진다는 것이었다. 또 조선과 일본은 '보거상의輔車相依'의 관계이므로, 일본이 땅을 잃으면 조선을 보전할 수 없고, 조선에 변고가 생기면 규슈九州, 시코쿠四國를 일본이 차지할 수 없게 될 것이므로, 순치脣齒의 관계를 맺으라고 하였다. 또한 미국은 남의 토지를 탐내지 않고 남의 정사에 관여하지 않는 나라이므로, 미국을 우방으로 끌어들인다면 화를 면할 수 있다고 하였다.

---

70) 하우봉, 앞의 글.
71) 權錫奉, 〈朝鮮策略과 淸側 意圖〉, 《淸末 對朝鮮政策史硏究》, 一潮閣, 1986 참조.

곧 '친중국'하기 위해서는 옛 헌장을 조금 변경하고, '결일본'하기 위해서는 조규를 빨리 수정하고, '연미국'하기 위해서는 시급하게 맹약을 체결하라고 권하였다. 더욱이 러시아의 병합을 막고 영·프·독·이탈리아 등의 간섭을 피하기 위해서는 미국과 수호조약을 서둘러 맺어야 할 것을 강조하였다. 그리고 이 방안을 유지하기 위해 조선은 청의 황제에게 주청하여 배신陪臣을 북경에 항상 주재하게 하고, 또 도쿄에도 사신을 주재시키며, 워싱턴에도 사신을 보내 소식을 통하게 해야 한다고 하였다.

한편, 《조선책략》에서 제안한 자강책은 청이나 일본을 통해 서양 기술을 수용하라는 것이었다. 우선, 통상 무역과 관련해서는 중국 상인이 부산, 원산, 인천 각 항구에 와서 통상하게 하여 일본 상인의 농단을 막고, 조선 상인도 나가사키, 요코하마에 가서 무역을 익혀야 한다고 하였다.

군제의 정비와 군사기술, 서양학문 도입을 위한 방안도 권유하였다. 먼저, 해·육군이 중국의 용기龍旗를 사용하여 이를 전국의 휘장으로 삼으라고 하였으며, 또 청국 이홍장 휘하의 회군淮軍에게서 군사 훈련을 익히고, 일본의 선창船廠, 총포국銃砲局, 군영에서도 군사기술을 배우라고 하였다. 그 밖에 서양의 기술, 학술을 배우기 위한 방안으로는 북경에 학생을 보내어 동문관同文館에서 서양의 언어를 익히고, 또 상해 제조국에 가서 기계 만드는 것을, 복주福洲 선정국船政局에 가서는 배 만드는 것을 배우라고 권하였다. 무엇보다도 서양 사람의 천문, 화학, 광학, 지학도 모두 배우고, 아니면 부산에 학교를 만들어 서양 사람에게 교습시켜 무비武備를 닦아야 한다고 하였다.[72]

청의 의도 여하와 관계없이 조선 정부에서도 《조선책략》이 부국강병과 자강을 위해 필요하다고 판단하였다. 영의정 이최응李最應은 고종과 대담에서 "신이 그 책을 보았는데, 여러 조항으로 분석하고 변론한 것이 우리의 심산心算과 부합되니, 한번 보고 묶어서 시렁 높이 얹어둘 수는 없습니다"라고 하였다.73) 정부에서 이 책을 유자층에게 알리자 보수 유생층은 이를 반대하는 대대적인 상소운동을 일으켰다.

1880년대 초반, 조선 정부에서는 서양 종교의 전교傳敎는 공식적으로 인정하지 않았다. 그러나 세계정세의 변화와 기술문명 수용의 필요성이 높아지면서 기독교(천주교)를 억압할 수 없었다. 이런 점은 1880년에 들면서 감지되었다. 동래부에서 미국인을 거절한 것을 두고 고종이 "미국이 어찌 원수의 나라라고 할 수 있겠는가"라고 하자 이최응은

성교聖敎가 실로 옳으십니다. 우리나라 풍습이 본래부터 이러하여 세계의 웃음거리가 되었습니다. 비록 서양 나라들에 대해 말하더라도, 본래 서로 은혜를 입은 일도 원한을 품은 일도 없었는데, 처음 우리나라 간사한 무리들이 그들을 끌어들임으로써 江華島〔병인양요〕와 平壤의 분쟁〔제너럴셔먼호 사건〕이 일어나게 되었습니다. 이는 우리나라가 스스로 반성해야 할 바입니다. …… 대저 洋船이 우리 경내에 들어오기만 하면 대뜸 邪學을 핑계 대는 말로

_____

72) 黃遵憲, 《朝鮮策略》(조일문 역주, 건국대출판부, 1977; 《修信使記錄》 국사편찬위원회, 1958).

73) 《承政院日記》 고종 17년(1880) 9월 8일. 물론 고종과 이최응은 《조선책략》에서 제기한 러시아의 남침을 주로 거론하면서, 이 책의 방안은 일본이 조선의 방비를 권유하는 것으로도 파악하는 한편 조선으로서도 러시아를 방비하지 않을 수 없는 점을 주로 거론하면서, "청나라 사람이 이처럼 완벽하게 책에서 논하고 이미 다른 나라에 준 것은 충분한 소견이 있어서 그런 것이니, 그 가운데 믿을 만한 것은 믿고 채용해야 할 것입니다"라고 하였다.

삼지만, 서양 사람이 중원〔중국〕에 들어가 사는데도 중국 사람들이 모두 邪
學을 한다는 말을 아직 들어보지 못했습니다. 이른바 邪學은 당연히 배척해
야 하지만 서로의 간극이 벌어지는 일이 생기게 하는 것은 옳지 않습니다.[74]

고 하여, 서교를 배척하는 것이 원칙이지만, 서로 다툼이 생기지 않
으면 무방하다는 입장을 취하였던 것이다.[75]

이런 점은 《조선책략》에서도 제시되었다. 일반적으로 서양 선교
를 두려워하는 측에서 "선교사가 철없는 백성을 선동, 유혹하여 국
정에 간여하므로 조금이라도 법으로 제재하며 싸움을 벌여 때로는
사변을 격발하니, 이들과 더불어 맹약을 체결하여 전교傳敎를 허락
하면 어찌 후환이 그칠 날이 있겠는가"라고 우려하였지만, 《조선책
략》에서는 서양 종교(천주교, 기독교)의 전교는 별 문제가 없을 것
으로 파악하였다.

먼저, 천주교가 성행하는 것은 프랑스가 보호하기 때문이지만,
국세의 변천에 따라 교세도 쇠퇴하고 있으며, 조약을 맺으면서 선교
사가 국법을 지켜야 하고, 이를 어기면 죄를 준다고 밝히면 차후에
문제가 일어나지 않을 것으로 보았다. 또한 개신교에 대해서도 다음
과 같이 지적하였다.

---

74) 《承政院日記》고종 17년(1880) 9월 8일. 같은 날짜의 《高宗實錄》에는 이 말
   이 고종의 교지로 잘못 정리되어 있다.
75) 정부는 서양기술의 수용이 필요하다는 점에서 기독교 측의 의료와 선교 사업을
   인정하였다(1884). 물론 그들이 선교사의 신분이 아니라 '의사와 교사'의 신분으
   로 입국하여 활동할 수 있게 하였다. 문제가 생기지 않으면 선교사의 전교도 암묵
   적으로 묵인하였다. 이에 1884년에 알렌, 1885년에 언더우드, 아펜젤러 선교사가
   한국에 온 다음에, 많은 교파에서 선교사를 파견하였다(한국기독교사연구회, 《한
   국기독교의 역사(Ⅰ)》, 기독교문사, 1989, 185~193쪽 참조). 정부의 근대개혁
   사업이 이들의 협조로 이루어지기도 하였다.

　　미국에서 행하는 것은 곧 耶蘇敎로서, 천주교와 근원은 같으나 당파가 각
각 다르다. 그것은 마치 우리 유교에 朱子와 陸九淵이 있는 것과 같다. 야소
교의 종지는 일체 정사에 간여하지 않는 것이며, 그 교인 중에는 순박하고
선량한 자도 많다. 중국이 통상한 이래로 선교사를 살해한 文案이 자주 보이
지만, 야소교 사람은 하나도 없으니, 야소교인도 근심할 것이 없음을 입증할
수 있다. 그 종교의 본의 또한 사람에게 '선을 권하는 것〔勸善〕'에 있으니, 우
리 중국의 주공이나 공자의 道보다도 어찌 몇 배 낫지 않겠는가. …… 조선은
우리 유교〔吾敎〕를 따르고 익히기를 점점 더하여 이미 깊었으니, 不肖의 무
리가 있어 이를 따르는 자가 있더라도 절대로 喬木에서 내려와 幽谷으로 들
어가는(유교를 배반하고 예수교를 믿는-인용자) 지경에 이르지 않을 것이다.
그렇다면 저들의 傳敎를 내버려 둔들 또한 무엇이 해롭겠는가? 이 또한 의심
할 것이 못된다.76)

고 하였다. 미국의 기독교는 정치에 간여하지도 않고, 사람에게 선善
을 권하고 있으니, 유교보다도 몇 배나 낫다는 것이었다. 따라서 기
독교 전교를 허용해도 해로울 것이 없고, 또 유교를 신봉하다가 기
독교로 개종하는 일은 일어나지 않을 것이라고 하였다.

　　(다) 청국이나 일본의 개혁사업을 둘러보고, 또 《조선책략》에서
제기한 방안들을 배경으로 정부는 양무개혁사업을 적극적으로 추진
하기 시작하였다. 먼저 사업을 추진하기 위한 기구로 통리기무아문
統理機務衙門을 설치하였다(1880. 12). 이것은 청국의 총리각국사무

76)《朝鮮策略》, 38쪽(《修信使記錄》, 166쪽). 활자본에서 "不肖之道"의 '道'는 '徒'
　　의 오식임.

아문을 본떠 만든 것으로, 그 아래에 사대事大, 교린交隣, 군무軍務, 변정邊政, 통상通商, 기계機械, 선함船艦, 이용理用, 전선典選, 기연譏沿, 어학語學 등의 12사司를 두었다. 정부가 청국과 사대 관계를 아직 청산하지 못하였지만, 교린이라는 이름으로 외교 관계를 다루고, 동시에 군사와 변방 경비, 외국과 통상과 기술, 어학 수용, 경제발전 등을 염두에 둔 조직이었다.

양무개혁사업에 대한 고종의 의지도 확고하였다. 설치 이듬해 4월에는 고종은 통리기무아문을 방문하고, 아문의 현판을 써서 하사하겠다고 할 정도였다.[77] 통리기무아문의 당상으로는 민겸호·민영익·민치상 등 민씨 세력과 조영하趙寧夏·정범조鄭範朝·김홍집·신정희申正熙 등 정권의 실세들이 포진하였다. 그 가운데 가장 핵심적인 사람은 민영익이었고, 그 밖에 박규수의 제자들이 적극적으로 협력·동참하였다.

통리기무아문에서는 청국 천진에 영선사 김윤식을 파견하여 군기 제조 기술을 배우게 하였다(1881. 9). 이 사업은 〈조일수호조규〉 체결 후에 구상된 것으로, 일본 무기가 우수하다는 수신사 김기수 일행의 보고에 대한 후속책이었다. 그 뒤에 일본에 김홍집을 수신사로 파견하면서 동시에 청국에도 병기 제조, 군사훈련 등을 학습하기 위한 청년학도 파견을 결정하였다(1880. 4). 고종이 "군사 기계 제조를 배우는 일[軍械學造事]"에 대한 의견을 구하자 대신들 대부분은 청으로부터 서양 무기 제조 기술을 배우고 도입하는 것을 반대하지는 않았지만, 청이 거절할 경우에 조선의 위신 문제, 자금 부족, 인재 부족 등을 이유로 신중하게 의견을 개진하였다. 그러나

---

77) 《承政院日記》 고종 18년(1881) 4월 9일.

고종은 청국에 학도 파견을 결정하고, 청국과 이를 교섭하여 성사시켰다.[78] 그리하여 영선사 김윤식 이하 공장工匠, 학도學徒 37명을 파견하여 군기 제조 기술을 배우게 하였던 것이다. 그러나 영선사 일행은 정부의 재정 부족, 학도들의 지식 수준 등의 이유로 1년 뒤에 철수하였다.

통리기무아문에서는 일본에도 시찰단(이른바 신사유람단紳士遊覽團)을 파견하였다. '동래부 암행어사'라는 이름으로, 박정양朴定陽, 조준영趙準永, 홍영식洪英植, 어윤중 등 12명의 조사朝士에게 "일본의 국세局勢 형편, 풍속, 인물, 교빙交聘, 통상 등을 탐지"하는 임무를 부과하고, 일본 정부의 각 부서도 시찰하도록 하였다. 시찰단은 1881년 4월에 일본에 도착하여 약 3개월 동안 일본의 내무성(시찰:박정양), 문부성(조준영), 사법성(엄세영), 육군성(홍영식), 대장성(어윤중) 등에서 이루어진 각종 근대화 정책을 살펴보았으며, 또한 무관 계통의 조사朝士는 육군 조련이나 기선 운항 등에 관한 업무도 시찰하였다. 이때 어윤중은 자신의 수원隨員이었던 유길준·유정수를 경응의숙慶應義塾에, 윤치호尹致昊를 동인사同人社에 입학시켜 일본어·영어 등을 익히게 하였고, 김양한金亮漢은 조선소에서 선박 건조 기술을 습득하게 하였다.[79]

하지만 시찰단은 일본의 적극적인 서양문명 수용이나 서구화를 비판적으로 보았다. 박정양은 일본이 장단長短을 헤아리지 않고 오로지 서양을 모방하여, 위로는 정법政法과 풍속에서, 아래로는 의복·

---

78) 《承政院日記》 고종 17년(1880) 4월 30일. 논의과정 중에 영부사領府事 이유원, 판부사判府事 한계원韓啓源 등은 이 계획이 "出於大聖人經遠之謨", 곧 고종의 원대한 경략에서 나온 것임을 지적하였다.

79) 許東賢, 〈1881年 朝鮮 朝士 日本視察團에 관한 一研究〉, 《韓國史研究》 52, 1986.

음식에 이르기까지 변하지 않은 것이 없으며, 그 외양이 자못 부강한 듯 보이지만, 안으로는 재정 고갈과 부채 증가 등의 문제가 있다고 파악하였다. 그 밖에도 강문형은 서학西學의 번성으로 일본에 진작되었던 문풍文風과 유교를 경시하는 풍조가 나타나고 있음을 우려하였다. 이헌영도 유교적 인정仁政을 강조하면서, "인정을 행하지 않으면 억만 명의 군사가 있어도 마음이 갈릴 것이므로, 군사의 세력만으로 나라의 강약을 논할 수 없다"고 하였다. 그들이 관심을 가졌던 것은 오직 유교 국가 조선이 부국강병을 위해 취할 수 있었던 '서양기술'이었다.[80]

신식 군대 별기군別技軍을 설치한 것도 이때였다(1881. 5). 이는 일본의 군대 조직, 군사기술을 직접 도입한 것이었다. 부대 설치는 김홍집을 수행했던 윤웅렬尹雄烈이 추진하였다. 주한일본공사관의 소위 호리모토堀本禮造를 초빙하고, 5영의 군인 80여 명을 선발하여 무위영에 소속시켰다. 별기군 운영으로 말미암은 구식 군대의 불만이 이듬해 임오군란으로 터진 것은 두루 아는 사실이다.

(라) 한편, 《조선책략》이 전국적으로 유포되자 유생층의 적극적인 반대운동이 일어났다(1881. 2).[81] 외교 방안이나 자강 방안에 대한 우려도 있었지만, 더욱이 문제가 된 것은 주자학의 위상 문제

---

80) 許東賢, 앞의 글(1986) 참조. 다만 어윤중은 당시 시찰단 가운데서도 상대적으로 진보적 견해를 가지고 있었다. 그는 과거제도를 없애고 외국에 나가 신식 공부를 하도록 권장하였고, 양반 특권 사회를 타파하고 양반의 상공업 종사를 도모하였으며, 또한 기독교를 부국강병을 이끌어 내는 종교로 평가하고, 다른 종교에 대한 우월성을 지적하였으며, 유교의 비현실성을 비판하였다.

81) 척사상소운동에 대해서는 權五榮, 〈金平默의 斥邪論과 聯名上疏〉, 《韓國學報》 55, 1989; 〈1881년의 嶺南萬人疏〉, 《尹炳錫敎授華甲紀念韓國近代史論叢》, 지식산업사, 1990 등 참조.

였다. 유생층은 여전히 서양이나 일본의 문명을 '금수'의 문명으로 보고 있었다. 영남만인소의 부소수副疏首였던 이진상의 아들 이승희 李承熙는 이 점을 다음과 같이 비난하였다.

> 그 책에 '耶蘇의 학에서도 역시 勸善을 주로 한다'고 합니다. 슬픕니다, 천
> 하의 善은 하나뿐인데 지금 야소와 천주에서 善을 주로 한다면 三綱五常은
> 不善이란 말입니까. 그것이 지극히 흉하다는 첫째입니다. 그 책에서는 '야소
> 와 천주의 관계가 朱子와 陸象山과 비슷하다'고 합니다. 야소를 위해 천주를
> 내어 몰고, 감히 주자가 사람을 속이고 있다는 것을 증명하고, 성현을 모독하
> 는 것으로 그치지 않습니다. 이것이 지극히 흉하다는 둘째입니다. …… 그 책
> 에서는 '조선의 복장과 습속이 周孔을 본받았으니 더 이상 그 아래가 없다.
> 위에서 내려와 아래의 幽한 곳에 들어가 교를 전하지 않을 것이니 역시 다시
> 무슨 害가 있으리오'라고 합니다. 슬프도다! 고금 천하에 나쁜 것으로 백성을
> 이끌면서 나쁜 곳으로 들어가지 않겠다고 바라는 것이 어찌 있을 수 있습니
> 까. 이것이 지극히 흉한 셋째입니다.[82]

---

82) 《大溪先生文集》 권4, 〈請斥洋邪疏〉 辛巳(1881). 아울러 그는 서양의 기술문명
이 가지는 폐단도 지적하였다. 농업에서 농법, 공업에서 양포洋布, 양기洋器 등은
오직 민용民用을 소진시키며, 사람의 마음을 미혹시켜 못 쓰게 만드니 성세盛世의
물건이 아니며, 주거기선舟車機線 등도 교묘하여 사용하는 데에는 민첩하나 역시
치평治平의 급무는 아니고 화를 일으키는 앞잡이라고 하였다. 그리고 그는 서양제
국과 통상 무역이 가져올 위험도 지적하였다. 서쪽의 소국들이 영국, 법국 등의 통
상 위협으로 부득이 통상을 한 뒤로는 결국 "채무와 이자가 늘어나 땅을 쪼개야
한다"는 점, 그리고 기계 제도나 기술의 학습에 필요한 경비가 늘어나면서 결국
백성들에 대한 수탈이 늘어나고 빚과 이자는 끝이 없으며, 민력民力은 유한한데
그 수탈로 백성들의 원한이 뼈에 사무치고, 도적이 횡행하여도 속수무책의 상태가
된다는 점 등을 들었다. 통상 무역과 근대화 사업에서 소요되는 국가적 부담의 증
가 및 농민층의 수탈을 지적하였던 것이다. 또한 그는 《조선책략》에서 제기하고
있던 외교론도 비판하였다. 러시아가 접양지接壤地로 남하하게 되면 문제가 될 수
도 있지만, 이것은 "러시아가 오기 전에 먼저 미국에게 함락당할 것이고, 일적一賊

이렇듯 《조선책략》에서 삼강오륜을 선善하지 않은 것으로 폄하하
고, 또 주자를 모독하였으며, 서양의 종교가 유교보다 낫다고 한 점
을 극렬하게 비판하였던 것이다.

그러나 정부는 이러한 유생층의 반발에 주모자 홍재형을 처형하
고, 이만손·강진규 등을 유배시키는 등 단호하게 대처하였다. 서양
과 통교하고, 기술을 수용하는 양무개혁사업은 중단하지 않겠다는
의지였다. 그리고는 통리기무아문 아래의 각사各司를 조정하여 동문
사同文司, 군무사軍務司, 통상사通商司, 전선사典選司, 유례사律例司, 감
공사監工司로 바꾸었다(1881. 11).[83] 사대와 교린 업무는 동문사가
담당하도록 하였으며, 교린사가 동문사로 바뀌었다는 사실은 일본에
도 통보하였다.[84]

한편, 정부는 국제질서의 변화를 인식하고 청과 사대 관계를 부
분적으로 개편하려는 의도도 보였다.[85] 1882년 초, 고종은 어윤중
을 청국에 문의관問議官으로 파견하면서 '통상'과 '주사駐使' 문제와
장정 체결을 협의하라고 하였다. 이는 새로운 통상의 전개와 사행으
로 불거진 폐단을 고치려는 것이었다. 고종은 "사대事大하는 의절은
마땅히 더욱 삼가야 할 것이지만, 글의 형식에만 구애되어 백성과
나라에 해를 끼치는 것은 옛 관례대로 너그럽게 처리하는 데에 그쳐

을 거부하다가 이적二賊을 먼저 받아들이게 될 것"이라 비판하였다.
83) 각 사의 당상은 ①동문사: 이재면, 조영하, 심상학, ②군무사: 이재원, 신정희,
   민영익, 조희순, 이원회, 홍영식 ③통상사: 김보현, 김홍집, 조병직, 이헌영, 민종
   묵, ④이용사: 민겸호, 이근필, 박정양 ⑤전선사: 김병덕, 윤자덕, 조준영 ⑥율례
   사: 심순택, 엄세영 ⑦감공사: 민태호, 정범조, 강문형 등이었다. 李光麟, 〈統理機
   務衙門의 組織과 機能〉, 《梨花史學研究》 17·18合輯, 1987(《開化派와 開化思想
   研究》, 일조각, 1989) 참조.
84) 《承政院日記》 고종 18년(1881) 11월 19일.
85) 연갑수, 앞의 글(1993), 111쪽.

서는 안 될 것이다"라고 하였다.[86] 북경에 도착한 어윤중은 북양대
신 이홍장에게 이런 내용이 담긴 자문咨文을 제출하였다.[87] 더욱이
'파사주경' 문제는 당시 북경에서 조선과 미국의 조약 체결을 협의
하고 있던 김윤식에게도 중요한 문제였다. 이는 청국의 입장에서 본
다면 자칫 종주권 부정으로 인식될 수 있었기 때문에 이를 제기하는
조선 측도 매우 신중하지 않을 수 없는 문제였다.[88] 하지만 조선의
요구는 청의 거부로 실현되지 않았다. 오히려 그 사이 일어난 임오
군란을 진압한 청국의 강한 영향력 속에서, 조선의 요구가 일부 수
용되기는 하였지만, '속방屬邦'이 명시된 〈조청상민수륙무역장정朝淸

---

86) 《承政院日記》 고종 19년(1882) 2월 17일. 이와 아울러 고종은 "사신과 북도의
   호시互市에 관한 일은 일일이 총리각국사무아문總理各國事務衙門, 통상대신과 상
   의하여 편의한 방향으로 처리"하도록 지시하였고, 또 조선이 일본과는 이미 통상하
   고 있는데도 중국과는 아직 해금海禁을 유지하고 있는 것은 '친중국'의 뜻에도 맞
   지 않으므로 이미 항구를 열어 무역하고 있는 것을 잘 지킬 수 있게 협의하도록 하
   였다. 그런데 이 문제는 매우 예민한 문제로, 고종의 시도에 대해서 정부 고관들도
   반대 의사를 표하였다. 영의정 홍순목 등은 "상국上國, 중국)과 관계된 일들이 많
   이 있었는데 결코 藩邦에서 제멋대로 할 문제가 아니었습니다. 설사 우리나라 조정
   관리들에게 申飭하는 유시였다 하더라도 그와 같이 베껴 써서 공포할 수 없는 것입
   니다"라고 하면서, 내용과 그 형식에 대해서 반발하였고, 고종은 이를 "진실로 부끄
   럽고 한탄스럽다"고 답하였다(《承政院日記》 고종 19년(1882) 3월 8일).
87) 《從政年表》 壬午(1882) 4월 1일(《魚允中全集》, 822~823쪽). ①통상, 주사는
   장정章程을 타의妥議해야 하므로, 상국上國(청국)의 재정裁定을 바람, ②북도개시
   北道開市 혁파 등은 새 장정 체결 시에 의논할 것, ③이왕 사신을 주재하면 하사
   賀謝, 진주陳奏 등 사행은 파견할 필요 없음, ④사신의 비용은 스스로 마련하고,
   연변沿邊 관아의 부담도 영구히 폐지할 것 등이었다.
88) 미국과 조약 체결을 청국과 의논하던 김윤식은 이미 이홍장이 '속방' 문제에 단
   호하고, 또 미국과 조선의 전권대신 교환에 대해서도 '곤란'하다는 의견을 가지고
   있었던 점을 알고 있었다(《陰晴史》 고종 19년(1882) 3월 4일, 111~112쪽). 이
   때 김윤식은 어윤중을 만나자 이를 조선과 청국의 해금을 풀고 통상하는 문제(開
   海禁通商), 사신을 북경에 상주시키는 문제(派使駐京)로 지적하였다.(같은 책, 3월
   28일, 131쪽).

商民水陸貿易章程〉이 체결되었다(1882. 8).[89]

한편, 정부의 양무개혁사업은 임오군란으로 또 한 차례의 위기를 맞았다. 개혁사업을 추진하던 민씨 세력이 일시적으로 후퇴하고 대원군과 보수세력이 집권하였다. 그러나 군란이 1개월 만에 진압된 뒤, 종전의 개혁사업이 다시 강하게 추진되었다. 이를 위해 고종은 전국의 유생들에게 국가개혁 방안을 제출하도록 교지를 내렸고, 이 교지에 따라 그해 말까지 100여 명의 상소가 이어졌다.[90] 상소의 대부분은 유교를 밝히고 아울러 무비武備, 기강紀綱, 근검절약 등을 제안한 것이었다. 하지만 몇몇 상소에서는 개혁사업을 더 적극적으로 추진할 것을 주장하고 이를 위한 다양한 방안을 제시하였다. 예컨대 개화 관련 서적의 간행, 외국어 교육, 외국인 기사技師의 채용, 상공업 발전, 화륜선 건조 등 서양기술을 적극적으로 수용하자는 의견이었다.

이런 여론 속에서 고종은 정부의 개혁 방향을 분명하게 제시한 교지를 내렸다. 당시 보수세력은 서양과 통교하면 이로 말미암아 서교가 전파되고 사교에 물들게 된다는 점을 가장 우려하였다. 하지만 고종은 서양이 화의和議로 접근해 오는데 이를 배척하면 우리와 만국 사이에 틈만 생겨 공격의 표적이 될 것이라고 지적하면서, 서양과 통교는 공법公法에 의거하지만, 서양의 종교는 절대로 허락하지

---

89) 김윤식과 어윤중은 임오군란이 일어나자 청군과 함께 귀국하였다가 임오군란이 평정되자 어윤중은 다시 조영하와 청국으로 가서 〈장정〉 체결 실무를 담당하였으며, 〈장정〉 체결 뒤에는 그 후속 조치로 '육로통상' 문제도 협의하였다. 그 과정 및 내용에 대해서는 방향, 〈開港後 한국의 對淸通商交涉의 변화와 近代外交關係의 수립〉, 연세대학교 대학원 박사학위논문, 2013 참조.

90) 李光麟, 〈開化思想 研究〉, 《韓國開化史研究》 개정판, 일조각, 1974, 48~56쪽; 이연주, 〈1880년대 전반 時務上疏의 개혁론과 갑신정변〉, 연세대 대학원 석사논문, 2013.

않겠다고 천명하였다.

> 의론하는 자들은 또 서양 나라들과 수호를 맺는 것을 가지고 점점 邪敎에
> 물들 것이라고 말하고 있다. 이는 진실로 斯文을 위해서나 世敎를 위해서나
> 깊이 우려할 문제이다. 그러나 修好하는 것은 修好하는 것이고, 邪敎를 금하
> 는 것은 邪敎를 금하는 것이다. 조약을 맺고 통상하는 것은 다만 공법에 의
> 거할 뿐이고, 애초부터 內地에 傳敎를 허락하지 않았다. 너희들은 평소 孔孟
> 의 가르침을 익혀왔고 오랫동안 禮義의 풍속에 젖어 왔는데 어찌 하루아침
> 에 正道를 버리고 邪道를 따를 수 있겠느냐?[91]

고종은 이처럼 서양의 종교는 사교이고, 정부에서도 그 전교를
허락하지 않는다는 점을 다시 밝히고, 만약 이를 어기면 처벌하고
절대 용서하지 않을 것임을 강조하였다. 오직 정도正道인 공맹孔孟의
가르침을 지켜야 한다고 하였다.

고종은 이를 이어 서양의 기술은 본받아야 한다는 점도 또한 분
명하게 지시하였다.

> 기계를 제조하는데 조금이라도 서양 것을 본받으면 대뜸 邪敎에 물들었다
> 고 지목하는데, 이는 전혀 이해를 못한 탓이다. 그 敎는 邪한 것으로 마땅히
> 淫聲 美色과 같이 멀리해야 하지만 그 器는 利로우므로 利用厚生할 수 있으
> 니, 農桑·醫藥·甲兵·舟車의 제도를 어찌 꺼리어 하지 않으랴. 그 敎는 배
> 척하지만 그 器는 본받아 가히 병행하는 것은 어긋난 것이 아니다. 하물며
> 강약의 형세가 이미 현격하게 벌어졌으니, 저들의 기계를 본받지 않고 어떻

---

91) 《承政院日記》 고종 19년(1882) 8월 5일. 이 교지는 앞서 본 바와 같이 김윤식
   의 《雲養集》에도 실려 있다.

게 저들의 수모를 막아내고 저들이 엿보는 것을 방어할 수 있으랴.[92]

곧 서양의 종교는 사악한 것으로 물리쳐야 하지만, 서양의 기계
와 기술은 이용후생의 문제이고, 또 우리가 강해져 외국 침략의 수
모를 막을 수 있는 방안이라고 하였던 것이다. 서양의 종교와 기술
을 분리하여 언급한 것은 조선 후기 북학론의 전통이었다. 고종은
이 교지를 반포한 뒤에 서양 선교사에게 의료와 교육 사업을 허용하
였다.[93]

이를 이어 정부는 양무개혁사업을 더 적극적으로 추진하기 위해
실무 관제도 고쳤다. 1882년 11월, 통리아문統理衙門과 통리내무아
문統理內務衙門을 설치하였으며, 12월에는 다시 통리아문은 통리교섭
통상사무아문統理交涉通商事務衙門(통서統署 혹은 외아문外衙門)으로 고치
고 그 아래 정각征榷, 장교掌交, 부교富敎, 우정郵程의 4사를 두었으며,
통리내무아문은 통리군국사무아문統理軍國事務衙門(내아문內衙門)으로
고치고, 그 아래 이용理用, 군무軍務, 감공監工, 전선典選, 농상農桑,
장내掌內, 농상農商 등 7사를 두었다. 외아문은 독판 조영하, 협판 민
영익·김홍집, 참의 김만식金晚植·김옥균 등이, 내아문은 독판 민태호,
협판 김윤식, 참의 홍영식·어윤중 등이 참여하였다. 실질적으로 내
아문은 민태호가, 외아문은 민영익이 주도하였다.[94]

---

92) 위와 같음.
93) 일본에 있던 감리교 선교사 매클레이가 조선 선교를 위한 사전 조사차 방문했을
    때 고종은 김옥균을 통하여 병원과 학교 사업을 허락하였다(한국기독교사연구회,
    앞의 책(1989), 177~182쪽). 이런 조치에 따라 의사와 교사의 신분으로 한국에 온
    알렌(H. N. Allen, 1858~1932), 언더우드(H. G. Underwood, 1859~1916) 등이 제중
    원濟衆院을 거점으로 활동할 수 있었다.
94) 통리교섭사무아문은 재동 민영익의 집에 설치되었다(《追補陰晴史(下)》, 562쪽).

이와 같이 임오군란 이후 조선 정부는 새로운 국제질서에 편입되면서 미국, 영국 등 서양 열국과 외교 관계를 수립하고, 자강·부국강병을 위해서 서양기술을 적극적으로 받아들여 개혁사업을 추진하였다. 이 사업의 원리는 북학론을 계승한 양무개혁론이었다. 이 개혁사업은 청국의 양무운동을 본받은 것이었지만, 서기西器의 수용은 일본을 통해서도 추진되었다.95)

(2) 갑신정변 후 청국의 속방화에 대한 대응과 개혁사업 추진

조선에 대한 지배권을 강화하려던 청국은 임오군란으로 절호의 기회를 잡게 되었다. 청국은 군란 진압을 위해 파견한 군대를 배경으로 조선 내정에 간섭하기 시작하였다. 앞서 말한 〈조청상민수륙무역장정〉을 맺어, 구래의 종속 관계를 근대적 형태의 '속국'으로 만들고자 하였다. 또한 마건상馬建常을 파견하고, 묄렌도르프(목인덕穆麟德)를 추천하여 조선 정부의 근대화 사업에도 관여하였다.

청국의 간섭에 맞닥뜨린 조선 정부는 청국과 관계를 어떻게 설정할 것인가, 또 그동안 추진하던 양무개혁사업을 어떻게 지속할 것인가 등의 문제에 직면하게 되었다. 후술하게 될 바와 같이, 양무개혁 세력 내부에서 균열이 생기면서 문명개화론자들이 이탈하여 갑신정변을 일으켰다(1884). 갑신정변에서 제기된 핵심 문제 가운데 하나가 청과 종속 관계를 청산하자는 것이었고 그 뒤에도 청과의 관계를 둘러싸고 지배 권력 내부에서 여전히 이견이 존재하였다.

갑신정변 뒤, 청국의 강한 내정간섭 속에서 조선 정국은 청과 가

---

95) 양무사업을 추진하던 통리기무아문은 청의 총리아문總理衙門 형태로 만든 것이었는데, 이를 담당하던 실무 관료는 일본에 시찰단으로 다녀온 사람이 많았다(연갑수, 앞의 글(1993), 112쪽).

까운 김윤식, 어윤중, 김홍집 등이 주도하였고, 이와 달리 고종과 민씨 세력의 권한은 약화되었다. 김윤식이 작성한 고종의 교지에는

> 지금 이후로는 너희 만민들에게 서약하나니, 내가 스스로 총명한 체하지 않을 것이며, 내가 감히 아래로 서무를 간섭하지 않을 것이다. 소인배를 접촉하지 않을 것이고, 사사로운 재물을 모으지 않을 것이며, 오직 공적인 것만 들을 것이다. 임금의 책임은 재상을 고르는 데에 있고, 재상의 직무는 오직 어진 인재를 천거하는 데에 있다. 지금 이후로 나라의 다스려짐과 어지러워짐에 대하여 나는 알지 못하니, 오로지 의정부만을 재촉하여 맡긴 소임을 우러러 이루게 할 것이다. 그러므로 너희 의정부는 협심하여 정사를 잘 보필하라. …… 내가 너희의 일을 간섭하지 않을 것이니, 무릇 사람을 쓰고 일을 다스림에 반드시 공론으로 결정한 다음 나에게 보고하여 결재를 청하면 윤허하여 따르지 않는 것이 없을 것이다. …… 아아, 내가 이 서약의 말을 하노니, 나는 이 말로 그대들을 속이지 않을 것이다. 너희 내외 백관과 백성들은 마땅히 잘 알기를 바란다.[96]

고 하여, 고종은 의정부에서 공론으로 정사를 시행하면 자신은 간섭하지 않겠다고 말할 정도였다.

청국의 간섭에 대해 고종과 민씨 세력은 이를 벗어나기 위한 일련의 조치들을 취하였다. 먼저, 러시아를 끌어들여 청국을 견제하고자 하였다.[97] 1884년 12월, 고종은 통리교섭통상사무아문과 상의

---

96) 《承政院日記》 고종 21년(1884) 11월 30일. 이 글 또한 《雲養集》 권9, 〈常參綸音〉 甲申至月(《金允植全集(貳)》, 82~83쪽)에 실려 있다.

97) 李光麟, 《韓國史講座 — 近代篇》, 일조각, 1981, 200~210쪽; 震檀學會, 《韓國史(最近世篇)》, 을유문화사, 1961, 791~800쪽, 818~836쪽; 具仙姫, 《韓國近代 對淸政策史 研究》, 혜안, 1999, 99~138쪽 등 참조.

하지 않고 김용원·권동수를 블라디보스토크로 밀파하여 조러조약의 신속한 비준과 조로육로통상조약의 체결, 조선에 대한 러시아의 보호 등을 원하는 밀서를 전달하였다. 또한 외아문 협판 묄렌도르프도 주일러시아 공사에게 러시아 군사교관의 조선 파견을 제의하였다. 그러나 당시 통서統署(외아문)를 장악하고 있던 김윤식 등이 저지하여 무위로 돌아갔다(제1차 조러밀약).

그 후 김윤식은 민씨 세력을 견제하기 위하여 1885년 8월(음) 대원군을 귀국시켰다. 청국에서도 10월에 원세개袁世凱를 주차조선총리교섭통상사의駐箚朝鮮總理交涉通商事宜라는 직책으로 파견하여 조선의 내외정에 간섭하였다. 그러자 1886년 7월경, 민영환을 비롯하여 민응식·홍재희 등이 김가진·김학우·채현식(노어 통역) 등을 통하여 러시아 공사 웨베르에게 접근하였다. 이들은 조선에 대한 러시아의 보호를 요청하면서 동시에 청국의 간섭을 배제하고, 조선이 청·일 양국과 동등한 나라가 될 수 있도록 지원해 달라고 하였으며, 청국이 이에 응하지 않을 경우 군함을 파견해 줄 것을 요청하였다. 그러나 이런 시도는 민영익의 밀고로 수포로 돌아갔다. 이 사건을 빌미로 원세개는 이홍장에게 고종의 폐위까지 건의하였다(제2차 조러밀약).98)

이때 원세개는 〈조선대국론朝鮮大局論〉이라는 글을 의정부에 보내 고종과 조정을 위협하였다.99) 원세개는 청으로부터 벗어나려는 조

---

98) 그러나 원세개가 민영익으로부터 입수한 밀함密函은 주한영국총영사 베버가 러시아의 조선에 대한 영향력이 커지면 영국의 거문도 점령에도 문제가 생길 것으로 판단하고 이를 위조했다고 한다(李光麟, 위의 책, 208~210쪽).

99) 《高宗實錄》 23년(1886) 7월 29일. 또한 원세개는 고종에게도 편지를 보내 "못 쓰게 된 배와 같은" 조선을 자신이 전폭적으로 도와주었다는 점을 거론하고, 내외정에 관해 ①대신 임명, ②간사한 신하들을 멀리 할 것(屛細臣), ③여러 관청의 활

선을 강하게 질책하였다. 곧 "조선은 본래 중국에 속해 있는데, 지금 중국을 버리고 다른 데로 향하려 한다면 이것은 어린아이가 자기 부모에게서 떨어져서 다른 사람의 보살핌을 받으려는 것과 같은 것"이라고 하고, 조선이 중국에 의지하여 "만일 구장舊章을 성심으로 따른다면 온 나라가 편안히 지내게 되고 정령政令도 쉽게 시행될 것이니, 그 혜택을 믿을 수 있을 것이다"라고 하면서, "중국은 조선을 믿어 의심하지 않으며 조선은 중국을 굳게 믿게 된다면 내란도 일어나지 않고 외부의 침략도 두려울 것이 없을 것"이라고 하였다. 그러고는 '중국을 배반하고 자주自主'하면, 조선이 구주歐洲의 도움을 받는다고 하더라도, 중국이 조선을 먼저 점령하여 구주 세력과도 대립할 것이고, 또한 본성이 잔인한 구주도 조선의 이권을 빼앗고 점령할 것이라고 위협하였다. 더욱이 조선의 '자주'에 대해

조선은 자기 나라를 자체로 통치하고 자기 백성들을 자체로 거느리며 각 나라들과 조약을 맺는데도 自主國이라고 부르고 있지만 중국의 관할을 받는 데 지나지 않는 것이다. 만일 남의 신하로 되지 않는 것을 가지고 自主라고 한다면 이것은 문자상의 체면이나 유지하는 것이지 나라가 망하는 것은 돌아보지 않는 것이다. 헛된 이름을 취하려다가 실화를 당하게 될 것이며 아침에는 황제라고 부르다가 저녁에는 벌써 파면될 것이니 어느 것이 성공하고 실패하겠는가를 명확히 알 수 있는 것이다. …… 만약 아주 가깝고도 강대하

용〔用庶司〕, ④민심을 얻을 것〔收民心〕, ⑤시기심과 의심을 풀 것〔釋猜疑〕, ⑥재정 절약〔節財用〕, ⑦신하들의 말을 신중히 들을 것〔愼聽聞〕, ⑧상벌을 명확히 할 것 〔明賞罰〕, ⑨친한 것을 가까이 할 것〔親所親〕, ⑩외교를 살피며 할 것〔審外交〕 등이 었다. 특히 재정 절약을 이유로 전환국, 기기국 등을 통한 자강개혁도 반대하였고, ⑨⑩을 통해서는 외인에게 기대지 말고 친한 중국과 더 친해야 하며, 외교에는 대신들과 의논해서 처리할 것 등으로 제약하였다.

며, 아주 어질고도 공정한 나라를 찾아서 비호를 받으려 한다면 중국을 내놓
고 어느 나라를 따르겠는가?

라고 하였다.

이런 공방 뒤에 민씨 세력은 김윤식을 몰아내고 정권을 다시 장
악하였다. 김윤식은 박영효 부친 박원양의 시신屍身을 수습한 일로
탄핵을 받아 부평으로 정배되었다가 원세개의 도움으로 일단 무마
되었다(1886. 4.). 그러나 이 문제를 빌미로 김윤식이 정계에서 물
러나게 되었다. 말할 것도 없이 김윤식과 시신 수습에 동조한 어윤
중도 스스로 사직을 원하면서, 동시에 대원군을 불러들여 국정에
간여하게 함으로써 민씨 세력을 견제하고자 하였다. 김윤식은 조
러밀약을 밀고하고 상해로 도주했던 민영익을 불러 "나라가 망
하게 생겼고, 그 화는 민씨들이 가장 먼저 받을 것이다. …… 마
땅히 대원군을 보좌하여 국정을 감독하게 하고 원세개로 하여금
양조贊助하게 하자"고 제의하였다. 하지만 이 일로 말미암아 결국
김윤식은 면천으로 유배되었다(1887).[100]

민씨 세력이 정권을 다시 장악하기는 하였지만, 청일전쟁에 이르
기까지는 여전히 청국의 영향이 강하였다. 이런 정세 아래서 조선
정부는 내외정에 자주권을 회복하기 위한 일련의 정책을 실시하
였다. 먼저, 고종과 민씨 세력은 대외적으로 자주성을 확보하는
차원에서 구미 여러 나라에 공사를 파견하였다. 1887년 6월, 박
정양(협판내무부사)을 주미전권공사로, 심상학을 영국·독일·러시

---

100) 《續陰晴史》, 582쪽. 어윤중은 1886년 12월, 고향에 내려가 부모에게 효도하
겠다고 상소를 올리고 화성에 칩거하다가 1893년 양호선무사兩湖宣撫使로 임명
되어 정계에 복귀하였다.

아·이탈리아·프랑스 등 유럽 5개국 전권공사로 임명하였다. 그러
나 청은 조선에 〈영약삼단另約三端〉을 강요하여, 조선이 청의
속방이라는 사실을 확실하게 하려 하였다. 곧 ①조선 공사가 각
국에 도착하면 먼저 청국 공사관에 보고하고, 청국 공사와 함께
그 나라 외부外部로 갈 것, ②조회朝會 또는 공연 석상이나 교제
석상에서 조선 공사는 반드시 청국 공사 뒤를 따를 것, ③교섭대
사交涉大事나 긴요한 사건은 조선 공사가 먼저 청국 공사와 비밀
리에 상의하고 그 지시에 따를 것 등을 요구한 것이었다. 이 삼
단은 조선의 외교권을 실질적으로 제한하는 것이었다. 박정양은
삼단을 무시한 채 미국과 평등 외교를 펼쳤다가 1년이 안 되어
소환되었다.101)

한편, 조선 정부나 식자층은 당시 국제질서 속에서 거론되던 '만
국공법'에 유의하였다. 만국공법이 균등한 국제질서와 약소국의 주
권을 지킬 수 있는 논리이기도 하지만, 동시에 강대국의 침략을 합
리화해주는 방편에 지나지 않다는 점도 깨닫고 있었다. 곧 동서양
각국이 공법에 의거하여 조약을 맺고 통상을 하고 있지만, "저들 각
국은 일단 자신들에게 이익이 있는 것을 보면 공법을 저버리고도 두
려워하지 않고, 강자가 약자를 무시하는 형세를 이루게" 되는 현실
을 비판하였다.102) 그리하여 "조약과 공법이란 다만 부강한 자들이
자기들의 잘못을 합리화하고 남을 꾸짖는 도구일 뿐"이며, 또 "부강
한 자들이 조약과 공법을 빌려 저희들에게만 편리하게 하는 방편에
불과할 뿐"이라고 강조하였다.103)

---

101) 具仙姫, 앞의 책(1999), 157~162쪽.
102) 《漢城週報》 6호(1886년 3월 8일) 私議〈論天下時局〉. 프랑스가 안남을, 영국
이 이집트를 식민지로 만든 사실을 거론하였다.

약소국 조선이 만국공법에 따른 국제적 지위도 보장받지 못하고, 또 자주 국가로서의 외교 활동도 청국의 간섭으로 억제되자, 조선 정부의 초점은 다시 국내의 개혁사업으로 모아졌다. 외교 활동만을 믿을 수 없고 자강을 위한 진흥책이 필요하다고 본 것이다.

> 우리에게는 아무런 믿을 만한 것이 없고 저들에게는 공경할 만한 마음이 없으니, 저들이 만약 우연히 거슬리는 바가 있어 갑자기 총칼을 동원하여 조약을 폐기하고 공법을 배신하고 돌아보지 않는다면 우리는 앞으로 어떻게 그들을 대처할 것인가. 안남(安南, 베트남), 면전(緬甸, 미얀마)의 전철을 밟게 될 것인 즉, 어찌 공법과 조약만을 외교의 중요함으로 여겨 스스로 떨칠[自振] 생각을 하지 않을 수 있겠는가.104)

그리하여 정부는 자강을 위해 갑신정변 이전에 추진하던 서양기술문명의 수용을 통한 근대화 사업을 지속하였다. 김윤식 세력이 건재하고 있던 시절부터 민씨 세력은 종래의 통리교섭통상사무아문과는 별도로 내무부라는 조직을 만들어 이를 추진하였다(1885). 내무부는 "군사와 정사에 관한 여러 가지 사무가 복잡하므로 군국서무軍國庶務를 총찰하면서 궁내 사무를 겸관兼管"하는 기구로 설치되었다.105) 처음에는 이·호·예·병·형·공으로 나누어 업무를 처리하다가

---

103) 《漢城週報》 17호(1886년 5월 24일) 〈論西日條約改證案〉. "그렇다면 만국의 통상에는 다만 빈부와 강약의 힘만이 있을 뿐 조약이나 공법은 없는 것이다"라고 하면서 "공법을 가지고 말한다면 공이란 천하의 공유이지 한 사람의 사유가 아니며, 법이란 만국이 함께 준수하는 것이지 한 나라만이 행하는 것이 아니다"라고 하여 공법을 동양적 '공사'의 개념으로 이해하였다.
104) 《漢城週報》 25호(1886년 8월 23일) 私議 〈論外交〉.

곧바로 직제국職制局·수문국修文局·군무국軍務局·사헌국司憲局·지리국
地理局·공작국工作局·농무국農務局의 7국을 설치하였으며, 또 얼마 지
나지 않아 국을 사司로 개명하였다(사헌국만 전헌사典憲司로 개
칭). 이후 산하에 양무사업을 위한 각종 기구들인 상리국·전환
국·광무국·교환소·기기국·육영공원育英公院·종목국種牧局(농업목축
시험장)·연무공원鍊武公院 등을 설치하였다. 내무부의 총리대신은
의정부 정승이 겸임하였고, 실무 책임자였던 독판은 주로 민영환
·민영준·민응식 등 민씨 세력이 장악하였다. 그 아래 실무직도
외국 경험이 있는 민씨 세력과 실무적 관료가 배치되었다. 이처
럼 내무부의 각 기구를 통해 1880년대 초부터 정부가 부국강병
을 목표로 추진하던 근대화 사업은 계속되었다. 그와 동시에 외
교적으로는 청의 간섭을 벗어나기 위해 자주적 외교정책을 추진
하였고, 청국과 국경 문제를 둘러싸고 교섭을 하기도 하였다.[106]

이런 자강 개혁사업을 추진하면서도 정부에서는 안으로 정치
와 통합을 위한 원리는 여전히 유교를 천명하였다. 정부에서는

선비들을 숭상하고 도를 중시하는 것은 바로 우리 역대 임금들이 서로 전
해내려 온 家法이다. …… 正學을 보위하여 義理가 더욱 밝아지고, 異端을 억
제하여 소란이 자연히 없어졌다. 대체로 나라가 다스려지고 안 되는 것은 순
전히 유교가 밝아지고 어두워지는 데 달려있으니 관계되는 바가 중대하지
않은가. 어진 사람을 구해서 도움을 생각하는 것이 오늘날 무엇보다 급한 일

---

105)《承政院日記》고종 22년(1885) 5월 25일.
106) 韓哲昊,〈閔氏戚族政權期(1885~1894) 內務府의 組織과 機能〉,《韓國史研究》
90, 1995;〈閔氏戚族政權期(1885~1894) 內務府 官僚 研究〉,《아시아연구》, 한
림대, 1996 참조.

이다. …… 모든 설치 계획과 규정을 內務府에서 참작하여 짜는 동시에 글을
만들어 8道와 4都에 行會하도록 하라.[107]

고 하였다. 정학인 유교를 보위하고 사학을 물리치며, 유교적 소양
을 가진 인재를 키우는 것이 정부의 임무이므로, 이를 내무부에서
담당하도록 한 것이다.

1880년대 초반에서 갑오개혁에 이르기까지 조선 정부는 북학론
의 전통 아래 유교이념을 기반으로 서양의 기술문명을 수용하는 양
무론적 근대화 개혁을 추진하였다. 고종의 친정 이후 대원군 세력을
배제하고 정계를 장악한 것은 민씨 세력, 박규수의 제자 등 서울에
서 활동하던 노론, 소론 출신이었다. 곧 민태호, 민영익, 민영환 그
리고 김윤식·어윤중·김홍집 등이었다. 여기에 김옥균·박영효 등이 동
일한 생각으로 이 개혁정책에 가담하였으나, 임오군란 뒤, 일본의
문명개화론의 영향 아래 갑신정변을 일으키고 이 대열에서 이탈하
였다. 그러나 정부의 개혁사업은 갑신정변 이후에도 지속되었다.

1880년대 초반, 조선 정부가 구축하고자 했던 것은 유교이념과
그 질서였다. 이는 안으로는 왕을 중심으로 하는 정치이면서, 동시
에 밖으로는 청국과 구례의 사대 관계를 유지하고, 그 보호를 기대
하기 위한 것이었다. 그리하여 안으로는 유교적 원리, 북학론의 원
리로 서양의 기술문명을 수용하여 유교적 질서를 유지할 수 있었지
만, 밖으로는 임오군란과 갑신정변을 거치면서 청국의 내·외정 간섭
이 심화되어 유교이념 아래 화이질서를 변화시키지 않을 수 없게

---

107)《承政院日記》고종 23년(1886) 4월 19일.

되었다. 말할 것도 없이 초기에는 청국의 보호 아래 나머지 다른 서양 국가와 외교 관계를 추진하였지만, 점차 당시의 만국공법적 질서와 청국과의 사대관계가 어긋나는 점을 인식하게 되었다. 청국과의 문제를 둘러싸고 여전히 민씨 세력 내부에서도 이견이 있었고, 또한 김윤식·어윤중 등과도 다른 입장을 견지하였지만, 고종과 민씨 세력은 구래의 중국 중심의 유교적, 사대적 조공질서를 변화시키고자 하였다. 이를 해결하지 않으면 조선의 근대화는 불가능하였기 때문이다.

그러나 고종과 집권세력이 청국의 속방화를 극복하고자 했던 의지는 매우 취약한 것이었다. 결정적으로 1894년 농민전쟁이 일어나자, 정부는 이를 진압, 해결할 힘이 부족하여 곧장 청국에 원병을 요청하였다. 일본의 개입 여하를 떠나서 이는 내정 문제를 다시 청국에 의지하겠다는 태도의 변화였다. 청국은 이를 빌미로 다시 '속국' 조선을 유지하고자 하였고, 일본에게 청일전쟁의 빌미를 제공하였다. 조선 정부는 청일전쟁 뒤, 달라진 국제 환경에서 다시 자주독립을 추구하였고, 이는 외형적으로는 대한제국을 수립하면서 비로소 달성할 수 있었다.

2. 갑오 · 광무 개혁사업과 유교

1) 갑오개혁과 유교

(1) 전근대 동아시아 질서의 붕괴

1894년 농민전쟁이 일어나자 조선 정부는 청국에 군대 파병을 요청하였다. 청군의 파병 소식을 접한 일본도 톈진조약天津條約 (1885)에 따라 곧바로 조선에 파병하였다. 이를 계기로 일본은 조선을 지배하기 위한 수순을 밟아가면서 청과 전쟁을 일으킬 빌미를 만들었다. 일본 정부는 청국에게 청일 양군의 '내란' 공동 진압, 조선의 내정 개혁, 그리고 이를 위한 양국 군대 주둔 등을 제안하였다. 이 제안에 대해 청은 "군대를 파견하여 조선을 원조하는 것은 속방을 보호하는 구례舊例"라는 이유로 이를 거절하였다. 그러자 일본은 〈조일수호조규〉 제1관의 "조선은 자주의 나라이고, 일본국과 평등한 권리를 보유한다"는 내용을 들어, 청국의 의사 표현이 이 조관과 배치된다는 점을 지적하면서, 단독으로 '조선 내정 개혁안'을 제안하였다. 조선의 '독립'으로 집약된 이 문제가 일본이 청일전쟁을 일으키는 명분이 되었고, 전쟁의 결과에 따라 구래의 동아시아 질서에 큰 변동이 초래되었다.

일본의 조치에 조선 정부는 일본군의 철수를 요구하고, 또 '개혁은 우리 자신이 하겠다'고 천명하면서 개혁을 추진하기 위한 기구로 교정청校正廳을 설치하였다. 그러나 일본은 조선의 철병 요구를 거부하고, 오히려 조·청의 종속 관계 폐기와 청군 철병을 요구하였다. 마침내 서울에 있던 일본군 2개 대대를 동원하여 경복궁을 점령하였다. 그리고 바로 아산만에 주둔해 있던 청군을 공격하며 전쟁을 개시하였다.

경복궁을 점령한 일본은 내정 개혁을 추진할 친일 정권을 수립하였다. 고종의 친재親裁를 정지시키고, 대원군을 끌어들여 섭정하도록 하였으며, 김홍집을 수반으로 하는 정권을 만들었다. 미국에서 돌아온 뒤 유폐되어 있던 유길준을 중심으로, 1880년대 정부의 개혁사업을 이끌어갔던 김홍집, 김윤식, 어윤중, 박정양 등이 중용되고, 정부의 양무개혁사업에 실무를 담당했던 소장 관료층이 다시 참여하였다. 갑오개혁이 진행되는 중간에는 갑신정변 주도자 박영효, 서광범徐光範 등도 참여하였다. 1895년 중엽에는 부분적으로 민씨세력(민영준·민영환·민영소 등)도 참여하였다. 갑오개혁의 진행에 따라 정권의 핵심세력이 다소 변한 것은 청일전쟁, 삼국간섭 등의 국제정세와 일본의 대조선 정책이 변했기 때문이었다.[108] 갑오개혁은 유길준·박영효 등의 문명개화 세력과 김윤식·김홍집 등의 양무개혁 세력이 연합하여 추진되었던 것이다.

갑오개혁은 1894년 8월부터 시작되어 1896년 2월에 이르는 기간 동안 수많은 개혁안을 입안하고, 이를 실시하였다. 때로는 일본의 강한 간섭과 개혁안 요구로 정책이 만들어지기도 하였고, 또 때로는 갑오개혁 주도세력이 그동안 구상했던 개혁안을 실천하기도 하였으며, 1880년대 이래 조선 정부가 추진하던 개혁사업을 조정하기도 하였다. 개혁사업의 일부는 조선 실정에 맞지 않음에도 일본의 강요에 따라 급진적으로 추진되기도 하였지만, 추진세력의 개혁안이 대개 일본의 근대개혁사업의 일정한 영향 아래에서 구상되었기 때문에 일본 측의 요구와 큰 마찰이 생기지 않았다. 또는 일본식의 근대개혁을 수용하면서도 조선 구래의 제도를 바탕으로 이를 변용하기도 하였다.

이런 과정에서 유교적 사회질서도 부분적으로 변화되어 갔다. 유교질서는 밖으로 화이질서를, 안으로 봉건적 신분제를 통하여 유지되었는데, 갑오개혁에서는 이런 체제, 질서를 중요한 개혁 대상으로 삼았다. 1880년대 이래 줄곧, 조선 정부에서 문제점으로 인식하고

---

108) 이런 변화에 대해서는 왕현종, 《한국근대국가의 형성과 갑오개혁》, 역사비평사, 2003, 148~170쪽 참조.

고치고자 했던 것이었다.

먼저, 화이질서의 청산은 청국의 간섭에서 벗어나는 일이었다. 이 문제는 '독립獨立'이라는 이름 아래 추진되었다. '독립'이라는 말은 일본이 청일전쟁을 일으킨 명분이었다. 일본은 근대적 조약 질서 아래에서 조선 침략을 계획하고, 이를 위한 첫걸음으로 조선을 청의 영향에서 떼어 내려고 하였다. '독립'은 '개화'라는 말과 더불어 1876년 〈조일수호조규〉 이래 줄곧 일본이 조선을 침략하면서 내건 명분이었다. 일본은 청국이 조선을 '속방'으로 표현하자 '조선 독립'을 위한다는 이름 아래 전쟁을 일으키면서 당장 조선 정부에 청과 관계 폐기를 선언하도록 종용하였다. 또 조선을 전쟁에 끌어들이기 위해 〈조일잠정합동조관朝日暫定合同條款〉을 맺어 "일본 정부는 본시 조선을 도와서 그 독립과 자주의 일을 공고"하게 한다고 하였다(7. 20. 음). 또한 〈조일동맹조약朝日同盟條約〉(공수동맹, 7.26 음)을 강요하여 '조선 독립과 자주의 공고'를 천명하였다. 전쟁이 한창일 때, 이노우에 공사는 20개 항의 내정 개혁을 요구하면서, 그 가운데 "조선 독립의 기초를 공고히"한다고 명시하였다. 이런 일본의 명분과 요구는 전쟁을 끝내면서 체결된 시모노세키下關 조약의 제1조에 그대로 적시되었다.109)

청국으로부터의 탈피는 새로운 국제질서 속에서 자주권을 유지하기 위한 조선 정부의 염원이기도 하였다. 또한 갑신정변부터 이를 제1의 과제로 삼았던 문명개화론 계열은 말할 것도 없고, 고종과 민씨 세력도 원하던 바였다. 심지어 1880년대 전반 청국과 관계를 활

---

109) 개항 후 거론된 자주, 독립 문제에 대해서는 주진오, 〈19세기 말 조선의 자주와 독립〉, 《한국근대국가 수립과 한일관계》(한일관계사연구논집 16), 경인문화사, 2010 참조.

용하여 국제질서에 대응하려던 김윤식조차도 갑오개혁 정권에 참여하면서 그 생각이 바뀌기 시작하였다.[110] 조선의 자주권 확립이라는 과제는 갑오개혁이 시작되면서 바로 청의 연호를 버리고 독자적인 '개국기원開國紀元'을 사용한 것으로 나타났다.[111] 또 고종은 청일전쟁이 한창이던 1894년 12월 12일(음)에 〈홍범洪範 14조〉를 통하여 "청국에 의부依附하는 생각을 끊어 버리고 자주독립의 기초를 확실히 세울 것"을 천명하였다.[112] 이는 일본에 따라 강요된 '용어'이기는 하였지만, 당시 거의 모든 사람들은 청일전쟁에서 일본이 승리하여 조선이 청국으로부터 '독립'되었다고 생각하였다.

(2) 교육개혁과 유교 활용

갑오개혁에서는 유교적 사회질서의 근간이었던 봉건적 사회·신분제도와 양반 특권을 폐지하였다. 군국기무처軍國機務處의 첫 작업으로 의결, 공포한 것이 〈의정부관제〉였고, 이를 이어 7월 초순(음)에 이르기까지 많은 사회제도와 관련된 개혁안이 공포되었다.[113] 이 가운데 신분제도 폐지와 관련된 ①문벌門閥, 반상班常의 등급을 벽파劈破하고, 귀천에 구애받지 않고 인재를 선용選用할 것, ②공사公私 노비지전奴婢之典을 일체 혁파하고 인구人口 판매를 금지할 것, ③역인驛人·창우倡優·피공皮工의 면천免賤을 모두 허가할 것 등을 반포하였다. 양반과 상인의 차별을 없애고, 노비와 천민의 해방을 단행한 것이었다.

---

110) 앞서 거론한 청일전쟁 기간 한일 사이에 맺은 〈조일잠정합동조관〉, 〈조일동맹조약〉 체결의 조선 측 당사자는 당시의 외무대신 김윤식이었다.
111) 《高宗實錄》 31년(1894) 7월 1일.
112) 《高宗實錄》 31년(1894) 12월 12일.
113) 《高宗實錄》 31년(1894) 6월 28일; 7월 2일.

갑오개혁에서는 반상의 차별을 없앤 것뿐 아니라 인재 등용에서 양반이 누려 왔던 특권도 폐지하였다. 인재 등용에서 '능력본위' 원칙을 천명하고, 양반 지위를 유지, 재생산하는 기구였던 과거科擧제도를 폐지하였다. 즉 "과문科文으로 선비를 취하는 것은 조가朝家의 정례定例에 관련되는 것이나 허문虛文으로는 실질적인 인재를 뽑아 쓰는 것이 어려우므로" 과거제도를 변통하여 따로 선거조례選擧條例를 정하자고 하였다.114) 그리고 그 후속 조치로 〈전고국조례銓考局條例〉와 〈선거조례選擧條例〉, 〈문관수임식文官授任式〉을 제정하고, "조야朝野 신사紳士, 경향京鄕 귀천을 가리지 않고 품행이 단정하고 재주와 기술이 있으며, 겸하여 시무를 알고 있는 자를 실제로 확인하여 선취選取"하고자 하였고, 국문·한문·사자寫字·산술·내국정內國政·외국사정·내정외사內情外事 등에 관한 문제로 보통시험을 실시하여 실제로 "내수와 외교" 사무에 쓰일 수 있는 사람을 관료로 등용하고자 하였다.115) 그리고 "비록 평민이라도 참으로 이국편민利國便民할 의견을 내어 놓는 자는 군국기무처에 상서上書하여 회의에 부치게 할 것"이라고 하면서, 평민에게도 등용의 기회를 주었다. 아울러 문무존비文武尊卑의 차별을 폐지하고자 한 것도 같은 맥락이었다.116)

유교적 명분과 질서를 유지했던 신분제도를 개혁하였지만, 다른 한편으로는 통치의 이념으로 여전히 유교가 강조되었다. 고종은

　　관청을 세우고 長官을 세우는 것은 모두 백성을 위한 것이지만 관리들이
　　그 도리를 잃고 백성을 해치기에 이르러 민생의 곤궁함이 극에 달하니, 매우

---

114)《高宗實錄》31년(1894) 7월 3일.
115)《高宗實錄》31년(1894) 7월 12일 〈銓考局條例〉;〈選擧條例〉참조.
116)《高宗實錄》31년(1894) 6월 28일.

애처롭다. 君師의 책임이 어찌 무겁지 않겠는가. …… 다행히 祖宗께서 말없이 도와주시고 조정 신하들이 수고한 덕분으로 更張할 방도를 도모하여 덜고 더하는〔損益〕 규정을 만들었으니, 어찌 때에 따라 마땅함을 정하고〔因時制宜〕 일에 따라 변혁하기 위한 것〔隨事變革〕이 아니겠는가. 생각하건대 우리 왕조는 나라를 세운 지 500여 년이 되는데 위로는 규율이 해이되고 아래로는 풍속이 퇴폐하여 예법 조항이나 옛 규정을 모아 대충 할 수 없으니 근본적으로 고치는 것은 응당한 일이다. 만일 종전의 규례를 소략하게 하고 간편하게 처리하지 못한다면 성과를 기대하기 어려울 것이다. 대체로 짐이 분발하여 공평하고 성실하게 개혁하려는 것은 사실 백성을 편하게 하고 나라를 이롭게 하는 일〔便民利國〕이다. 그러므로 여러 사람의 논의를 모으고 공정한 마음을 넓히며 선대 임금이 정한 법을 본받고 여러 나라의 가까운 실례를 참작해야 할 것이다. …… 함께 維新의 교화를 도울 것이다.[117]

라는 윤음綸音을 내렸다. 나라를 세운 지 오래되어 규율과 풍속이 해이하고 퇴폐해졌으므로, 이를 경장하여 '편민이국'하자고 하였다. 그런데 그 경장은 때에 따라서, 또 일에 따라서 마땅한 것으로 변혁한다는 것이었고, 구래로부터 내려오는 선왕의 성헌成憲을 계승하면서도 이웃 나라의 새로운 개혁을 '참작'하겠다는 것이었다. 곧 1880년대 이래 정부에서 추구하던 양무개혁론적 이념을 더 확대 발전시켜 구래의 이념과 새로운 제도나 법률까지 절충, 참작하는 것이었다. 고종은 이를 바로 '유신지화維新之化'라고 표현하였다.

무엇보다도 유교이념은 교육 부문에 잘 반영되었다. 1880년대 들어 정부에서는 부국강병을 추구하는 근대화 사업을 추진하였고,

117)《承政院日記》고종 31년(1894) 7월 4일.

그 사업의 하나로 서양과 외교에서 필요한 어학 습득을 하고자 동문학同文學(일명 통변학교通辯學校, 1883)과 육영공원(1886)을 설립하였다. 그때 "상업, 군사에서 경쟁이 치열한데 백성을 가르치지 않고는 경쟁할 수 없다"는 판단에서 교육의 중요성을 거론하였고, 이를 위해서는 "저들의 장점을 취해 나의 단점을 보완한다〔取彼所長補我所短〕"는 원칙과 "옛사람의 교화의 도를 부활하고 겸하여 농공상병의술農工商兵醫術을 탐구"하여 부강한 서양의 "제민산制民産 식화재殖貨財"하는 학문을 배우자는 방안을 천명하였다.118) 곧 유교의 교화를 보완하는 차원에서 주로 부국강병, 문명개화를 위해 우리에게 필요한 서양의 기술문명을, 그것도 장단점을 따져서 수용하자는 것이었다.

갑오개혁에서는 이를 더욱 확대하여 교육에서 새로운 이념을 정립하고 제도적으로 정비하였다. 무엇보다도 시대의 변화에 따라 '독립과 개명진보'를 위한 교육을 거론하였다. 이에 교육제도와 학교의 정비, 그리고 근대학문의 수용이 불가피하였다. 1894년 7월에 교육을 전담하는 학무아문學務衙門이 설치되었다. 학무아문에서는 시국이 바뀌었다는 점과 아울러 영재 교육이 시급하다는 점을 강조하면서, 먼저 서울에 소학교와 사범학교를 세워 위로는 공경대부公卿大夫로부터 아래로는 서민의 자제에 이르기까지 모두 배우도록 하였다. 그리고 이를 통해 "장차 힘을 길러 시대를 구하고 내수와 외교에 각각 크게 쓰고자" 하였다.119) 근대화를 위한 교육은 1894년 12월의 〈홍범 14조〉에서도 "국중國中의 총준자제聰俊子弟를 널리 파견하여 외국의 학술 기예를 전습傳習한다"는 내

---

118) 《漢成週報》 1호(1886년 1월 25일) 〈論學政第一〉; 2호(2월 1일) 〈論學政第二〉.
119) 李萬珪, 《朝鮮敎育史(下)》, 을유문화사, 1949, 43~44쪽.

용으로 천명되었다.

독립과 개명진보, 개화를 위한 교육은 1895년 2월 고종의 〈조서〉(이른바 〈교육입국조서敎育立國詔書〉)에 명확하게 제기되었다. 고종은 당시 정세의 변화에 따라 '개명'을 위한 교육의 필요성을 천명하였다.

> 宇內의 形勢를 環顧ᄒᆞ건대 克富ᄒᆞ며 克强ᄒᆞ야 獨立雄視ᄒᆞᄂᆞᆫ 諸國은 皆 其 人民의 知識이 開明ᄒᆞ고, 知識의 開明홈은 敎育의 善美홈으로 以홈인 則 敎育이 實로 國家保存ᄒᆞᄂᆞᆫ 根本이라. 是以로 朕이 君師의 位에 在ᄒᆞ야 敎育ᄒᆞᄂᆞᆫ 責을 自擔ᄒᆞ노니, 敎育도 쏘흔 其道가 有흔지라. 虛名과 實用의 分別을 先立홈이 可ᄒᆞ니 書를 讀ᄒᆞ고 字를 習ᄒᆞ야 古人의 糟粕만 掇拾ᄒᆞ고 時勢의 大局에 曚昧흔 者ᄂᆞᆫ 文章이 古今을 凌駕ᄒᆞ야도 一無用한 書生이라. 今에 朕이 敎育ᄒᆞᄂᆞᆫ 綱領을 示ᄒᆞ야 虛名을 是祛ᄒᆞ고 實用을 是崇ᄒᆞ노니.120)

고종은 부강과 독립을 위해서는 실용 교육이 필요하다고 하면서, 이 모든 책임을 '군사君師'의 위치에 있는 국왕 자신이 자담하였다. 이런 점은 9월 학부 〈고시告示〉에서도 "교육은 개화의 본이라. 애국의 마음과 부강의 방법이 모두 학문으로부터 나오니, 오직 나라의 문명은 학교의 성쇠에 관계된다"고 하여, 교육이 개화, 부강, 문명을 위한 것임을 다시 강조하였다.121)

이런 필요성에서 정부는 공교육제도를 수립하고 모든 국민의 교육을 추진하였다. 1895년 5월 이후에는 한성사범학교, 외국어학교, 성균관 등에 관한 법령을 만들고, 또 관비유학생 2백 명을 일본에

---

120) 《高宗實錄》 32년(1895) 2월 2일.
121) 〈學部告示〉 第4號 開國 504년(1895) 9월 28일(《官報》 開國 504년 9월 30일).

보내었다. 7월에 반포된 〈소학교령〉은 정부의 근대교육사업의 핵심을 이루는 것으로, 소학교는 "국민 교육의 기초와 생활에 필요한 보통 지식과 기능"을 주기 위한 교육으로, 만 7~15세 남녀 아동을 취학시켜 수신·독서·작문·습자·산술·체조·본국지리·본국역사·도화圖畵·외국어·(여자용)재봉 등을 기본으로 외국지리·역사, 이과理科 등을 가르치게 하였다.[122] 이에 따라 관·공립소학교도 세웠다.

이렇게 추진된 교육으로 말미암아 유교의 지위와 역할도 점차 달라졌다. 무엇보다도 유교적 문명관이 변동되고 있었다. 교육을 통해 서양의 지식을 습득하는 것을 '개명開明'이라고 하고, 이것이 개화의 근본이라고 한 점은 앞서 양무개혁론에서 가졌던 유교관, 개화관이 변하고 있음을 보여 주는 것이었다. 유교문명이 '문명', '개화' 단계라는 생각이 점차 엷어지고, 갑오개혁에서는 개화를 위해 서양 지식이 필요하다고 천명했던 것이다.

그러면서도 그 교육의 이념에는 항상 유교가 결합되어 있었다. 교육은 개명된 인민을 양성하는 것이면서 동시에 충군애국의 이념에 투철한 '신민臣民'을 양성하는 것이었다. 〈교육입국조서〉에서는 "너희들 신민은 충군하고 애국하는 심성으로 네 덕과 네 몸과 네 지智를 길러라. 왕실의 안전은 우리 신민의 교육에 있고 국가의 부강도 우리 신민의 교육에 있다"고 하면서, 국가를 유지하고 이를 운영하는 것이 모두 신민의 직분이라고 하였다.[123] 그리하여 실제 소학교에서는 수신修身 과목을 통하여 특별히 "존왕애국尊王愛國하는 사

---

122) 〈小學校令〉勅令 145, 開國 504년(1895) 7월 19일(《官報》開國 504년 7월 22일).
123) 《承政院日記》開國 504년(1895) 2월 2일; 《高宗實錄》 32년(1895) 2월 2일; 《高宗實錄》 32년(1895) 2월 2일.

기土氣"를 양성하고, 신민으로서 국가에 대한 책무를 가르쳤다.[124]

따라서 교육에서는 항상 덕육德育, 곧 유교적 덕양德養이 강조되었다. 고종의 〈조칙〉에서는 먼저 신하와 백성은 선조, 조종祖宗의 교화와 덕택으로 존재하고, 그 위에서 나라가 이어져 왔다는 점을 강조하였다. 또한 교육의 강령으로 덕육, 지육, 체육을 제시하면서, 그 가운데

> 曰 德養은 五倫의 行實을 修ᄒ야 俗綱을 紊亂치 勿ᄒ며 風敎를 扶植ᄒ야 ᄡᅥ 人世의 秩序를 維持ᄒ고 社會의 幸福을 增進ᄒ라. …… 爾臣民은 忠君愛國ᄒᄂ 心性으로 爾德, 爾體, 爾智를 養ᄒ라. 王室의 安全홈도 爾臣民의 敎育에 在ᄒ고 國家의 富强홈도 爾臣民의 敎育에 在ᄒ니 …… 國家의 愷를 敵홀 이 惟爾臣民이며 國家의 侮를 禦홀 이 惟爾臣民이며 國家의 政治制度를 修述홀 이 亦惟爾臣民이니 此皆爾臣民의 當然ᄒ 職分이어니와 [125]

라고 하여, 고종은 부국강병, 근대화를 위한 인민의 지식 개명을 강조하였고, 그 책임이 '군사'인 임금에게 있으며, 또한 충군애국하고, 나라의 부강을 이루는 것이 신민들의 직분이라고 하였다. 그리고 새로운 지식 습득을 위한 지육이나, 몸을 기르는 체육과 더불어 덕육

---

124) 〈小學校敎則大綱〉 學部令 제3호, 開國 504년(1895) 8월 12일(《官報》 開國 504년 8월 15일).

125) 《高宗實錄》 32년(1895) 2월 2일. 덕양 교육 외 체양體養과 지양智養에 대해서는 "曰體養은 動作에 常이 有ᄒ야 勤勵홈으로 主ᄒ고 惰逸을 貪치 勿ᄒ며 苦難을 避치 勿ᄒ야 爾筋을 固케 ᄒ며 爾骨을 健케 ᄒ야 康壯無病ᄒ 樂을 享受ᄒ라. 曰智養은 物을 格ᄒ민 知를 致ᄒ고 理를 窮ᄒ민 性을 盡ᄒ야 好惡, 是非, 長短에 自他의 區域을 不立ᄒ고 詳究博通ᄒ야 一己의 私를 經營치 勿ᄒ며 公衆의 利益을 跋圖ᄒ라"고 하여, 신체를 건강하게 하고, 더불어 널리 지식을 습득하여 공중의 이익을 도모하라고 하였다.

을 강조하였다. 덕육의 핵심은 바로 유교, 곧 "오륜五倫의 행실을 수修하여 속강俗綱을 문란시키지 말며 풍교風教를 부식하여 인세人世의 질서를 유지하고 사회의 행복을 증진"하기 위한 것이었다.

나라의 부강을 위한 신지식 습득과 유교적 덕육은 관립 소학교를 설립하면서 또 천명되었다. 학부에서는 처음으로 4곳에 소학교를 설립하면서 "과정은 오륜행실로부터《소학小學》과 우리나라 역사와 지리, 국문, 산술 그 외에 외국 역사와 지리 등 시대의 요구에 적응한 책을 일체 가르치면서 헛된 형식을 버리고 실용을 숭상하여 교육을 완전하게 하기에 힘쓸 것"을 공포하였다.126) 소학교에서는 "덕성을 함양하고 인도人道를 실천"하는 교육을 지향하면서, 수신 과목을 통해 "교육에 관한 조칙의 지취旨趣에 기반을 두고 아동의 양심을 계도하여 그 덕성을 함양하며 인도를 실천하는 방법"을 가르치고자 하였다.127)

신학문과 유교적 덕육을 결합한 교육론은 유교 교육의 본산이라고 할 수 있는 성균관成均館 개편에서도 보였다. 갑오개혁 때 성균관은 학무아문 아래의 '성균관 및 상교서원庠校書院 사무국'에서 "선성先聖, 성현聖賢의 사당과 경적經籍을 관리 보존하는 업무" 정도로 그 기능이 약화되었다.128) 그러다가 이듬해 6월(음)에 이를 비판하는 상소가 있었다. 이 상소에는 새로 설치한 학교교육이 오륜五倫과 역대사학歷

---

126)《高宗實錄》32년(1895) 9월 28일.
127)〈小學校敎則大綱〉. 소학교 심상과에서는 효제孝悌, 우애友愛, 예경禮敬, 인자仁慈, 신실信實, 의용義勇, 공검恭儉 등을 실천하는 방법을 강조하였고, 고등과에서는 이에 더하여 "陶冶의 功을 牢固케 함"을 가르치게 하였다. 여학생에 대해서는 특별히 "정숙한 미덕을 養케 함"을 강조하였다.
128)《高宗實錄》31년(1894) 6월 28일. 성균관의 기능 약화는 과거제도 폐지 및 관리 선발 방법의 변경과도 맥을 같이 하는 것이었다.

代史學으로부터 시작한 점을 의미 있는 것으로 평가하면서도

> 그러나 아쉬운 것은 어리석은 사람과 천한 사람들이 성균관이 헛되이 닫혀 있는 것을 날마다 보면서 성균관이 폐지되어 孔子와 孟子의 道를 더는 강론하지 않는다고 여기는 것입니다. 백성들은 의혹을 느끼고 선비들은 더러 눈물을 흘리니 어찌 한심하지 않겠습니까. …… 성균관에 마땅히 관리를 다시 두며 한갓 형식으로만 있는 성균관 규정도 어느 정도 정리하여 실속 있게 만든 다음 儒臣을 선발하여 스승으로 삼고, 뛰어난 선비들을 골라서 공부하게 함으로써 '周官'에서 제도를 정하여 고치지 않던 원칙을 보존하게 해야 할 것입니다. 교육하는 과목은 전적으로 經書 관계 학문을 기본으로 삼는다면 유교가 환히 빛나고 태평을 이룰 수 있을 것입니다.129)

고 하여, 성균관에서 경학 교육을 강화해야 한다고 건의하였다. 이에 정부는 약화되었던 경학 교육을 강화하는 〈성균관관제〉(칙령 136호, 1895. 7. 4)를 반포하였으며, 따로 〈성균관경학과經學科규칙〉(학부령 2호, 1895. 8. 12)을 마련하였다. 그러자 성균관에서는 경학을 주로 가르치면서도 "문명의 진보에 주의"하여 시의에 따라 본국지지 本國地志, 만국사萬國史, 만국지지, 산술 등도 교육하였다.130)

정부의 교육진흥은 신분제도 폐지, 능력에 따른 인재 등용 등의 개혁과 더불어 근대적인 '인민', '국민' 양성을 지향하였지만, 그것은 어디까지나 왕에게 충성하는 '신민臣民'을 양성하기 위한 것이었다. 따라서 정부에서 시작한 근대 교육에서는 인민의 지식을 개발하기

---

129)《承政院日記》고종 32년(1895) 6월 10일. 3품 李載崑의 상소.
130)〈成均館 經學科 規則〉학부령 제2호, 開國 504년(1895) 8월 9일(《官報》開國 504년 8월 12일).

위한 서양의 신학문을 가르치면서도 그 바탕이 되는 유교의 '덕양德養' 교육을 강화하였다. 국가의 부강을 위해 서양의 기술문명은 배워야 하지만, 오륜과 같은 유교 원리는 사회질서를 위해 필요하다는 정부의 양무개혁론이 교육 분야에 그대로 견지되었던 것이다.[131] 그러나 한편으로는 그 교육이 지식의 개명을 통한 문명화, 개화를 목표로 하고 있다는 점에서 유교문명을 최고의 단계로 설정하던 이전의 입장이 변화하는 조짐이 나타나고 있었다. 이는 유교이념이 그 이전에 견주어 상대적으로 약화되어 가고 있음을 보여 주는 것이고, 이런 변화의 흐름 속에서 대한제국 시기에 들어서 유교는 서양문명과 절충 형태로 변용되었다.

2) 대한제국의 신구절충적 개혁이념과 유교

(1) 광무개혁의 이념: 구본신참, 신구절충

급진의 형태로 진행된 갑오개혁에 대해서는 많은 부류의 사람들이 불만을 가졌다. 권력을 제한당한 고종과, 정권 실세에서 밀려난 민씨 세력, 그리고 서양(미국)식 문명화·근대화를 꿈꾸던 세력은 말할 것도 없고, 심지어 과거제도 폐지와 단발령으로 위기감이 고조된 보수적 유생층까지 불만을 토로하였다. 고종과 민씨 세력은 일본의 감시와 억압에서 벗어나고자 러시아나 미국을 가까이 하였다. 더욱이 왕후 민씨의 시해 이후 신변 불안에 휩싸였

---

131) 유교 교육은 후술할 유길준에 의해서 제기된 바였다. 그는 도덕, 재예才藝, 공업 등의 세 분야의 교육을 거론하면서 이것이 "正德利用厚生의 大趣旨"로 나라의 부강을 위해 필요한 것이지만, 그 기반은 도덕교육이라고 하였다 (《西遊見聞》 제3편 〈人民의 教育〉).

던 고종은 춘생문春生門 사건을 거치고는, 마침내 러시아 공사관으로 파천하여 갑오개혁 정권을 무너뜨렸다.

러시아 공사관에 있으면서 고종은 제일 먼저 갑오개혁사업을 조정하였다. 아관파천 직후 고종은 "개국 503(1894)년 6월 이후로는 국가가 문명 진보하는 이름만 있고 실제로는 아직까지 아무것도 없어서 백성들이 의심하는 마음이 없지 않다"고 하여, 갑오개혁이 실질적인 효과도 없이 전개되었던 점을 비판하였다. 하지만 고종도 '경장更張'의 필요성을 절감하고 있었다. 따라서 새로운 변혁, 곧 '유신維新'은 시세의 변화에 따라, 신구를 참작하는 방향에서 이루어져야 한다는 원칙을 천명하였다.132) 이런 인식 위에서 고종을 비롯한 집권세력은 문명화와 진보를 위한 새로운 개혁을 추진하게 되었다. 이른바 '광무光武개혁'이었다.

정부는 광무개혁을 추진하면서, 당시의 여론과 자신들의 개혁 자세를 바탕으로 갑오개혁의 논리와 속도를 조정하였다. 광무개혁에서는 이를 '구본신참舊本新參' 또는 '신구절충新舊折衷'으로 표명하였다.133) 즉 옛 것을 근본으로 하고, 새로운 것(신학문, 서구문명)을

---

132) 《日省錄》建陽 원년(1896) 2월 13일(양).

133) 이 점에 대해서는 金容燮, 〈光武年間의 量田事業에 關한 一研究〉, 《亞細亞研究》 11-3, 1968(〈光武年間의 量田·地契事業〉, 《韓國近代農業史研究〔Ⅱ〕》, 지식산업사, 2004, 270~275쪽). 구본신참의 원칙 아래 이루어진 대한제국의 개혁이념을 동도서기론으로 규정하기도 한다(강만길, 〈東道西器論의 재음미〉, 《韓國民族運動史論》, 한길사, 1985). 그러나 최근의 연구들은 1880년대 초반의 동도서기론에 견주어 서양 문물 수용에서는 더 적극적이었다고 지적하고, 때로는 '구본신참'이라기보다는 '신본구참新本舊參'이라고 평가하기도 한다(서영희, 《대한제국 정치사 연구》, 서울대출판부, 2003, 110쪽). 한편 장영숙은 고종이 초기의 동도서기론에서 대한제국기에는 변법론에 기반을 둔 동교서법론東敎西法論으로 전환하였다고 하였다(장영숙, 《고종의 정치사상과 정치개혁론》, 선인, 2010, 280~284쪽). 그런데 동교서법론은 동도서기론자였던 김윤식이 이즈음 사상적으로 변하면

참작한다는 것이었다. 이는

> 경장 후 舊規와 新式이 서로 抵捂되어 어려움이 많았다. 舊規를 본을 삼고
> 新式을 상고한다면 이와 같은 폐단은 아마도 적어질 것이다.[134]

고 한 바와 같았다. 김병시金炳始가 광무개혁 초기에 "복구하는 것이
모두 옳은 것은 아닙니다. 그 가운데 회복할 것이 있고, 회복할 수
없는 것이 있으며, 신식을 좇는 것도 모두 옳은 것은 아니어서 그
가운데 좇을 만한 것이 있고, 좇지 못할 것도 있습니다"고 하여, 옛
것이나 새로운 것이나 모두 일정한 원칙에서 취사取捨해야 한다고
한 바였다.[135]

광무개혁은 갑오개혁의 성과를 전면적으로 부정하지 않았다. 광
무개혁은 구본신참의 원리에 따라 갑오개혁에서 시작한 것을 대부
분 계속 이어 나갔다. 달라진 것은 왕권을 제한한 여러 제도를 종전
의 형태로 복구하고, 고종이 개혁의 전면에 스스로 나선 점이었다.
고종은 갑오개혁에서 추진했던 내각제內閣制를 폐지하고 의정부
를 복설復設하였다. 내각제는 "역란의 무리가 국권을 조롱하고 조

서 형성한 변법개화론을 가리키기도 한다(주진오, 〈개화의 성립과정과 정치·사상
적 동향〉, 《1894년 농민전쟁연구(3)》, 역사비평사, 1993]. 대한제국에서 서양의
법률 제도까지 수용하고자 하였지만, 민권 신장, 정체 변혁까지 나아간 것은 아니
었던 점에서 후술할 변법개혁론과는 수준의 차이가 있었다.
134) 《承政院日記》 開國 505년(1896) 12월 18일(음).
135) 《高宗實錄》 34년(1897) 3월 16일. 그날 정부의 신하를 만나고 난 후, 고종은
"지금이 바로 경장할 한 번의 기회이다. 지금부터 별도로 한 곳을 설치하여 신구
의 典式과 제반 법규를 절충한 다음 이를 모아 하나의 책으로 만들어 삼가 준수할
바탕을 삼도록 하고, 의논하여 정할 인원은 별도로 선출하여 들이라"고 하였다
〔《承政院日記》 開國 506년(1897) 2월 14일(음)〕.

정朝政을 변경"한 것이므로, 이를 대신하여 구장舊章과 신규新規를 참작하여 의정부 제도를 다시 실시한다고 하였다. 그리하여 칙령 1호로 〈의정부관제〉를 반포하고, 그 전문에 "대군주폐하께서 모든 것을 통령統領하사 의정부를 설치"한다고 명확하게 규정하였다. 군주는 이미 가결된 의안이라도 마음에 들지 않으면 다시 의논하게 하거나, 다수의 의견과 다르더라도 군주의 뜻대로 재가할 수 있도록 하였다. 물론 의정부 복설은 단순한 '복구'가 아니었고, '백성들과 나라에 편리한 것이라면 참작하고 절충'한다는 원칙에서 이루어졌다.136) 왕권을 복원한 뒤 고종은 황제로 즉위하고, '제국'으로 국가 형태를 바꾸었다.

신구절충의 원리는 대한제국을 수립하고, 체제를 정비하는 원리이기도 하였다. 김재현金在顯 이하 716명이 연명으로 황제 즉위를 건의한 상소에서 이런 점이 분명하게 표현되었다.137)

그들은 먼저 황제 칭호와 제국 수립은 자주독립국으로 서기 위한 당연한 절차로 보면서,138) 그 근거를 동양 역사와 동시에 국제

---

136) 《日省錄》 건양 원년(1896) 8월 18일(음). 군주의 권한이 강화된 것은 사실이지만, 한편으로는 내각제도와 같이 의정부의 권한도 확보되었던 점에서 "국중에 제일 소중한 일들을 의정부에서 맡아서 의론하고 결정"하면서 "각부 대신과 찬정들이 자기의 의사대로 회중에서 연설하고 투표"할 수 있다는 점에 의미를 두기도 하였다(《독립신문》 1896년 10월 6일 논설). 의정부의 '복설'이 내각제도 이전으로 되돌아간 것은 아니었다.

137) 《高宗實錄》 34년(1897) 9월 29일.

138) "自主權을 틀어쥐고 獨立의 터전을 마련하여 드디어 年號를 세우고 詔勅을 내려서 모든 제도가 눈부시게 변화되었으니 이는 참으로 하늘의 뜻이나 사람의 마음으로는 하지 못할 것을 한 것입니다. …… 그런데 미처 하지 못한 것으로는 오직 황제의 큰 칭호를 정하지 못한 것입니다. …… 甲午更張 후부터는 독립하였다는 명색은 있으나 스스로 주인이 되었다는 내용은 없으며 國是가 정해지지 못하고 백성들의 의혹이 없어지지 않았습니다"고 하여, 자주독립을 내세웠다.

사회에 통용되는 '공법'에서 구하였다. 모든 나라의 역사를 보면 자주국은 모두 가장 높은 칭호인 황, 제, 황제의 명칭을 사용하였는데, 우리의 경우에는 '땅을 가진 주인'인데도, 중국의 '견제' 때문에 이 명칭을 사용하지 못했으므로, 이제 "우리 폐하께서는 성덕聖德이 날로 새로워져 문교文敎가 멀리 미치고, 머나먼 외국들과 외교 관계를 맺어 만국과 같은 반열에 놓이게 되었는데도 오히려 종전의 호칭을 그대로 쓰고 있으니 실로 천심天心을 받들고 백성들의 표준이 되는 도리가 아닙니다"고 하였다.

그리고 동시에 서양의 예를 들어 칭제의 정당성을 확보하고자 하였다. '공법'에 의거하여, 러시아는 스스로 황제로 높였는데, 다른 나라에서 좋아하지 않다가 20년이 지나서야 인정하였던 점이 있으므로, 우리도 "우리나라의 일을 행하고 우리가 우리나라의 예禮를 쓰는 것은 우리 스스로 행할 수 있는 것"이므로 국제적 공인을 별로 염려할 필요가 없다고 하였다. 우리는 삼한三韓의 땅을 통합한 지 오래되고 또 영토와 인구가 충분하므로, "폐하의 신민된 사람치고 누군들 우리 폐하가 지존의 자리에 있기를 바라지 않겠으며 지존의 칭호 받기를 바라지 않겠습니까?"라고 하였다. 그리하여 칭제稱帝는

> 옛것을 인용하여 오늘을 증명하고, 輿情을 참작하고 형세를 헤아려 보아도 실로 시행하지 않을 수 없습니다.

고 하여, 역사적으로나, 이념적으로나, 또 당시 국제질서를 보더라도 당연하다고 하였다.

대한제국의 수립이 서양의 공법까지 동원하여 신구절충의 원리에 의거하여 이루어졌지만, 그 정치사회 이념은 말할 필요도 없이

유교였다. 고종은 이미 갑오개혁에서도 그러하였지만, 대한제국에 들어서도 기회가 있을 때마다 유교 진흥을 강조하였다. 이런 점에서 도 광무개혁은 갑오개혁을 지속하였던 것이다.

그 예로 대한제국 체제를 한창 정비하던 1899년에 내린 조칙詔 勅에서[139] 고종은 먼저, 모든 나라가 종교를 숭상하여 사람의 마음 을 깨끗하게 하고 정사를 잘하는 방도를 구한다고 하면서, 종교의 중요성을 강조하였다. 그런데 당시 우리는 "어째서 종교를 존중하지 않으며 실속이 없는가"라고 하고, 기자箕子의 8조에서 비롯된 우리 의 유교가 조선시대의 정사와 교화를 밝혔지만, 점차 타락하여 예법 과 윤리가 떨어진 점을 지적하였다. 그런 결과 "변괴는 날마다 일어 나고 역적은 뒤따라 일어났으며 을미년乙未年에 와서는 변란(을미사 변)이 극도"에 달하였다고 하였다.

그리하여 고종은 다음과 같이 유교 확립을 강조하였다.

> 너희 신하들은 모든 일에서 마음을 다하여 받들어 나가고 성인을 존중함 으로써 도를 따르며 자신이 직접 실천함으로써 아랫사람들을 이끌어줄 것이 다. 예의를 숭상하고 풍속을 후하게 하며 명예와 절개를 장려하고 실용에 힘 쓸 것이다. …… 무릇 학문을 장려하는 규정과 선비를 천거하는 법은 하나로 잘 정하여 권고하는 기풍이 서게 할 것이다.

라고 하였다. 이 일환으로 고종은 숨어 있는 선비를 맞이하기 위해 성 균관 안에 초현당招賢堂을 설치하고, 성균관 관제도 개정하라고 하였다.

유교적 정치이념의 천명은 당시 대한제국에서 가장 심혈을 기울

---

139)《日省錄》光武 3년(1899) 3월 18일(음).

이던 황권 강화의 방안이기도 하였다. 대한제국 황실과 황제권의 위상을 강화하는 의례는 모두 '주례周禮'에 따라 마련되었고, 또한 고종은 황권의 역사성, 정당성을 확보하기 위해 정조正祖의 유교 정치를 계승한다고 내세웠다. "우리 정묘正廟 대에 와서는 하늘이 낸 훌륭한 성군으로 날로 새로워지는 공부에 힘쓰고, 유교 학문을 발휘하여 유학을 숭상하고 장려하여 한 세대를 고무하니 문명한 경지에 오르게 되었다"고 하고, "이제부터는 짐이 동궁東宮과 함께 한 나라 유교의 종주宗主가 되어 기자와 공자의 도를 밝히고 거룩한 성조聖祖의 뜻을 이을 것"이라 하였다. 고종은 황권 강화의 방법으로 유교적 이념을 강조하고, 정조의 유교 숭상을 계승하여 자신이 군사君師의 지위에 있음을 강조하였던 것이다.[140]

이러한 유교이념의 확립 위에 절충하고자 했던 '신식'은 매우 광범하여 1880년대 초반에 제기했던 서양기술 정도에 한정되지 않았다. 그들이 '신식'을 제기하는 근거는 '시의時宜'의 문제였고, 이용후생의 필요성이었다. 이런 점에서 대한제국에서는 서양의 기술문명은 말할 것 없고 서양 법률까지 수용하였다. 고종은 구규舊規와 신식新式을 '구본신참'의 원칙으로 언급하면서, "전장典章과 법도는 각 나라가 같지 않으니, 본국의 법을 버리고 한가지로 타국의 제도만 따른다면, 이것이 어찌 쉽게 행할 수 있는 것이냐"라고 하여, 서양의 제도만 따라서 안된다고 하였다. 이에 대해 정범조鄭範朝도

---

140) 유교가 황권 강화와 통치이념 원리였던 점에 대해서 이견도 있다. 도면회는 대한제국을 전제군주제로 규정하고, 유교는 통치이념으로 존재한 것이 아니라 '황실 신성화'와 '제국의 상징화 작업'을 위한 '형식적 장치'로만 사용되었다고 분석하였다.(도면회, 《한국근대형사재판제도사》, 푸른역사, 2014, 275~278쪽)

　　우리나라의 제도는 良法, 美規 아닌 것이 없지만 법이 오래되면 폐단이 생
기므로, 다만 고쳐야할 따름입니다. 다른 나라의 법에서 좋은 것은 취하고,
선하지 않은 것은 취하지 말아야 하며, 오직 利用厚生할 수 있는 것은 취할
수 있는 바가 있을 것입니다.[141]

고 하였다. 곧 광무개혁에서는 이용후생 차원에서 서양의 법률도 선
택적으로 수용할 수 있다고 천명하였던 것이다.

　　이 원칙에 따라 대한제국에서는 황권을 강화하고, 서양의 법률과
제도까지 수용하여 체제를 안정시켰다. 그 단적인 모습이 1899년의
〈대한국국제大韓國國制〉였다. 정부에서는 교전소, 법규교정소를 설치
하여 신구의 법률을 정비하면서, 특별히 대한제국의 '헌법'과 같은
〈국제〉도 제정하였다. 여기에는 대한제국이 세계만국이 공인하는 자
주독립의 제국帝國이라는 점, 정치는 황제의 무한한 군권에 따른 전
제정치라는 점, 그리고 황제는 통수권, 입법권과 사면권, 관제권과
행정명령권, 외교권 등을 가진다는 점을 명시하였다. 황제의 '전제專
制'는 역대 임금의 권한에 근거하여 형성된 것이지만, 동시에 그 권
한은 '공법'에서도 인정하는 권한이었다. 곧 '구규'와 '신식'을 절충
하여 정비한 것이었다. 황권 강화 사업으로 추진한 선왕(4대조) 추
존사업, 황제기·황태자기·친왕기親王旗 등의 제정, 황제의 통수권 확
립, 국가國歌 제정 등의 사업[142]도 그런 원칙 아래 추진되었다.[143]

---

141)《承政院日記》開國 505년(1896) 12월 18일(음).
142) 이태진,《고종시대의 재조명》, 태학사, 2000; 이윤상,〈대한제국기 국가와 국
　　왕의 위상제고사업〉,《震檀學報》95, 2003.
143) 황권 강화는 아관파천 이후 줄곧 추진되었지만, 1899년 후반 만민공동회, 독
　　립협회운동을 제압하고 난 뒤 본격화되었다. 1898년 중반, 고종과 독립협회
　　사이에 조병식 면관과 이용익 고발 등을 계기로 알력이 생겼다. 이후 독립협

대한제국에서는 오랜 유교이념과 역사를 강조하고, 동시에 당시 국제질서에서 통용되던 '공법'까지 절충적으로 동원하여 황제와 '제국'의 정당성을 확보하고, 이를 바탕으로 적극적인 개혁을 추진하였다. 그 개혁은 당시의 시세에서 자주·독립을 이루기 위한 길이기도 하였다. 따라서 신구절충, 구본신참의 개혁 원리는 황제의 권한을 강화하고, 동시에 이 원리는 나라의 자주권을 유지하기 위해서는 매우 유효한 것이었다.

물론 신구절충의 원리는 '제국'과 황권 강화에만 국한된 것은 아니었다. '문명화', '개화'라는 이름 아래 서구문명을 적극적으로 수용하는 원칙이기도 하였다. 더욱이 청일전쟁 이후, 서양〔미국〕에 대해 호의적인 인식이 확산되었고, 전쟁에서 이긴 일본이 했던 바와 같이 서양문명을 적극적으로 배워야 한다는 논리였다. 정부는 서양문명을 수용하여 식산흥업정책과 교육진흥정책을 시행하였다. 미국에서 전기, 전차 등을 도입하고, 도시를 근대적인 형태로 정비하는 사업도 이루어졌다.

대한제국의 신구절충적 개혁사업은 많은 보수적 유생층에게도 영향을 주었다. 이들이 모였던 《황성신문》에서는 서구문명의 선택적, 절충적 수용을 주장하였고, 전통문화에 대한 긍정적 계승 위에서 서구의 정법政法도 수용하고자 하였다. 후술하게 될 변법變法개혁론이 형성되었던 것이다.

(2) 대한제국의 교육진흥과 덕육

대한제국의 광무개혁은 신구절충, 신구참작의 원칙에서 추진되

회와 민회民會에서 정부의 정책을 반대하자 고종은 이를 황권에 대한 도전으로 보고 1898년 12월 만민공동회를 해산시켰다.

었다. 그러면서 개혁사업은 대부분 갑오개혁을 그대로 계승하였는데, 갑오개혁에서 시작되었던 근대 교육은 대한제국 시기에 더 확산되었다. 교육으로 개명, 문명화를 달성하고자 하였으며, 이를 유교와 절충하여 추진하였다.

대한제국의 교육정책에 일정한 구실을 했던 사람이 신기선申箕善이었다.[144] 그는 대한제국 시기에 두 차례 학부대신을 역임하였다. 갑오개혁 당시에는 유교적 입장에서 당시 성행하던 '자주와 개화'라는 것이 잘못되고 있다고 비판하였는데, 더욱이 '개화'를 아래와 같이 규정하였다.

> 이른바 개화라는 것은 지식을 개명시키고 弊習을 변화시키는 것을 말합니다. 즉 정치를 日新하는 것의 다른 이름입니다. 그 요체는 임금의 마음을 바르게 하여 본원을 맑게 하고, 公道를 넓히고 私逕을 막으며 재용을 절약하고 민력을 구휼하며, 상공업을 일으켜 民業을 열며, 법률을 밝혀 기강을 세우며, 학교를 흥하게 하여 인재를 기르며, 화려한 外飾을 제거하여 쓸데없는 경비를 재단하며, 武備를 닦아 오랑캐를 꾸짖으며, 公法을 강구하여 외국과의 교제를 믿음으로 하며, …… 개화는 정사하는 것과 관련이 있지 단발의 存否와는 관계가 없습니다.[145]

---

144) 신기선은 일반적으로 동도서기론자, 자주개화론자 등으로 평가되고 있다. 신기선에 대해서는 權五榮, 〈申箕善의 東道西器論 硏究〉, 《淸溪史學》 1, 1984 참조.

145) 《陽園遺集》 권4, 〈辭軍部大臣四疏〉〔《申箕善全集(1)》 322~324쪽〕, 같은 시기의 다른 상소에서도 "開化라는 것은 …… 이용후생의 근본을 열고, 부국강병의 방법을 다하는 것일 따름입니다. 어찌 의관 제도를 훼손하여 오랑캐의 풍속을 따라야 開化라고 하겠습니까"라고 하였고, 또한 외국 군인이 대궐을 침범하고 요충지에 주둔하고 있는데 자주는 이룰 수 없다고 하면서, 일본의 내정간섭이 없어야 자주와 개화를 이룰 수 있다고 하였다(《陽園遺集》 권3, 〈辭議員召命疏〉, 《申箕善全集(1)》).

고 하였다. 신기선은 갑오개혁에서 제기한 '개화'가 무분별하게 서양을 따르는 것이라고 보고, 우리의 '개화'는 유교적 원칙, 더욱이 문물, 의관衣冠 등을 보존하면서 우리에게 필요한 이용후생과 부국강병을 추구하는 것이라고 강조하였다. 여전히 그는 유교적 문명관을 고수하였다. 특히 그는 '개화'가 일본의 권유로 추진되고 있던 점을 비판하였다. 그리하여 그는 갑오개혁 정권에서 추진했던 '단발'을 매우 강하게 반대하였다.

이런 차원에서 신기선은 여전히 유교를 강조하였다. 그는 "동방의 옛 문물제도를 어느 정도 보존하면서 각국의 간편한 제도를 참작하여, 옛것과 지금 것이 서로 참작되고, 원칙과 임시 변통수가 알맞게 되도록 할 것"과 "유학을 먼저 일으킨 뒤에 제반 학교를 널리 세울 것"을 건의하였다.146) 또한 군부대신을 사임하면서는 "공평한 개화의 정치를 하는 것이 비록 지금의 급무이기는 하지만 요순, 주공, 공자의 가르침은 조금이라도 변경시킬 수 없고, 의관과 같은 예악의 풍속은 모두 없앨 수 없는 것"이라고 하였다.147) 그는 1896년 6월 상소에서도 "머리를 자르고 양복을 입는 것은 야만인이 되는 시초이고, 국문을 쓰고 청나라의 문자를 폐지하는 것은 바르지 못하며, 외국 태양력을 쓰고 청나라의 정삭正朔을 폐지하는 것은 도리에 맞지 않는다"고 하였다.148) 요컨대 신기선은 유교를 교육의 근간으로 삼

---

146) 《陽園遺集》 권3, 〈抵城外待命疏〉 閏五月〔《申箕善全集(1)》, 231~232쪽〕;《承政院日記》 開國 504년(1895) 윤5월 6일. 그 밖에 신기선은 자주독립의 기반을 닦기 위해서는 기강 확립, 부세를 가볍게 할 것, 遊食 금지 등을 건의하였다.

147) 《陽園遺集》 권3, 〈辭軍部大臣〉〔《申箕善全集(1)》, 233~234쪽〕;《承政院日記》 고종 32년(1895) 6월 20일.

148) 《陽園遺集》 권3, 〈抵城外辭學部大臣疏〉 四月〔《申箕善全集(1)》, 244쪽〕;《독립신문》 1896년 6월 4일 잡보.

으면서 서양의 문물제도를 참작해야 한다는 것이었다.[149] 이런 점에서 신기선은 《독립신문》으로부터 강한 비판을 받았다.[150]

신기선이 천명한 교육의 원칙, 곧 유교를 근본으로 서양 문물을 참작한다는 점은 이후 정책 과정에서 실현되어 갔다. 1896년 2월에는 〈보조공립소학교규칙補助公立小學校規則〉을 만들어 각 지방의 소학교에 "학행學行이 있는 자", 곧 유생층을 부교원副教員으로 임명할 수 있게 하였으며,[151] 〈성균관관제〉를 개정하면서 성균관장이 "존성흥학尊聖興學의 일을 전임"한다고 하여, 흥학의 최고 책임을 맡기고, 홍주의 의병장이었던 김복한金福漢을 관장에 임명하였다.[152]

1899년 4월에는 고종도 교육을 위한 유교 진흥을 지시하였다. 고종은 이때 갑오개혁 이후의 교육이 "개물성무開物成務 이용후생"을 위한 교육이 되지 못했다고 지적하면서, "인민의 지견知見이 열리지 못하고, 농상의 공업功業이 흥하지 못하여, 민산民産이 날로 위축되고 국계國計가 날로 궁색하며, 또 학교 신설이 겨우 문구文具에만 거쳐 교육의 방면이 전적으로 어두워 5~6년 동안 한 치의 진보도 없다"고 반성을 촉구하였다.[153] 이와 동시에 교육의 기본으로 유교를

---

149) "규정과 법률은 새것과 옛것을 참작하여 일체 교정할 것을 승인"하였는데, 이는 전학부대신 신기선이 건의한 것에 따른 것이었다.〔《高宗實錄》 광무 36년 (1899) 4월 4일〕.

150) 《독립신문》에서는 신기선이 아어俄語학교, 법어法語학교에서 대학, 맹자, 논어를 강의하라고 한 것을 "병신 구실을 하여서 세상 사람들을 웃게 하려고" 한다고 비꼬기도 하였다(1896년 6월 18일 잡보). 또 "신기선은 청나라의 신하가 되어야 한다"고 하였고(1896년 6월 4일), 신기선이 "국문을 사용하면 사람이 금수가 된다"고 한 것에 항의하여 사범학교 학생들이 동맹 퇴학을 기도하기도 하였다(1896년 6월 1일).

151) 〈補助公立小學校規則〉 學部令 제1호, 建陽 원년(1896) 2월 20일(《官報》 建陽 원년(1896) 2월 25일).

152) 《高宗實錄》 33년(1896) 6월 11일; 6월 15일. ; 《承政院日記》 開國 505년 (1895) 5월 5일; 7월 7일.

진흥할 것을 지시하였다.

> 우리의 종교는 孔夫子의 도가 아니겠는가 …… 어찌하여 근래에 世道가
> 날로 떨어져 …… 虛文을 숭상하고 實學에 어둡더니 …… 名敎가 掃地하고
> 예의와 염치가 크게 무너지고, 떳떳한 도리 또한 무너지고 사라져 變怪가 날
> 로 생기고, 亂逆이 잇달아 일어나 乙未의 변(을미사변)에 이르러 극에 달하였
> 다. 오호라 이것이 어찌 종교가 밝지 못한 화가 아니랴. …… 朕이 祖宗의 위
> 업을 계승하여 君師의 지위에서 百難과 千刧을 겪어도 염려하는 마음을 오
> 직 종교를 유지하는 것에 있게 하려니와 …… 짐과 東宮이 장차 일국 유교의
> 宗主가 되어 箕子와 孔子의 道를 밝히고 聖祖의 뜻을 이을 터이니 ……154)

　요컨대 임금이 군사君師의 위치에서 유학을 밝히고 유지하여, 허
문을 없애고 실학을 밝히겠다고 한 것이다. 이는 1895년의 〈교육입
국조서〉에서 거론했던 바를 다시 강조한 것이었다. 그리고 고종은 이
를 위해 성균관에 뛰어난 학자를 초빙하고 더불어 〈성균관관제〉를
개정하도록 지시하였다. 이런 조치와 더불어 정부는 상공학교를 비롯
하여 의학교, 중학교를 설립하였으며, 1900년 외국어학교, 1902년
에 모범양잠소, 공업전습소, 1904년에 농상학교 등도 만들었다.
　정부의 교육진흥정책으로 각 지방에도 공립소학교가 설립되었
다. 갑오개혁에서 마련된 교육진흥, 보통교육정책이 이제 전국적으
로 확산되었던 것이다. 공립소학교는 1905년까지 서울에 10개교,
지방에 50개교가 설립되었다.155) 그런데 지방의 공립소학교는 대개

---

153) 《承政院日記》 光武 3년(1899) 3월 18일(음).
154) 위와 같음.
155) 공립소학교의 설립과 교육에 대해서는 정재걸, 〈개화기 공립소학교 연구〉, 《대

기존의 향교와 같은 지방의 공공교육 시설과 재산을 바탕으로 관찰사, 군수의 주도로 설립되었다.[156] 정부의 교육진흥정책이 유생층을 동반자로 하여 추진되었기 때문이었다. 가령 1899년 1월에 학부에서는 경상북도 관찰사 조한국趙漢國의 보고에 따라 공립소학교의 경비를 부군에서 부담하기 어려우므로 향교, 서원의 재산 가운데 절반을 구획하도록 하였다.[157]

대한제국의 교육진흥 사업은 국권 상실의 위기 속에서 다시 강조되었다. 〈한일의정서韓日議定書〉 체결로 국권 상실의 위기에 처해 있던 1904년 5월, 고종은 다시 교육의 필요성과 학교 설립을 촉구하였다.

> 朕이 惟컨대 我祖宗의 敎化와 德澤이 人心에 浹洽하사 隆之治가 至今五百有餘年이라 …… (國是가 서지 않아-인용자) 今에 政府 命하야 學校를 增設하고 人材를 養成하야 衰頹한 運을 挽回하고 中興의 業을 建立코져하노니 爾臣民等은 朕의 此意 深體하야 毋怠毋忽하라 現今宇內各國은 人民의 知識이 開明에 日臻하야 克富克强하고 獨立雄視하거늘 朕은 君師의 位에 在하야 敎育의 成就 不見하니 心兮然하야 中宵彷徨함이라 爾臣民等은 其自今으로 益加勉勵하야 子弟로하야금 學業을 專心하야 粉飾과 虛僞를 去하고 奮發不已하야 國威와 國光을 宣揚케하라.[158]

고종은 앞서 자신이 줄곧 거론했던 '임금이 곧 스승[군사君師]'이

구교육대학논문집》 30, 1995 참조.

156) 鄭崇敎, 〈대한제국기 지방학교의 설립주체와 재정〉, 《韓國文化》 22, 1998, 284~288쪽 참조.

157) 《皇城新聞》 1899년 1월 16일 〈학부지령〉.

158) 《高宗實錄》 光武 41년(1904) 5월 23일.

라는 점을 다시 강조하면서 신민ﾏﾐ들에게 교육을 통해 개명으로 나아가서 부강과 독립을 추구하라고 하였다. 고종의 이런 조칙을 계기로 황실 측근세력과 고급 관료층을 중심으로 많은 사립학교가 설립되었다. 보성, 양정, 휘문, 진명, 숙명 등의 학교가 이때 세워졌다.

고종의 교육진흥 조칙은 1905년 국권 상실 이후에도 계속되었다. 뒤에 보게 될 바와 같이, '보호조약' 이후에는 교육 발전과 식산흥업을 통한 실력양성, 자강운동이 활발하게 일어났다. 우리가 부강하지 못했기 때문에 보호국이 되고, 국권을 상실하게 되었다고 판단하여, 그 조약의 전문에 명시한 바와 같이 '부강富强의 실實'을 얻어야 일본의 보호를 벗어날 수 있다고 생각하였던 것이다. 그리하여 정부에서는 더욱 신학 교육을 확산시키려 하였다.

> 三代 이래로 인재를 교육하는 것을 급선무로 삼지 않은 것이 없으니, …… 오늘날의 급선무는 학교를 진흥시켜 인재를 양성함으로써 장차 발전할 수단을 마련하는 것이다. …… 學部에서 학교를 널리 설치하는 한편 各府와 각 郡에서도 학교 설립에 대해 특별히 신칙하고 마음을 다해 가르치는 방도를 강구하게 하도록 하라. 학업이 성취되기를 기다려 조정에서 필요한 인재를 뽑아서 등용할 것이다. 사람들이 자제들을 가지고 있으면서 공부를 시키지 않으면 그 부형들에 대해서는 죄를 논할 것이며 공부에 전심하지 않고 하는 일 없이 허송세월하는 자제들에 대해서도 같은 원칙에서 죄를 논할 것이다.159)

---

159)《承政院日記》光武 10년(1906) 3월 2일(음). 이 〈흥학조칙〉이 내려지는 과정에서도 유교 교육을 바탕으로 신학문을 수용해야 한다는 여론이 강하였다. 이에 대해서는 柳漢喆, 〈1906년 光武皇帝의 私學設立 詔勅과 文明學校 設立 事例〉,《韓國民族運動史研究》, 조동걸 교수 정년기념논총(Ⅱ), 나남, 1997 참조.

라고 하였다. 학교를 세우고 교육으로 인재를 양성하는 것은 삼대사
회의 교화를 부흥하는 것으로 생각하였고, 이는 일반 백성의 지식을
닦고 개명해야 국권을 회복할 수 있다는 당시 계몽운동의 교육론과
통하는 바였다.

정부의 흥학 정책 속에서 지방관도 학교 설립을 주도하거나 권
장하였다. 학교 설립에 뜻을 둔 인사들도 정부의 정책에 동조하여
많은 사립학교를 세웠다. 이런 점은 경북 지역에서도 확인할 수 있
다. 고종의 흥학 조칙 전후에 경북 지역에도 많은 사립학교가 세워
졌다. 1906년 2월에는 대구 광문사의 김호규金濩圭 등이 '교육이 급
무'라는 인식에서 관찰사 이근호李根澔에게 관찰부에 소속된 낙육재
樂育齋, 양사재養士齋에 사립 보통학교를 설립하자고 청원하였고,160)
아울러 경북 41개 전군에 학교 설립을 추진하였다. 이 계획이 관찰
사의 체임으로 중단되자 김호규, 김진수金進銖 등은 상경하여 정부에
이를 호소하였다.161) 새로 부임한 관찰사 신태휴申泰休도 적극적으
로 학교 설립을 이끌었다. 그는 임금의 〈흥학조칙〉이 내려지기 전에
이미 경북 전군에 〈흥학훈령興學訓令〉을 내려, 대구 광문사와 협력하
여 먼저 대구에 사범학교를 수립하여 교사를 양성하고자 하였으며,
한편으로는 광문사의 김광제金光濟 등과 함께 각 지역을 순회하면서
군수와 유지에게 신문의 구독, 책자 구용購用 및 사립학교의 수립을
독려하였다.162)

---

160) 《大韓每日申報》 1906년 2월 8일 〈學校請設〉.
161) 《皇城新聞》 1906년 2월 20일 〈慶北興學〉.
162) 《大韓每日申報》 1906년 3월 2일 〈達察實績〉; 3월 11일 〈達察美績〉; 3월 19~21
　　일 〈興學訓令〉; 《皇城新聞》 1906년 3월 19~23일 〈興學訓令〉; 3월 26일 논설
　　〈對慶北觀察申泰休氏興學訓令警告全省〉; 3월 27일 논설 〈對申觀察興學訓令警告
　　實行〉.

이런 가운데 3월 25일 임금의 〈흥학조칙〉이 내려졌다. 이 조칙에서는 학부와 관찰부에서 학교를 설립할 수 있는 방도를 강구하라고 명하였으며, 더욱이 인가人家에 자제가 있으면서 교육시키지 않고 놀고먹게 하는 부형은 모두 논죄할 것이라는 강제성도 띠고 있었다.163) 이어 경북의 유교적 전통과 흥학 조치들을 격려한다는 차원에서 특별히 천 원의 하사금이 지급되었고, 김진수 등은 〈조칙〉과 보조금을 받들어 대구로 내려왔다.164) 이 이후 경북 지역에서 학교 설립이 활발하게 전개되었다. 41개 군에 모두 370개의 학교가 설립되었고, 학생 수는 4500여 명이나 되었다.165)

신태휴가 천명한 교육론은 "구학문을 근본으로 하고 새로운 서양의 학문을 익힌다"는 정부의 교육방침을 그대로 따른 것이었다. 그는 먼저 "세계의 여러 나라가 날로 문명을 노래하고, 부강하기 위해 경쟁하는 것은 모두 인민의 교육에 의한다"고 하여, 부강의 원천이 인민의 교육에 있다는 점을 지적하였다. 곧 우리나라가 위급한 상황에 처해진 것은 바로 인민의 교육력이 부족하고, 또 시대를 알지 못하고 고루한 것만 거론하였기 때문이라고 하였다. 교육은 시대의 변천에 따라 '시무학문時務學問'을 추구해야 하고, 그러기 위해서는 "8세에서 10세에 이르는 사이에는 반드시 먼저 《소학》을 읽어 군신, 부자 등의 이륜彝倫, 예절의 상경常經을 알게 한 뒤에 본국과 각국의 역사·지지地誌·이형彝衡 등을 배우고, 이것이 익숙해지면 나아가 다시 정치·법률·격치연구格致研究 등을 배우게 한다"고 하였다.166)

---

163) 《皇城新聞》 1906년 3월 29일 논설 〈興學 詔勅亟宜實行〉.
164) 《皇城新聞》 1906년 3월 30일 〈內賜學校金〉; 《大韓每日申報》 1906년 3월 29일 〈特獎嶺學〉.
165) 《大韓每日申報》 1906년 6월 3일 〈嶺校擴張〉.
166) 《皇城新聞》 1906년 3월 19일~21일 〈興學訓令〉. 전 관찰사 이근호도 신학문

3) 개혁관료 민영환의 개혁론: 양무론에서 절충론으로

1880년대 양무론에 입각하여 시작된 정부의 개혁사업이 구본신참의 광무개혁으로 진전되면서 개혁사업에 참여하고 있던 관료층의 개혁론도 또한 변하였다. 정부의 개혁사업을 이끌어간 많은 개혁관료들이 있었지만, 민씨 세력이 가장 핵심적이었다. 고종의 친정 이후 정국은, 처음에는 민승호閔升鎬(명성왕후의 양오라비, 민영환 생가의 중부仲父)가, 민승호의 폭사(1874) 뒤에는 민규호閔奎鎬(민영익의 생가 숙부)가, 민규호의 병사(1878) 뒤에는 민겸호閔謙鎬(민영환의 생부)가 주도하였다. 임오군란으로 민겸호가 살해된 뒤에는 민승호의 양자였던 민영익閔泳翊이 부상하였다.[167] 그가 정부의 '인아거청引俄拒淸' 정책을 반대하여 실각한 이후에는(1886) 민영환閔泳煥(1861~1905)이 민씨 세력을 대표하였다.[168] 그는 더욱이 아관파천과 대한제국 수립 이후에는 외사촌 사이였던 고종의 최측근으로 정부의 제반 근대화 정책에 깊이 관여하였고, 국권이 위기에 처했을 때 고종이 가장 신임했던 사람이었다. 이런 사정 속에서 민영환은 대한제국 그리고 고종과 운명을 같이하여, 자결 순국하였다.

이 별것이 아니고 효제충신, 격치, 치평, 일용당행日用當行의 도道일 뿐이고, 작고 참금酌古參今, 온고지신하는 것이라고 하면서 학교 설립을 권유하였다(《大韓每日申報》1906년 6월 22일 〈慶尙北道私立各學校都校長 李根호씨 勸諭文〉).
167) 민씨 세력의 구성에 대해서는 糟谷憲一, 〈閔氏政權上層部の構成に關する考察〉, 《朝鮮史硏究會論文集》 27, 1990 참조. 閔泳翊에 대해서는 金源模, 〈韓美外交史硏究: 閔泳翊의 對美自主外交와 世界一周航行〉, 《車文燮華甲紀念論叢》, 1989; 노대환, 〈閔泳翊의 삶과 정치활동〉, 《韓國思想史學》 18, 2002 참조. 민영익의 활동은 다음 장에서 언급할 것임.
168) 민영환에 대해서는 姜聖祚, 〈桂庭 閔泳煥 硏究〉, 《관동사학》 2, 1984 참조.

(1) 양무개혁 활동과 〈천일책〉

고종 친정 이후 정권을 장악하고 있던 민씨 세력이 고심한 정치적 현안은 크게 보아 두 가지였다. 하나는 조선 후기 이래 체제를 위협하던 농민항쟁이었고, 또 다른 하나는 당시의 국제정세 속에서 자주권을 확보하고 근대개혁을 추진하는 일이었다. 민영환은 전자에 대한 방안을 마련하기 위해 별다른 고민을 할 필요는 없었다. 이 문제에 대해서는 조선 정부의 오랜 개혁 전통 위에서 지배층, 지주층이 마련해 온 방안들이 있었기 때문이었다.

오히려 현실적으로 더 중요한 현안은 후자의 문제였다. 국제정세의 변동과, 임오군란, 갑신정변을 거치면서 더욱 강화된 청국의 속방화 정책을 벗어나야 했고, 동시에 국내 정치에서 청국의 지원을 받고 있던 김윤식, 어윤중 등을 견제하고 정권을 주도해야 했기 때문이다. 앞서 본 바와 같이, 민씨 세력은 갑신정변 뒤에 내무부라는 기구를 통하여 이를 추진해 갔다.

내무부를 주도하던 사람은 민응식, 민영익 등이었다. 민씨들은 독판직을 장기간 장악하면서 군사와 재정 관련 부서의 직을 겸하였다.[169] 민영환은 내무부 설치 당시에 공작국工作局의 협판으로 전환국典圜局 총판을 맡았고, 개성유수開城留守, 해방총관海防總管, 친군기연해방영사親軍畿沿海防營使, 기기국機器局 총판을 거쳐 1886년 6월에는 한규설과 더불어 군무사軍務司를 맡아보면서 전영사前營使, 해방총영사, 상리국商理局 총판직을 겸하였다. 더욱이 1888년 4월 병조판서가 되어 1891년 8월에 이르기까지 병권을 장악하면서[170] 최고

---

169) 韓哲昊, 앞의 글(1996).
170) 민영환의 생부 민겸호는 통리기무아문 신설 후 군무軍務, 변정邊政, 기연畿沿

실력자로 등장하였다. 1891~1893년에는 부인 김씨의 복상 관계로 관직을 맡지 않다가 1894년 1월에 내무부의 독판이 되었다. 그러나 갑오개혁 정권이 들어서고 내무부가 폐지되면서 사임하였다.

민씨 세력의 중심인물이었던 민영환이 정부의 개혁노선 위에서 구상한 것이 〈천일책〉이었다.[171] 〈천일책〉은 1894년 농민전쟁에 대한 수습책이 초미의 과제로 대두되던 시점, 그리고 고종과 민씨 세력의 반청노선이 좌절되면서 외형적으로는 청과 우호적인 관계가 강조될 수밖에 없었던 시점에 정리된 것이었다.[172] 그는 한반도를 둘러싼 열강의 동향과 농민전쟁으로 말미암은 체제의 위기의식 속에서 스스로를 '비천한 무인'이라고 하면서 "어리석은 사람이 천 번을 생각하면 반드시 하나는 얻을 것이 있다〔愚者千慮 必有一得〕"는 뜻에서 '천일책'이라고 하였다.

민영환은 〈천일책〉에서 먼저 러시아와 일본의 침략욕을 지적하

의 당상, 군무사 경리經理당상에 임명되어 신식 무기에 의한 교련과 군제 개편과 별기군 창설 등을 주도하였고, 임오군란 당시 선혜청 당상에 있었다. 민영환도 부친의 영향 아래 특별히 군사제도와 강병에 대한 깊은 관심을 가졌는데, 대한제국에 이르기까지 그러하였다.

171) 《閔忠正公遺稿集》 권2, 〈千一策〉, 국사편찬위원회, 1958.
172) 집필시기에 대해서는 논란이 있을 수 있다. 강성조는 민영환이 유럽을 순방하고, 청과 종속관계가 탈피되었던 1896~1897년에 작성된 것이라고 하였고〔姜聖祚, 앞의 글(1984), 58쪽〕 서영희는 민영환이 러시아에서 돌아온 뒤 러시아의 태도에 실망하여 러시아와 일본에 대한 대비책을 세운 것이 〈천일책〉이라고 하였다〔서영희, 앞의 책(2003), 38쪽〕. 그러나 〈천일책〉은 1894년 청일전쟁이 발발하기 직전의 내용들이 포함되어 있다. 1893년 서북 지방(재령, 중화, 개성, 황주 등지)의 농민항쟁과 1894년 농민전쟁에 대해 선무사宣撫使, 초토사招討使를 파견한 것을 작년, 금년이라고 하였고, 또 농민전쟁을 진압하기 위한 구체적인 방안을 제시하였다. 또 청일전쟁 직전 원세개의 철수(1894년 6월 17일)를 "장차 교체되어 돌아간다"라고 표현하였으며, 교린 관계 항목에서는 여전히 청국에 대한 '사대'의 중요성을 거론하고 있다. 적어도 이때 집필되었거나 아니면 각 항목 사이에 다소 시간적 차이가 있다면 이 시기부터 집필하기 시작한 것일 수도 있다.

였다. 러시아는 천하무적으로, 모든 나라를 병탄할 뜻이 있으며, 시베리아철도가 완공되면 아시아도 그 해독을 입을 것이라 판단하였다. 또 일본이 서양의 제도를 모방하여 강해졌지만 러시아의 침략을 두려워하고 있고, 오직 조선 침략만을 획책하면서 동학이 일어난 것을 이용하고 싶지만 중국이 조선을 호위하고 있기 때문에 그러지 못하고 있다고 보았다.

한편 1893년 서북 지방의 농민항쟁과 1894년 호남의 농민전쟁에 대한 우려도 표하였다. 농민층의 항쟁이 사회체제의 붕괴를 가져올 수 있다는 위기의식에서, 중국이 우리를 도와주려고 해도 우리가 이런 내란으로 스스로 부지하지 못하면 어떻게 할 수 없을 것이라고 하면서, 농민층의 소란은 "바깥의 오랑캐를 끌어들이고 밖으로부터의 도움을 끊어지게 하는" 것이라고 지적하였다.

이런 정세 판단에서 그는 "내수內修와 자강"을 이루어야 한다고 하고, 그 실현 방안으로 "비어지책備禦之策" 10개조를 제기하였다. 내수와 자강의 달성은 정부에서 꾸준히 추진하던 근대화 방안의 목표인 동시에 필요에 따라 중국의 도움을 받기 위해서도 필요한 것이었다. 외침에 대비하는 방안은 유교국가 정치 운영의 원칙 아래 사회 전반에 걸치는 문제들이 망라되었다. 더욱이 민영환이 주로 군사 관련 업무를 관장하고 있었던 점에서 이와 관련된 방안들이 구체적으로 개진되었다.

먼저, 그는 유교국가의 운영을 위한 인재 등용의 원칙을 강조하였다. 문벌 숭상, 매관賣官, 빈약한 녹봉 등의 폐단을 고치고, 과거법科擧法, 빙법聘法, 초현법招賢法을 실시해야 한다고 하였다(1조 "용인재用人才"). 또한 상하의 마음을 합치기 위해서는 기강을 진작해야 한다고 하였고, 이를 위해서는 신상필벌信賞必罰 준수, 뇌물 금지, 양반의 공법公法 준수, 수령의 탐학 방지, 간활한 교리校吏와 도적의 엄벌, 효자와 열녀 표창 등을 해야 한다고 하였다(2조 "진기강振紀綱").

다음, 국가 재정은 충실하게 하고, 백성들의 경제적 부담은 경감 시켜야 한다고 하였다. 국가 재정의 확충 방안으로는 전통적인 조용 조租庸調 제도를 운영하고 동시에 인재를 택하여 호활豪猾의 농간을 방지하며, 그 밖에 삼포蔘圃 경영, 군적자軍籍者에 대한 토지나 전곡 징수 등을 제의하였다(8조 "이재용理財用"). 또 백성들의 걱정을 들 어주기 위해서는 억울한 옥살이 방지, 서민들의 축첩 금지, 서울과 대도시에 의약의 설치, 어린이 양육, 한광지閑曠地 개간, 충신·열사 사우祠宇의 복설, 고리대 엄금(3할로 한정), 비황책備荒策 마련, 탐관 징치 등을 거론하였다(7조 "휼민은恤民隱"). 또한 그는 재정의 비축 을 강조하였다. 나라의 유지를 위해서는 적어도 9년의 비축이 있어 야 하는데, 당시 조선은 공사公私를 합쳐도 1년 정도의 비축도 되지 않는다고 하면서, 저축을 위한 '생곡生穀'과 '거폐去弊'를 제의하였다. 곧 요역을 가볍게 하여 나눈 토지를 농민이 때를 잃지 않고 농사를 지을 수 있도록 하는 것이 가장 중요하며, 아울러 개간되지 않는 곳 에 둔전을 설치하고, 상평창·의창·사창 등을 설치해야 한다고 보았 다(4조 "광저축廣儲蓄").

민영환이 무엇보다도 강조했던 부분은 군사제도와 군기의 정비, 군사기지의 건설 등과 같은 '강병'의 문제였다. 이를 위해 그는 먼저 군사제도를 정비하자고 하였다. 무학武學(군사학교)의 설치, 상비병 제도의 실시, 지방 속오군束伍軍의 정비, 군료軍料의 증액, 대오제隊伍 制 실시, 교련 절차의 개선, 호령 절차의 개선(나팔 사용), 군사 기예 습득, 숙위宿衛의 긴밀함, 수군水軍 설치 등을 제시하였다(3조, "수군 제修軍制"). 또한 기계(무기)의 정비를 위해서 양총·탄환의 제조, 외국제 대포의 수입, 천보총의 제조 기술 습득, 근접전에 필요한 활과 창의 사용, 조총의 정비, 석전石戰 연습, 갑옷과 방패 정비, 중국의 병선 도입 등을 주장하였다(5조 "선계기繕械器"). 또한 그는 전국의 요해처를 지켜야 할 것을 강조하였다. 도성을 수비하기 위한 성곽 정비와 대포 설치, 바닷가 여러 읍에 대포 설치, 산성 정비, 그리고 요해처에 수령 파견 등이 중요하다고 하였다(6조 "수요해守要害").

이와 더불어 근대 학교의 설치와 교육의 중요성도 거론하였다. 그는 학교교육을 인재 선발과 연관시켜 운영해야 하며, 더욱이 서양의 교육제도에서 필요한 것은 수용해야 한다고 하였다. 서양인은 평소 성현聖賢의 경전經典에는 어둡지만 학교를 설치한 규칙이 자세하며, 또 서양의 학제가 향숙鄕塾에서 대학원에 이르도록 짜여 있는 것은 삼대사회의 제도와 같은 것이고, 법학·지학·의학·산학·화학 등도 치사재治事齋의 규칙과 꼭 맞는 것이라고 보았다. 시세의 변화에 따라서 수용해야 할 서양의 학문과 교육제도도 옛 중국 삼대시대에서 그 근거를 찾았다(9조 "흥학교興學校").

민영환은 외교 문제의 중요성을 인식하고, 이에 대한 방안도 마련하였다. 청국, 일본, 러시아에 끼어 있는 조선으로서는 교린交隣에 대한 원칙이 필요하였던 것이다. 외교에서는 덕德과 교敎를 통해 교화로 돌아오게 하는 것이 가장 중요하지만 아울러 명백한 정령과 방수防守를 통해 외국이 우리를 넘보지 못하게 하면서, 조약과 신의의 준수, 능력 있는 사신과 역관譯官의 파견, 그리고 통상 무역 종사자의 정당한 상거래 등이 필요하다고 하였다. 그런 한편 조선은 중국의 동쪽 울타리라는 전통적인 화이론 아래 중국에 대해서는 "말을 공손하게 하고 예물을 후하게 하여 사대의 정성과 공경"을 다해야 한다고 하였다. 그리하여 "일본과 통교하는 것은 가하나 합하는 것

은 불가하고, 러시아와 통교하는 것은 가하나 섬기는 것은 불가하
며, 중국과는 통교하는 것도 가하고, 정성과 공경을 다하여 섬기는
것도 가하다"고 하여, 러시아와 일본을 경계하고 중국과 긴밀하게
하면서 중국의 도움도 기대하였다(10조 "교린국交隣國" 및 4조 "시
세時勢").173)

한편, 민영환은 농민층의 항쟁과 전쟁에 대해서는 당연히 매우
부정적이었고, 체제 유지의 차원에서 농민군을 진압하는 방책도 적
극적으로 개진하였다. 그 방책은 ①수령 방백 파견, 민심 위무와 민
업 안정 도모, ②난당 괴수의 체포와 감영병으로 경병京兵 파송, ③
당괴黨魁 체포에 대한 포상, ④초토사의 순시와 무력 과시, ⑤경군에
게 필요한 충분한 탄환 확보, ⑥괴수 체포 뒤 따르는 무리의 적당한
처리, ⑦서울 진격에 대비한 군오軍伍 단속과 지방 요해처 방어 등을
제의하였다. 농민층의 처지에서 볼 때, 민영환은 배척 대상이었다.
농민전쟁 당시 전봉준은 "내직자內職者는 관직과 작위를 팔아먹는 것
을 일로 삼고, 내외관 모두 탐학하고 있다"고 하고, 내직 매관자로
선혜청 당상관 민영준閔泳駿, 민영환, 고영근高永根 등을 지목하였
다.174)

이와 같이 민영환은 왕실의 척족으로 정부의 근대화 개혁사업에
동참하였고, 더욱이 병권을 장악하면서 중심인물로 활동하였다. 그
는 지배층·지주층의 처지에서 농민층 안정을 추구하면서도 국가 재
정을 확보하고, 서양의 기술을 수용하여 강한 군대를 양성할 것과

---

173) 청나라의 강한 간섭을 벗어나려고 친러책을 모색하였던 그가 이때 청국과 밀
　　접한 관계를 주장한 것은 당시의 정세를 고려한 현실적인 방안이었다. 하지만 이
　　를 '사대' 관계가 아니라 '교린'의 차원에서 처리하고 있는 점은 흥미롭다.
174) 《東學亂記錄(下)》,〈供草〉을미(1895) 2월 11일 再招問目(532~533쪽).

교육개혁의 필요성을 거론하였다. 이는 곧 1880년대 이래 정부가 추진하던 양무개혁론과 같은 노선이었다.

2) 대한제국의 개혁사업과 민영환

(1) 서양문명 수용과 교육

(가) 민영환은 갑오개혁 정권을 무너뜨린 정동파貞洞派의 일원이었다.[175] 그는 고종의 최측근으로 대한제국의 개혁사업을 이끌었다. 더욱이 러시아를 비롯한 유럽 여러 나라와 미국의 개혁사업을 경험하였고, 서양문명을 신구절충적 차원에서 수용하고자 하였다.

아관파천 후 민영환이 처음으로 맡은 중책은 특명전권공사로 러시아 니콜라이 2세 대관식戴冠式에 참석하고, 러시아와 몇 가지 문제를 교섭하는 일이었다.[176] 민영환이 파견된 것은 그가 민씨 세력의 실력자이면서 동시에 외교적 능력을 인정받고 있었기 때문이었다. 이런 점에서 조러밀약 이후 민영환과 친분이 있던 주한러시아 공사 웨베르가 적극적으로 추천하였다.[177] 그리하여 민영환

---

175) 文一平, 《韓米五十年史》, 조광사, 1945, 197~199쪽; 韓哲昊, 《親美開化派研究》, 국학자료원, 1998, 제2장 참조. 한철호는 ①박정양, 이완용, 이하영, 이채연, 이상재, 정경원 등 초기 주미사절단 세력(정동구락부의 핵심, 협의의 정동파), ②윤치호, 서재필, 서광범 등 갑신정변에 직·간접으로 관련된 사람들, ③이범진, 이윤용, 민영환, 민상호 등 친러파 내지는 민씨 척족 등으로 분류하면서 이들을 대개 '친미개화파'라는 범주로 파악하고 있다. 이에 견주어 서영희는 민영환, 이윤용, 서광범, 이범진 등은 정계 등장 배경, 관료체계 안의 위상이 다른 점에서 차이가 있으므로 이들까지 정동파에 포함시키는 것은 문제가 있다고 지적하고 있다〔서영희, 앞의 책(2003), 31쪽〕.

176) 이에 대해서는 高柄翊, 〈露皇戴冠式에의 使行과 韓露交涉〉, 《歷史學報》 28, 1965(《東亞交涉史의 研究》, 서울대출판부, 1970); 李玟源, 〈俄館播遷 前後의 韓露關係〉, 한국정신문화연구원 박사학위논문, 1994 등 참고.

177) 민영환은 자신이 특사로 가게 된 것을 달가워하지 않았다. 국왕 측근의 친러

은 학부협판 윤치호, 2등 참서관 김득련金得鍊, 3등 참서관 김도일, 종자 손희영, 러시아 공사관의 통역 스타인[사덕인師德仁, Stein] 등으로 구성된 사절단을 이끌고 1896년 4월 1일에 출발하여 지구를 한 바퀴 돌아 10월 21일에 귀국하였다.[178]

민영환의 파견은 당시 정세 아래서 매우 중요한 의미를 지녔다. 아관파천으로 국왕이 비록 러시아 공사관에 머물고 있었지만, 갑오 개혁 정권의 친일적인 자세를 비판하고, 또한 청일전쟁 이후 고조된 자주·독립의 여론을 국제적으로도 확인하는 일이었기 때문이었다. 그때 독립신문에서는

아라샤 황뎨 대관례에 셰계 각국이 다 대亽를 보내야 아라샤 황뎨와 인민을 디흥야 치하를 ᄒᆞᄂᆞᆫ딕 죠션도 남의 나라와 곳치 亽신을 보내슨즉 량국 교제 샹에 믹우 유죠흔 일이고, 둘직는 죠션 亽긔에 처음으로 공亽를 구라파에 보내여 죠션 이 亽쥬 독립흔 나라로 셰계 각국에 광고를 ᄒᆞ엿스니 나라에 경亽오 ……[179]

라고 하였던 것이다.

민영환에게는 러시아 황제의 즉위를 축하하는 일과 더불어 교섭에 관한 일체의 권한이 주어졌다. 그는 일본의 간섭에서 벗어나고 동시에 왕실을 보호하며, 군대를 강화하기 위해 러시아에 도움을 청하였다. 그가 러시아 외상 로바노프Aleksey B. Knyaz Lobanov-Rostovsky

---

세력(성기운, 주석면 등)과 정치적 알력으로, 자신이 국내에 없는 사이 자신의 지위에 문제가 있을 것이라고 불안해 하였다. 그러나 웨베르의 '약속'을 믿고 마음을 바꾸었던 것 같다(《尹致昊日記》 1896년 3월 30일(四, 160~162쪽)).

178) 이 여행 일정을 자세하게 기록한 것이 《海天秋帆》(《閔忠正公遺稿集》 권3)이다. 본래 기록했던 사람은 참서관 김득련이었다. 이에 대해서는 高柄翊, 앞의 글 참조.

179) 《독립신문》 1896년 10월 24일 논설.

에게 요구한 것은 ①한국 군대가 믿을 만한 힘을 갖기 전까지 국왕의 호위, ②군사교관 파견, ③국왕 측근의 왕실 재정과 내각, 광산과 철도 등을 위한 재정 고문 파견, ④러시아와 조선 모두에 이익이 되는 양국 사이의 전신선 설치, ⑤일본 부채를 해결하기 위한 3백만 엔 차관 제공 등이었다.[180] 이 가운데 민영환이 가장 중요하게 거론한 것은 경비병 건이었고, 다음은 군사교관의 초빙 문제였다.[181]

그러나 러시아는 이 요구를 적극적으로 받아들이지 않았다. 이미 러시아는 황제 즉위식에 온 청국, 일본의 대표들과 각각 회담을 벌이고 있었으며, 조선 문제로 영·일과 불필요한 마찰을 일으킬 필요가 없었기 때문에 조선의 요구에 대한 답을 늦추면서 애매한 태도를 취하였다. 재무대신 위테Sergei Lulevich Witte는 군사교관 파견의 가능성을 거론하면서 차관 문제와 경비병 요청은 사실상 거부하였다.[182] 따라서 이후의 교섭은 군사교관 파견 문제로 압축되었다. 마침내 외무대신 로바노프는 서면으로 군사 전문가, 군사교관, 재정 전문가를 파견한다는 답을 주었다.[183] 이에 따라 민영환은 푸차타 외 13명의 군사교관과 함께 귀국하였다. 러시아는 고종이 러시아 공사관을 떠나 경운궁으로 환궁한 이후에도 조선에 정치적 영향력을 계속 행사할 수 있는 근거를 확보하게 된 것이다.

민영환은 귀국 뒤 바로 군부대신에 임명되어 러시아 군사교관에 의한 군대 훈련과 군인 양성 업무를 주관하였다. 러시아 교관은 조선군 장교 25명, 하사관 67명, 병사 800명을 선발하여 이들에게 러시아에서 제공한 무기를 지급하고 3개월 동안 훈련시켰다. 이들 조

---

180)《尹致昊日記》1896년 6월 5일(四, 201쪽).
181)《尹致昊日記》1896년 6월 16일(四, 219쪽).
182)《尹致昊日記》1896년 6월 7일(四, 205쪽).
183)《尹致昊日記》1896년 6월 30일(四, 232~233쪽).

선 군인들은 주로 궁궐 경비를 위해 훈련받았고, 1896년 12월 말에 이르러 조선군이 궁궐 경비를 수행할 정도가 되었다. 이런 준비 끝에 마침내 이듬해 1897년 2월, 고종의 환궁이 이루어졌다. 민영환은 고종의 환궁과 경비병 양성에 결정적으로 이바지했던 것이다.[184]

민영환은 고종의 환궁이 이루어지기 직전인 1897년 1월 11일, 다시 영국·독일·러시아·이탈리아·프랑스·오스트리아 등 6개국에 특명전권공사로 임명되었다. 이 조치는 아관파천을 주도했던 정동파, 더욱이 친러 세력 내부에서 왕권과 환궁 문제를 둘러싸고 일어난 정치다툼과 관련이 있었다. 이때 민영환은 러시아의 소극적 태도와 일본의 발표로 드러난 〈모스크바 의정서〉(〈로마노프-山縣의정서〉)에 실망하여 '반러적 태도'를 가지게 되었다.[185] 그에 따라 민영환은 안경수·이완용·이윤용 등과 연대하고, 환궁 문제에 중립적 태도를 보이던 박정양·이채연·민종묵 등을 설득하여 함께 환궁운동을 전개하였다. 이는 고종의 측근세력이었던 김홍륙·이용익·김도일 등 친러 인사들의 반발을 불러일으켰고, 민영환은 결국 외국 공사로 나가게 되었다.

---

184) 자세한 훈련과정에 대해서는 李玟源, 〈조선의 러시아군사교관 초빙과 고종의 환궁〉, 《竹堂李絃熙敎授 華甲紀念 韓國史學論叢》, 1997 참조.

185) 《日本外交文書》에서는 민영환이 귀국한 뒤에는 '한일제휴'를 모색하였다고 분석하고, 더욱이 반러적 입장을 갖게 된 것은 상해에서 만난 민영익의 권유 때문이었다고 하였다(《日本外交文書》 31-2, 1898년 12월 31일, 加藤 공사의 보고, 450쪽). 민영환은 이미 〈천일책〉에서 러시아의 침략욕과 시베리아철도 건설이 가지는 의미를 지적하였고, 실제 시베리아를 횡단하면서 철도 건설 현장을 보고 "거대한 비용을 아끼지 않고 많은 것을 꺼리지 않으면서 이것을 만드는 것은 그 꾀가 심원한 것을 알 수 있다"고 하였다(《海天秋帆》 9월 22일, 《閔忠正公遺稿集》, 125쪽). 이렇게 본다면 민영환은 러시아를 전적으로 신뢰하지는 않았고, 정치변동에 따라 유연하게 대처했음을 알 수 있다. 이런 점에서 그는 때로는 친미파 혹은 황실 측근세력으로 분류되기도 하였다.

민영환뿐 아니라 민상호도 1등 참서관으로 발령이 났고, 박정양도
내부대신을 사임하였으며, 이완용·이윤용은 미국 공사 씰John M. B.
Sill(시일施逸)의 후원으로 외부대신과 농상공부대신을 간신히 유지
할 수 있었다. 이는 정동파의 정치적 입지가 매우 약화되었던 것을
보여 주었다.186) 왕후 민씨의 사망 후, 민씨 세력이 분열되고 있었
던 점도 이와 무관하지 않았다.

특명전권공사 직임 외에 민영환은 영국 빅토리아 여왕의 즉위
60년을 축하하는 부영赴英특명대사로도 임명 받았다. 이에 대하여
《독립신문》에서는 조선이 세계상에서 자주독립국임을 보이고, 각국
공사와 교제를 친밀하게 하여 조선독립을 승인받을 수 있는 것이라
고 그 의미를 부여하였다.187) 민영환은 1897년 5월 17일 러시아의
페테르부르크에 도착하여 10일 동안 체류하면서 국서와 고종의 친
서를 전달하였다. 그런 뒤에 곧바로 유럽 5개국을 순방하면서 국서
를 전달하고, 다시 러시아에 돌아와 주차駐箚할 예정이었다.188) 이
에 따라 민영환은 우선 6월 5일 런던에 가서 7월 17일까지 체류하
면서 국서와 친서를 제출하였다. 그러다가 그는 갑자기 미국으로 건

---

186) 韓哲昊, 앞의 책(1998), 145~146쪽.
187)《독립신문》1897년 3월 23일.
188)〈使歐續草〉建陽 2년(1897) 5월 25일(《閔忠正公遺稿集》, 167쪽). 이런 점에
  서 민영환을 러시아 주재 초대공사로 보아야 할 것이다. 러시아 외무부 문서에서
  〈친서〉와 러시아에 제출한 민영환, 민상호, 민영찬 등의 외교관 명단이 발견되었
  는데(《조선일보》 2001년 5월 16일. 이때 민상호는 미국 워싱턴 주재 참서관이었
  음), 민영환은 그 전해 러시아에 특명전권공사로 왔을 때에 이미 임시로 공사관을
  설치하였다. 곧 러시아 황제 경축 예절은 다 마쳤으므로 공사관에서 하는 일은 철
  거하기로 하면서 수고한 모든 사환 27명에게 상패를 주었는데, 은으로 우리나라의
  국기로 채운 국표國票를 만들어 전면에는 "건양 원년"이라고 새기고 후면에는 "대
  조선공관"을 둥글게 새겼다(《海天秋帆》 建陽 원년(1896) 6월 7일(《閔忠正公遺稿
  集》, 92쪽)).

너갔고[189] 이범진을 러시아 공사로 보내고, 자신을 후임 미국주차 공사로 임명해 달라는 전보를 보냈다. 그러나 정부에서는 오히려 민영환을 명령 위반 혐의로 7월 30일자로 면관시켰다.

(나) 이상과 같은 민영환의 두 번에 걸친 특사 활동은 국제적으로 조선(대한제국)이 자주독립국이라는 사실을 인정받고, 대한제국 설립의 정당성을 설명하는 기회가 되었다. 또한 민영환 개인에게 이 사행은 서양의 근대적 시설과 제도·문화 등을 두루 경험하여 사상적 폭이 확대될 수 있는 계기도 되었다. 민영환은 상해·일본·캐나다·미국 그리고 유럽을 거쳐 가면서 도시의 발달과 근대 과학기술을 경험하였다. 일본의 도시 발달을 보고는 "이 나라 사람들이 서법西法을 부지런히 배워 이런 개명開明으로 나아갔다"고 하고, 이런 개명이 외국의 손을 빌리지 않고 한 것이라고 감탄하였다. 또 캐나다 밴쿠버 호텔의 엘리베이터를 "기상奇想의 일"이라고 표현하였고, 뉴욕의 도시 모습에 "안목의 황홀함을 말할 수 없다"고 하였다.

---

189) 민영환이 갑자기 미국으로 간 이유는 명확하지 않다. 이때 런던으로 고종의 밀지가 전달되었는데, 일본과 러시아 사이의 밀약 공개, 전쟁 위기설, 열강에 의한 한반도 분할설이 나돌자 고종은 프랑스를 이용하려 하였다. 서울에 있는 프랑스 공사관에 해군 수비대를 파병하도록 프랑스 정부에 요청하고, 프랑스 대통령에게 보내는 친서와 비밀교섭 내용을 하달하는 밀지였고, 이에 충격을 받은 민영환이 '도피'했다는 분석도 있다(韓興壽, 〈駐佛公使館 設置過程〉, 《韓佛外交史: 1886-1986》, 한국정치외교사학회, 1987, 58~59쪽). 서영희는 민영환이 러시아에 먼저 가서 국서를 봉정하고 가는 바람에 영국 정부가 이에 불만을 가지고 민영환을 냉대하였고, 고종의 친서와 국서를 거절했다는 소문도 있었으며, 정부에서 이를 확인하는 전보를 보내자 미국으로 갔다고 분석하였다. 또, 출국 당시에 이미 가재도구를 청산하고 민영익처럼 4, 5년 동안 해외에서 망명 생활을 할 계획이었는데, 이는 아관파천 이후 국왕 측근세력의 전횡으로 자신이 권력의 핵심에서 소외되고 있었던 것에 대한 불만에서 비롯된 것이라고 파악하기도 한다[서영희, 앞의 책(2003), 41쪽].

이후 영국, 네덜란드, 독일을 거쳐 러시아에 도착한 뒤에도 민영
환은 많은 근대 시설을 견학하였다. 모스크바에서는 박물관과 회화
박물관을, 페테르부르크에서는 동물원, 맥주 공장, 임업학교, 농업박
물관,190) 재판소와 감옥, 기계학교, 조지소造紙所, 조폐소造幣所, 면
포직조소, 대포 및 탄환 제조소, 면포염색공장, 조선창造船廠, 해구海
口의 포대, 상수도 시설, 육군 병영, 천문대, 자기제조소, 유리 그릇
공장, 도서관 등을 견학하였다. 그리고 다시 귀국길에 박람회를 구
경하고, 경기구를 타보기도 하였으며, 하바롭스크에서는 기병 훈련
을 참관하고, 블라디보스토크에서는 학교를 시찰하였다. 두 번째로
유럽에 갔을 때에도 러시아·독일·네덜란드·영국 등의 상황에 관심을
보이면서 러시아에서는 조선소와 조폐국을, 영국에서는 해군과 육군
의 연병장, 어뢰 공장, 그리고 궁궐 등을 돌아보았다.

이와 같은 근대적인 제반 시설을 견학한 민영환은 그 가운데서
도 군제와 군비의 강화, 학교교육, 서양의 정치체제 등에 많은 관심
을 가졌다.191) 1896년 10월 21일, 1차 특사 귀국 결과를 보고 하
면서 고종에게 "(러시아) 군제軍制는 유럽과 마찬가지이고, 온 나라
가 군무에 전력하여 강성하게 되었다"고 하고, 또 각종 남녀 학교에
서 교육이 이루어지고 있다는 점도 언급하였다. 이어 "서법의 풍속
이 달라 취할 수는 없지만 군무학교軍務學校나 정치전범政治典範은 모
방하여 시행하지 않을 수 없다"고 보고하였다.192) 신구절충적 모습

---

190) 이때 수차水車를 보고, "우리나라에서 良畓 백만 경을 개척하겠는데 창시하여
    사용할 사람이 없으니 이를 개탄"하였다.
191) 《海天秋帆》에는 러시아의 군사제도와 규모에 대해서 자세히 정리하였고(6월
    27일), 또 여러 곳에서 군대시설을 견학하였다. 더욱이 병역의무에 관심을 두었던
    것 같고, 서양 각국의 양병養兵하는 방식은 대개 비슷하다고 보았다.
192) 《日省錄》建陽 원년(1896) 10월 21일.

이었다.

민영환 스스로도 서양 경험 이후 자신의 변화를 진술하였다.《독
립신문》과 면담에서 그는 "천 가지 만 가지 일이 너무 훌륭하고 너
무 엄청나서 학문 없는 사람들은 당초 꿈도 못 꿀 일을 많이 보았노
라"고 말했다.

> 뎨일 부러운 일이 외국셔는 사름들이 놀고 먹는 사름이 업고 사름 마다
> 남의게 의지 ᄒ야 살 싱각들이 업스며 사름 마다 ᄌ긔 손으로 버러 먹는 신
> 둙에 독립과 ᄌ쥬 ᄒ는 ᄆ음들이 다 잇고, 둘ᄌᆡ는 샹하 귀쳔이 다 ᄌ긔 님군
> 과 ᄌ긔 동포 형뎨를 ᄉ랑 ᄒ는 ᄆ음들이 잇서 무론 누구던지 나라를 듸 ᄒ
> 야 실례 ᄒ는 쟈이 잇스면 전국 인민이 일시에 합심 ᄒ야 그나라 명례와 영
> 광을 그여히 놉히랴 ᄒ며, 셋ᄌᆡ는 쳔역 ᄒ는 사름 신지라도 거즛 말 ᄒ는 법
> 이 업고 다 닑고 쓸 줄을 알며 산학을 다 ᄒ는 고로 무숨 셰음이던지 호리가
> 차착이 업시 ᄒ며, 이번에 도라 온 후에 죠션도 차차 긔혁을 아니 ᄒ여셔는
> 나라히 부지 못 ᄒ줄을 아죠 밋고, 외국에 가셔 남의 나라 관원들과 인민들
> 사는거슬 본즉 분ᄒ ᄆ음이 것 잡을슈가 업노라.[193]

민영환은 서양 사람의 모습과 제도를 보면서 부러운 점을 나열
하면서 조선 개혁의 필요성을 강조하였던 것이다. 이에《독립신문》
에서는 민영환이 "종래의 민판서가 아니라 새사람이 되었다"고 평가
하고, 나라를 외국과 같이 중흥하고, 군주를 도와 조선 인민을 구해
야 할 것이라고 지적하였다.[194]

---

193)《독립신문》1896년 11월 10일 잡보.
194)《독립신문》1896년 10월 24일 논설; 11월 10일 잡보. 민영환이 달라진 점에
　　대해서는《梅泉野錄》에서도 "구미를 견학하고 돌아온 후 자못 천하 대세를 궁구하

변화와 개혁의 필요성을 깨달은 민영환은 정부의 개혁사업에 핵심세력이 되었다.[195] 더욱이 그가 관심을 가졌던 부분은 교육 문제였다. 이미 그는 〈천일책〉에서 서양의 교육제도에 대해서 관심을 보였고, 시세의 변화에 따라 서양의 학문도 수용해야 한다고 개진한 바 있었다. 또 러시아를 순방하였을 때에도 여러 종류의 학교를 방문하면서 특별히 서양의 교육에 관심을 보였다. 8세가 되면 남녀 모두 학교에 입학하고, 입학시키지 않는 부모를 벌한다는 점, 대학·중학·소학이 있으며 문·무·상·농·공의 전문학교가 있다는 점 등을 특별히 기록하여 두었다.[196] 그리하여 그는 1898년 임병구·한우·정교 등과 흥북문 앞 상원동에 흥화학교興化學校를 설립하고 교장이 되었다.[197]

1899년 1월, 민영환은 교육 진흥을 위한 구체적인 안도 제시하였다. 그는 먼저 "나라 되는 도道는 학문을 일으켜 인재를 교육"하는 것이 최우선 과제라고 하고, 허문虛文만 숭상하는 동양의 학문을 버리고 서양 사람들의 '궁리격치窮理格致'하는 방법을 취해야 한다고 하였다. 물론 당시 여러 학교에서 서양학문을 배우지만 실제로는 외

고 국사가 날로 그릇됨을 통분하여 …… 사람들이 이를 기이하게 여기고 예전과 다른 사람이 되었다고 했다"고 기술한 바 있다(光武 9년(1905) 11월, 국사편찬위원회, 256쪽).

195) 민영환이 건의한 것을 바탕으로 광무개혁이 추진되었다고 적극적으로 평가하기도 한다(姜聖祚, 앞의 글(1984), 52쪽).

196) 《海天秋帆》 建陽 원년(1896) 8월 9일(《閔忠正公遺稿集》, 112쪽).

197) 《皇城新聞》 1898년 10월 24일 〈私立學校〉. 흥화학교에서는 영어, 산술算術, 지지地誌, 역사, 작문, 토론, 체육 등을 가르쳤다. 흥화학교에 대해서는 리진호, 〈私立興化學校와 量地敎育〉, 《鄕土서울》 55, 1995; 鄭英熹, 〈私立興化學校에 관한 硏究〉, 《東西史學》 3, 1997; 金炯睦, 〈私立興化學校(1898~1911)의 近代敎育史上 位置〉, 《白山學報》 50, 1998 등 참조. 그런데 흥화학교의 설립시기에 대해서는 1895년과 1898년을 두고 논란이 있다.

국말만 배우고 재주는 익히지 못하고 있으며, 또 외국에 유학하는 경우에도 전혀 통솔이 되지 않아 중도 포기하거나 유람이나 하여 웃음거리가 되고 있다고 하였다. 그리하여 그는 더욱이 외국 유학과 관련하여 ①나라 안에서 총명하고 준수한 자제 백여 명을 뽑아 서양 각국에 보내어 유학시키되, 15년을 한정으로 졸업하기 전에는 돌아오지 못하게 하고, 졸업하기 전에 돌아오면 중벌할 것, ②유학留學에서 배우는 학과는 정치학·법률학·해군학·육군학·경찰학·전보학·우체학·농업학·상업학·공장학·산술학·화학 등으로 할 것, ③학자금은 한 사람당 매 삭朔에 25원씩 주기로 하되, 이는 해관세海關稅에서 충당할 것 등을 제안하였다.198) 이때는 후술하게 될 바와 같이 만민공동회가 해산된 시점이었으므로, 민영환은 교육의 필요성을 더 절감하고 있었던 것으로 보인다.

(2) 황권 강화 사업

민영환은 대한제국의 황권 강화 사업도 주도하였다. 대한제국에서는 유교적 이념과 서양의 공법을 동원하여 황제의 권한을 강화하고, 황제가 중심에 서서 개혁을 추진하였다. 1899년 이전 주로 의정부에서 활동하던 민영환은 황제권을 본격적으로 강화하던 시기에는 궁내부 등 황제 측근에서 활동하였다.199)

---

198) 《독립신문》 1899년 1월 24일 잡보 〈진본의견〉.

199) 후술할 것처럼 민영환이 독립협회운동으로 보수세력의 공격을 받고 의정부에서 '퇴진'하여, 정치권력이 약화된 것으로 이해할 수 있으나(서영희, 앞의 책 (2003), 41~42쪽) 시간이 지나면서 의정부는 국정을 운영하는 형식적인 통과기구로 되고(오연숙, 〈대한제국기 의정부의 운영과 위상〉, 《역사와 현실》 19, 1996, 67~71쪽) 궁내부가 중심 기구가 되고 있었던 점에서 민영환은 여전히 중요한 위치에서 역할을 하고 있었다고 할 수 있다.

민영환이 대한제국 초기에 주로 맡은 일은 군사제도의 정비와 관련된 일이었다. 군사제도 정비는 황권을 확립하고 제국의 모습을 구축하는데는 필수적인 사업이었다. 이에 정부는 친위대 증설, 시위대 편성, 무관학교, 원수부 설치 등의 사업을 추진하였다.[200] 러시아 특사에서 돌아오자 바로 군부대신이 된 민영환이 더욱이 힘을 기울인 것도 환궁에 대비한 국왕의 안전과 경비 문제였다.

군부대신으로서 민영환은 이전의 대신과는 여러 면에서 다른 모습을 보였다. 병든 군사의 집을 방문하기도 하였고, 지방으로 출정하거나 돌아오는 군인들을 격려하기 위해 남대문, 동대문 밖으로 행차하기도 하였다. 또 군인들이 무식하면 군제에 관한 것을 알지 못할 것이므로 여가 시간에 군인들에게 국문 교육을 실시하기도 하였다.[201]

1898년 4월, 그동안 군대 훈련과 왕비 경비 업무를 담당했던 러시아 군사교관단이 철수하였다. 이때 고종은 러시아 교관의 군사 훈련으로 기예가 숙련되는 성과가 있었던 점을 지적하면서, "각 장령들은 마땅히 규정대로 더욱 연마하여 조금도 해이해지지 말 것이며 군대의 위용을 더욱 씩씩하게 할 것"을 지시하였다.[202] 이에 정부는 무관학교를 만들고, 군법을 만들기 위한 위원장과 위원들도 임명하였다. 6월에는 '육해군친총'에 관한 조칙을 내려 "각 나라 대원수의 규례대로 짐이 직접 육군과 해군을 통솔하고, 황태자가 원수로 되어 일체 통솔할 것"을 천명하였다.[203] 군부를 중심으로 1년의 준

---

200) 서인한, 《대한제국의 군사제도》, 혜안, 2000; 조재곤, 〈대한제국기 군사정책과 군사기구의 운영〉, 《역사와 현실》 19, 1996 참조.
201) 《독립신문》 1896년 12월 5일; 12월 10일; 12월 19일: 12월 26일; 1897년 1월 21일; 1월 26일; 1월 30일 등.
202) 《日省錄》 光武 2년(1898) 3월 24일.

비 끝에 1899년 6월 22일에 마침내 "대황제 폐하께서는 대원수이시니 군기를 총람하시어 육해군을 통령하시고, 황태자 전하께서는 원수이시니 육해군을 일률적으로 통솔한다"는 목적 아래 원수부元帥府를 설치하였다.[204]

원수부 산하에는 군무국, 검사국, 기록국, 회계국을 두었다. 각 국의 책임자는 '국장'이라고 하다가 1900년 3월에는 '총장'으로 이름이 바뀌었다. 궁내부 특진관이었던 민영환(육군 부장)은 회계국 국장(총장)이 되었는데, 회계국은 군사에 관한 경비의 예·결산, 회계, 조사, 인가, 퇴환에 관한 사항을 관장하는 기구로, 민영환은 군대의 재정권을 담당하게 된 셈이었다. 그 밖에 민영환은 표훈원 총재(1902), 내부대신·학부대신(1904)으로 활동하였으나, 줄곧 원수부 회계총장직을 수행하였다.

그 시절 민영환은 황권을 높이는 두 가지 업무를 관장하였다. 그 하나는 군악대를 설치하고 국가國歌를 제정하는 일이었다. 군악대는 1900년 12월에 조직되었는데, 독일인 에케르트Franz Eckert가 군악대의 음악 교사로 초빙되었다. 초청 교섭은 마침 파리의 만국박람회에 참석하고 있던 민영찬(민영환의 동생)이 처리하였다. 1902년 1월, 고종은 "인심을 감발感發하고 사기를 격려함으로써 충성심을 돋우고 애국심을 진작함에 있어 성악보다 더 좋은 것은 없다"고 하면서 국가를 제정하도록 지시하였고,[205] 에케르트가 이를 만들었다. 국가는 3월 18일 황태자 탄신일에 처음으로 연주되었다. 이때

---

203) 《日省錄》 光武 2년(1898) 6월 29일.
204) 《日省錄》 光武 3년(1899) 6월 22일. 황제의 통수권은 곧이어 반포된 〈대한국국제〉에도 명시되었다.
205) 《高宗實錄》 光武 40년(1903) 1월 27일.

민영환은 "처음부터 부주附注를 익히지 못했고, 또한 악기로 연주하는 방법도 배우지 못한 채 참군參軍의 직함을 받자옵고 이 같은 일에 관여"하게 되었다고 하며 국가의 가사와 악보를 출간하는 일을 담당하였다.[206]

또 하나는 황실의 상징인 어기御旗, 황태자기(예기睿旗), 친왕기親王旗의 제작이었다. 1902년 8월, 고종은 "어기와 예기, 친왕기를 만들어야겠는데, 지극히 중대한 일인 만큼 따로 처소를 설치하고 궁내부, 의정부, 원수부에서 이 일을 감독"하라고 하고, "나라의 법을 상고하고 각국의 규정을 참작參酌한 다음 제의를 올려 규격을 정하고, 군기도 똑같이 만들라"고 하였다. 그리고 이를 위해 의정부 의정 윤용선을 기장조성소旗章造成所 감동대신監董大臣으로, 민영환과 윤정구를 감동당상관으로 임명하였다.[207] 이 깃발들은 이듬해 10월에 완성되었는데, 어기, 황태자기, 친왕기 밖에도 황후기, 황태자비기도 제작되었다.[208]

이 밖에 민영환은 원수부 산하의 헌병대 사령관, 군법교정소 총재 등을 지냈고, 또 표훈원 총재, 예식원장, 장례원경 등도 겸임하였다. 1902년 표훈원총재 시절에는 수민원綏民院 총재도 겸임하였다.

---

206) 金源模, 〈에케르트軍樂隊와 大韓帝國愛國歌〉, 《崔永禧華甲紀念韓國史學論叢》, 탐구당, 1987. 1902년 7월 1일에 원수부 회계국 총장 민영환의 서문을 붙여서 애국가의 가사와 악보를 출간하였는데, 내용으로 보아 가사는 민영환이 직접 썼던 것으로 판단된다고 한다. 그 가사는 "상뎨上帝는 우리 황뎨皇帝를 도으스 셩수무강聖壽無彊 ᄒᆞᄉ 히옥듀海玉籌를 산山갓치 ᄲᅡ으시고 위권威權이 환영寰瀛에 쓸치ᄉ 오쳔만세於千萬歲에 복녹福祿이 일신日新케 ᄒᆞ소셔 상뎨는 우리 황뎨를 도으소셔"였다(501쪽).
207) 《日省錄》光武 6년(1902) 8월 18일.
208) 李泰鎭, 〈大韓帝國 皇帝政과 民國 정치이념의 전개 – 國旗의 제정·보급을 중심으로〉, 《韓國文化》 22, 서울대 한국문화연구소, 1998; 〈고종의 국기제정과 君民一體의 정치이념〉, 《고종시대의 재조명》, 태학사, 2000 등 참조.

궁내부의 산하 기구에서 활동하기도 하면서 주로 황실과 국가의 권
위를 세우는 업무에 종사하였던 것이다.

　민영환은 정치적인 변동에 따라 친러 세력이나 궁내부의 국왕
측근세력들의 견제를 받기도 하였지만, 그래도 여전히 고종의 최측
근이었고, 마지막까지 고종의 신변을 지키는 시종무관장侍從武官長이
었다. 이런 점에서 고종은 민영환이 을사늑약 체결의 분함을 이기지
못해 자결하자 "의지와 기개가 단정하고, 왕실의 근친으로서 곁에
가까이 있으면서 보좌한 것이 많았고 공적도 컸다. 짐이 일찍부터
곁에 두고 의지하며 도움 받던 사람"이라고 평하였다.[209]

(3) 독립협회운동과 민영환

　독립협회는 1896년 7월 2일, 독립문을 건립하기 위해 조직되었
다. 당시 정부 관원들을 비롯한 식자층은 청일전쟁에서 청국이 패함
으로써 조선이 비로소 '독립'되었다고 생각하였고, 아관파천 이후에
이런 자주·독립의 여론이 높아졌다. 이런 여론 속에서 독립의 상징
물로 독립문을 건립하자는 운동이 일어났고 이를 위해 독립협회가
조직되었던 것이다. 독립협회는 갑신정변에 연루되어 미국에서 망명
갔다 돌아온 서재필을 중심으로 아관파천을 주도했던 친미 세력이
조직하고 주도하였지만, 독립문 건립에는 왕실도 적극적으로 후원하
였고, 정부의 고급 관료, 친러 세력 등도 동참하였다.

　한편 서재필은 민중 계몽의 차원에서 《독립신문》을 창간하였다.
독립문이 준공되고, 고급 관료층이 독립협회운동 대열에서 빠져 나
가자 독립협회는 차츰 계몽활동과 정치운동 단체로 전환하였다. 독

---

209) 《承政院日記》 光武 9년(1905) 11월 4일(음).

립협회의 이런 운동은 《독립신문》과 보조를 맞추면서 전개되었
다.210) 후에 독립협회는 친러계 정치세력을 공격하고 반러운동을
펼치면서 내부에 분화가 일어나기 시작했고, 박영효와 관련된 세력
까지 부상하면서 정부와도 대립하게 되었다.

민영환은 정부 집권세력 안에서도 상대적으로 개혁적인 성향을
지녔다. 두 번에 걸친 서구 여행에서 그는 서양문명의 우수성과 장
점을 깨닫게 되었고, 대한제국의 핵심 관료로서 일차적으로 황권의
강화를 주도하였지만 동시에 민권 문제도 중시하였다. 민영환은 황
제권을 공고히 하면서도 중추원을 통해 정부의 권력 남용을 견제하
고, 부분적으로 민권 신장을 도모하여 이를 절충하려 했던 것이다.
민영환은 러시아에서 황제 대관식을 축하하는 만민연萬民宴에 참석
했을 때, 그곳에 모인 수만 명의 군중들이 임석한 황제를 찬양하는
만세 소리를 듣고 '군민공락君民共樂'하는 모습으로 보았고, 또 러시
아의 정치 운영이 "전제국이지만 정치는 노성한 사람에게 맡기고 각
관이 책임을 감찰하니 참 잘하는 정치"라고 지적하였다.211)

러시아에서 돌아온 민영환은 군부대신이 되었는데, 친러적, 근왕
적 고종 측근세력에게 민영환은 배척 대상이었다. 이는 고종의
환궁 문제와도 관련이 있었다. 가령 친위대 대대장 이근용·서정
규·한선회 등이 이완용·민영환 등을 암살하려던 계획(친위 쿠데
타)도 있었다. 이들은 이완용 등 정부 인사들이 김홍륙 등과 결
탁하여 국권을 전단하여 왕권을 침해하고 있으므로 이들을 제거
해야 한다고 생각하였다. 그들은 고종이 경운궁으로 행차할 때

---

210) 독립협회, 《독립신문》의 계몽활동에 대해서는 다음 장에 기술할 것임.
211) 《海天秋帆》 建陽 원년(1896) 5월 30일; 6월 20일(《閔忠正公遺稿集》 89~90
쪽; 96쪽).

가마를 빼앗아 경복궁으로 환어하고, 각 대신도 살해할 계획을
세우기도 하였다.

　하지만 《독립신문》은 민영환이 군부대신에 임명되자 이를 매우
환영하였다. 《독립신문》은 민영환이 '애국, 애민의 정성'으로 임금과
백성을 위해 무슨 일을 할 것으로 평가하면서, 군부대신으로서 "조
선 육군이 세계에 못하지 않게 만들고, 또 의정부에서 나랏일을 다
공평하고 정직하고 문명 진보하게 하기"를 기대하였다.212)

　반대세력이 민영환 등 개혁적 성향의 관료들을 제거하려던 시도
는 지속되었다. 보수세력은 1897년 2월 22일 독립협회 연회날(즉
독립문 정초일)에 내부대신 박정양, 외부대신 이완용, 농상공부대신
이윤용, 군부대신 민영환, 학부협판 김홍륙 등을 살해하려고 하였
다.213) 이런 사건을 수습하는 어수선한 분위기에서 민영환은 다시
유럽 6개국 주재 특명전권공사로 출국하게 되었다. 이 소식이 전해
지자 《독립신문》에서 이를 애석하게 생각하면서

　　군부대신 민영환씨ᄂᆞᆫ 구라파를 다녀 온 후에 ᄆᆞᆷ이 더 공평 ᄒᆞ여지고 진
　　보 ᄒᆞᆯ ᄉᆡᆼ각이 ᄆᆡ우 잇서 슈삼샥 동안 군부 대신으로 잇시면셔 쟝관과 병뎡을
　　규측을 가지고 대접을 ᄒᆞ고 공평 되고 ᄉᆞ랑 ᄒᆞᄂᆞᆫ ᄆᆞᆷ으로 아래 관원들을 부
　　리ᄂᆞᆫ ᄉᆡ닭에 쟝졸이 모도 군부대신을 ᄉᆞ랑 ᄒᆞᄂᆞᆫ ᄆᆞᆷ이 잇고 군ᄃᆡ 안에 규측

---

212) 《독립신문》 1896년 11월 17일 論說.
213) 《大韓季年史(上)》 建陽 2년(1897) 2월(153~154쪽). 정교는 이 계획이 고종
　　의 사주로 시작되었다고 하였으나 확실한 근거는 없다. 이와 같은 왕권 강화를 위
　　한 일종의 친위 쿠데타를 시도한 것은 간혹 있었다. 가령 1897년 4월, 전 경무청
　　총순 송진용宋鎭用, 전 홍문관 시독 홍현철洪顯哲 등의 계획(같은 책, 건양 2년 7
　　월, 157~158쪽, 이때는 궁내부대신 이재순李載純이 사주한 것으로 기록), 김홍륙
　　암살미수사건(같은 책, 光武 2년(1898) 2월, 175~176쪽) 등이 그러한 것이었다.

이 잇서 군부가 차차 잘 되야 갈 긔미가 잇ᄂᆞ되 …… 만일 민씨가 외국으로
가면 죠션 졍부에 죠흔 사ᄅᆞᆷ ᄒᆞ나히 업셔지ᄂᆞ거시니 우리ᄂᆞ ᄇᆞ라기를 민씨
가 아모조록 ᄂᆡ디에 잇서 큰 ᄉᆞ업 ᄒᆞ기를 ᄇᆞ라고[214]

라고 하여, 민영환의 외국 파견을 반대하고, 정부의 사업을 위해 국
내에 있어야 한다고 하였다.

민영환은 두 번째의 특사 활동을 하다가 돌연 미국으로 가 버려
면관되었다가 1898년 5월 징계에서 풀려 부장副將으로 임명되고 의
정부 찬정이 되었다.[215] 그리고 9월에는 궁내부 특진관,[216] 10월에
는 군부대신, 11월에는 의정부 참정, 궁내부 특진관, 내부대신, 12월
에는 탁지부대신 등에 임명되었다. 이런 빈번한 관직 교체는 독립협
회운동, 관민공동회 운동의 소용돌이 속에서 일어난 것이었다.

1898년 중반에 들면서 독립협회는 친러적, 보수적 정치세력을
공격하였다. 조병식·이용익·신기선 등에 대한 공격, 노륙법孥戮法·연
좌율緣坐律 반대 등을 전개하면서 이를 관철하기 위해 만민공동회를

---

214)《독립신문》 1897년 1월 23일 논설.
215) 민영환이 귀국한 때는 정확하지 않다. 다만 그는 미국에 있을 때 마침 사망한
서광범의 장례식에도 참석하였다(《독립신문》 1897년 9월 28일 외국통신).
216) 이때 민영환은 ①궁금宮禁을 숙청하고 무당의 신사神祀질 하는 것을 엄히 금
하며 계상 계하에 별입시들을 다시 문표를 정하고, ②서무를 정부에 맡기고, ③백
료百僚를 뽑아 오래 시키고, ④관찰사와 군수들을 가려 시키고, 재정을 존절히 하
며 궁장 외에 홍릉과 각 역소에 역사를 정지하고, ⑤법률을 실시하고, ⑥재판을
공평히 하고 처결하지 못한 죄인은 날을 한하여 재판하고, ⑦도적질하는 것들을
엄금하고, ⑧우리나라 사람이 외국에 입적한 자들은 조사하고, ⑨지벌地閥을 가리
지 말고 인재를 따라 쓰는 일 등을 상주하였다(《독립신문》 1898년 10월 17일 잡
보 〈민씨의견〉). 무당의 궁중 출입을 금하는 문제는 민영환이 여러 번 간청한 일
이었으나 받아들여지지 않았다(《梅泉野錄》 光武 9년(1905) 1월, 331쪽). 그리고
민영환이 건의한 내용의 일부는 독립협회에서도 주장하던 바였다.

개최하였다. 그리고 이 운동은 곧 의회 설립 운동으로 발전하였
다.217) 민영환은 이런 독립협회 활동을 긍정적으로 평가하였다. 그
는 "우리나라에 국회가 없어 나랏일을 의논하지 못하지만, 독립협회
의 일이 충군애국과 독립의 기초를 견고하게 하는 것"이라고 칭찬하
면서 독립협회가 국회의 구실을 할 수 있을 것으로 보았다.218) 이
런 점에서 그는 독립협회에서 ①법률이 정한 것 외 추가로 가해진
잡세의 폐지, ②중추원을 개편하여 외국의 의원議院 규칙을 모방하
여 장정을 만들 것 등을 요구하였을 때, "금일 이 자리에서 갑자기
결정할 수는 없으나 관민이 상대한 예는 전에 없는 일인 고로 정부
도 역시 다시 회의하여 난상爛商해서 결정할 것"이라고 하면서 "회중
會中에서 백성과 나라의 일을 위하여 크게 애를 쓰니 극히 치하할
일"이라고 하였던 것이다.219)

민영환은 그해 10월 관민공동회에도 참여하였다. 관민공동회에
서 대회장 윤치호는 "우리 황실을 공고鞏固히 하고 인민을 개명시켜
강토를 보전할 목적"을 밝히고, 11개조의 결의안을 성안하여 먼저
6개조를 기본으로 입주立奏하기로 하였다. 곧 '헌의 6조'였다. 관민
공동회에서 이를 발표하자 만민이 모두 '가可'하다고 하였으며, 대신
들도 모두 '가' 밑에 서명하였다. 이때 민영환은 "나 역시 회원이라"
하면서 서명은 하지 않고 단지 말로 '가'라고 하였다.220) 곧 민영환
은 자신이 독립협회의 회원임을 분명하게 표현하였다.

이후 '헌의 6조'의 실현을 둘러싸고 각 정치세력 사이의 대립이
심화되었고, 마침내 익명서 사건이 터지면서 11월 4일, 독립협회와

---

217) 愼鏞廈,《獨立協會研究》, 일조각, 1976, 341~353쪽.
218)《독립신문》1898년 9월 22일〈긔명흔 민씨〉.
219)《大韓季年史(上)》光武 2년(1898) 10월 14일(263쪽).
220)《大韓季年史(上)》光武 2년(1898) 10월 29일(282쪽).

만민공동회를 금지하는 조칙이 내려졌다. 이에 이상재 이하 17인이
체포되었고, 관민공동회에서 '가'에 서명한 대신도 해임되었다. 그러
자 이에 항의하는 만민공동회가 계속 열렸고, 결국 정부도 이에 굴복
하여 11월 10일, 독립협회 회원 17명을 석방하였다.

　이때 정교는 "지금 정부 인사 가운데 인민들이 조금이라도 믿는
사람은 오직 민영환과 한규설뿐이다. 만약 민영환을 군부대신 겸 경
무사에 임명한다면 민중의 마음이 조금이라도 안정될 것"이라 하였
다.221) 정부에서도 황국협회의 만민공동회 습격(11월 21일)이 감
행되자 이를 수습하기 위해 민영환을 의정부 참정으로 등용하고, 사
흘 뒤에는 다시 내부대신으로 임명하였다. 그러나 민영환 등이 숨어
나타나지 않자 다시 파면하였다. 만민공동회에서는 독립협회 복설,
대신 택임, 부상負商의 영구 혁파, '헌의 6조'와 '칙하 5조'의 시행,
조병식 처형 등을 요구하는 집회를 계속하였다. 그러자 정부는 28
일에 이미 파면했던 민영환 등을 다시 임용하였다. 민영환이 12월
1일 내무대신을 사임하자, 4일에 다시 의정부 참정으로 임명되는
일이 반복되었다.222)

　마침내 정부는 민회와 약속 이행 차원에서 중추원관제를 실시하
기로 하고 중추원의관 50명을 선정하였다. 이때 구성된 중추원은
만민공동회 17명, 부상負商 28명, 도약소원 1명, 친왕계 4명 등
이었다. 12월 15일에 윤치호가 중추원 부의장으로 선출되었고,
16일에는 정부의 행정 고관으로 임명할 만한 인재를 무기명으로
뽑아 추천하였다. 이에 민영준(18점), 민영환(15), 이중하(15),

---

221)《大韓季年史(上)》光武 2년(1898) 11월 16일(330쪽).
222)《高宗實錄》光武 2년(1898) 11월 21일, 11월 24일, 11월 28일, 12월 1일,
　　12월 4일.

박정양(14), 한규설(13), 윤치호(12), 김종한(11), 박영효(10), 서재필(10), 최익현(10), 윤용구(8) 등이 추천되었다.[223] 민영환은 제2위로 독립협회, 민회 세력의 적극적인 신임을 받았다. 그러자 보부상들은 민영환에게 협박장을 보내기도 하였다. 그 협박장에는 "그대가 세록대신世祿戚臣으로 민회와 부화뇌동하여 황명을 거역하고 정부를 내몰려고 하고 있으니, 어찌 갑오 역당逆黨보다 심하지 않다고 하겠는가"라고 하면서 "장차 베어 죽이고 말겠다"라고 하였다.[224] 이런 가운데 독립협회 소장파 일부에서 박영효 귀국운동을 추진하였다. 마침내 이를 이유로 정부는 12월 25일 만민공동회를 불법화하여 해산시켰다.[225]

민영환은 전제 황권을 강화하는 기본 원칙 위에서 민권의 신장도 도모하였다. 이런 점은 당시 관민공동회의 '헌의 6조' 가운데 제1조에 "전제 황권을 공고케 할 것"이라고 한 것도 마찬가지였다. 황

---

223) 투표 과정에서 박영효와 서재필에 대한 논란이 있었다. 박영효는 대역죄로 일본 망명 중이었고, 서재필은 미국 국적이었기 때문이었다. 그래서 중추원에서는 박영효를 소환하여 공개 재판을 실시하고, 서재필의 국적을 환원할 것을 참고사항으로 첨부하였다(《皇城新聞》 1898년 12월 22일 〈別報〉).

224) 《大韓季年史》 光武 2년(1898) 12월 19일(396쪽). 보부상들은 이윤용에게도 협박장을 보냈다.

225) 일반적으로 정부에서 보부상을 동원하여 폭력적으로 독립협회를 해산시켰다고 하나(愼鏞廈, 앞의 책, 1976), 이때 정부가 해산시킨 것은 민회民會, 곧 만민공동회였고, 독립협회가 아니었다. 고종을 비롯한 정부에서 가장 민감했던 부분은 황권을 위협하는 도전, 가령 박영효와 공화제였다. 정부에서는 민회에 박영효, 안경수의 무리가 섞여 있다고 파악하였던 것이다(《독립신문》 1898년 12월 27일 〈내부훈칙〉). 그런데 민회가 해산되자 만민공동회의 지도자가 독립협회 지도자였던 점에서 자연스럽게 독립협회의 기능이 정지되었다. 독립협회는 이듬해에도 몇 차례 모임을 시도하였고, 또 황태자의 천추경절千秋慶節을 경축하기 위해서 모임을 가졌으나, 병정과 순검의 방해로 성사되지 못하기도 하였다(《독립신문》 1898년 12월 29일; 1899년 3월 18일; 1899년 3월 22일 등).

권이 국가의 주권을 높이기 위한 상징이라는 점에는 동의하면서도 민권 신장을 어느 수준에서 확립할 것인가라는 점에는 독립협회 핵심세력과 차이가 있었던 것이다. 만민공동회의 해산 이후 황제의 권한은 더욱 강화되었고, 민영환도 이 대열에 적극적으로 참여하였다.

그러면서도 민영환은 독립협회 계열 인사들과 관계를 지속하였던 것으로 보인다. 독립협회 계열은 개혁당改革黨, 헌정연구회憲政硏究會 등으로 이어졌는데, 민영환은 1902년 개혁당의 조직을 주도한 것으로 전해지고 있다. 민영환이 이준·이상재·남궁억·이동휘·이갑·양기탁 등을 비밀리에 모집하여, 영일동맹 이후 예상되었던 러일전쟁이 현실화할 경우 엄정중립을 선언하고 내정 개혁을 추구하면서 적당한 시기에 내각을 타도하는 운동을 하기 위해 개혁당을 조직하였다는 것이다. 그러나 개혁당 운동은 비밀이 누설되어 이상재가 체포되면서 실패하였다.226)

이와 같이, 민영환은 고종이 마지막까지 의지하고 믿었던 대한제국의 대표적인 개혁관료였다. 아관파천 뒤 민영환은 두 번의 특사로 구미 여러 나라를 순방하며, 청일전쟁 이후 이루어진 '자주독립'을 국제사회에서 인정받는 데 일익을 담당하였다. 한편 대한제국이 수립되고, 새로운 개혁사업이 추진되자 민영환은 군부대신, 원수부의 총장으로 군사 관련 업무를 관장하고, 황실 권한 강화에 동참하였다. 황권을 강화하는 것을 바로 자주독립국의 단적인 상징으로 생각했던 것이다.

또한 민영환은 두 번의 서양 여행을 통하여 스스로 많은 변화를 겪게 되었으며 더욱이 서양의 정치론, 곧 민권의 문제에 관심을 가

---

226) 柳子厚, 《李儁先生傳》, 동방문화사, 1947, 62~64쪽.

지게 되었다. 그는 군주권을 부정하지 않으면서 군주권과 민권의 조화를 꾀하려 하였고, 독립협회 회원으로 관민공동회의 의회 설립 운동에도 지지를 보냈던 것이다. 이런 점에서 그는 당시 집권세력에 비해 상대적으로 진보적인 면을 보였다.

황권과 민권의 조화, 그리고 백성들의 성장을 위한 교육의 필요성 등은 1905년 자결하면서 남긴 유서에도 그대로 표현되었다. 그는 "나라의 치욕과 백성의 욕됨"을 거론하고, "오직 한번 죽음으로써 황은皇恩에 보답하며, 우리 2천만 동포 형제에게 사례"한다고 하면서, 동포 형제들이 뜻을 세우고 학문에 힘써 자유 독립을 회복하라고 하였다. 민영환이 강조했던 황은과 동포, 교육과 자유 독립은 바로 그가 대한제국의 개혁사업 과정에서 추구하던 정치론이었고, 대한제국의 집권 관료층이 가졌던 근대화 방안이기도 하였다.

3. 정부의 개혁사업에 대한 재야 유생층의 반발

서양과 통교를 확대하고, 그 기술을 받아들여 자강을 추진했던 정부의 개혁사업에 대해서는 많은 반발이 일어났다. 정부 집권층 내부에서는 개혁론의 향방을 둘러싼 대립도 있었지만, 국정 교학인 주자학을 신봉하던 재야 유생층의 반발은 더 심하였다. 그들은 철저한 화이론華夷論, 척사위정론斥邪衛正論에 따라 정부의 개혁사업과 개화파의 개혁운동을 유교사회의 위기로 받아들이고 강하게 반발하였다. 유생층은 서양과의 통교가 가져올 유교문화의 금수화禽獸化를 우려하면서, 처음에는 국왕의 결단을 촉구하는 상소운동을 추진하였고, 마침내 단발령을 계기로 의병을 일으켜 항의하였다. 그러나 청일전쟁 이후 국제정세의 변동에 따라 유생층의 세계관도 점차 변하였고, 나라가 망국의 지경에 이르면서 일본의 침략으로 말미암은 국권 침탈 문제를 전면에 제기하였다. 이런 과정에서 유생층 내부에서도 정세 인식과 대응론에 부분적인 분화가 일어났다.

1) 개항 이후 보수유림의 구성과 '처신'

세도정치 이후 집권 노론 세력이 여전히 강한 힘을 유지하는 가운데 대원군의 집권으로 노론의 낙론 계통의 북학파 후예들도 정치세력으로 성장하였다. 이때 각 지방에는 중앙 정계와 연관 속에서 학문과 당색에 따라 몇 개의 학파가 형성되어 있었다.[227] 기호학파에서는 ①이항로李恒老(화서華西, 1792~1868)를 연원으로 김평묵金平黙 (1819~1891), 유중교柳重敎(1832~1893), 최익현崔益鉉(1833~1906), 유인석柳麟錫(1842~1915) 등의 화서학파, ②기정진奇正鎭(노사蘆沙, 1793~1879)을 연원으로 전남 지역을 중심으로 활동하였던 기우만奇宇萬 (1846~1916) 등의 노사학파, ③홍직필洪直弼, 임헌회任憲晦의 학문을 계승한 전우田愚(간재艮齋, 1841~1922)를 중심으로, 충남·전북 일원에서 활동하였던 간재학파, ④송시열宋時烈의 직계손 송병선宋秉璿(연재淵齋, 1836~1905)과 송병순宋秉珣(1839~1912) 형제를 중심으로 충남 지역에서 활동하였던 연재학파 등이 형성되었다. 그리고 영남쪽에는 ⑤유치명柳致明(정재定齋, 1777~1861)을 중심으로 퇴계 학통을 계승한 안동 지역의 정재학파, ⑥이진상李震相(한주寒洲, 1818~1885)

---

227) 琴章泰·高光植, 《儒學近百年》, 박영사, 1984 ; 《續 儒學近百年》, 여강출판사, 1989.

의 학문을 계승하고, 경상도 서부 지역에서 활동하였던 곽종석郭鍾錫
(1846~1919), 이승희李承熙(1847~1916) 등의 한주학파가 있었으며, 그
외 근기남인近畿南人의 학문을 계승했던 허전許傳(성재性齋, 1797~1886)
이 김해부사를 역임하면서 영남 일원까지 학맥을 형성하였고, 규모는
작지만 상주와 안동 하회를 중심으로 유성룡柳成龍의 가학家學을 계승한
유후조柳厚祚(낙파洛坡, 1798~1876), 유주목柳疇睦(계당溪堂, 1813~1872)
등도 하나의 학맥을 형성하고 있었다.

　재야 유생층이 당시의 사회 변화 속에서 가졌던 이념은 주자
학에 철저한 척사위정론이었다.228) 유교에서는 이단異端을 배격
하고 정학正學을 숭배〔벽이숭정闢異崇正〕하고, 또 중화中華를 존
중하고 이적夷狄을 배척〔존화양이尊華攘夷〕하는 원리를 기본으
로 하였다. 그들의 척사론은 당색이나 학파의 연원에 관계없이
동일하였다. 더욱이 서양 세력의 침략과 천주교의 보급, 그리고
'서양화'한 일본의 침투는 유교사회를 근본적으로 위협하는 것으
로 인식하였다.

　이런 위기 상황에서 유생층은 무엇보다도 정학인 유교를 지키기
위해 다양한 방안을 강구하였다. 가장 먼저 개인적 차원에서 스스로
도를 지키기 위한 '자정自靖'에 주력하였고, 지역이나 학파 단위로
강회講會를 열거나, 향음례鄕飮禮를 행하기도 하였다. 때로는 향촌 사
회에서 향약을 실시하기도 하였다. 아울러 유교 정치의 근본이 되는
임금의 학문 자세를 촉구하기도 하였다(상소운동). 이런 대응도 여
의치 않으면 유학을 어지럽히는 이단을 힘으로 물리치기 위해 거의
擧義하였다. 집단적인 거의보다는 홀로 도를 지키기 위해 자결〔치명

---

228) 18~19세기 이들의 학문적 특징 및 대응 활동에 대해서는 권오영, 《조선 후기
　유림의 사상과 활동》, 돌베개, 2003 참조.

수지致命遂志]하기도 하였다. 그런데 이러한 유생층의 다양한 대응책은 학문적 배경(학파, 당색), 집권세력과 관련(재조, 재야) 등에 따라 매우 달랐다.

척사론의 여론을 주도하고 이를 적극적으로 표명했던 사람은 이항로와 기정진이었다. 이항로는 서양의 욕심이 부녀자와 재물에 있으므로, 서양과 통교하게 되면 유교문명이 금수화禽獸化하고, 우리 재물도 모두 그들의 손에 들어갈 것이라고 하였다. 따라서 이를 막기 위해서는 '금수'인 서양과 적극적으로 싸워야 한다는 '전수척화戰守斥和'를 주장하면서 1866년 병인양요 때 의병을 추진하였다. 이항로의 적극적인 척사론은 그의 제자들에 의해 계승되어, 개항 반대운동, 1881년 척사상소운동, 그리고 단발령 뒤의 의병항쟁 등으로 이어졌다. 그들은 '난신亂臣과 적자賊子는 누구든지 죽일 수 있다'는 춘추대의春秋大義를 강조하면서, 현실적인 대응 활동을 적극적으로 전개하였다.

안동, 성주를 중심으로 형성된 영남의 유생들도 적극적으로 대응하였다. 그들은 중앙 정계에서 소외된 남인으로, 현실 정치에서는 노론 세력의 견제와 비판을 받았다. 재야의 노론 세력도 이들을 서양 세력의 내응內應 세력으로 견제하였다. 이런 점은 영남 유생들이 1881년 만인소萬人疏를 일으키자 차츰 없어졌고, 화서 계열과 영남 계열은 당파를 넘어 연합하여 정부의 개혁정책을 비판하였다. 안동에서도 갑오개혁과 단발령 때 의병이 일어났다.

기호학파 송병선은 주로 자정自靖으로 대응하였다. 송병선은 간혹 상소를 통해 의사를 표현하기도 하였으나, 기본적으로는 자정을 강조하였다. 그는 1876년 개항 당시에도 "자정이 금일에 합당하다"고 하였으며,[229] 1881년 상소운동 때, "그 일이 종사의 존망과 우리 유교의 성쇠에 관련된다면 침묵해서는 안 된다"고 하면서도 분수를 넘어 상소하거나, 또 상소에서 쓰는 용어가 도리에 맞지 않는 점 등을 비판하였다. 그러나 무엇보다도 가난한 재야의 선비[韋布之士]는 임금에게 상소하여 분별을 논하는 위치가 아니므로, "위에서 임금이 듣고 쓰지 않으면 물러나 뜻을 지키는 것이 도리"라고 하면서 "당로當路에 투서하여 일세의 명문거족名門巨族을 무고하는 것이 한탄스럽다"고 하였다.[230] 그는 1884년 변복령變服令 때 두 차례 상소를 하였지만, 임금이 이를 받아들이지 않자 곧 입산하여 자정에 몰두하였다. 그리고는 마침내 1905년 '을사조약' 뒤에 자결하여 '치명수지'를 택하였다. 아우였던 송병순도 1910년 망국 뒤 자결하였다.

전우도 철저하게 자정으로 대응하였다. 재야 유생들은 정부에 나간 재조在朝와는 달리 현실 문제에 관여해서는 안 된다고 보았다. 이런 처신은 그의 스승이었던 임헌회의 입장을 따른 것이었다. 임헌회는 "임금이 대부大夫에게 물은 바 없는데 먼저 나서서 상소를 하는 것은 유자儒者가 취하는 어묵語默(말하고 침묵하는)의 본뜻이 아니다"고 하였다. 따라서 임헌회는 김평묵이 문호개방을 반대하자고 제의하였을 때에도 "그 지위에 있지 않으면 정사를 도모하지 않는다[不在位 不謀政]"라는 교훈과 "몸이 (자리에) 나아가지 않으면 말을 해서는 안 된다[身不出 言不出]"는 주자의 말을 들면서 이를 사양하였다. 이에 전우도 병인양요 때부터 "이씨의 신하, 공자를 배우는 사람[李臣, 孔學]"을 대의大義로 밝히고, 개항이 되었다는 소식을 듣고는 "비록 매우 우려

229) 《淵齋集》 권5, 〈上叔父〉, 丙子 2월 19일.
230) 《淵齋集》 권5, 〈上叔父〉, 辛巳 8월 7일.

하고 탄식해야 할 것이지만 가난한 재야의 선비로서는 충성을
바칠 길이 없다"고 하였다. 1894년 4월, 농민전쟁이 일어났을 때
도 거처를 산속으로 옮겨 그 이름을 이신촌李臣村, 공학당孔學堂으
로 하였다. 전우는 1905년 을사조약이 체결되자 5적의 목을 베
고 조약을 철회해야 한다고 하면서도, 최익현이 의병을 일으키자
고 하는 것도, 곽종석이 유림단의 파리장서에 서명하자고 권유하
는 것도 모두 거부하고 오직 자정에만 몰두하였으며, 마침내 군
산 앞의 계화도로 들어가 버렸다.231)

재야의 유생층이 화이관에 따라 현실 문제를 인식하면서도 그 대
응책이 각각 달랐던 것은 그들의 성리학 인식과도 무관하지 않았다.
일반적으로 이기론理氣論의 동향에 따라 영남과 기호의 학풍 차이를
거론하지만, 실제로는 이런 구분이 별 의미가 없었다.

이항로와 기정진은 기호학파였지만 이기론에서 모두 '리理'를 중
시하였다. 이항로는 이존설理尊說을,232) 기정진도 유리설唯理說을 주

---

231) 《艮齋先生年譜》 권1, 권2 해당 연도 참조. 이런 입장은 강점 뒤인 1915년에도
변하지 않았다. "조정의 일은 대소 모두 말할 수 있으나 재상 대간의 일이고 유자
儒者가 마땅히 더불어 할 일은 아니다. 혹 재상이나 대간이 말하지 않아 현자賢者
가 부득이 말하는 것은 의義지만, 문하門下를 동원하여 하는 것은 우려해야 할
일"이라고 하였다(《艮齋私稿》 후편 권17, 〈儒者語黙〉).

232) 이기론, 심설에 대해서 이항로 문하들 속에서 약간의 분란이 일어나기도 하였
다. 유중교가 초년에는 이항로의 명덕주리론明德主理論을 신봉하다가 만년(55
세)에 들어 이항로의 주장을 주기설主氣說의 입장에서 보완하여 〈조보화서선생
심설調補華西先生心說〉을 짓자 김평묵이 이를 심하게 반박하였다. 이에 유중교
가 다시 〈화서심설안華西心說案〉을 지어 김평묵의 인가를 받아 의견 대립을 봉
합하였다. 그러다가 뒤에 다시 그들의 문인들 사이에 이 논쟁이 계속되었다. 김
평묵의 주장을 지지하는 홍재구洪在龜, 유기일柳基一, 최익현崔益鉉 등과, 유중
교의 주장을 따르는 유인석柳麟錫, 유중악柳重岳, 이소응李昭應 사이에서 극단적
인 감정 대립으로 확전되었다. 유중교는 임종 때에 자기의 수정이 잘못되었다고
고백하고, 〈조보화서선생심설〉을 거두어들이라고 유언하였다(《省齋集》 권58,

장하였다.[233] 그들의 제자들은 1880년대에 들어 서로의 이런 공통점을 인식하였다. 김평묵은 이항로와 기정진이 약속한 바 없으면서도 그 학설이 서로 부합된다고 하였으며,[234] 기정진의 문인도 그런 점을 지적하였다.[235]

한편 성주의 이진상은 퇴계 학통을 견지하면서 더 강한 주리론의 입장에서 '심즉리心卽理'를 주장하였다. 이진상의 철저한 주리론은 안동 유림에 의해 배척될 정도였다.[236] 오히려 이진상의 논리는 기호의 화서학파 후학들에 의해 높게 평가받았다. 김평묵은 이진상의 문인인 윤주하尹冑夏에게 영남의 주리설에 찬동하는 편지를 하면서 "자신이 이진상의 문하에 나아가 주리설을 듣지 못했음을 애석하게 생각한다"고 할 정도였다.[237] 이진상의 제자였던 곽종석은 이항로의 제자 유기일에게 "이항로의 심설은 성인이 말한 요지를 터득한 것이고, 이

〈年譜〉;《毅菴集》권6,〈答崔勉菴〉戊戌 11월 17일;〈答崔勉菴〉庚子 12월 27일). 이런 연유로 김평묵계와 유중교계 사이에 의견 대립이 남아있었고, 1876년 개항 반대 상소 때에는 소수疏首가 유인석에서 홍재구로 바뀌기도 하였으며, 심설心說 문제로 유인석은 유기일과 절교하기도 하였다(《毅菴集》권55,〈年譜〉丙子, 壬辰年).

233) 이런 경향에 대해서는 劉明鍾,《朝鮮後期 性理學》, 이문출판사, 1985 참조.

234)《重菴別集》권8,〈書蘆沙奇先生畏筆後〉.

235)《蘆沙集》부록 권3,〈年譜〉, 戊寅 8월.

236) 이진상은 자신의 숙부였던 이원조李源祚에게서 학문을 배웠는데, 20세 때 도산서원을 참배하고, 퇴계의 학문을 계승한다고 천명하였으며, 자신의 서재를 '조운헌도재祖雲憲陶齋', 곧 운곡의 주자를 계승하고 도산의 퇴계를 본받는다고 하였다. 하지만 이진상이 죽은 뒤 1897년 3월,《한주문집寒洲文集》을 간행하여 도산서원에 보냈는데, 도산서원에서는 "한주가 주자와 퇴계의 이발기발설理發氣發說을 비판하여 퇴계와 상반된다"고 하면서 이를 공격하고, 보내온 문집을 되돌려 보냈다. 상주의 도남서원道南書院에서도 이진상을 배척하는 통문이 돌았고, 1902년에는 박해령朴海齡 등이 상주향교에서《한주문집》을 불태웠다(琴章泰高光稙, 앞의 책 (1984), 460쪽; 475~476쪽).

237)《重菴集》권16,〈答柳箭村〉.

로써 심학心學이 하나로 정돈되었다"고 칭송하였으며,238) 유중교가
이항로의 심설을 수정한 것에 대해 유감을 표하기도 하였다.239)

　여기에 견주어 전우는 주기론主氣論의 입장에서 영남학파는 물
론, 이항로, 기정진의 학설도 비판하였다. 1881년 11월, 전우는 이
항로가 심心과 성性을 분별하지 못한 오류를 범하였다고 지적하고,
유중교가 이항로의 심설을 보완한 것도 다시 비판하였다. 또 기정진
의 학설도 비판하였으며, 기정진의 문인 정재규鄭載圭(1843~1911)
의 반론이 있자 이를 다시 반박하였다. 1904년에는 김평묵이 기정
진의 학설을 찬동하면서 쓴 〈외필발어畏筆跋語〉도 배척하였다. 전우
는 영남학파의 논리도 비판하여, 1889년에는 이상정李象靖의 성리설
을 논하는 편지를 하였으며, 1911년에는 이진상의 심즉리에 관한
글을 지었다. 또 〈노화이동변蘆華異同辨〉, 〈노한이동변蘆寒異同辨〉 등
을 지어 주리설을 주장하던 기정진, 이항로, 이진상 세 사람을 동시
에 비교하고 이들의 주장에 반대하였다.240)

　이기론의 차이가 현실에 대한 처신의 차이와 어떤 관련이 있는
지는 명확하지 않지만, '리'를 중시하는 이항로, 기정진과 그의 제자,
그리고 영남 유림들이 서양, 일본 침략에 반대하며 적극적으로 나선
점은 흥미로운 일이다.241) 이런 점에서 화서 문인과 전우 사이에는

238) 《俛宇先生文集》 권 30, 〈答柳性存〉 丁酉.
239) 《俛宇先生文集》 권 130, 〈柳省齋心說辨〉.
240) 《艮齋先生年譜》 권 1·2 해당 연도 참조.
241) 이항로는 "리理가 주인 노릇을 하면 이치와 형세가 바르게 되고, 기氣가 주인
　노릇을 하면 이치와 형세가 무너지게 되므로 선악과 사정邪正의 구분이 여기(理氣)
　에서 나온다"고 하여, 서양의 사학邪學이 만연하고 시세가 어지러운 것은 모두 '기'
　가 '리'의 지위를 차지하였기 때문이라고 하였다. 이에 최창규는 주리론을 "서양의
　침략에 대한 주체성의 보존이라는 현실적 요구를 해결하기 위하여 적극적으로 활
　용한 공식"이라고 평가하였다(劉明鍾, 앞의 책(1985), 471~473쪽; 崔昌圭, 《近代
　韓國政治思想史》, 일조각, 1972, 68~71쪽). 이런 점은 기정진도 마찬가지였다. 기

대립이 계속 일어났다.

이는 1876년 문호개방 반대 상소를 둘러싸고 김평묵과 임헌회·전우 사이에서 비롯되었다. 김평묵은 상소운동에 동참하지 않는 임헌회를 향하여 "상법常法에 얽매여 좌시坐視하는 것은 불가"하다고 하였고, 이에 전우는 "선비의 상소는 자중自重의 도가 아니다"라고 하였다. 화가 난 김평묵은 1877년에, 한 해 앞서 죽은 임헌회의 제문에서 그의 행동을 비난하였다. 그러자 다시 전우는 "이것은 전적으로 비꼬고 조롱하고 모독하는 뜻으로, 그 사용하는 말도 은어隱語와 교식巧飾"이라고 반발하였다. 전우는 오히려 이항로를 "양학洋學, 선학禪學, 상학象學, 양명陽明을 그 목적으로 한다"고 맹비난하였다. 1878년 5월에는 다시 김평묵이 임헌회의 제문을 지어 임헌회를 "음사陰邪의 당黨이고 이단異端의 학學"이라고 표현하였다. 마침내 전우는 김평묵과 절교를 선언하였다.[242]

이는 유인석과 전우 사이에도 일어났다. 유인석은 《소의신편昭義新編》에서 전우를 "사학邪學의 무리이고 난적의 당"이라고 비난하자, 전우는 유인석을 "공리를 도모하는 사람"으로 공격하였다.[243] 또 전

<hr />

정진도 "리가 주인이 되고 기는 섬긴다"라는 점을 지적하고, 주기론이 성행하면 결국 기가 리의 자리를 빼앗게 되고, 신하가 임금의 자리를 빼앗게 된다고 하였다(劉明鐘, 위의 책, 520~521쪽).

242) 《艮齋先生年譜》 권1 참조. 전우는 송병선과도 입장을 달리하였다. 1884년 송병선이 화문華門(이항로)과 전문全門(임헌회)의 '과불급지설過不及之說'을 논하여, "김평묵 문인들은 과하고, 임헌회 문인들은 미치지 못하니, 나는 그 과한 것을 취하겠다(金門人過 任門人不及 吾取夫過者)"라고 하자, 전우는 "선사와 문인들이 모두 말할 수 있는 자리에 있으면서 침묵하는 것과 자중하는 선비를 미치지 못한다(不及)라고 하는 것과는 다르다. 위로는 성현成俔, 이이, 송시열의 가르침을 따른 것뿐이다"라고 하였다(《艮齋先生年譜》 권1, 갑신 10월). 기호학파 내에서 전개된 인물성이동人物性異同을 둘러싼 호락논쟁에서 전우는 낙파였고, 송병선은 호파였다.

243) 《艮齋私稿》 전편 속권2, 〈觀金監役節義說〉.

우는 의병을 일으킨 유인석을 비난하여 "우국憂國하는 마음은 가져
야 하지만, 우국하는 말은 하면 안 된다" 또는 "선비는 마땅히 도를
지켜야 하며, 선비에게 의병은 부당한 것"이라고 하였다. 그러자
유인석은 "전우가 의병을 미워한다"고 단정하고, "나라는 망하여
이적夷狄의 땅이 되고, 사람이 짐승으로 변하는 때에 도를 지키
기도 어려우므로, 선비는 도를 지키기 위해서 마땅히 의병을 일
으켜야 한다"고 강조하였다. 유인석은 전우와 같이 입을 다물고
말을 하지 않는〔無口匏〕 처세는 결국 일본의 침략과 지배를 인
정하게 될 것이라고 하고, 전우의 동문과 문인들 가운데 한 사람
도 의병에 참여하지 않으면서 오히려 신기선처럼 개화에 동조하
거나, 사학이나 동학에 동조하는 사람이 다수 있다는 점에서 전
우를 "반개화半開化"라고 비난하였다.244)

　　위와 같이 개항 이후의 유림은 척사위정론에 따라 현실 문제를
파악하였지만 그 대응 방식에는 큰 차이를 보였다. 이는 제국주의 세
력의 침략과 서양문명을 어떻게 이해하는가라는 문제에서 나온 것이
었는데, 근본적으로는 그들의 철학적 논리와도 무관하지 않았다.

2) 1880년대 정부의 개혁사업에 대한 반대운동

(1) 왜양일체론과 문호개방 반대
두 번의 '양요'를 거치면서 조선 정부는 '척화'를 분명히 천명하

---

244) 《毅菴集》 권29~33, 〈산언散言〉의 여러 곳에 지적되어 있다. 전우의 이런 행
　　동에 대해서는 당시에도 많은 비판이 있었고, 전우는 〈유자무책변儒者無策辨〉으로
　　이를 변명하였다(《艮齋私考》 전편 권14 무신).

였다. 하지만 대원군이 실각하고 고종의 친정이 이루어지면서 대외
관계에 변화가 나타났다. 믿었던 청국이 서양의 군사력에 굴복하는
모습을 보면서 위기의식이 커졌고, 국제정세를 보는 고종과 집권세
력의 생각도 조금씩 바뀌기 시작하였다. 그리하여 마침내 일본의 강
압 속에서 〈조일수호조규〉를 체결하였다.

　일본에 문호를 개방한다는 소식을 들은 유생층은 대대적인 반대
상소운동을 전개하였다. 이 운동을 이끈 것은 김평묵을 비롯한 이항
로의 제자들이었다.245) 김평묵은 최익현에게 편지를 보내 "금일 강
화하는 일은 인류를 몰아 금수의 구역으로 들이는 것"이라고 하고,
가만히 있는 것은 도리가 아니라고 하면서,246) 유중교 이하 화서학
파의 문인들을 총동원하여 집단적인 연명 상소운동을 전개하였다.
김평묵은 연명 상소에 서명하지 않았지만, 상소문을 지어 주고 배후
에서 상소운동을 지도하였다. 상소운동에는 유인석, 유기일
(1845~1904), 홍재구(1845~1898), 홍재학洪在鶴(1848~1881), 이소응
(1852~1930) 등이 참여하였다. 이들은 뒷날 1881년 만인소, 1895년
의병항쟁에서도 중심적으로 활동하였다.

　개항을 반대하던 화서 문인들은 먼저, 중화와 이적의 구별, 사
람과 짐승의 분별[人獸之別] 논리를 일본에도 적용하였다. 곧 일본
도 서양과 같다는 '왜양일체론倭洋一體論'이었다. 김평묵은 "전일의
왜는 이웃 나라이나, 오늘의 왜는 구적寇賊"이라고 단정하고, 그
증거로 다음과 같은 네 가지 점을 거론하였다. 곧 ①왜는 서양인과

---

245) 이 상소운동과 김평묵의 역할에 대해서는 權五榮, 〈金平黙의 斥邪論과 聯名儒
　　疏〉, 《韓國學報》 55, 1989. 이항로 계열 외에 전정언前正言 최병대崔炳大, 전사과
　　前司果 장호근張皓根, 전주서前注書 권봉환權鳳煥 등의 상소도 있었다.
246) 《重菴集》 권22, 〈與崔贊謙〉, 丙子 1월 11일.

동심일체로 프랑스·미국과 함께 중국 침략을 자행하였던 양적洋
賊의 전도前導라는 점, ②왜인이 서양 선박을 타고 와서, 서양
대포, 서양 기물을 사용하고 있다는 점, ③왜가 4천 명의 군사
를 거느리고 온 것은 수호修好하기 위함이 아니라 '침략'을 계획
한 것이라는 점, ④병인년(1866)에 강화도에 침범한 양적이 곧
왜인이므로, 왜는 양적이 '개두환면改頭幻面'한 것이라는 점 등이
었다. 양적이 왜인을 앞세운 것은 우리의 방비가 매우 치밀하여
그 틈을 비집고 들어와 욕심을 채울 수 없다고 파악했기 때문이
라고 언급하고, 이웃 나라면 수호할 수 있지만 서양의 향도嚮導,
창귀倡鬼가 된 구적 왜와는 절대로 통교해서는 안 된다고 주장
하였다.247)

따라서 그들은 일본과의 통교는 곧 유교문명의 퇴락과 인류의
금수화를 가져올 것으로 판단하였다. 그들은 조선을 명 멸망 뒤에
오직 한 가닥 남은 '양기陽氣'이며, 또한 "어지러운 혼몽 속에서 빛나
는 외로운 별"과 같은 소중화小中華로 자부하고, 왜와 통교하면 "예
악이 똥통에 빠지고, 인류가 금수로 변할 것"으로 우려하였다. 그리
하여 그는 "병자년과 정묘년의 호란胡亂이 화이華夷의 구분이라면,
지금의 일은 사람과 짐승을 판별하는 것"이라 하고, "중화가 이적이
되는 것은 말할 수 있으나 사람이 짐승이 되는 것은 차마 말할 수
없다"고 하면서 일본과 통교는 곧 "위급 존망의 때[危急存亡之秋]" 혹
은 "국가 존망의 일"이라고 하였다.248)

최익현도 일본과 통교하게 되면 "사학의 책과 천주의 초상이 교

247) 《重菴集》 권5, 〈代京畿江原兩道儒生論洋倭情迹仍請絶和疏〉. 최익현의 왜양일
    체론도 거의 마찬가지였다(《勉菴集》 권3, 〈持斧伏闕斥和議疏〉).
248) 《重菴集》 권5, 〈代京畿江原兩道儒生論洋倭情迹仍請絶和疏〉.

역하는 가운데 섞여 들어와 얼마 지나지 않아 온 나라에 두루 찰
것"이고, 그 사학이 만연하게 되면 "아들이 아비를 아비로 여기지
않고, 신하가 인군人君을 인군으로 여기지 않게 되어, 의상衣裳〔예의〕
은 시궁창에 빠지고 사람은 금수가 될 것"이라고 보았다. 그는 이를
"강화를 주장하여 나라를 팔고, 짐승을 불러다 인류를 삼키는 것〔主
和賣國 率獸食人〕"이라고 단정하였다.[249]

　소중화의 금수화와 더불어 그들은 통교, 통상으로 말미암은 양물
洋物의 폐단도 지적하였다. 김평묵은 "양적이 우리와 통호通好, 교역
하려는 것은 부녀와 재백財帛에 대한 욕심을 채우려"는 것이라고 하
였다.[250] 병인양요 때부터 거론된 '통색通色과 통화通貨'의 폐단이었
다. 양물은 음탕한 성질로 사람의 마음을 타락시키며, 또 양물을 교
역하게 되면 경제적 폐단도 생길 것이라고 지적하였다. 이항로가 병
인양요 당시에 이미 지적했던 바로, "저들의 물화는 모두 음탕하고
사치스러우면서 수공업 생산품이어서 그 양이 무한하고, 우리의 물
화는 모두 백성의 생명이 달려있는 토지 생산품으로 그 양이 유한"
하므로, 교역을 하게 되면 수년 뒤에는 우리의 땅과 집이 모두 없어
지고 나라도 반드시 망하게 될 것이라고 하였다.[251]

　화서 문하 유생층의 상소운동은 일차적으로는 일본, 곧 서양과
통교를 반대한 것이었지만, 그 속에는 강화를 추진하던 집권 노론
세력(북학파)에 대한 불만과, 더불어 서양과 통교에 호응하는 남인
세력에 대한 견제책이기도 하였다. 김평묵은 누구보다도 철저한 노
론이었다. 그는 "노론은 군자당, 기타는 모두 소인당"이라고 하고,

---

249)《勉菴集》권3, 〈持斧伏闕斥和議疏〉.
250)《重菴集》권5, 〈代京畿江原兩道儒生論洋倭情迹仍請絶和疏〉.
251)《勉菴集》권3, 〈持斧伏闕斥和議疏〉.

요직도 노론에게만 맡겨야 한다고 할 정도였다.[252] 이런 점에서 그
는 서양에 문호를 열면 남인이 설치게 될 것이고, 노론은 일망타진
될 것이라는 위기의식을 가지고 있었다. 곧 "뜻을 잃은 불령배"[253]
인 남인에 의해 찬탈의 변이 일어나 조정이 환국換局으로 변하고 노
론은 섬멸될 것이며, 이이, 송시열 같은 모든 현인들도 모두 시호와
작위가 깎이어 문묘에서 내팽개쳐질 것이고, 윤휴의 귀신이 대종사
가 되며, 또한 정자, 주자의 설을 공공연하게 외우는 자도 없어지게
될 것이라는 우려였다.[254] 그리하여 그는 "강화가 이루어진 뒤에
만일 오인午人(남인) 무리들이 사친私親(대원군)을 끼고 거사를 일
으킨다면 어떤 지경에 이를지 알 수 없다"고 하였다.[255] 따라서 그
들의 상소운동은 "전복된 화에서 종사를 구하고, 금수화한 의관과
사람을 구하며, 적자赤子가 어육魚肉이 되는 것에서 구하는 것"이며,
또한 "서인西人을 일망타진의 위기에서 구하는 일"이라고 규정하였
던 것이다.[256]

또한 그들은 강화를 주장한 집권 노론 세력, 곧 서인대가西人大家
도 비판하였다. 서인들은 동인(남인)에 견주어 그 심술心術이 순수
하고, 의리가 바르며, 인륜과 세교를 부식扶植한 세력이었지만, 강화
를 단행하여 "천지를 놀라게 하고, 천리를 거슬러 세상에 화가 미치
는 짓을 저지르고 있다"고 하고, 또 남인들에게 엿볼 기회와 구실을
주었다고 비난하였다.[257] 더욱이 집권 노론(서인)들이 통교의 정당

---

252)《重菴集》권35, 雜著〈治道私議〉, 第3策 論朋黨.
253)《重菴集》권5,〈代京畿江原兩道儒生論洋倭情迹仍請絶和疏〉.
254)《重菴集》권38,〈斥洋大義〉丙子.
255)《重菴集》권22,〈與崔贊謙〉丙子 1월 11일.
256)《重菴集》권24,〈與洪思伯〉丙子 1월 20일; 권7〈與任明老〉, 丙子 2월 17일.
257)《重菴集》권38,〈斥洋大義〉.

성을 확보하기 위해 "왜는 양인이 아니다"고 하는데, 이것은 "이가환 李家煥, 정약용丁若鏞, 남종삼南鍾三 등의 무리가 우리 사람이므로 양 인이 아니라고 하는 것과 같다"고 하였다.258) 이에 김평묵은 재야 노론이었던 임헌회에게 상소운동에 동참할 것을 촉구하면서 "이이, 송시열과 같은 제현이 능멸당하는 화를 막을 수 있다"고 하였을 정 도였다.259)

한편, 송병선은 개항을 반대하는 최익현의 상소 소식을 듣고 "그 뜻이 매우 명정明正하고 그 배운 바를 저버리지 않았다"고 찬동하였 다.260) 그리고 송근수에게 척화斥和를 논하는 편지를 보내, "왜가 관원을 설치하며, 북으로 가는 길을 통하게 하고, 매장지를 청하는 것은 그 뜻이 교린통상에만 있지 않다는 것을 보이는 것"이라고 하 고, 더욱이 관館(거류지)을 설치하고 사방 100리 구역에서 상행위 를 하게 되면 왜의 경제 침탈로 몇 달 되지 않아 우리 경제가 모두 소진될 것이라고 우려하였다. 그들의 뜻은 장차 우리들을 신복臣僕 으로 삼으려 하는 것이므로 통교를 하게 되면 그 결과 수천 리 강역 이 금수에 빠지고, 나라는 나라가 되지 않을 것으로 예견하였다.261)

한편, 그들은 조약 체결을 반대하면서 국내 문제에 대한 계책, 곧 내수론內修論도 제시하였다. 대체로 임금이 먼저 유교이념과 원칙 을 실천하여 백성을 안정시키고, 외모外侮를 방지할 수 있는 무 력 대책을 마련하자는 것이었다. 그들은 이것을 '자강自强'이라고 표현하고, 이를 달성하면 밖으로부터의 수모도 자연히 해결될 것 이라고 생각하였다. 김평묵은 그 방안으로 ①사졸士卒을 훈련시

---

258) 《重菴集》 권7, 〈與任明老〉 丙子 2월 17일.
259) 《重菴集》 권7, 〈與任明老〉 丙子 2월 6일; 2월 17일.
260) 《淵齋集》 부록 〈연보〉 丙子.
261) 《淵齋集》 권5, 〈上叔父〉 丙子 7월 8일.

킬 것, ②정부의 창고를 채울 것, ③백성들의 생업을 안정시킬 것, ④변방의 수비를 튼튼히 할 것, ⑤정학을 권하여 개인의 사사로움을 극복할 것, ⑥잔치를 경계하여 근검을 도모할 것, ⑦현능한 사람을 임용하여 조정을 바로 할 것, ⑧기강을 세워 예의를 밝힐 것, ⑨위를 덜어 아래에 보탤 것, ⑩민생을 키워 병식兵食을 다스릴 것 등을 주장하였다.262)

　하지만 재야 유생들의 반대를 무릅쓰고 정부는 일본과 통교하였다. 정부는 "왜를 제압하는 것〔制倭〕은 스스로 왜를 제압하는 것이고, 서양을 배척하는 것〔斥洋〕은 스스로 배척하는 것"이라고 하면서, "왜가 양의 앞잡이가 된다 하더라도 각각 응변應變의 방도가 있을 것이다"라고 하고, 다만 일본과 수교하는 것은 3백 년 동안 이루어진 구교舊交를 재개하는 것이라고 천명하였다.263) 이에 고종도 "왜와 더불어 계속 수호하는 것이고, 서양과 강화하는 것은 아니다〔與倭續好 匪洋伊和〕라는 여덟 글자가 긴요한 말이며, 척사윤음斥邪綸音의 포고나 양화금수론洋貨禁輸論도 바꿀 수 없는 논의"라고 유생층을 회유하였다.264) 보수적 유생층의 왜양일체론과는 달리 왜양분리론이었지만, 유생층이 강하게 제기하였던 서교西敎의 금지를 천명하면서 이를 수습하였다. 이에 유생층도 "서양과 강화하는 것은 불가하나, 왜와 강화하는 것은 무방하다〔괜찮다〕"는 결론을 얻고 상소운동을 그쳤다.265)

---

262)《重菴集》권5,〈代京畿江原兩道儒生論洋倭情迹仍請絶和疏〉.
263)《日省錄》고종 13년 1월 23일. 재야 유생들과 달리 정부의 입장을 지지하는 유생 관료층도 있었다. 이런 입장을 천명한 경우로는 "양인과 통호하는 것이라면 배척하고 싸우는 것이 가하다. 왜사라고 하여 내관하는 것은 다만 왜사로 대접하는 것이 가하다"라고 하였다(《日省錄》고종 13년 1월 27일 尹致賢의 상소).
264)《日省錄》고종 13년 1월 28일.
265) 權五榮, 앞의 글(1989), 139쪽.

그러나 김평묵은 정부의 이러한 조치에도 일본과의 통교에 찬성하지 않았다. 정부의 책임자가 반대 상소를 수습하면서 제시하였던 여러 방안도 끝내 통상을 목적으로 한 것이지 절화絶和를 뜻하는 것은 하나도 없으며, 사람을 속여서 권력을 움켜잡는 행위라고 지적하면서 이에 속아 기쁜 마음으로 승정원에 통지하고 물러나는 것은 상소운동의 의미를 잘못 파악한 것이라고 한탄하였다.266) 그리하여 김평묵은 1881년의 척사상소운동 때까지 "폐문閉門 자정自靖"하였다.267)

(2) 정부의 자강정책 비판과 상소운동

1880년대에 들어 정부는 양무개혁사업을 적극적으로 추진하였다. 변화하는 국제질서 속에서 서양 여러 나라와 통교를 추진하고, 서양의 기술문명을 받아들이고자 하였다. 군사기술을 배우기 위해 청국에 영선사를 파견하였으며, 일본에도 시찰단을 파견하고, 일본의 지원으로 신식 군대인 별기군別技軍을 만들었다. 정부의 개혁사업이 서양과의 관계 속에서 이루어지면서 재야 유생층의 반발은 다시 거세게 일어났다.

유생층을 자극한 것은 1880년 수신사로 갔던 김홍집金弘集이 가져온 《조선책략朝鮮策略》이었다. 이 책은 '종주국' 청국의 입장에서 조선 정부의 개혁 방안을 권유한 것이었다. 러시아에 대항하기 위해서는 "친중국親中國, 결일본結日本, 연미국聯美國"해야 하며, 또한 국내적으로도 서양의 학문과 기술의 습득, 기독교 전교 등을 권유하였다. 정부에서도 이 책이 양무개혁사업을 위해서 필요하다고 판단하여 배포하였다. 그러자 영남 지방 유생들의 만인소萬人疏를 시작으

266)《重菴集》권24, 〈與洪思伯〉丙子 正月 晦日.
267)《重菴集》권17, 〈答洪思伯〉丙子 4월 21일.

로, 반대 상소운동이 전국적으로 확산되었다.[268]

《조선책략》에 대한 반발은 정부의 전·현직 관료층에서 먼저 일어
났다. 1880년 10월, 병조정랑 유원식劉元植은 "천주, 야소의 학이
우리 유교에 주자와 육상산陸象山이 있는 것과 같다고 한 것은 우리
나라에 아직 사교邪敎의 종자가 남아 있어 이류異類들과 몰래 결합하
고 있는 증거"라고 하고, 하루빨리 숨어 있는 이교도들을 잡아 없애
야 한다고 주장하였다.[269] 또한 전 정언正言 허원식許元栻은 대외적
으로 외국 오랑캐를 방어한다는 책략이 오히려 오랑캐를 불러들이
는 계책이 된다고 지적하였다. 곧 미국이 인의仁義로 정치를 하고 있
지만, 지리적으로 너무 멀어 비용이나 시간의 문제로 '연미국'은 불
가능하고, 또 러시아와는 옛날이나 지금에도 원수진 일이 없으므로
우리를 침략하지 않을 것으로 보았다.[270]

재지在地 유생층의 반대운동은 1881년 초, 도산서원에서 발의한
영남만인소로 터져 나왔다. 안동의 이만손李晩孫, 김석규金碩奎, 영남
우도의 황난선黃蘭善(상주)·이진상(성주) 등을 중심으로 추진되었고,
소론인 봉화의 강진규姜晉奎가 상소문을 지었다. 서원 훼철 반대
(1871), 대원군 봉환 문제(1875)가 주장되었던 그 이전 영남의 유
소儒疏에 견주면 이때는 영남의 온 유생이 참여하였다.[271] 1881년

---

268) 宋炳基, 〈辛巳斥邪運動研究〉, 《史學研究》 37, 1985; 權五榮, 〈1881년의 嶺南
    萬人疏〉, 《尹炳奭華甲紀念韓國近代史論叢》, 1990.
269) 《日省錄》 고종 17년 10월 1일.
270) 《日省錄》 고종 17년 12월 17일; 《三元堂集》 권1, 〈再疏〉.
271) 17세기 이래 안동권의 유림은 이른바 병호시비屛虎是非 속에서 양분되어
    있었다. 유성룡의 후손인 유후조가 대원군(고종) 초기 좌의정을 역임했다는
    점에서 대원군을 지지하는 경향을 보였고, 따라서 이전의 유소에서는 호파나
    병파 가운데 어느 한쪽은 미온적이었다. 이런 점에 대해서는 鄭震英, 〈19세
    기 후반 嶺南儒林의 정치적 동향 - 萬人疏를 중심으로-〉, 《韓末 嶺南 儒學
    界의 동향》, 영남대출판부, 1998 참조.

2월 18일, 약 300여명의 유생들이 복합伏閤상소를 시작한 뒤 모두 4차에 걸쳐 상소하였다. 4월에 들어서는 충청도 유생 300여 명, 경기도 유생 100여 명이 합류하였고, 윤7월에는 김평묵의 제자 홍재학의 상소로 이어졌다.272)

유생층은 우선 왜양일체론에 근거하여 《조선책략》을 비판하였다. 이만손은 "러시아, 미국, 일본은 모두 같은 오랑캐로, 어느 것에 후박厚薄을 두기 어렵다"고 하였고,273) 홍시중洪時中도 "그들은 옛날의 왜가 아니라 서양의 옷을 입고, 양기洋器를 사용하고, 양선을 타며, 양화洋貨를 가져 들어왔으며, 그들이 통상하는 각종 물품은 모두 양품들뿐으로, 그들은 서양을 통하여 머리와 얼굴을 바꾸었으니, 왜이면서 서양이고, 서양인 동시에 왜"라고 하였다.274)

그 다음으로 《조선책략》의 외교책, 곧 방아책防俄策으로 제시한 친중국, 결일본, 연미국이 불가능하다고 보았다. 이만손은 ①우리 조선은 중국의 번방으로서 2백 년이 넘도록 그 신의를 지켜 왔는데, 그 번방이 일본 국서國書를 용인했다고 중국이 힐난한다면 이를 변명할 길이 없다는 점, ②일본이 험준한 길목과 수륙의 요충지를 점거하고, 우리와 충돌을 자행할 경우 이를 제지할 길이 없다는 점, ③잘 알지 못하는 미국을 끌어들일 경우, 미국이 우리의 허술한 점을 알고 어려운 부탁이나 경비를 떠맡긴다면 이에 응하지 않을 수 없다는 점, ④러시아(俄夷)는 본래 우리와 아무런 원한이 없는데, 공

---

272) 權五榮, 앞의 글(1990). 이때 김평묵은 영남만인소청에 편지를 보내 격려하였다. 지역과 당론을 초월하여 영남의 척사론을 지지하고 영남만인소를 '음의 세계에서 전개한 야전野戰'으로 칭송하였다. 개항 반대 상소 당시에 보이던 남인에 대한 우려감은 없어졌다(《重菴集》권17, 〈擬與嶺南疏儒〉).
273) 《日省錄》고종 18년 2월 26일.
274) 《日省錄》고종 18년 3월 23일.

연히 남의 말만 듣다가 틈이 생기면 우리의 위신도 손상되고, 이를 구실로 침략해 온다고 해도 구할 수 없으며, 또 러시아 사람이 와서 살겠다고 하고 재화의 교환을 청한다면 이를 거부하기 어렵다는 점 등을 들었다.[275]

또한 유생층은 《조선책략》에서 제시했던 "서학에 종사하여 치재致財, 권농勸農, 통공通工에 진력"하자는 기술문명 수용론도 반대하였다. 서양에서 발달한 재용·농공은 옛날부터 선왕의 양법良法 미규美規에 구비되어 있는 것이지, 서학에 종사해야 달성할 수 있는 것은 아니라는 것이었다.[276] 영남만인소의 부소수副疏首 이진상의 아들 이승희李承熙는 농법, 양포洋布, 양기洋器 등은 모두 백성의 물건을 소진시키는 것이고, 사람의 마음도 미혹시키는 것으로 성세盛世의 물건이 아니라고 하였다. 또한 그는 배와 수레, 기선 등도 교묘하여 사용하는 데는 민첩하지만 치평治平의 급무는 아니고 화를 일으키는 앞잡이라고 하였다.[277] 이는 이항로가 주장하던 양화금단론洋貨禁斷論이었다.

유생들이 가장 우려했던 점은 《조선책략》에서 기독교 수용을 권장한 점이었다. 서양의 기술문명을 수용하라고 권하는 목적도 사교(기독교)를 우리나라에 퍼뜨리려는 것이라고 할 정도였다.[278] 이승희는 이 점을 다음과 같이 비판하였다.

그 책에 '耶蘇의 학에서도 역시 勸善을 주로 한다'고 합니다. 슬픕니다! 천하의 선은 하나뿐인데 지금 야소와 천주에서 선을 주로 한다면 三綱五常은

---

275) 《日省錄》 고종 18년 2월 26일.
276) 위와 같음.
277) 《大溪先生文集》 권4, 〈請斥洋邪疏〉.
278) 《日省錄》 고종 18년 2월 26일.

善하지 않다는 말입니까. 그것이 지극히 흉하다는 첫째입니다. 그 책에서는
'야소와 천주의 관계가 朱子와 陸象山과 비슷하다'고 합니다. 야소를 위해 천
주를 내어 몰고, 감히 주자가 사람을 속이고 있다는 것을 증명하고, 성현을
모독하는 것으로 그치지 않습니다. 이것이 지극히 흉하다는 둘째입니다.
…… 그 책에서는 '조선의 복장과 습속이 周孔을 본받았으니 더 이상 그 아래
가 없다. 위에서 내려와 아래의 幽한 곳에 들어가 교를 전하지 않을 것이니
역시 다시 무슨 害가 있으리오'라고 합니다. 슬픕니다! 고금 천하에 나쁜 것
으로 백성을 이끌면서 나쁜 곳으로 들어가지 않겠다고 바라는 것이 어찌 있
을 수 있습니까. 이것이 지극히 흉한 셋째입니다.[279]

라고 하여, 《조선책략》에서 삼강오륜을 선하지 않은 것으로 폄하하
고, 주자를 모독하였으며, 서양의 종교가 유교보다 낮다고 한 점을
강하게 비판하였다.

이와 같이 재야 유생층은 1860년대 이래 형성된 왜양일체론,
양화금단론, 서학엄금론 등 척사론의 입장에서 《조선책략》을 반대
했고, 이에 대한 대책도 강구하였다. 그 방안의 핵심은 말할 것도
없이, 유교이념을 확고하게 다지는 것이었다. 그들은 "내수內修가
근본이요 외양外攘은 말末"이라는 인식에서, 무엇보다도 임금이 성
학聖學에 힘써 성덕聖德을 넓히면서, 동시에 이단과 사술邪術을 금

---

279) 《大溪先生文集》 권4, 〈請斥洋邪疏〉 辛巳(1881). 말할 것도 없이, 이
승희는 서양 여러 나라와 통상 무역을 하면 "채무와 이자가 늘어나 땅을 떼어
내야" 하고, 기계 제도나 기술의 학습에 필요한 경비가 늘어나면서 백성들에
대한 수탈이 늘어나게 될 것이라고 하였다. 또한 그는 러시아가 접양지接壤地
로 남하하게 되면 문제가 될 수도 있지만, 이것은 "러시아가 오기 전에 먼저
미국에게 함락당할 것이고, 일적一賊을 거부하다가 이적二賊을 먼저 받아들
이게 될 것"이라 우려하였다.

지해야 한다고 하였다. 더욱이 정학인 유교를 지키고 사학을 그치게 하려면 대원군이 훼철했던 서원을 복설해야 한다고 주장하였다.[280]

또한 직접적으로 그들은 사학을 퍼뜨리는 책들을 불태우고, 이를 들여온 사람도 처벌해야 하며, 또한 양교에 물든 자를 모두 찾아내어 죽이고, 양포나 양물을 사용하는 사람도 엄중히 조사하여 귀양 보내야 한다고 주장하였다. 홍재학은 "요즘 온 나라 사람들이 입는 옷이 양직洋織, 양염洋染이고, 쓰고 있는 물건도 양물洋物이며, 접촉하는 자들도 양인이고, 침 흘리고 부러워하는 것도 서양의 기기奇技하고 음교淫巧한 것들"이라고 지적하고, 더욱이 《중서견문中西見聞》, 《태서견문泰西見聞》, 《만국공법萬國公法》 등은 윤상倫常을 패멸시키는 책이니 없애야 한다고 하였다.[281]

한편으로 유생들은 정부의 사업을 부분적으로 인정하고, 그 정책이 종래부터 견지하던 원칙을 준수해야 한다는 점도 거론하였다. 충청도의 황재현黃載顯은 정부에서 통리기무아문을 만들어 사신을 빈번하게 보내는 것은 이웃 나라와 결호結好하여 외환外患 방어, 유무통상하는 것이라고 하고, 이런 정책은 잘하면 부국강병할 수 있으나 잘못하면 도리어 도적을 불러들여 화를 일으키기 쉽다고 하였다.[282] 홍시중은 서양과 통교는 반대하였지만, 일본과의 수교를 인정하고, 이를 위해서는 ①사신 교환의 엄격한 제한(10년에 1회, 왜관에 10일 이내 체류, 수행원 10인 이내), ②인천 등 개항장에 대한 철저한 감시, ③통상 제한(월 2회, 선척 수 2~3척, 양화 엄금,

---

280) 《日省錄》 고종 17년 10월 1일 유원식 상소.
281) 《高宗實錄》 고종 18년 윤7월 6일.
282) 《日省錄》 고종 18년 3월 23일.

미곡·포목 무역 불허, 조선 상인에 대한 5할 과세로 무역 억제, 일본 상인은 일본 제품만 취급 등), ④서양 서적(중서견문, 만국공법, 조선책략, 공사公史, 지구영환地球瀛環, 홍아회興亞會 등)의 엄격한 퇴치 등의 방안을 제시하였다.283) 영남의 권인하權人夏도 조약을 엄정하게 하고 그 한계를 분명하게 하며, 교역하는 물품의 종류도 정하여 이를 준수해야 한다고 하였다.284)

이런 논의에서 한걸음 더 나아가 이승희는 서양기술에 대한 부분적인 수용도 언급하였다. 말할 것 없이 그의 상소문에 흐르는 전체적인 논지는 척사론이었지만, 서양기술 가운데 "설사 부득이 취용할 것이 있다면 서서히 편부便否를 살펴서 거취를 헤아려야 하고, 요사한 도적을 급히 좇아서는 안 된다"라고 하여,285) 편부를 살펴서 받아들일 수 있는 것도 있음을 지적하였다.

또한, 유생층은 개항 이후 전개된 통상 무역으로 말미암은 여러 폐해도 비판하였다. 허원식은 ①가결加結, 작전지폐作錢之弊, 조운漕運 선주의 폐단 등으로 생긴 재정적인 궁핍, ②개항 이후 침투한 진귀하고 이상한 양물로 말미암아 우리 생민生民의 의식衣食인 '미속포백米粟布帛'이 모두 그들 손에 들어가고 사치 풍조가 만연해진 점, ③서울의 지척인 인천을 개항하여 종묘사직과 백관 만성이 자리 잡은 서울에 이국인이 섞여 살게 될 것이라는 점 등을 지적하였다.286) 성주의 이종기李種杞도 "우리가 소유한 것은 면견곡율綿絹穀栗이고, 이

---

283) 《日省錄》 고종 18년 3월 23일.
284) 《素軒集》 권2, 〈請斥洋倭疏〉.
285) 《大溪先生文集》 권4 〈請斥洋邪疏〉. 서양기술의 선택적 수용은 성주 지방 유생층의 특징이기도 하였다. 한주학파 후예들의 만국공법 강조와 계몽운동 참여 등에 대해서는 拙稿, 〈寒洲學派의 形成과 現實認識〉, 《大東文化硏究》 38, 2001 참조.
286) 《三元堂集》 권1, 〈論時政疏〉.

것과 바꾸는 저들의 물품은 모두 공산품"이라고 하고, 무역으로 영
남의 재곡이 탕진되어 경제적으로 궁핍하게 되었다고 파악하였
다.287) 박상범朴尙範도 "개항으로 왜에게 거주를 허가하는 것은 선
왕의 구강舊疆을 베어 주는 것이고 생민의 공부貢賦를 깎아서 주는
것"이라고 지적하였다.288) 요컨대 그들은 개항 통상 이후 전개된
미곡 유출로 말미암은 생민의 몰락을 심각하게 인식하였던 것이다.
이런 현실에서 유생층은 몰락 농민층의 항쟁과 도적화에 우려를 표
하였다.289) 따라서 유생층은 몰락한 농민층의 생활을 안정시킬 여
러 방안도 제시하였다. 가령 ①백성들의 부역과 요역을 가볍게 할
것, ②법대로 정공正供을 시행할 것, ③절용·근검하여 재용을 확충할
것 등이었다.290)

　이와 연관된 군대와 군병 문제도 지적하였다. 병정兵政의 쇄신을
주장하면서 '먼저 지키고 뒤에 싸운다〔先守後戰〕'의 원칙 아래, 지키
는 방안으로 민보民堡를 거론하기도 하였고,291) 정부가 시행한 새
로운 군사제도(무위소, 별기군)도 반대하고, 종래의 5영에서는 요
미料米도 받지 못하고 있는 문제점을 지적하면서, 옛 제도대로 복구
하고 새로운 제도는 없애야 한다고 주장하였다.292) 곧 터질 임오군

---

287)《晚求文集》권2, 〈擬斥邪疏〉.
288)《稼隱先生文集》권2, 〈擬斥修信及私擬冊子疏〉, 辛巳.
289) 통상 무역을 이용한 관료들의 수탈과 사치 풍조 등으로 화적이나 수도水盜가
　　병기로 무장하고 백주대로에서 약탈을 자행하거나(《三元堂集》권1, 〈論時政疏〉;
　　《日省錄》고종 18년 3월 23일 黃載顯 상소), 통상 이후로 외국에 진 채무와 이
　　자, 기계 제도나 기술 학습에 필요한 경비의 증가로 백성들이 몰락하고 이들이 도
　　적이 되었다고 지적하였다(《大溪先生文集》권4, 〈請斥洋邪疏〉).
290)《日省錄》고종 17년 10월 1일 유원식 상소;《日省錄》고종 17년 12월 28일
　　掌令 李駿善 상소.
291)《日省錄》고종 18년 3월 23일 황재현 상소.
292)《日省錄》고종 17년 10월 1일 유원식 상소;《日省錄》고종 17년 12월 28일

란에서 보인 하층민의 불만을 이미 예견하고 있었던 것이다.

이처럼 유생층의 저항이 집단적으로 거세게 제기되었지만, 정부의 입장 또한 확고하였다. 정부에서는 유생들의 반대를 정책 차원을 넘어 정권에 대한 도전으로 여겼다. 정부에서는 홍재학을 처형하고, 이만손·강진규·홍시중·김평묵 등을 유배 보냈다. 또한 정부 집권세력은 여러 통로를 통하여 상소 유생층을 회유하거나 협박하였고, 영남남인 유생을 동원한 '방소防疏' 활동도 도모하였다.293) 그러면서도 한편으로 정부는 유생들의 척사 여론을 참작하여 전국 8도에 "(서양) 사교의 침입을 막기 위해 유술儒術을 잘 닦으라"는 척사윤음斥邪綸音을 내렸다.294)

일각에서는 보수적 유생층의 주장과 언행이 '흉칙'하다고 비난하고 정부의 기조에 동조하는 논의도 제기되었다. 가령 전 사헌부 장령掌令 곽기락郭基洛이 그러하였다. 그는 먼저 "우리가 교호하는 것은 다만 일본이고, 어찌 양이와 더불어 통호하겠는가"라고 하여, 일본과 서양을 분리하여 접근하였다. 정부가 여전히 서양의 종교를 배척하고 있다는 점을 상기하면서, 척사파의 왜양일체론을 비판하였다. 따라서 일본과 수교를 현실적으로 거부할 수 없다면 우리도 자강을 꾀해야 하고, 이를 위해서는 피폐된 내정을 개수하고 밖으로 구적寇敵을 막아야 한다고 하였다. 그리고 이를 위해서는 '이국익민利國益民'한 것이 있다면 서양의 기술도 받아들여야 한다고 하였다. 이런 점에서 《조선책략》은 적국의 정황을 알 수 있는 책이지만, 대책을 채용하고 하지 않는 것은 조정에서 정할 일이므로 관여해서는 안 된다고 하였

掌令 李駿善 상소.
293) 宋炳基, 앞의 글(1985), 167~168쪽; 鄭震英, 앞의 글(1998), 147~148쪽.
294)《日省錄》고종 18년 5월 15일.

다.295) 정부의 개혁을 지지하는 유생층의 논의는 임오군란 이후에 다시 본격적으로 나타났다.

재야 유생층의 상소운동은 《조선책략》으로 표출된 정부의 개혁 사업에 대한 단순한 반대 의견을 표출하는 것으로 그치지 않았다. 이는 곧 중앙의 권력과 연관된 정치운동으로도 발전하였다. 만인소 운동이 '척사운동'이었던 점에서, 정부의 양무개혁과 다른 노선을 가진 대원군 세력과 연결될 가능성이 존재하고 있었고, 더욱이 영남의 남인 가운데는 대원군 지지 세력이 다수 있었기 때문이었다. 척사상소운동이 진행되는 가운데 드디어 '이재선李載先 사건', 일명 '안기영安驥泳 사건'이라는 '역모 사건'이 터졌다. 이 사건에는 대원군 봉환 만인소(1875. 소수 유도수柳道洙)에 참여했던 권정호權鼎鎬, 채제공蔡濟恭의 손자 채동술蔡東述, 유후조柳厚祚의 손자 유도석柳道奭 등 남인의 권문 후예들이 연루되었다. 이 사건이 터지면서 정계의 대원군 세력, 남인 세력도 숙청되고, 또한 만인소 운동도 종식되었다.296)

(3) 임오군란 이후의 시무소와 척사론

정부의 양무개혁사업은 1882년 6월, 임오군란으로 잠시 중단되었다. 군란을 계기로 약 한 달간 대원군이 집권하였고, 그동안 정부에서 추진해 오던 사업들도 중지되었다. 대원군은 5군영을 부활하고, 통리기무아문을 폐지하였으며, 삼군부三軍府를 복설하여 보수 인사들을 기용하였다. 그리고 한 해 앞서 척사상소운동으로 유배되었던 이만손, 김평묵 등도 석방하였다. 그러나 임오군란이 청나라 군대에 의해 해결되면서 대원군은 청으

---

295)《日省錄》고종 18년 6월 8일.
296) 宋炳基, 앞의 글(1985), 178~189쪽.

로 잡혀 갔다.

임오군란이 수습되자 정부는 양무개혁사업을 다시 추진하였다. 고종은 '나라를 다시 시작한다'는 각오를 밝히고, '시무時務'에 관한 구언교지求言敎旨를 내렸다.[297] 고종은 "연호聯好는 연호이고 금교禁敎는 금교"라는 점을 분명히 하면서 서양의 기술을 본받아 서양의 외모外侮를 막아야 한다고 하였다. 또한 정부의 정책을 비판하는 유생들에게 "선비는 공과에 힘쓰고 인민은 울타리 안에 안주하여 양洋이니 왜倭니 말하며 소동하지 말라"고 명하였다.[298]

구언교지에 따라 당시 식자층이 낸 시무책들은 대개 유교를 밝히고, 군주가 일심으로 성학聖學을 실천해야 한다는 점, 그리고 이를 근본으로 내수외양과 자강을 달성해야 한다는 점 등이 공통적이었다. 많은 경우, "정학을 숭상하고 이단을 물리칠 것"을 강하게 주장하면서 동시에 유교 정치의 실시, 기강 확립을 주장하였으며, 향천鄕薦에 의한 인재 등용, 서원 복설 등도 주장하였다.[299]

그러나 자강의 방법에서 유교적인 원칙을 강조하고 이에 의거하여 부국강병책을 추진하자는 사람들과, 서양의 기술문명을 수용한 정부의 양무개혁사업에 지지를 보낸 사람들로 나누어졌다. 곧 정부의 정책에 대한 일종의 찬반 논의의 형태로 상소가 행해졌다.

정부의 개혁을 지지하고, 서양의 기술문명은 수용하자는 논의는 이른바 '동도서기론'이었다.[300] 박기종朴淇鐘은 "외국의 종교는 곧

297) 《日省錄》 고종 19년 7월 20일.
298) 《承政院日記》 고종 19년 8월 5일.
299) 《日省錄》 고종 19년 7월 25일 충주유학 김익룡金益龍 상소.
300) 이런 경향을 개화사상의 초기 형태로서 '동도서기론'으로 표현하기도 하고(李

사악한 것으로 마땅히 '음탕한 소리와 아름다운 여자(淫聲美色)'와 같이 멀리해야 하지만, 그 기器는 곧 이로운 것으로, 진실로 이용후생이 될 것이므로, 농상農桑, 의약醫藥, 갑병甲兵, 주거舟車 등의 종류는 꺼리면 안 된다"고 하였다.[301] 또한 윤선학尹善學도 "저들 배, 수레, 군사기술, 농기계 등과 같이 백성의 생활을 편하게 하고 나라를 이롭게 하는 것들은 모두 외형적인 것으로 국가에 유익하다"고 하고, "신이 고치고자 하는 것은 바로 이 기器이지 결코 도道가 아니다"고 하였다.[302] 그리하여 그들은 서양 기술을 도입하기 위한 방안으로 외국인 기사의 채용, 지식과 기술을 보급하기 위한 훈련원 설치, 기술 습득을 위한 준재들의 외국 유학 등을 주장하였다. 그리고 개화 관계 서적(《해국도지》, 《만국공법》 등)의 간행, 외국어 교습, 화륜선 제조, 탄광 채굴 등도 주장하였고, 그 밖에 상공업 발전을 위한 상회소商会所와 국립은행 설치 등도 거론하였다. 또한 각국과 통상하기 위해서는 폐지되었던 통리기문아문도 복설하고, 국제적 신뢰를 쌓아 독립을 유지할 방안도 강구해야 한다고 하였다.[303]

하지만 재야의 유생들은 여전히 척사론의 전통을 고수하였다. 대표적으로 유중교가 그러하였다. 그는 '일본은 새로 만들어진 서양'이

光麟, 〈開化思想研究〉, 《韓國開化史研究》, 일조각, 1969), 또는 척사론의 논리적 발전이라는 면에서 채서사상採西思想, 동도서기론 등으로 지적하기도 한다(대표적으로 최창규, 앞의 책(1972); 洪淳昶, 《韓末의 民族思想》, 탐구당, 1975).

301) 《日省錄》 고종 19년 9월 5일.
302) 《日省錄》 고종 19년 12월 22일.
303) 李光麟, 앞의 글(1969); 이연주, 〈1880년대 전반 時務上疏의 개혁론과 갑신정변〉, 연세대학교 사학과 석사학위논문, 2014. 특히 서울에 살던 유학幼學 고경문高穎聞은 공의당公議堂 특설, 통화정책 실시, 순사제 실시, 세법 개정 등을 주장하여, 일반적인 수준보다는 진전된 견해를 보였다(《日省錄》 고종 19년 9월 22일).

라는 왜양일체론의 입장에서, 일본과 통상은 국체를 욕되게 하고, 서양과 접종接踵되는 통로가 된다는 점에서 개항을 부정하였다. 그 뿐만 아니라 정부나 일부 관료층이 '안으로 서양의 교사를 모셔 기 술을 전수받은 뒤에 부국강병을 이루고, 밖으로 서양의 나라와 연 합, 결당한 뒤에 러시아 오랑캐를 방어한다'라는 주장이나, '기술은 수용하되 야소학耶蘇學만 하지 않으면 된다'는 주장을 모두 반대하였 다. 유교적인 입장에서 "근본에 힘쓰고 말末을 억압하며, 들어올 것 을 헤아려 지출하는 것"이 부국의 근본이고, 또 충효를 배양하고, 절 의를 장려하고, 윗사람을 위해 죽을 수 있는 것이 강병의 방법이라 고 하면서, 기계가 불리하고 기예가 정교하지 못한 것은 우려할 것 이 아니라고 하였다. 그는 무엇보다도 나라 안에 있는 양이의 무리 를 없애야 '금수보다 더 심한 어육魚肉'이 되는 비참함을 막을 수 있 다고 강조하였다.304)

상소를 올린 많은 유생들은 유교 사회체제를 위협하는 농민층 의 몰락과 항쟁에 대해서도 의견을 개진하였다. 개항 이후 사회·경 제적 변화 과정에서 생긴 국가재정의 빈곤, 조세제도의 문란, 농민 층에 대한 수탈 등이 그런 것이었다. 이에 대한 방안으로 우선, 유 교적 경제생활 논의에 바탕을 두고, 사치 풍조를 없애고 근검하여 재용財用을 아껴야 한다고 주장하였다. 더욱이 양물에 대한 사치를 배격하고, 나라의 경비를 절약하여 재용을 확보할 것을 강조하였 다. "저축하는 법과 재용을 아끼는 법으로는 검소한 것이 가장 낫 다"고 하고,305) "사치를 금하는 것이 부국의 급무"라고 하였

---

304) 《省齋集》 권2 〈制司憲府持平後陳情疏〉, 壬午 9월 ; 《日省錄》 고종 19년 9월
　　26일.
305) 《日省錄》 고종 19년 9월 5일 직강直講 박기종朴淇鐘 상소.

다.306) 또한 강병, 족병足兵의 방안도 재용에 있다는 점을 언급하
였다.307)

또한 농민층의 몰락을 가져온 조세제도의 문란에 대해서도 다양
한 의견들이 제기되었다. 전정田政에 대해서는 주로 이를 관장하는
관리의 부정을 방지하고, 나아가 양전量田을 다시 실시해야 한다고
하였으며, 군정에 대해서는 동포洞布 징납을 거론하는 경우도 있었
다. 또는 대원군이 시행하였던 호포제를 계속 실시해야 한다고 주장
하는 사람도 있었으며, 때로는 호포법[儒布]은 명분에 어긋나므로 혁
파해야 한다고 하는 사람도 있었다.308) 또한 호포라는 이름을 없애
고 각도의 군포전은 모두 결복結卜에 부가하자는 결포법結布法도 제
기하였다.309) 환곡에 대해서는 공통적으로 그 폐단을 지적하고 원
칙적인 운영을 제의하였다. 그리고 전세 외의 잡세는 폐지해야 한다
고 하였다.

그리고 많은 사람들이 공통적으로 조운제도의 폐단을 지적하였
다. 주로 조운을 담당하는 선주들의 중간 포탈 문제였다. 대부분 경
강京江 선주를 혁파하고 삼남의 곡식은 각 읍에서 배를 빌려 조운할
것을 제의하였다. 또한 미곡 유통 속에서 미곡상들의 독점으로 쌀이
서울로 반입되지 않아 성 안팎의 미곡 구매층들이 이산離散하고 있
던 사실도 거론하였다.310)

외세의 침략에 대비한 강병 문제나 농민 몰락 문제를 유교적 토지개

---

306) 《日省錄》 고종 19년 9월 5일 은진유학 최재연崔載淵 상소.
307) 《日省錄》 고종 19년 9월 14일 전사과前司果 김노승金魯昇 상소.
308) 《日省錄》 고종 19년 9월 20일; 9월 26일. 서양의 군사기술을 수용해야 한다
  고 주장하였던 조민趙汶도 그러하였다.
309) 《日省錄》 고종 19년 10월 6일 유학 김상호金商浩 상소.
310) 《日省錄》 고종 19년 11월 10일 이희봉李羲鳳 상소.

혁론과 연결하여 구상하는 사람들도 있었다.[311] 충주유학 권보선權輔善
은 남전향약藍田鄕約과 《반계수록磻溪隨錄》을 거론하며 권농, 입교立敎를
주장하였다.[312] 부호군 김긍현金兢鉉은 한전법을 주장하여, 정전제는 다
시 시행하기 힘들지만 토지를 공경公卿으로부터 서민에 이르기까지 한
계를 정하여 나누어 가지도록 하는 한민명전限民名田은 그야말로 지금이
라도 시행할 수 있다고 하고, 이를 시행한 뒤에 세금을 정하여 거두어들
이면 백성들도 스스로 여유가 생길 것이라고 하였다.[313] 또한 유중교
도 자강책으로 "양병養兵, 양민養民, 양사養士"를 들면서, 양민의 방안은
"한민균전限民均田하여 근검을 달성하는 것"이라 하였다.[314] 그 전부터
이들 유생들은 이항로 이후 정전제나 한전제를 주장하여 중세적인 소농
경영 속에서 농민 경제의 안정을 추구하고 있었다. 이런 주장은 유교적
민본론의 틀 안에서 나온 것이었지만, 부세제도만 해결하여 농민 몰락
을 수습하려고 했던 집권 노론층의 방식과 다른 것이었다.

(4) 향촌 지배권 강화와 향약

1884년 10월(음)에 갑신정변이 일어났다. 갑신정변이 단 3일
만에 끝난 점에서, 재야의 유생층이 갑신정변과 개화파에 대한 직
접적인 의견을 개진할 여유는 없었다. 유생층은 갑신정변 직후, 약
두 달에 걸쳐 김옥균 등을 처벌하라고 주장하고, 갑신정변이 일본
의 침략 행위였다는 점을 비판하였다. 부호군副護軍 이두현李斗鉉은

---

311) 金容燮, 〈韓末 高宗朝의 土地改革論〉(1984), 《韓國近代農業史研究〔Ⅱ〕》, 지식
  산업사, 2004.
312) 《日省錄》 고종 19년 9월 5일. 구체적인 방안에 대해서는 알 수 없으나, 대체
  로 지방 통치와 연관된 것이나 토지문제 정도가 아닐까 짐작된다.
313) 《日省錄》 고종 19년 9월 14일.
314) 《省齋集》 권50 부록.

다케조에竹添가 음흉한 생각으로 '5흉五凶'을 끼고, 우리 임금을 핍박하고 우리 현신賢臣을 죽이고 다치게 하였으니, "다케조에와 다섯 명의 흉악한 무리는 둘이면서도 하나"라고 하였다.315) 전 정언正言 이희봉李義鳳은 일본의 침략 행위를 성토하기 위해 수신사를 일본에 보내 그 이유를 '문의'해야 한다고 하였다.316) 그리고 많은 사람들은 갑신정변에서 희생된 민태호, 조영하, 민영목 등을 포상하고, 그 비를 세우고 사당을 건립해야 한다고 건의하였다.317)

이와 아울러 유생층은 갑신정변 뒤의 혼란을 수습하기 위한 방안도 거론하였다. 주로는 외적을 방어해야 한다는 입장에서 주장主將을 얻을 것, 군졸을 정예화할 것, 부오部伍를 엄하게 할 것 등을 건의하였고,318) 궁궐과 4대문의 파수 강화, 박영효 무리의 소탕, 그리고 창고에 쌓인 진완한 물건을 군로자軍勞者에게 나누어 주고, 허다한 민렴民斂은 감하여 줄 것을 건의하기도 하였다.319) 서양의 군사기술 수용을 주장했던 조민도 ①기강 확립(궁정의 숙정, 궁궐의 윤강倫綱, 조정의 법강法綱, 군대의 군강軍綱, 4적의 처벌), ②군비 강화(군제는 구영舊營의 명목을 참작하여 신학의 기예를 연습할 것), ③관리의 부정 방지, ④도적 방지, ⑤무익한 보완寶玩 배척, ⑥근검, ⑦양전 실시 등을 주장하였다.320) 이때에도 대체로 "옛것을

---

315) 《日省錄》 고종 21년 11월 26일.
316) 《日省錄》 고종 21년 11월 26일.
317) 《日省錄》 고종 22년 1월 16일 유학 홍필순洪弼厚, 유학 장영구張泳龜 상소.
318) 《日省錄》 고종 21년 11월 26일 승문부정자承文副正字 김영선金榮善의 상소. 그는 이와 더불어 치국지도治國之道로 현신을 가까이 하고 소인을 멀리할 것, 왕의 총애를 없애고 치욕도 많지 않게 할 것, 재물을 아껴 백성을 어질게 할 것 등을 건의하였다.
319) 《日省錄》 고종 21년 11월 26일 전정언前正言 이희봉李義鳳 상소.
320) 《日省錄》 고종 22년 1월 16일.

본뜨고 지금 것을 참작〔倣古酌今〕"할 것을 권하여, 서양의 새로운 기술에 대해 부정하지 않았다.[321]

　　지방에 있는 유생들 가운데는 이 소식을 듣고 의병을 일으키자는 논의들이 등장하였다. "근일에 창의하는 선비가 많음을 들었다", 혹은 "근일의 변고에 이미 의병의 봉영奉迎이 많다"고 한 것에서 그 사정을 알 수 있다.[322] 양성에서 스스로 의병 주모자〔義兵倡首〕라고 일컬은 이교석李敎奭은 "왜추가 창궐하여 재신宰臣을 모살하고 임금을 협박하고 핍박"하므로 동지를 소모召募하여 죽음으로 결전하여 순국하고자 한다고 표명하였다.[323]

　　그러나 지방에 있던 명문 유림들은 갑신정변 즈음에 대체로 직접적인 반응을 보이지 않았다. 송병선이 "김옥균 등이 왜추를 끼고 난을 일으킨 것은 예법을 버리고 오직 이익만을 위하여 그 군부君父를 죽이는 것을 예사로 여겼다"고 우려를 나타내었지만,[324] 대개 유교의 도를 지키는 자정으로 일관하였다. 1881년 상소운동 이후 김평묵 계열도 그러하였고, 송병선도 변복령에 대한 반대 상소가 받아들여지지 않자 산에 들어가 버렸다.[325]

　　자정을 행하던 때에 그들은 무엇보다도 유교를 지키는 일에 힘을 쏟았다. 가령 영남의 유생들은 '영남 4현(유성룡柳成龍, 김성일金誠一, 정구鄭逑, 장현광張顯光)의 문묘승무文廟陞廡 문제와 아울러 서원 복설을 주장하였으며,[326] 정변 직후에는 김종직金宗直, 김일손金

321)《日省錄》고종 21년 11월 26일 부사과副司果 송백옥宋伯玉 상소.
322)《日省錄》고종 21년 11월 26일 전충위前忠衛 김동석金東錫 상소.
323)《日省錄》고종 21년 11월 26일.
324)《淵齋集》권5,〈上叔父〉, 甲申 10월 28일.
325)《淵齋集》권51,〈年譜〉, 甲申 7월.
326)《承政院日記》고종 20년 10월 12일, 경상도 진사 이재철李在哲 상소; 11월 2일, 경상도 유생 이능돈李能敦 상소; 12월 11일, 경상도 유생 권세연權世淵

馴孫의 문묘승무를 요구하였다.327) 다음으로 더욱이 유생들이 우려
했던 것은 향촌에까지 서학이 확산되고 동학이 만연해진 점이었다.
일찍이 영남 상주의 우산서원愚山書院과 도남서원에서는 도내의 유
림들에게 통문을 내어 동학을 배척하는 활동을 한 바 있었다. 그들
은 동학을 "서학이 모습과 이름을 바꾼 것[改頭幻名]"으로 파악하였
다.328) 이런 전통 위에서 안동의 이만도李晚燾는 동학과 같은 사
학을 금지하기 위해서는 마땅히 철폐한 서원을 복구하여 정학인
유교를 높여야 한다고 하였다.329) 그리고 이승희도 보은에서 동
학의 집회가 있었다는 소식을 듣고 〈통유동학도문通諭東學徒文〉
을 지어 동학이 정도正道에 어긋나며, 서학을 배척하면서도 실제
로 비슷하다는 것을 지적하였다.330) 전우도 1893년에 "오랑캐
가 중화를 어지럽혀 그 화가 천하에 미쳤으므로 임금은 마땅히
방어를 엄히 하여 양척攘斥해야 하고, 좌도左道가 민중을 미혹시
켜 그 화가 백성들에게 미쳤으니, 조가朝家에서는 마땅히 법을
세워 금하고 없애야" 한다고 하면서 "유문儒門에서 마땅히 학설
을 세워 이를 바르게 해야 한다"고 하였다.331)

재야의 유생층이 좌도左道와 이류異類의 확산을 방지하고 동시에
농민층의 항쟁이나 도적들의 횡행을 막기 위해 유생층의 내부 결속

상소 등. 안동지역의 '병호시비屛虎是非' 속에서 병파는 유성룡의 문묘승무를
따로 추진하였다. 이런 점에 대해서는 권오영, 앞의 책(2003), 380~381쪽.
327) 《日省錄》 고종 22년 3월 6일 3월 13일 경상도 유생 강복영姜福永 등 상소 ; 4월
9일 전라도 유생 이계호李啓鎬 등 상소 ; 5월 19일 충청도 유생 황익희黃翼熙 등 상소.
328) 崔承熙, 〈書院(儒林)勢力의 東學 排斥運動 小考〉, 《韓㳓劤停年紀念史學論叢》,
지식산업사, 1981.
329) 《響山集》 권3,〈擬請斥東學復書院疏〉 癸巳.
330) 琴章泰, 〈韓溪 李承熙의 生涯와 思想(I)〉, 《大東文化研究》 19, 1985, 11쪽.
331) 《艮齋私稿》 전편 권1, 〈上苟菴申丈應朝〉 癸巳.

을 다지고, 향약을 실시하였다.332) 유중교와 유인석은 1887년 3월, 그들이 살고 있던 춘천 가정柯亭에서 이항로의 수죽동음례水竹洞飮禮에 따라 향음례를 행하고, 유인석은 그해 4월에 김평묵을 방문하고 향음례를 하였다.333) 송병선도 1892년, 그의 선친 묘가 있던 임피臨陂에서 향인들의 요청으로 향약절목을 제정하였는데, 그 조목은 증손남전향약增損藍田鄕約과, 송시열·이황·이이가 실시했던 향약을 기본으로 하고, "이단을 숭신崇信하고 예법을 경멸하는 행위"를 '과실'로 적시하면서, "사교의 부류와 잡기의 무리들을 모두 엄금하고, 각 동리에서 은닉하거나 고발하지 않는 자도 같은 죄로 중벌하며 밖으로 쫓아낸다"고 정하였다.334)

성주의 향약과 계는 매우 강고한 것이었다. 우선, 향촌 사족층이 동족 세력의 결속을 강화하기 위해 가부장적 윤리가 강한 족계族契를 실시하였다. 성산이씨는 이승희, 이덕희李德熙 등을 중심으로 동족 안에서 부세 문제 등으로 말미암아 상호 원망이 일어난다고 보고, 이를 해소하기 위해 대포의사계大浦義社契를 조직하였다. 동족 구성원이 형편에 따라 자금을 모집하여 그 이자로 가난한 일족들의 전부田賦, 호구 잡색을 부담해 주고, 때로는 효자·열녀의 표창, 외롭고 빈궁한 사람들의 구휼, 경조사나 흉년 때의 구휼 등에 사용하도록 하였다. 친족들에게 경제적인 도움을 주면서 동시에 유교 윤리와 예의를 강화하여 향촌 지배권을 유지하고자 하였던 것이다.335)

332) 농민항쟁에 대해 정부에서도 향약을 적극적으로 권장하였고, 각 향촌에서 실제로 이를 실시하였다. 이런 점에서 대해서는 고석규, 〈19세기 농민항쟁의 전개와 변혁주체의 성장〉, 《1894년 농민전쟁연구(1)》, 1991, 354쪽; 申榮祐, 〈甲午農民戰爭과 영남 보수세력의 대응〉, 연세대학교 박사학위논문, 1991, 제5장 참조.
333) 《毅菴集》 권55, 부록 〈年譜〉 丁亥.
334) 《淵齋集》 권18, 〈臨陂鄕約〉.
335) 《大溪先生文集》 권31, 〈大浦義社契案序〉; 속권5 〈大浦義社條約〉.

또한 성주에서는 농민항쟁을 방어하고 향촌 사회 안에서 사족들의 지배권을 유지하기 위한 방안으로 향약을 실시하였다. 1885년 당시 성주 목사 이주하李周夏가 이진상에게 신분질서의 확립 방도를 자문하였는데, 이진상은 여씨향약과 백록동규白鹿洞規를 합친 향약을 만들어 실시할 것을 제안하였다.336) 이 연장에서 1891년, 이승희가 성산향약星山鄕約을 제정하였다.337)

성산향약은 여씨향약을 모방하여 강綱을 세우면서 당시의 향촌 사정 속에서 그 절목을 조정하였다. 가령, '덕업상권德業相勸'의 절목에는 부모에 대한 효, 임금에 대한 충, 스승에 대한 존경, 형제 사이의 우애, 친족 사이의 화목 등을 열거하였고, 더욱이 '능히 경학에도 밝을 것〔能明經學〕', '능히 유교의 일에도 통할 것〔能通術業〕', '능히 기술도 연마할 것〔能練技藝〕' 등을 제시하였다. 경학과 동시에 기술에 통달해야 한다고 지적한 것은, 그가 이미 1881년의 상소에서 그 '편부便否'를 살펴 서양의 기술이라도 마지못해 수용할 수 있다는 점과도 연관된다고 할 것이다. 또한 '과실상규過失相規'의 절목에는 덕업상권에서 제시한 절목을 어긴 경우에 대한 규제를 정하였는데, 더욱이 좌도左道(동학이나 천주교)를 믿거나 유언비어를 유포하는 '지신불근持身不勤', 부세의 납부에 불성실하고 고의로 국가의 법령을 위반하는 '불외법령不畏法令' 등을 규정하였다. 또한 '환난상휼患難相恤'의 절목에도 사족을 보호하는 내용이 있었다. 곧 관에서 이유 없이 사족을 잡아가면 연명으로 호소해 보호하고, 서리나 서민들이 이유 없이 사족을 능욕할 경우에는 사족이 합좌해 그들을 처벌하거나 관에 고발해 치죄해야 한다는 '굴욕유부屈辱有扶', 또 사족 가운데

---

336) 《寒洲先生文集》 부록 권2, 〈年譜〉 乙酉.
337) 《大溪先生文集》 권30, 〈星山鄕約〉.

가난한 자나 약한 자를 돕자는 '미약유찰微弱有察', '빈궁유조貧窮有助' 등을 담았다. 이는 사족층을 중심으로 '사학'을 물리치고, 향촌 안에서 신분 질서, 조세 수취 문제 등을 해결하여 유교적 사회질서를 유지하기 위한 것이었다.

3) 국권 문제의 대두와 유생층의 내부 변화

1894년 청일전쟁과 농민전쟁 이후, 정부의 개혁사업은 갑오개혁에서 대한제국의 광무개혁으로 이어졌다. 또한 청일전쟁 이후 한반도에 대한 독점적 지배권을 확보하기 시작한 일본의 국권 침탈도 더 심해졌다. 유교문명, 소중화를 지키려던 재야 유생층은 드디어 무력적인 의병을 일으켜 이에 반대하였다. 그러나 국제정세의 변동과 국권 침탈 속에서 유생층도 점차 국권 문제를 전면에 인식하지 않을 수 없었고, 이 과정에서 유생층 내부에서는 시세와 처신의 문제를 둘러싸고 부분적인 변화와 분화가 일어났다.

(1) 소중화와 의병항쟁

재야의 유림은 갑오개혁 이전까지 정부의 개혁사업을 유교문명의 금수화라는 점에서 반대하였다. 그들은 주로 상소운동을 통해 군주의 유교적 자세를 촉구하고, 그 관련자를 처벌할 것을 주장하였다. 그러다가 1894년 친일 정권이 갑오개혁에서 벌인 일련의 '개화사업', 그 가운데서도 단발령이 결정적으로 유교문명의 금수화를 가져온다고 판단하고, 이에 대한 대대적인 무력항쟁, 곧 의병을 일으키게 되었다.

유생층은 의복과 머리의 모양이 유교사회의 이념과 명분을 그대로 드러내는 것으로 보았다. 이런 점에서 1895년의 단발령은 유교 사회의 근간을 흔드는 것이었다. 최익현이 "(의복과 머리 모양은) 선왕들이 오랑캐와 중화를 분별하고, 귀천을 나타내도록 한 것인데, 역적의 모의대로 변복과 단발을 실시한다면 국가의 법을 혼란시켜 당당한 소중화로 하여금 이적의 풍속을 따라 금수의 부류가 되게 하는 것"이라고 한 바였다.338)

유생층의 복제 변경에 대한 우려는 이미 10년 전에도 제기되었다. 1884년 윤5월, 고종은 조례朝禮, 제례祭禮, 상례喪禮 때 입는 옷은 선성先聖의 유제遺制이므로 바꿀 수 없지만, 사복私服은 때에 따라 변통할 수 있는 것이므로 두루마기〔周衣〕 등의 넓은 소매〔廣袖〕와 같은 것들은 생활에 불편하므로 좁은 소매〔窄袖〕로 하도록 하였고, 또한 조적朝籍에 이름을 올린 사람은 모두 흑단령黑團領(검은색 둥근 깃)을 사용하도록 하였다.339) 변복령變服令이 내려지자 정부의 시원임時元任 대신들(영부사領府事 홍순목洪淳穆, 영의정 김병국金炳國, 우의정 김병덕金炳德)을 비롯하여 예조, 양사兩司에서 일제히 반대하였다. 우리의 공복, 사복은 모두 명나라의 제도를 따라 왕제王制로 형성된 것이므로 변통하여 고칠 수 있는 것이 아니라는 것이었다.340)

이어서 지방에 있던 여러 유생들도 반대하고 나섰다.341) 이들은 대개 유생의 옷은 '심의深衣', '광수廣袖'가 되어야 한다고 하였다. 물

---

338) 《勉庵集》권4, 〈請討逆復衣制疏〉, 71쪽.
339) 《日省錄》고종 21년 윤5월 24일; 25일.
340) 《日省錄》고종 21년 윤5월 27~28일.
341) 《日省錄》고종 21년 6월 8일 남원유학 이흥수李興守 상소; 6월 17일 방외유생方外儒生 서상숙徐相肅, 온양유학 전건홍全建弘, 청풍유학 김상봉金商鳳, 경상도 진사 송은성宋殷成 등의 상소.

론 그 가운데 중화의 유학幼學 이인황李仁熀은 변복의 조치에 찬성하고, 의복은 몸에 편하고 추위를 막으면 되므로, 정부에서 서둘러 행한 복제 변경은 금석같이 굳건하게 실시해야 한다고 상소하기도 하였다.342) 고종은 반대를 한 청풍유학 김상봉을 황잡荒雜하고 무엄하다고 유배 보내는 한편, 이인황의 상소에 대해서는 '갸륵하고 기특〔嘉尙〕'하다고 하였다.343)

재야 유생들은 상소를 하거나, 학문적, 개인적인 차원에서 변복령에 대한 자신의 의견을 개진하였다. 송병선은 상소를 통해 "우리의 의제衣制는 선왕의 법복"이므로 바꾸어서는 안 된다고 하고, "의복을 고치는 것이 때에 따른 조치라고 하는데 이는 근일의 시류배들이 전하를 우롱하고 종용하여 전하를 그르치는 중요한 구실"일 뿐이고, 시의에 따라 변복한다는 점도 틀렸다고 하였다.344) 안동의 김도화金道和도 복색을 바꾸고 고치는 것은 "부녀자의 사치스러운 옷과 승려의 검은 옷을 입히는 것"이라고 반대하였다.345) 봉화의 권상익權相翊은 〈심의제도고변深衣制度攷辨〉을 지어 심의의 원형을 고증하였으며,346) 이진상도 또한 그러하였다.347) 유중교도 변복령의 절목을 보고 "이것은 선왕의 법을 부수고 오랑캐를 따라 입는 것"이라 하면서 경고문誓告文까지 지

---

342) 《日省錄》 고종 21년 6월 17일.
343) 위와 같음.
344) 《淵齋集》 권3, 〈辭大司憲仍請勿改衣制疏〉, 갑신 6월 19일; 《日省錄》 고종 21년 6월 25일. 그의 숙부이자 스승이었던 판부사判府事 송근수宋近洙도 송시열의 화제華制를 존중해야 한다는 차원에서 이를 반대하였다(《日省錄》 고종 21년 6월 15일).
345) 《拓菴先生續集》 권2, 〈請衣制勿變疏〉.
346) 《省齋先生文集》 권7, 〈深衣制度攷辨〉 並圖; 속집 권5 〈新定五服圖〉.
347) 《寒洲先生文集》 권31, 〈衣制論〉 甲申.

었으며, 유인석은 이를 주위의 인사들에게 설명하기도 하였다.[348] 자정을 고집하던 전우도 이 소식을 듣고 "우리 도가 망했다"고 하면서, 문인들에게 심의와 복건幅巾은 죽음으로 지키라고 하였다.[349]

복제 변경에 대한 우려가 팽배해 있는데 단발령이 내려졌다. 유생층은 갑오개혁도 갑신정변을 일으킨 '역적'이 단행한 것으로 보았다. 갑신정변은 "군부君父를 무기로 위협하고 조신朝臣을 살육"한 것인데,[350] 갑오개혁도 갑신정변 때 도망갔던 역적들이 그 수법대로 궁궐을 에워싸고 군주를 협박해서 나온 것으로 보았다.[351] 그리고 단발령이 국모를 시해한 일본의 힘에 따라 추진되었다는 점에서 의병을 일으키게 되었던 것이다.

의병은 재야 유생층이 항의할 수 있는 가장 적극적인 방법이었다. 의병은 유교사회를 위기에 빠뜨리는 모든 사안, 곧 병인양요, 1876년의 문호개방, 갑신정변, 1894년 농민전쟁과 동학에 대해서도 논의되었다.[352] 이때, 일본군이 경복궁을 무단으로 점령하고 친일 정권을 출범시키자 안동에서 이에 반대한 서상철徐相轍이 의병을 일으켰다.[353] 그 뒤 1895년 8월의 을미사변 때에도 몇 군데에서

---

348) 《毅菴集》 권55, 부록 〈年譜〉 甲申 6월.

349) 《艮齋先生年譜》 권1, 갑신 6월. 1896년에도 〈의제문衣制問〉을 지으면서 자손들로 문인들이 조정의 청의靑衣의 명령을 따르지 말 것을 명하였다. '금일의 조정은 이적에게 핍박되어 강제로 그 제도를 시행한 것이니, 우리들은 모두 의연히 자립하여 왜인들로 하여금 오도吾道는 힘으로 어쩔 수 없다는 것을 알게 해야 한다'고 하였다(《艮齋私考》 전편 권16).

350) 《毅菴集》 권35, 〈國病說〉.

351) 《勉菴集》 권4, 〈請討逆復衣制疏〉.

352) 당시 의병이 처음 거론된 것은 병인양요 때였다. 이항로, 이진상 등도 그러하였고, 풍산 유씨의 후예인 유주목도 부친인 유후조의 지시로 유교를 근본으로 임금의 바른 정치를 강조한 상소를 올리고 의병을 조직하였다.

일어났지만, 의병이 전국적으로 확산된 것은 그해 11월의 단발령 이후였다.[354] 화서학파의 유인석(제천), 노사학파의 기우만(광주), 그리고 정재학파의 김도화(안동) 등이 활발하게 활동하였으며, 허전과 유주목 아래에서 공부했던 허훈許薰(진보)과 그 동생 허위許蔿(김산) 등도 의병에 가담하였다.[355]

유생층이 의병에서 주장하던 바는 대개 동일하였다. 국모 시해, 단발령으로 드러난 유교문명의 금수화에 대한 위기였다. 가령 안동 지역의 의병통문 가운데

생각건대, 사람이 짐승으로 되란 말인가. 천지의 강상이 이미 무너지고 중화 문명이 오랑캐로 되란 말인가. 부모의 遺體도 보전하기 어렵게 되었다. 근래 의복을 찢고 고친 날에 우리들은 비록 피를 토하고 눈물을 삼키는 고통을 이기지 못하였으나, 權柄의 중요한 자리는 凶賊의 농간이 되고 대궐의 측근은 異類가 핍박하여 宗社가 朝夕으로 위태롭게 되고, 君父는 망측한 지경에 처해 있으니, 눌러 참고 말하지 않았다. 오호라! 임진왜란 때 두 능묘〔성종, 중종〕를 침범한 원수를 아직 갚지 못했는데 8월의 대변란〔을미사변〕

---

354) 金祥起, 〈朝鮮末 甲午義兵戰爭의 展開와 性格〉,《한국민족운동사연구》 3, 1989;《韓末義兵研究》, 일조각, 1997.
354) 단발령 뒤에 의병을 일으킨 유인석은 "삭발의 화를 당하지 않았으면 선생은 거의하였겠습니까?"라는 질문에 "국모가 화를 당한 것은 신민이 슬퍼해야 하는 것이지만, 국모가 화를 입은 것은 조신朝臣의 일이지 재야에 있는 백성의 일은 아니다"(《毅菴集》권 27,〈雜錄〉, 上, 647~638쪽)고 하였다. 곧 재야 유생의 입장에서 보면 '삭발의 화'가 '국모의 화'보다도 더 중요하였다.
355) 임은林隱의 허씨가에 대해서는 拙稿, 〈한말 일제시기 구미지역 유생층의 동향〉,《韓國學論集》 24, 계명대 한국학연구원, 1997. 대표적인 유생 가운데 뒤에 의병장이 되는 최익현은 이때 거의를 하지 않았고, 또 한주학파의 곽종석은 안동 의병진의 아장亞將으로 추대되었으나 '세부족勢不足'을 이유로 참여하지 않았다.

이 또 일어나 우리 국모를 다시 폐위한 것이 저놈들의 조종으로 되고, 의복
제도를 고쳐 우리 신민에게 입히는 것도 저놈들 마음대로 하니, 우리나라를
무시할 뿐 아니라 흉악한 짓이 날로 심해져 또한 감히 우리 임금의 머리 모
양에 칼을 대어 깎게 하고 나라 안에도 단발령을 내렸다. 오호 원통하도다!
고금 천하에 오늘날 같은 일이 어찌 있으랴. …… 이 머리털을 한 번 깎으면
선왕의 백성이 모두 오랑캐의 몸이 되고, 鄒魯의 옛 나라가 모두 다 짐승의
지경으로 들어갈 것이다.356)

라고 하여, 의병을 일으킨 목적을 명확하게 제기하였다. 의병은 의
복제도의 변경, 국모 시해, 단발령 등으로 이어진 일련의 사태, 곧
유교문명인 소중화의 금수화禽獸化에 대한 우려와 이를 막기 위한
항쟁이었다. 더욱이 안동은 추로지향鄒魯之鄕으로 불리고 있었던 점
에서 더 그러하였을 것이다.

유교이념에서 보면 갑오개혁에서 양력을 사용한 것도 문제였다.
경북 영양의 의병장 김도현金道鉉은 "우리가 본래 인월寅月을 정월正
月로 삼는 것은 공자가 말한 하夏나라의 역법을 쓰는 것인데, 양력을
사용하는 것은 천기天紀를 어지럽히는 것"이라고 하였다.357)

또한 유생들은 갑오개혁, 광무개혁에서 대군주라 하고, 마침내
'제국'의 황제라고 일컫은 것을 서양의 예를 따라 한 것이라며 반대
하였다. 최익현은 대군주로 일컫는 것이 청을 물리치고 명을 높이려
던 효종의 일을 계승하는 것이라면 명분이 될 수도 있지만, 청을 물

---

356) 〈禮安通文〉 을미 11월 29일(柳光烈 編, 《抗日宣言·倡義文集》, 서문당,
1975). 이를 주도한 이만응李晩膺(1829~1905)은 영남만인소의 소두였던 이만
손의 친동생이었다.
357) 《碧山先生文集》 권1, 〈擬上八條疏〉 丁酉.

리치고 '자주自主'한다는 이유나 서양의 예에 따른 것이라면 이는 욕될 뿐이라고 하였다.358) 유인석도 황제라는 칭호는 '희농羲農의 황, 요순堯舜의 제'에서 나온 것으로 지존至尊한 것인데, 서구의 각국에서 이 칭호를 사용한다고 하더라도 천하 예의의 주인인 우리 임금은 이를 따라 해서는 안 된다고 하였다. 또한 짐승에 지나지 않는 일본이 왜추倭酋, 곧 천황이라고 하는 것은 임금을 존경하는 길이 아니고 임금을 욕되게 하는 것이라고 비판하였다.359)

(2) 국권 문제와 유생층의 분화

유생층은 단발령으로 드러난 중화문명의 위기 속에서 의병을 일으켜 무력으로 항쟁하였다. 이는 단발령을 추진한 갑오정권과, 국모를 시해하고 갑오정권을 지원하던 일본 침략에 대한 항쟁이었다. 의병부대는 친일적인 지방관을 처단하고, 또한 일본군을 상대로 치열하게 싸웠다. 그러나 의병을 일으킨 지 얼마 지나지 않아 아관파천으로 친일의 갑오개혁 정권이 무너지고, 단발령의 강제 실시도 철회되었다. 의병 해산을 종용하는 고종의 선유宣諭 작업이 진행되고, 게다가 전투를 치르면서 화력의 열세도 드러났다. 의병부대 안에서는 양반 유생층과 포수, 농민 사이에 신분적 갈등도 발생하였다. 이런 조건에서 유생들은 의병부대를 해산하지 않을 수 없었다.

초기 대표적 의병장이었던 유인석은 부대 해산 뒤, 동문同門 제자들을 이끌고 요동 지방으로 건너갔다. 이후 그는 유생층이 도

---

358) 《勉庵集》 권4, 〈請討逆復衣制疏〉, 73쪽;〈詣宮內府特進官再疏〉 戊戌 12월 19일, 90쪽.

359) 《毅菴集》 권13,〈答金參奉徐參奉書〉戊戌 정월 10일(上, 293쪽); 권5,〈答崔勉庵書〉(上, 109쪽).

를 지킬 수 있는 또 다른 처신책, 곧 더럽혀진 땅을 떠나 도를 지
킬 수 있는 곳으로 옮겨가는 거수去守를 단행하였다. 요동이 물산이
풍부하고 우리 동포가 있으며, 또한 국내와 지리적으로 가까워 의
병을 재기하기도 유리하였지만, 혹시 의병을 다시 일으키지 못하
더라도 '요순의 고도古都'이며 '공맹정주孔孟程朱의 구향舊鄕'이므로
유학자가 독서하면서 중화의 의발衣髮을 지키겠다는 것이었다.360)
이후 유인석은 시세의 처지에 따라 거수와 거의擧義를 모색하였다.

초기 의병 이후 계속된 유인석의 활동은 단적으로 중화의 맥을
유지하기 위한 유학자의 태도였다. 그는 소중화를 짐승(금수)으로 만
든 것이 결국 이적인 일본 때문이라고 보았고, 일본에 의해 국권이
침탈되자 중화의 맥을 유지하는 것과 국권 문제를 결합시켜 갔다. 유
인석은 처음 의병을 일으키면서도 일본에 따른 개항을 "실로 천하 망
국의 근본이며, 문을 열고 도적을 받아들인 것"이라 하였으며,361) 망
국으로 이끈 것은 "그 표제標題는 신법의 개화이지만, 그 효시는 세세
世世의 원수인 일본 오랑캐" 때문이라고 하였다.362) 그리고 그는 일
본이 "먼저 중국을 어기고 독립하도록 권하다가 보호라고 하고, 곧이
어 합방하여 토지를 빼앗고 총독부를 설치하였다"고 하면서, 강점에
이르게 된 과정을 지적하였다.363)

유인석은 1907년 이후에도 줄곧 의병의 재기를 꾀하였다. 이미
나라가 망해가고 있었던 점에서 그는 의병의 목표를 '복국復國, 존사
存社, 부도扶道, 보민保民'364) 또는 "첫째는 나라를 부지하고 도를 보

---

360) 《毅菴集》 권24, 〈興同門士友書〉 (上, 555쪽).
361) 《毅菴集》 권45, 〈檄告八道列邑〉 (下, 356쪽).
362) 《毅菴集》 권4, 〈西行時在旌善上疏〉 (上, 78쪽).
363) 《毅菴集》 권51, 〈宇宙間答〉 (下, 507쪽).
364) 《毅菴集》 권55, 〈年譜〉 (下, 703쪽).

존하는 것, 둘째는 금수가 되려는 것을 면하는 것, 셋째는 죽음을
면하는 것"으로 표현하였다.365) 때로는 일본에 따른 화를 "국망國亡,
도멸道蔑, 신불보身不保, 인진멸人盡滅"이라고 하고, 모든 사람이 한
마음으로 "애국심愛國心, 애도심愛道心, 애신심愛身心, 애인심愛人心"
을 확립하여 "국권을 회복하고, 화맥華脈을 보존하며, 인종人種을
살리자고 하였던 것이다.366) 그는 여전히 유교의 맥을 보존하여
인류의 금수화를 막아야 한다는 측면을 강조하면서도 동시에 국
권, 애국심을 강조하였던 것이다.

　유교이념에 철저했던 유인석은 강점을 거치면서 조금씩 서양을
국제사회의 일원으로 인정하고, 또한 그들이 장기로 삼는 서양의 기
술도 인정하였다. 시세의 변화에 따라 변해야 한다는 논리〔隨時變通,
冬裘夏葛〕위에서 이를 부득이한 것으로 보았던 것이다. 유인석이 강
점의 부당함을 서양의 각국에 보내 호소하는 성명회 활동을 한 것도
이런 차원에서였다.

　그런데 일부의 재야 유생층은 국권 상실에 직면하면서 '힘이
미치지 못한다〔勢不及〕'는 현실을 인정하고 의병항쟁이라는 대
응책에서 벗어나 새로운 논의를 시작하였다. 가령 성주의 한주학
파 후예들은 객관적으로 서양을 연구하였다.367) 곽종석은 유교를
보존하고 인류를 구하기 위해서는 "경우에 따라 변통하고 사물 속에
서 마땅한 것을 구한다〔隨遇變通 因物制宜〕"는 원칙 아래 서양의 공법,
율령, 교제交際, 물리, 병제, 농공기예와 같은 종류 가운데 마땅한 것
은 가르쳐야 한다고 하였다.368) 그리고 자신의 제자 이인재李寅梓의

---

365)《昭義新編》권2,〈雜錄〉, 39쪽.
366)《毅菴集》권42,〈貫一約書〉; 권36,〈貫一約節目〉.
367) 拙稿, 앞의 글(2001) 참조.
368)《俛宇先生文集》권74,〈答河叔亨〉乙巳(《俛宇集》2, 481쪽).

그리스철학에 대한 연구를 검토하고 "서구 근세의 과학은 모두 그리스철학에서 나온 것"이지만, 후세에 너무 사욕만을 추구하다가 사람을 금수로 만들었다고도 하였다.[369]

곽종석이 여전히 '유교 보존'이라는 큰 틀 속에서 서양을 인정하였다면, 더 적극적으로 서양학문 수용의 필요성을 강조하는 논자들도 나타났다. 가령 안동의 이상룡李相龍, 유인식柳寅植 등과 같은 사람들이었다.[370] 이 두 사람은 유치명柳致明의 제자였던 김흥락金興洛, 유필영柳必永, 김도화金道和에게 학문을 배웠다. 이상룡은 김흥락의 제자였고, 유인식은 유필영의 아들로 김도화의 제자였다. 그들은 초기 안동 의병에 참여하였으나, 시세의 변화를 새롭게 인식하고, 부패한 유림계를 비판하면서 국권 회복을 위한 계몽운동, 교육운동에 참여하였다. 국망 뒤에도 나라 안팎에서 민족운동에 참여하였다. 그리고 이런 변화의 과정에서 그들은 자신의 스승들과 학문적으로 결별하였다.

이러한 재야 유생층의 변화는 안동, 성주 지역에서만 일어난 것은 아니었다. 정부의 정책이 '신구절충' 차원으로 추진되면서 기호지방의 유생층의 변화도 또한 심하게 일어났다. 이들은 각 지방에서 새로운 학교를 세우고 계몽운동에 동참하였다.[371]

---

369) 《俛宇先生文集》권142, 〈書李汝林哲學攷辨後〉(《俛宇集》4, 95쪽).
370) 趙東杰,〈安東儒林의 渡滿經緯와 獨立運動上의 性向〉, 《大丘史學》15·16, 1978; 졸저, 앞의 책(1994), 283~289쪽 등.
371) 이들의 사상적 변화에 대해서는 본서 제4장에서 언급할 것이다.

제3장

문명개화론의
문명관 변화와 유교 비판

1880년대 초반 정부의 양무개혁사업이 추진되는 가운데, 메이지明治유신 이후의 일본이나 서양을 직접 경험하면서 부국강병과 자주自主를 위해서 서양문명을 더 적극적으로 수용하자는 논의가 제기되었다. 김옥균, 박영효 등 이른바 개화파의 문명개화론이었다.[1] 그들은 유교적 문명관을 비판하고, 반半개화 수준의 조선을 개화의 단계로 진보시켜야 한다고 주장했다. 아울러 만국공법에 기반을 둔 세계관을 받아들여 전근대적 화이질서를 부정하였다. 또한 유교의 절대성을 부정하였고, 종교의 자유 차원에서 기독교도 인정하였다.

갑신정변 뒤, 문명개화론은 유길준을 거쳐 세련되었고, 청일전쟁 이후에 더욱 확산되면서 사회의 핵심 과제로 제기되었다. 윤치호와 《독립신문》이 그런 구실을 담당하였다. 그들은 반半개화의 조선이 문

---

1) 우리는 흔히 김옥균 등을 개화파로, 그들의 사상을 개화사상으로 부른다. 더욱이 갑신정변과 관련된 개화파의 분화 속에서 이들을 급진개화파로 분류하고 있다. 그러나 앞서 본 양무개혁론과 문명개화론의 차이는 단순한 개화의 완급 문제가 아니었고, 개혁론의 논의 구조가 달랐다. 이런 점에서 아오키는 개화론을 양무洋務개화론과 변법變法개화론으로 분류하면서, 박영효 등을 변법개화론으로 보았다〔靑木功一, 〈朴泳孝の民本主義·新民論·民族革命論(一·二)〉, 《朝鮮學報》 80·82, 1976·1977〕. 하지만 이들이 비록 유교적 인식과 논리로 서양을 이해하고, 서양문명을 수용하였지만, '개화'의 목표는 서양과 같은 문명화를 이루는 것이었다. 일본에서 성행했던 문명개화론의 영향이 강하였다.

명화하기 위해서는 서양의 정교政教, 곧 정치론과 종교도 허용 또는
수용해야 한다고 하였다. 문명개화론은 1905년 이후 계몽운동에서
더욱 깊어졌다. 계몽운동에서는 실력양성 및 자강을 달성해야 국권을
회복할 수 있다고 보았다. 더 나아가서 실력양성과 국권의 회복을 위
해서는 서양 부강의 근원인 기독교를 수용·신앙해야 가능하다는 주
장도 제기되었다. 이때 다른 한편으로 동학이 근대적 종교 형태의 천
도교로 전환하면서, 근대화와 문명화를 주장하였고 아울러 유교의 절
대성도 부정하였다.

1. 1880년대 문명개화론의 형성

1) 개화파의 문명개화론과 갑신정변

(1) 일본과 미국 문명의 경험: 양무론에서 문명개화론으로

1880년대 초반, 정부의 양무개혁사업에는 정부의 핵심세력으로
북학파의 후예들이 대거 참여하였다. 민씨 세력을 중심으로, 김홍집·
김윤식·어윤중, 그리고 흔히 개화파라고 부르는 김옥균·박영효 등이
중요한 역할을 담당하였다. 그러나 이들 집권세력 내부는 국제정세
변화에 대한 대응 방식, 그리고 부국강병을 위한 개혁 방식 등을 둘
러싸고 몇 차례 분열이 일어났다. 그 직접적 계기가 된 것은 임오군
란壬午軍亂이었다.

임오군란은 구식 군인의 불만으로 촉발되었지만, 차츰 서울 빈민
층의 항쟁으로 발전하였다. 이런 민중의 불만은 대원군과 보수세력
의 재등장으로 일단 해결되었다. 그러나 임오군란을 진압한 청국은

대원군을 청으로 잡아가고 내정간섭을 강화하였다. 이어 체결한 〈조청상민수륙무역장정朝淸商民水陸貿易章程〉(1882)에서는 조선을 '속국'이라고 규정하고, 조선의 국왕을 한 등급 낮추어 대접하였다. 이에 집권세력 일부에서 청국의 간섭을 벗어나고 만국공법의 국제질서 속에서 국가의 자주독립, 문명개화, 부국강병을 지향하는 흐름이 나타났다. 그들은 서양의 기계, 기술은 물론 서양의 정치, 종교까지 적극적으로 수용하여 근대적 개혁을 달성해야 한다고 주장하였다. 이들이 개화파로 불리는 김옥균·박영효 등이었다. 이들 개화파의 개혁론은 북학론을 이어받은 양무개혁론에서 이탈하여 서양문명을 목표로 문명개화를 추구하였다.

개화파의 문명개화론은 무엇보다도 일본의 근대화 성과, 그리고 일본이 받아들인 서양문명의 우월성을 인정한 것에서 출발하였다. 일본의 근대화 개혁은 당시 정부의 양무개혁사업을 추진하는 데 큰 영향을 주었다. 물론 조선 정부는 서양기술을 도입하고자 청국에서 무기 제작 등을 배우기도 하였지만, 다른 한편으로는 일본의 근대화에도 주목하였다. 그리하여 일본에 수신사, 시찰단 등을 파견하여 정세를 살피고, 방안을 모색하였다.

하지만 조선 정부는 기본적으로 일본의 급격한 변화, 즉 전통과 유교까지 부정하면서 추진한 메이지유신을 부정적으로 파악하였다.[2] 그러나 임오군란으로 정부의 양무개혁사업이 반발에 부딪치자 그 전보다 더 적극적으로 서양문명을 수용하여 일본과 같은 문명개화를 이루어야 한다는 여론이 대두하였다. 이런 사상적 전환은 문명개화론자들이 일본이나 서양문명을 직간접으로 경험하면서 형

---

2) 본서 제2장; 허동현, 〈1881年 朝鮮 朝士 日本視察團에 관한 一研究〉,《韓國史研究》52, 1986.

성되었다.

김옥균, 박영효 등이 일본의 문명개화에 대한 관심을 표현한 것은 1870년대 말이었다. 그들은 봉원사奉元寺 승려 이동인李東仁을 일본에 파견하여 일본의 정세를 시찰하고, 서양 여러 나라의 공법에 대해 알아보게 하였다.3) 김옥균은 이동인의 활동으로 일본에서 서양 외교관을 만날 수 있는 통로를 구축할 수 있었고, 그 뒤 직접 일본 문명을 경험할 기회를 가지게 되었다.

김옥균은 몇 차례 일본에 건너가, 일본의 근대화 현장을 살펴보았다.4) 김옥균은 임오군란 전, 1882년 4월에 일본에 가서 4개월 동안 체류하였다.5) 공식적인 사절은 아니었지만 고종의 명을 받은 것이었다. 서광범·유혁로柳赫魯 등이 동행하였고, 민영익은 동행하기로 했다가 모친상 때문에 끼지 못하였다. 김옥균은 일본의 근대개혁 성과를 시찰하는 한편, 여러 민간 지도자와 교류하였으며, 일본·청국의 지식인이 모인 흥아회興亞會라는 단체에도 참여하였다. 그는 귀국 도중에 시모노세키에서 임오군란 소식을 들었고, 일본 측에 군사 파견을 요청하였다.6)

그들이 문명개화론으로 확실하게 방향을 정한 것은 임오군란 직후였다. 조선 정부는 임오군란으로 말미암은 피해를 수습하는 차원에서 일본과 '제물포조약濟物浦條約(조일강화조약朝日講和條約)'을 체결하였다. 이 조약에 따라 1882년 8월에 정부는 박영효를

3) 金顯哲, 〈박영효(朴泳孝)의 '近代國家 구상'에 관한 연구 - 개화기 문명개화론자에 나타난 傳統과 近代를 중심으로〉, 서울대학교 박사학위논문, 1999, 23쪽.
4) 김옥균의 일본 경험 등에 대해서는 李光麟, 〈開化黨의 形成〉, 《省谷論叢》, 1972 (《開化黨 研究》, 일조각, 1975, 49~52쪽).
5) 金玉均, 《甲申日錄》에는 1881년 12월에 일본에 갔다가 이듬해 6월에 귀국하였고, 그 귀국길에서 임오군란 소식을 들었다고 하였다(《金玉均全集》, 23쪽).
6) 李光麟, 〈開化黨의 形成〉, 《開化黨研究》, 일조각, 1975, 50~51쪽 참조.

정사正使로 하는 사절단을 일본에 파견하였다. 박영효가 22세의
젊은 나이에 '특명전권대신 겸 수신사'로 가게 된 것은, 부마駙馬
로 정1품의 지위에 있었기 때문이었고, 무엇보다도 박영효 스스
로 일본을 시찰하고 싶다는 의사를 가졌기 때문이었다.7) 사절단
의 부사는 김만식金晩植, 종사관은 서광범이었으며, 김옥균은 수
행원이 되어 일행과 동행하였다.8) 수신사 박영효는 조선 정부를
대표하여 일본을 상대로 공적인 업무를 보면서 동시에 일본의
근대화 현장을 시찰하였다.

　박영효 일행은 일본과 다양한 외교 업무을 수행하였는데, 우선
임오군란의 사후 처리를 위해 일본 측에 사과하고 배상하는 일을 하
였다. 또한 그들은 10월 10일에 아카사카 궁으로 일본 천황을 알현
하고 국서를 봉정하였으며, 11월 1일에는 일본 외무성에서 〈조일수
호조규속약朝日修好條規續約〉(8. 30 체결)의 비준서를 교환하였다.
그리고 임오군란으로 불거진 배상금 문제도 마무리하였다. 박영
효는 일본 외무대신 이노우에 카오루井上馨에게 배상금 50만 원
의 상환기간(5년)을 5년 더 연장할 것을 요청하여 일본의 양해
를 얻어 냈다. 또 당시 조선 정부의 재정 형편으로 50만 원이라
는 거액의 배상금 지불이 곤란하므로, 일본 정부의 주선으로 요
코하마쇼오킨橫濱正金은행에서 17만 원의 차관을 얻었다.9)

---

7) 金顯哲, 앞의 글(1999), 26쪽. 종래 수신사는 정3품 당상관을 파견하는 것이 일
　　반적이었으나 박영효가 스스로 이를 원하였다.《甲申日錄》에는 고종이 김옥균에게
　　그 일을 맡기려 하였으나, 김옥균이 박영효를 천거하고, 고종은 김옥균을 같이 보
　　내 고문顧問하도록 하였다고 하였다(《金玉均全集》, 23쪽).
8) 김옥균의《치도약론治道略論》은 이 수행 과정에서 만들어진 것이었다.
9) 차관한 돈으로 우선 임오군란 때 사망한 일본인에 대한 구휼금 5만 원을 지급하
　　고, 나머지 금액은 수신사 사절의 여비, 유학생 경비, 기계 구입 등에 사용하였다
　　〔金顯哲, 앞의 글(1999), 29~30쪽〕.

그 다음으로, 박영효 등은 임오군란 이후 청국의 노골적인 속방화 획책에 대해 조선의 자주와 국제적 지위를 확보하고자 다각적인 외교 활동을 전개하였다. 이때 박영효가 처음으로 국기(태극기)를 사용하였다.[10] 그는 수신사로 일본으로 가는 배 안에서 영국 공사 애스턴과 상의하여 국기를 만들어 배 위에 게양하고 갔으며, 묵고 있는 숙소에도 내걸었다. 이를 통해 일본에 주재하던 서양 각국의 외교관들에게 조선이 독자적인 국가였음을 알릴 수 있었다.

박영효는 서양 각국의 외교관을 만나 조선의 자주적 외교 활동을 수행하였다. 박영효는 고베神戸에 도착(1882. 9. 25. 양)하자마자 일본 주재의 영국·독일·영국·미국 등의 공사와 만났고, 또 도쿄에 도착(10. 13)한 뒤에도 서양 각국의 공사와 청국 공사 등을 차례로 거의 매일 만났다. 박영효는 조선이 청의 속국이 아니라 독립된 국가임을 주지시켰으며, 무엇보다도 〈조청상민수륙무역장정〉(1882. 10. 17)이 청의 강요에 따른 것임을 설득하였다. 또한 미국·영국 등과는 체결한 조약의 조속한 비준을 요청하였고, 프랑스와 조약도 추진하였다.[11]

이러한 외교 활동 못지않게 수신사 일행이 중시한 것은 일본의 근대화 업적을 둘러보고 일본의 관리나 지도자를 만나는 일이었다. 오사카에서는 포병공창砲兵工廠과 조폐국을 시찰하였으며, 도쿄 지역에서도 제지국製紙局 등을 둘러보았다. 또 박영효는 왕실 인사, 관료, 민간 지도자 등을 만나 그들의 근대화 경험을 청취하였다. 그 가운데 그들에게 강한 영향을 준 것은 후쿠자와 유키치福澤諭吉였다. 박

---

10) 朴泳孝, 《使和記略》 壬午(1882) 8월 14일(《修信使記錄》, 국사편찬위원회, 197쪽).
11) 박영효의 활동에 대해서는 金顯哲, 앞의 글(1999), 25~33쪽.

영효는 그를 통해 근대화를 위해서는 신문이 필요하다는 점을 깨닫고, 후쿠자와의 도움으로 신문 발간에 필요한 기계를 구입했으며, 신문 발간에 경험이 있던 일본인을 초빙하여 귀국하였다.[12]

일본의 문명화를 돌아본 뒤 박영효의 근대화 개혁 구상은 완전히 바뀌게 되었다. 처음 박영효는 박규수의 문하에서 공부하면서 "신사상은 내 일가 박규수 집 사랑에서 나왔"다고 하고, "《연암집燕巖集》의 귀족을 공격하는 글에서 평등사상을 얻"었다고[13] 표현한 바와 같이 북학론의 전통에 충실하였다. 그런데 북학론을 배운 박영효는, 일본의 근대문명을 경험하면서 겪게 된 변화를 다음과 같이 표현하였다.

  나의 일평생을 지배하는 기본관념은 바로 이때(1882년 일본에 수신사로 갔었을 때: 인용자)에 받은 충동에서 나온 것.[14]

곧 일본의 문명개화사업을 보면서 받은 충동에서 형성된 사상이 자신의 일생을 지배하게 되었다는 것이었다.[15]

한편, 김옥균, 박영효 등은 일본에서 서양문명을 직간접으로 경험하였다. 그들은 요코하마에 있던 기독교 선교사를 만나고, 이들을 통

---

12) 李光麟, 〈漢城旬報와 漢城周報에 대한 一考察〉,《歷史學報》 38, 1968(《改訂版 韓國開化史研究》, 일조각, 1974).
13) 李光洙, 〈박영효 씨를 만난 이야기 – 甲申政變回顧談〉,《東光》 19, 1931(《李光洙全集》 17).
14) 朴泳孝, 〈甲申政變〉,《新民》 14, 1926, 40쪽.
15) 김옥균은 수신사행에 대해 일본이 우리나라를 독립국으로 보고 사행의 일행을 진심으로 대하자, 박영효와 협의하여 "마음을 기울여 일본에 의뢰하기로 했다"고 하였다(《甲申日錄》,《金玉均全集》, 23쪽). 일본의 도움으로 문명으로의 개혁을 추진하겠다는 결심을 이때 한 것으로 보인다.

해 서양문명을 접하면서 기독교에 호의적인 반응을 가지게 되었다.[16] 김옥균의 경우에서 이를 확인할 수 있다.

김옥균은 일찍부터 서양문명 수용을 위해서 필요한 영어 학습을 강조하였다. 1881년 어윤중 시찰단의 일원으로 일본에 가서 유학을 하게 된 윤치호도 김옥균의 권유로 영어를 배웠고, 그 실력을 인정받아 서울에 부임한 첫 미국 공사 푸트Lucius H. Foote의 통역관이 되었다. 1882년 9월, 김옥균은 두 번째 일본 방문에서, 유학생 4명의 영어 교수를 맡게 된 선교사 매클레이R. S. Maclay 부인을 찾아가 감사의 인사를 하였다. 이때만 해도 김옥균은 기독교는 인정하지 않았고, 1883년 7월, 세 번째 일본 방문 때에는 유학생들이 기독교로 개종한 것을 알고 지원을 중단하기도 하였다. 그러던 김옥균은 1884년에는 기독교에 매우 호의적인 입장으로 바뀌었다. 이는 서양문명 수용을 위해서는 기독교 인정이 가장 핵심적인 사안이라고 판단하고, 개화를 위한 방편으로 기독교를 인정하였기 때문으로 보인다.

나는 기독교인과 기독교를 연구하였는데, 기독교가 진실이라고 믿습니다. 기독교를 한국에 도입하는 것이 나의 소원입니다. 그러나 서둘러 이루어질 수는 없습니다.[17]

김옥균의 생각은 당시 조선 정부가 취하던 입장, 곧 서양의 기술

---

16) 柳永益, 〈1880~90년대 開化派 人士들의 改新敎 受容 樣態〉, 《震檀學報》 70, 1990, 86~88쪽; 91~93쪽.
17) 루미스(Loomis)→길만(Gilman) 편지, 1884년 1월 29일(한국기독교사연구회, 《한국기독교의 역사(I)》, 기독교문사, 1989, 169쪽).

문명 수용은 적극적으로 추진하면서 그 반대로 기독교 선교는 인정하지 않는 정책과는 달랐다. 이미 기독교 병원에 대해서 긍정적으로 생각하고 있었던 김옥균은 기독교 선교사가 활동할 수 있는 길을 열어 주었다. 1884년 7월, 일본에 체류하던 매클레이 선교사가 조선에서 활동을 할 수 있는지 조사하고자 서울에 왔을 때(1884. 6. 24~7. 8) 김옥균의 주선으로 고종에게서 '병원과 학교 사업'을 허락받았다.[18] 이로 말미암아 기독교가 도입된 것은 아니었지만, 선교사가 의사나 교사의 신분으로 활동할 수 있게 되었고, 이를 통해 서양의 의료와 학문이 전해질 수 있었다.[19]

한편, 개화세력의 일부는 직접 서양을 돌아보고 그 우수성을 경험하였다. 1883년 정부는 미국과의 수교와 공사 파견에 대한 보답으로 민영익을 정사正使로 하는 보빙사報聘使를 파견하였다. 그 일행 가운데는 부사副使 홍영식과 서광범·유길준 등이 있었다. 홍영식은 1881년 일본 시찰단의 조사朝士로, 주로 군사 관련 시설과 업무를 시찰한 바 있었다. 그는 일본 육군 제도를 시찰하고《일본육군총제日本陸軍總制》,《일본육군조전日本陸軍操典》등을 편찬하였으며, 군사제도 개혁을 주장하였다.[20] 임오군란 뒤에도 정부의 개혁 사업에 참여하면서, 1883년 2월에는 교섭통상사무의 협판으로 우정사郵程司 사무를 관장하였다. 우정사는 전보, 역전驛傳, 철로와 수

---

18)《尹致昊日記》1884년 윤5월 12일 (一, 81쪽). "주상께 미국 상선의 내해 항해와 미국인들이 병원과 학교를 설립하는 일 및 전신 설치의 일을 허가해 주실 것을 아뢰었다."
19) 1885년 최초의 근대적 서양 병원인 광혜원(제중원)이 설치되고, 교사로 입국한 선교사(아펜젤러, 언더우드)가 다양한 교육 사업(배재학당, 구세학당)을 시작하였음은 이미 알려진 사실이다.
20) 金源模,〈遣美使節 洪英植 硏究〉,《史學志》28, 단국대, 1995, 293쪽.

로 통구通衢 등 운도運道 업무를 보는 곳이었다. 그러다가 홍영식은
미국 문명을 직접 경험하고 서양문명에 대한 생각이 달라지게 되
었다.21)

홍영식은 미국에서 몇 달 동안 매우 다양한 시설을 시찰하였고,
미국 문화를 경험하였다.22) 미국에서 돌아온 뒤 고종에게 복명하면
서도 미국의 기계문명, 근대제도, 정치제도(삼권 분립), 민주제와
군주제의 차이, 신분제, 주택, 상업과 농업 등 매우 다양한 분야
의 우수성을 소개하였다. 문명화의 수준을 일본과 비교하는 물음
에 대해서 홍영식은

> 미국은 토지가 肥厚하고, 利源이 광대하며, 제도와 장치에 속한 모든 것에
> 서 일본은 평범하여 이에 미칠 바 못됩니다. 일본 같은 나라는 西法을 채용
> 한지 아직 日淺하며 비록 약간 모방하였지만, 진실로 (미국에) 견주어 논할
> 수 없습니다.23)

고 하였다. 또 "모든 기계는 정예하면 정예할수록 더욱 정밀을 요하
며, 이로써 더욱 발전할 것이므로 거의 진선진미盡善盡美"하다고 하
였다.24) 이처럼 그는 미국 문명의 우월성을 인식하였고, 이것을 '문
명'이라고 보았다.25)

---

21) 장규식, 〈개항 후 美國 使行과 서구 수용의 추이〉, 《중앙사론》 24, 2006. 보빙
　사 일행으로 동행했던 유길준은 미국에 유학한 뒤, 유럽을 돌아 귀국하였고, 그 경
　험을 《서유견문西遊見聞》으로 정리하였다.
22) 金源模, 앞의 글(1995) 참조. 홍영식의 경험은 〈遣美使節洪英植復命問答記〉
　(《史學志》 15, 단국대, 1981)에 소개되어 있다.
23) 〈遣美使節洪英植復命問答記〉, 위의 책, 216쪽.
24) 〈遣美使節洪英植復命問答記〉, 219쪽.
25) 그는 <조미수호조약朝美修好條約>을 체결했던 슈펠트를 "우리나라에 와서 체

그리하여 그는 "기계의 제조 및 주거舟車, 우전郵電 등은 어느 나라를 막론하고 급선무가 아닐 수 없습니다"고 하고, 이를 위해 "특히 우리가 가장 중요시할 것은 교육에 관한 일인데, 만약 미국의 교육 방법을 본받아 인재를 양성해서 백방으로 대응한다면 아마도 어려움이 없을 것이므로 반드시 그 법을 본받아야 합니다"라고 하였다. 기계 제조 등과 같은 문명화를 위해서는 미국의 교육 방법을 본받아야 한다고 강조하였다.[26]

홍영식은 이와 같이 미국의 문명을 경험하면서 완전한 문명개화론자가 되었고, 자연스럽게 유교를 비판하고, 유교에 바탕을 둔 개혁론과 국제질서를 비판하였다. 이런 사정을 후에 김윤식은

> 전에 민영익, 홍영식이 미국에 사신으로 갔다가 돌아왔다. 영식은 평소 儁才였고 또 학문을 향하는 좋은 마음이 있었고, 사람이 모두 遠大하게 될 것을 기대하였다. 미국사행시에 그의 아버지 홍순목의 병이 위중한데도 영식은 이를 돌보지 않고 도미하여 사람들이 이를 괴이하게 여겼다. 마침내 돌아와서는 洋制를 깊이 흠모하여 중국을 奴隷처럼 보고, 아울러 공맹의 윤상의 도를 배척하여 꺼리는 바가 없었다. 이에 몸이 변하여 異類가 되었음을 알겠다. 옥균, 영효, 광범 등 일본에서 돌아온 이후 일본을 欽艶하여 동양의 영국으로 여기어 일마다 羨望하였다. 영식과 더불어 排華尊洋의 논의를 같이 저술하고 말마다 自主라고 칭하였다.[27]

약締約하고 귀국한 이래로 우리나라가 날로 문명에 나아가도록 바라는 마음, 우리나라 사람이 스스로 염려하는 것보다도 조금도 못지지 않으니, 그의 뜻이 자못 훌륭합니다"라고 평가하였는데, 우리도 '문명'으로 나아가야 한다고 하였다(〈遣美使節洪英植復命問答記〉, 222쪽). 이는 유교문명을 '문명'으로 보던 논리와는 분명 다른 것이었다.

26) 〈遣美使節洪英植復命問答記〉, 216쪽.

27) 金允植, 《追補陰晴史(下)》, 565쪽.

라고 하였다. 곧 김옥균, 박영효, 서광범 등은 일본과 서양을 통한 경험과 서양문명의 적극적 수용의 필요성을 인식하고, 기독교 인정과 유교 비판, 그리고 새로운 세계 질서 속에서 조공질서의 극복과 조선의 자주독립 등을 내용으로 하는 문명개화론을 형성하였던 것이다.

이와 같이 김옥균, 박영효 등의 개혁론은 일본의 강한 영향 아래에서 형성되었다. 그들의 개혁론은 북학론의 전통에서 출발하였지만, 결국은 이로부터 이탈한 것이었다. 양교洋敎와 양학洋學을 분리하여 파악하고, 서양 종교를 반대하고 유교를 중시하면서 양학(서양기술)은 수용할 수 있다는 북학론이나 양무개혁론과는 다른 논리 구조, 곧 문명개화론이었다.

서양문명을 적극적으로 받아들이는 것은 곧 서양의 '문명관'을 수용하는 것이었다. 김윤식이 "갑신甲申의 역적은 구주歐洲를 존중하고, 요순을 박대하고 공맹을 폄하하여 (유교의) 이륜彝倫의 도道를 야만이라 일컫고, 도를 바꾸는 것을 개화라고 한다"고 한 바였다.[28] 서양에서는 문명과 야만을 구분하고, 문명의 위계질서를 강조하면서, 미개 또는 반半개화 상태의 비서구 지역에서는 서양문명을 수용하여 문명화를 달성해야 하며, 야만 지역의 문명화를 서양의 사명이라고 강조하였다. 반半문명국 또는 야만국은 문명국 서양의 지도 아래 문명화될 수 있고, 서양은 또한 문명화의 책임이 있다는 것이었다. 이런 논리를 수용하면서 조선은 일단 자신의 문명을 서양의 문명보다는 뒤떨어진 미개 또는 반개화의 상태로 인정하고, 이를 벗어나서 서양과 같은 형태의 문명화와 개화를 지향하였던 것이다.

---

28) 《續陰晴史(上)》 辛卯(1891) 2월 17일 〈宜田記述評語三十四則〉(156쪽). 문명과 야만의 구분은 '부강한 유럽과 퇴폐한 아시아'라는 위계질서를 인정하는 논리였다(《漢城旬報》 14호, 1884년 3월 8일, 〈各國近事 : 亞細亞洲總論〉).

(2) 개혁사업 추진과 갑신정변

(가) 양무개혁론에서 문명개화론으로 이탈 및 전환했던 김옥균·박영효 등의 개화파는 서양문명을 목표로 하고, 일본의 메이지유신을 모델로 삼아 문명화를 이루기 위한 여러 활동을 전개하였다. 그들은 전통적으로 형성했던 내정 개혁론, 더욱이 농업 문제에 대한 개혁론도 일본의 영향으로 조정하였다. 그들은 토지개혁에 찬성하지 않았고, 지주제를 유지하면서 조세제도 개혁을 추구하였다. 그에 따라 조세제도 개혁은 일본 메이지유신에서 이루어졌던 지조법地租法을 본받아 마련하였다. 거기에다 생산력 발전, 상공업 발전, 통상무역의 진흥을 꾀하여 근대적인 사회체제를 이루려 하였다.29)

그들의 개혁안은 박영효가 수신사행에서 돌아온 뒤 본격적으로 구상되고 실천되기 시작하였다. 박영효는 1882년 말, 귀국길에 올라 이듬해 1월 6일, 서울에 도착하였다. 박영효는 바로 고종에게 귀국 보고를 하였고, 그 이튿날 한성부 판윤에 임명되었다. 한성부 판윤으로서 박영효가 추진한 개화사업은 크게 두 가지였다. 하나는 신문 발간 사업이었고, 다른 하나는 도로 정비 사업이었다.

박영효는 후쿠자와가 간행하는 《시사신보時事新報》의 역할에 주목하고, 신문 발간을 추진하였다. 박영효의 건의를 받아 고종은 이 사업을 한성부에 맡겼다. 박영효는 신문 발간을 위해 이미 후쿠자와가 추천한 이노우에 가쿠고로井上角五郎 등 3명을 데리고 귀국한 터였다. 초기의 신문 발간 작업은 일본에 유학하여 후쿠자와에게 배웠던 유길준이 실무를 담당하였다. 〈한성부신문국장정漢城府新聞局章程〉을 정하고, 우리나라 최초의 신문을 발간한다는 '창간사'도 작

---

29) 金容燮, 〈甲申·甲午改革期 開化派의 農業論〉, 《東方學志》 15, 1974(《韓國近代農業史硏究〔Ⅱ〕》, 지식산업사, 2004).

성하였다. 국한문 혼용으로 일반 독자층을 확보하고, 신문을 통하여
세계정세의 변동을 알게 하며, 동시에 조선 문명을 발전시키고자
하였다.30)

그러나 박영효와 유길준이 추진하던 신문 발간 사업은 결실을
보지 못했다. 박영효가 3개월 만에 한성 판윤에서 물러나 광주 유수
가 되었고, 유길준도 통리아문 주사 자리에서 물러났기 때문이었다.
박영효가 초빙해 왔던 일본인 전문가 가운데 2명은 일본으로 귀
국해 버렸고, 젊은 이노우에만 서울에 남아 있었다. 신문 발간
사업은 중단되고 6개월이 지나 박영효 사절단의 부사였던 김만
식이 담당하여 마무리하였다. 이것이 1883년 8월, 박문국博文局
에서 발간한 《한성순보漢城旬報》였다.

한편, 박영효는 한성 판윤이 되자 도로 정비 사업을 추진하면서
그 일환으로 순경부巡警部를 설치하였다. 서울의 도로 정비를 체계적
으로 제기한 사람은 김옥균이었다. 박영효와 김만식은 사절단의 일
원으로 수행했던 김옥균에게 '치도治道' 방안을 마련하여 고종에게
보고할 것을 권유하였다. 김옥균은 당시를 "대경장大更張의 기회"로
보고 있었기 때문에, 작은 문제에 지나지 않은 '치도' 방안을 마련하
라는 지시를 잘 이해하지 못했다.31) 그러자 김만식은 '치도'의 중요
성을 설명하였다.

公이 웃으면서 말하기를, 그렇지 않다. 지금 우리나라에 가장 급한 일은
농사를 진흥하는 것[興農]이다. 흥농을 하는 요점은 糞田을 마련하는 데 있

---

30) 李光麟, 〈漢城旬報와 漢城周報에 대한 一考察〉, 《韓國開化史硏究》, 일조각,
    1974.
31) 《金玉均全集》, 〈治道略論〉, 아세아문화사, 1979, 6쪽.

고, 糞田에 힘쓰면 더러운 것〔汚穢〕을 해결할 수 있으며, 더러운 것을 해결하
면 전염병〔癘疫〕도 없앨 수 있다. 또 가령 農務하는 법을 이루려 하는데 운
수가 편하지 않으면 河東 지역의 곡식이 河內 지역으로 옮겨지지 않을 것이
다. 이것이 '도로를 정비하는 것이 긴요하다'는 점이다. 도로가 이미 정비되
어 있어 車馬를 이용한다면 열 사람이 힘써야 할 것을 한 사람이 할 것이니,
나머지 아홉 사람의 힘을 工作, 技藝로 옮길 수 있다.[32]

곧 가장 중요한 농업 진흥 문제부터 위생, 통상 등을 모두 도로 정
비에서 시작할 수 있다는 것이었다. 이에 김옥균은 '이국편민利國便民'
의 여러 방안 가운데 "위생, 농상, 도로, 세 가지는 고금 천하에서 바
꿀 수 없는 정법正法"이라고 인식하게 되었고, 이를 〈치도약론〉, 〈치
도약칙治道略則〉으로 정리하였다.

김옥균은 당시 조선의 도로 정비나 위생에 문제가 있다고 보았다.
본래 조선에서는 오랫동안 '도로·교량의 수치修治'를 주도면밀하게 하
였는데, 점차 백성들의 풍속이 퇴폐하게 되면서 최근 수십 년 동안에
는 전염병이 창궐하게 되었다고 파악하였다. 그는 외국인이 "산천은
아름다우나 …… 사람과 가축의 분뇨가 도로가 가득 차서 막고 있다"
고 지적할 지경에 이르게 됨을 안타깝게 여겼던 것이다. 그리하여 김
옥균은 위생과 도로 문제를 동시에 해결하기 위한 방안을 마련하였
다. 〈치도약칙〉에 따르면, ①도로의 요지에 치도국治道局 개설, ②도
기陶器로 지하통수로〔하수도〕건설, ③분뇨 처리, ④치도국의 모든 일
은 순검巡檢이 실시, ⑤도로의 요충에 순검이 관할하는 경계마다 공
중변소 설치, ⑥가로街路, 여리閭里의 가가假家〔임시가옥〕금지 등을

---

32) 위의 글, 6~7쪽.

규정하였다.

　김옥균의 '치도' 관련 구상은 박영효가 이를 서울에서 부분적으로 실시하였다. 박영효가 치도국·순경국巡警局을 설치한 것도 김옥균의 치도론에 나오는 것이었다. 박영효는 먼저 종묘 앞 종로 거리를 시작으로 가가를 철거하였다. 그러나 철거민의 저항과 이를 빌미로 한 민씨 세력의 정치적 반대에 부딪혀 이 사업은 좌절되었다.[33]

　한편, 보빙사로 미국에 다녀온 홍영식은 우정사업을 주도하였다. 홍영식은 보빙사 이전에 이미 우정사 업무를 담당하였는데, 미국에 가서도 특별히 우편 관련 업무에 관심을 가졌다. 미국 정부는 보빙사에게 미국의 우편제도를 모방한 조선의 우편제도를 수립할 것을 권고하였다.[34] 홍영식은 1884년 4월 22일 우정국 총판이 되어 우표 발행 등 관련 사업을 시작하였고, 우정총국에 문명개화사업을 위한 젊은 세력을 모았다.[35]

　문명개화론자가 주도하던 개혁사업은 대부분 민씨 세력 등 기존 정치권의 반발에 부딪쳤다. 그리하여 이들은 이를 극복하기 위한 방안으로 정변을 실행하였다. 정치적으로 민씨 세력을 제거하고, 그 배후인 청나라로부터 '독립'하기 위한 길이었다.

---

33) 박영효의 상소문에 "신臣은 한성부 판윤으로서 …… 길을 범한 가가假家들을 모두 헐어 철거하였으나, 길가에 집을 지은 것을 헐지 않은 것은 옮겨가야 할 인민들을 소중히 여겼기 때문입니다. 그런데 (인민들이) 이고 지고 흩어져 도성이 공허하다고 하는 것은 달가워하지 않는 자들의 선동과 유언비어가 아니고 무엇이겠습니까? 큰 개혁을 할 때에는 비방과 원망을 초래하지 않을 수 없으니, 신이 비록 지극히 어리석으나 어찌 이것을 염려하지 않았겠습니까?"(《日省錄》 고종 20년 3월 22일)라고 하였다. 박영효의 치도 정책은 갑오개혁 시기에 다시 추진되었다.

34) 金源模, 앞의 글(1995), 298쪽.

35) 이 사실을 김윤식은 "홍영식이 우정국을 창설했다. 스스로 우정총판이 되어 천박하고 경솔한 소년〔浮薄少年〕들을 불러 모아 요속僚屬으로 삼았다"고 하였다(《續陰晴史(下)》, 579쪽).

(나) 김옥균, 박영효 등은 자신들이 구상했던 문명개화를 이루기 위해서는 무엇보다도 변화하는 국제정세 속에서 청국과 사대事大 관계를 청산하고 '독립'하는 것이 긴요하다고 파악하였다. 이런 사정을 김윤식은

> 처음 古愚〔김옥균〕는 瓛齋〔박규수〕 선생의 문하에서 배워, 宇內의 大勢를 깨닫고 일찍 동지와 더불어 國事를 憂歎하였다. 辛巳〔1881〕년간에 나는 영선사로 천진에 들어가고 古愚 등 여러 사람은 동쪽으로 일본을 遊覽하고, 같이 扶國하기로 약속하였다. 나는 임오군변에 병을 청하여 나라로 돌아왔는데, 이후 청국이 아국의 일에 간섭함이 많아 나는 淸黨의 우두머리로 지목되었다. 古愚 등 여러 사람은 청국이 우리의 자주권을 침범하는 것을 분하게 여겨 일본 공사와 더불어 갑신의 변을 키우니 마침내 日黨의 우두머리라는 이름을 얻게 되었다.[36]

고 하였다. 김윤식과 개혁사업을 같이 추진하던 김옥균은 청국의 간섭을 분하게 여기고, 동시에 일본 근대화 사업을 신뢰하고 '일당日黨'의 우두머리가 되어 청국과의 사대 관계를 청산하고자 정변을 일으켰던 것이다.

그들이 새로운 '문명화'를 추진하기 위해서는 무엇보다도 정권을 장악해야만 했다. 그들은 정변을 통하여 당시 정권의 핵심이었던 민씨 세력, 더욱이 민태호·민영익·민영목 등을 제거하고자 하였다. 그동안 국내의 몇 가지의 개혁사업을 둘러싸고 이들과 심각하게 대립하고 있었기 때문이었다. 또한 개화파는 청국의 간섭을 배제하기 위

---

36)《續陰晴史(下)》,〈追補陰晴史〉, 577쪽.

해 청국에 의부依附하는 세력도 제거해야 했다. '청당淸黨'으로 지목된 김윤식은 청국과 사대 관계를 유지하는 가운데 서양 제국과는 교린 차원에서 조약 체결을 주도하였다. 앞서 본 바와 같이, 청국의 간섭에 대해서는 민씨 세력과 김윤식 사이에도 알력이 있었다. 그런데도 김옥균은 김윤식, 어윤중 등을 제거하지 않고, 실제로 정권을 장악하고 있던 민씨 세력, 더욱이 민태호·민영익 부자를 제거하는 데 초점을 맞추었다.

민영익은 당시 정부의 양무개혁사업의 중심적인 인물이었다. 김옥균 등과는 상당 기간 개혁의 이념과 정책, 곧 양무개혁에 보조를 같이 하였다. 그들은 북학파, 노론의 후예들로 같은 학문적·정치적 뿌리에서 성장하였고, 매우 밀접한 관계를 유지하였다. 당시 속설에 민영익 주변에 이중칠李重七·조동희趙同熙·홍영식·김흥균金興均·홍순형洪淳馨·심상훈沈相薰·김옥균·어윤중 등 '8학사'가 있었다고 할 정도였다.37) 그리고 또한 "영식·옥균·재필·광범 등이 어려서 급제하여 총현寵顯에 이른 것은 모두 운미芸楣〔민영익〕가 탁용擢用하여 믿고 쓴 자들"이라고 평해지기도 했다.38) 또한 민영익은 박영효가 이끈 수신사행의 일원으로 일본에 동행하였고, 또 보빙사의 정사로 부사 홍영식, 서광범 등과 미국을 방문하기도 하였다.

민영익과 김옥균의 사이가 벌어진 것은 민영익이 보빙사에서 돌아온 이후였다. 김옥균과 박영효가 양무개혁론에서 이탈하여 문명개화론으로 선회하고, 민영익은 여전히 정부의 양무론적 입장

---

37) 《梅泉野錄》 국사편찬위원회, 44쪽.
38) 《甲乙日記》 甲申 臘月(12월) 19일(鄭玉子, 〈開化派와 甲申政變〉, 《國史館論叢》 14, 1990, 221쪽 재인용).

을 고수하게 되면서, 이들은 이념적·정치적으로 대립하게 되었던
것이다. 이런 사정을 김옥균은

> 듣자하니, 민영익이 사신으로 미국에 갔다가 구주 여러 나라를 두루 유람
> 하고 귀국하였는데, 그 뜻이 매우 방자하였다. 여러 차례 建白한 것이 있었는
> 데, 그 중에는 내가 찬성한 것도 있었지만, 또한 반박한 것도 있었다. 마침내
> 민영익은 내 생각에 반대하였고, 나 또한 그의 예봉을 피하여 더불어 다투지
> 않았다.39)

고 하였다.

　미국을 돌아본 민영익은 미국의 부강을 인정하였다. 그는 "미국
이 부유한 것은 상무商務를 중시하기 때문이며 미국이 강한 무력을
가지고 있지 않으면서도 막강한 것은 바로 그 때문"이라고 하
여,40) 더욱이 상업을 부강의 원천으로 인식하였다. 그러나 민
영익은 홍영식처럼 문명개화론으로 전변轉變하지 않았다. 오히
려 조선 정부에서 추진하던 양무개혁의 수준을 고수하였다.41)
민영익은 그런 사정을

---

39) 《甲申日錄》(《金玉均全集》, 28쪽).
40) 《承政院日記》 고종 21년(1884) 5월 9일.
41) 민영익 등을 '사대당', '완고당'으로 규정한 것은 개화파의 주장이었다. 갑신정변
　에 참여했던 서재필은 민영익이 보빙사로 워싱턴에 체류하고 있던 홍영식과 미국
　문명을 보면 다소라도 나라를 개혁할 것으로 기대하였으나, 민영익은 떠날 때와
　다름없이 "완고하고 무식한 채" 돌아왔고[閔泰瑗, 〈回顧甲申政變〉, 《甲申政變과 金
　玉均》(《韓國近世史論著集》 3, 태학사, 1982, 328쪽, 289쪽)] 보빙사로 워싱턴
　에 체류하고 있던 홍영식과 의견 대립이 있었는데, 곧 민영익은 사대주의, 홍영식
　은 독립자주로 나누어지면서 각기 길을 달리하여 귀국했다고 하였다.

> 나는 외국을 유람하여 그 문물을 볼 때마다 더욱 더 완고 수구의 생각이
> 일어났다. 그 까닭은 임오군란 이후 …… 많은 신법을 설치하였지만 조금도
> 행해지지 않았고 가끔 행해진 것은 폐해가 또한 여기에서 나왔다. …… 지금
> 부터 《大典會通》을 金科玉條로 삼아 털끝만치도 이에 위배됨이 없이 상하 사
> 민으로 하여금 준수하도록 하고, 이런 후에야 법의 귀중함을 알게 되고, 그런
> 후에 국가를 개혁시켜야 한다. 그러므로 나는 차라리 완고 수구로 변했다.[42]

고 하였다. 민영익은 서양의 문명을 경험하면서도 조선을 개혁하기
위해서는 먼저 구래의 이념과 법 체제를 확립하고자 천명하였다.
이는 곧 1880년대 초반 조선 정부의 개혁노선을 다시 확인하는 것이
었다. 이런 점에서 민영익은 자신을 개화파의 '신법新法'과 견주어 '완
고수구頑固守舊'라고 표현하였던 것이다.[43] 이런 신념에서 민영익은 유
럽 순행에서도 구미 문물에 관심을 크게 보이지 않고 유교 관련 서적
만 읽었을 것이다.[44]

개혁론의 차이로 민영익과 김옥균은 정부의 정책 입안을 둘러싸

---

42) 《時事新報》 1886년 8월 20일(具仙姬, 《韓國近代 對淸政策史 硏究》, 혜안,
   1999, 90쪽, 재인용).
43) 민영익이 이런 입장을 천명한 것은 당시 그의 정치적 입장이 청국이나 왕실에 대
   해 매우 어려웠던 점을 반영하는 것이라고 할 수 있다. 고종과 민씨 세력이 청국의
   간섭에서 벗어나기 위한 일환으로 2차 조러밀약을 추진하였고. 김윤식과 청국에서
   는 이를 견제하기 위해 대원군 귀환을 추진하였다. 더 나아가 원세개 등은 고종의
   폐위를 몰래 모의하였다. 민영익은 대원군 환국 추진 등과 관련하여 1885년 4월경
   청국에 파견되었는데, 밀약의 밀고, 폐위 음모 폭로 등의 문제로 귀국하지 못하고
   상해, 홍콩에 머물고 있었다. 민영익과 관련된 이런 사정에 대해서는 《한국사 -
   최근세편》, 진단학회, 1961, 831~835쪽 참조.
44) 이에 견주어 서광범, 변수 등은 매우 적극적으로 서양문명에 관심을 보였다. 서
   광범은 수행했던 미국 해군무관 포크G. Foulk에게 민영익이 귀국하면 개화사업에
   공헌할 것으로 기대하였으나, 오히려 친청 사대적으로 후퇴하고 있다고 고백하였
   다〔金源模, 앞의 글(1995), 309쪽〕.

고 여러 차례 대립하였다. 더욱이 화폐 발행과 차관 도입 문제를 두
고 그러하였는데, 이 대립은 민영익의 보빙사 파견 전부터 일어났다.
당시 조선 정부는 재정 곤란을 겪고 있었고, 개혁사업에서도 자금이
필요하였다. 정부에서는 당시 통상교섭사무아문의 협판이었던 묄렌
도르프Möllendorff, 穆麟德의 조언에 따라 당오전當五錢, 당십전當十錢
을 발행하여 해결하고자 하였다. 그러나 김옥균은 화폐의 발행은 오
히려 백성들을 괴롭히는 것이므로 일본에서 차관을 들여와야 한다
고 주장하였다. 김옥균은 화폐 발행을 주장하는 민태호, 윤태준尹泰
駿 등과 고종 앞에서 논쟁을 할 정도였으며, 묄렌도르프의 식견을
믿고 이를 추진하려는 민영익과 반나절이나 논쟁을 거듭하였다. 김
옥균은 묄렌도르프를 "무학, 무식"하다고 힐난하였다. 그런 뒤 김옥
균은 다시 고종을 설득하여 국채 위임장을 지닌 채 일본으로 건너가
외채를 들여오기 위한 교섭을 펼쳤다. 그러나 일본의 입장이 변하여
외채 도입은 성사되지 않았다. 김옥균은 기채하기 위해 미국으로 건
너갈 계획까지 생각하였다. 김옥균이 없는 사이에 민씨 세력은 당오
전을 주조하였고, 김옥균은 동경에 10개월 머물다가 이듬해 1884년
4월(음) 서울로 돌아왔다.[45]

　김옥균이 일본에서 돌아올 즈음에 민영익도 보빙사절에서 돌아
왔다(5월). 돌아온 민영익은 앞서 본 바와 같이 종전의 개혁 입장
을 더욱 확고하게 다지면서 문명개화론자와 다른 노선을 명확하게
견지하였다. 김옥균은 비록 차관 도입에는 실패하였지만, 귀국한 뒤
에도 계속 묄렌도르프의 화폐 발행, 해관 문제 등의 실책을 추궁하
며 논쟁하였다. 그러자 묄렌도르프는 "지금 조선의 폐해를 제거하려

---

45)《甲申日錄》(《金玉均全集》, 25~29쪽); 이광린, 〈開化黨의 形成〉,《開化黨 研
　究》, 일조각, 1975, 57~65쪽.

면, 그것은 당오전에 있지 않고 먼저 서둘러 김옥균을 제거해야 한
다. 군왕을 속이고 여러분을 해치려 한 것은 김옥균 하나뿐이다"고
민씨 세력을 설득하였다. 김옥균은 이런 움직임에 대해 "민영익은
곧 청당淸黨의 우두머리가 되어 밖으로는 우리 당을 공격하여 끊으려
고 계획하고, 안으로는 민태호·민영목이 우리 당을 무고하려고 계획"
했다고 하면서 두 세력은 서로 용납할 수 없는 형세가 되었다고 파
악하였다.46) 그리하여 김옥균은 청국에 의부한 집권세력을 제거하
고, 그 배후인 청에 대한 독립을 명분으로 갑신정변을 일으키게 되
었던 것이다. 그 길은 곧 자신들이 구상했던 문명개화론에 입각한
개혁을 추진하기 위한 것이었다. 갑신정변에 대한 구체적인 준비는
민영익과 결별하게 된 이후 시작하게 되었던 것으로 보인다.47)

김옥균·박영효 등이 국내 개혁 문제를 둘러싸고 민영익과 대립·
결별하면서 그들을 청당으로 지목한 것은 내정에 관여하고 있는
청국과 관계를 청산하지 않고는 국내의 개혁이 불가능하다고 보았
기 때문이었다. 그래서 현실적으로 자신들과 개혁이념, 곧 노선을

---

46)《甲申日錄》(《金玉均全集》, 29~30쪽).
47) 김옥균이 정변을 일으킬 수 있다는 생각은 정변 1여 년 전부터 하였던 것으로
　보인다. 김옥균이 세 번째로 일본을 방문하여 차관 교섭을 하던 어느 때(1883. 5 ~
　1884. 4), 일본 정치가 고토 쇼지로後藤象次郎에게 보낸 문서에서 청국의 간섭을
　벗어나고 '독전자주지국獨全自主之國으로 서고 독립하고자 하면 정치 외교에서 자
　수자강自修自强하여야 하며, 또한 정부를 대경장·개혁하고, 군권을 위협하고 탐욕
　하는 무리를 제거해야 하는데, 이를 위해서는 임금의 밀칙密勅에 의해 평화적으로
　할 수도 있고, 이것이 불가능하다면 무력을 사용해야 하고, 무력을 사용하는 경우
　에는 일본인을 고용해야 한다'고 하였다(〈朝鮮改革意見書〉, 《金玉均全集》, 117쪽
　참조). 그리고 이는 동시에 조선 문제에 소극적인 일본의 관심과 도움을 요청하기
　위한 발언이기도 하였다. 한편 갑신정변에 참여했던 서재필은 보빙사 민영익이 미
　국에서 돌아온 이후에도 계속 보수적인 태도를 보이자 정변의 방법을 계획하였다
　고 하였다(関泰瑗, 앞의 글, 328쪽).

달리하던 민씨 세력을 '친청親淸, 사대, 수구'세력으로 규정하였던 것이다.

김옥균, 박영효 등 개화세력이 청국으로부터 '독립'을 전면에 내걸 수 있었던 것은 국제질서의 변화를 나름대로 파악했기 때문이었다. 당시 《한성순보》에는 국제정세의 변동에 대해 많은 글들이 실렸다. 만국공법을 거론하면서 모든 국가들이 평등하다는 점, 그리고 약소국은 공법에 바탕을 두어 강대국의 침략을 막을 수 있다는 점을 거론하였다. 말할 것도 없이 강대국들의 약소국 침략을 보면서 "공법이 대포 한 방보다 못하다"는 한계도 동시에 인식하고 있었다. 김윤식이나 정부 집권세력이 여전히 청국과 사대 관계를 새로운 국제관계에서도 유지하려고 했다면, 김옥균은 근대적 국제질서에서는 반드시 청으로부터 '독립'이 되어야 한다는 점을 인식하였다.

민영익도 청국의 거센 간섭을 문제로 생각하였다. 청의 간섭을 벗어나려면 러시아와 가까워야 한다는 점에서 민영익이나 김옥균이 차이가 없었다.[48] 그러나 민영익은 청일 사이의 대립이 점차 격화되어 전쟁으로 가는 현실 정치의 논리 속에서 청국과 결별이 어렵다고 보았다. 윤치호는 이런 점을

> 그날에 芸楣〔민영익〕가 나에게 물어보기를 "근일 독립을 이룰 수 있는 기회인가?" 내〔윤치호〕가 대답하기를 "공은 어찌 이런 질문을 하십니까? 우리나라는 미국, 영국 등 여러 나라와 조약을 맺은 날이 독립국이 된 것입니다. 세상에 어찌 속국과 더불어 평등한 조약을 맺을 수 있겠습니까? 이제 우리나라가 독립인가 아닌가에 대해서는 마음 쓸 필요가 없습니다. 다만 우리나라

---

48) 노대환, 〈閔泳翊의 삶과 정치활동〉, 《韓國思想史學》 18, 2002, 478~479쪽.

가 강한 나라가 되기를 도모하는 것에만 유의해야 할 것입니다"라고 하였다. 운미는 아무 말이 없었다. 슬프다. 운미가 이런 질문을 한 것은 그 의미를 알 수 있다. 대개 개화하려는 무리들이 興新改舊하고 독립을 도모하는 것을 운미가 좋아하지 않았기 때문이다. …… 그러나 민영익과 민태호는 文明獨立에 反目하는 뜻을 가지고 있다. …… 저런 완고하고 우둔한 사람이 세계를 일주하고도 自强이 빛이 된다는 것을 모르고, 백방으로 깨치고 설득하였으나 오히려 屬人이 되어 구차하게 보전하는 것을 즐거워하니 어찌 한심하지 않은가?[49]

라고 하여, 윤치호는 자강독립을 외면하는 민영익을 비판하였다. 하지만 '독립' 문제를 알고 있던 민영익이 청국의 간섭에서 벗어나려고 노력하면서도 오히려 청국에 기댄 것은 당시 격화되고 있던 청일 사이의 대립 가운데 택한, 현실적인 길이었다.[50]

그리하여 개화파는 갑신정변을 통해 친청 세력을 제거하고, 청으로부터 벗어나 '자주독립국'을 세우고자 하였다. 갑신정변의 정강 제1조에 "대원군을 조속하게 돌아오게 하고, 의례적인 조공을 폐지"하자고 한 것도 이런 조건에서 나온 것이었다. 그러면서 동시에 문벌폐지, 지조법 등과 같이 일본 메이지유신 이후의 성과를 조선의 개혁에서 실현하고자 하였다.

---

49) 《尹致昊日記》 1884년 9월 19일(一, 106쪽).
50) 민영익의 '친청' 노선에 대해 '미국에서 돌아온 이후 민영익의 개혁론이 민씨 세력의 비협조로 난관에 부딪치자 민영익은 점차 친청적인 성향을 띠기 시작'했다고 지적한 것은[노대환, 앞의 글(2002), 475~476쪽] 맞지 않는 것 같다. 민영익은 조러밀약(2차)을 밀고하고 상해에 '망명'하였지만, 이후에도 고종이나 민비의 신뢰 속에서 민씨 세력과 지속적으로 연락하고 있었다. 민영익과 여타 민씨 세력 사이에 노선의 갈등이 있었을 것으로 보기 어렵다.

(3) 갑신정변 후 문명개화론의 발전

개화파가 구상했던 여러 사회개혁론은 갑신정변 때에는 명확하게 제기되지 않았다. 오히려 갑신정변 뒤에 그들은 문명개화론의 구상을 다듬어 나갔다. 김옥균은 물론 후술하게 될 박영효나 유길준의 경우도 그러하였다.

갑신정변 뒤 청의 속방화는 더욱 강화되었다. 조선 정부는 러시아와 밀약을 추진하면서 미국·일본·유럽 등지에 상주 외교관 파견을 시도하였다. 외교적으로 자주독립국이라는 점을 보이기 위한 것이었다. 그러나 청국은 여러 방법을 동원하여 이를 간섭하였다.

이런 현실에서 《한성주보漢城週報》에는 만국공법의 허구성, 곧 약육강식의 제국주의 질서의 한계를 지적하는 견해들이 강하게 제기되었다. 가령 "각국은 일단 자신들에게 이익이 있는 것을 보면 공법을 저버리고도 두려워하지 않는다"고 하였고,[51] "조약과 공법이란 다만 부강한 자들이 자기들의 잘못을 합리화하고 남을 꾸짖는 도구일 뿐이며, 또 부강한 자들이 조약과 공법을 빌려 저희들에게만 편리하게 하는 방편에 불과할 뿐"이라고 하면서 "만국의 통상에는 다만 빈부와 강약의 힘만이 있을 뿐 조약이나 공법은 없는 것"이라고 힐난하였다.[52] 갑신정변 이전 만국공법을 강조하여 새로운 국제질서에 적응하려고 노력했던 것과는 다른 모습이었다.

이러한 국제정세에 대한 파악을 바탕으로 문명개화론자들의 논의도 조금씩 변하여 갔다. 일본에 망명 중이던 김옥균은 영국의 거문도 점령 이후 고종에게 상소하면서,

---

51) 《漢城週報》 6호(1886년 3월 8일), 私議〈論天下時局〉.
52) 《漢城週報》 17호(1886년 5월 24일), 私議〈論西日條約改証案〉.

이제 朝鮮을 爲하여 謀하건대, 淸國은 本來 足히 恃치 못할 것이오, 日本
도 亦然하여 此 二國은 各其 自家 維持에 餘力이 無한 模樣이온데 何暇에 他
國을 扶助함을 得하리이까. 近年에 淸國의 安南, 琉球를 他國이 占領하여도
淸國이 敢히 一言의 抵抗을 試치 못하얏나이다. 그런데 我邦으로 하여금 高
枕安臥를 得케 하리라 云함은 實로 可笑할만 한 事이오, 日本은 前年來로 何
等의 思考인지 一時 熱心으로 我邦의 國事에 干涉하더니 一變의 後로는 忽
然 此를 棄하여 顧치 아니할 模樣이오니, 또한 足히 恃할 수 없삽나이다.[53]

고 하여, 청국과 일본은 각자 여력이 없어 우리를 도울 수도 없으므
로 이를 믿을 수 없다고 하였다. 그리하여 김옥균은 "밖으로는 널리
구미 각국과 신의로써 친교하고, 안으로는 정략政略을 개혁하여 우
매愚昧한 인민을 '문명의 도'로써 가르쳐야 하며, 상업 흥기, 재정 정
리, 양병 등을 추진해야 된다고 건의하였다.[54]

한편, 종래의 대청 관계를 유지하면서 세력균형을 이루어야 한다
는 의견도 제기하였다. 청국이 여전히 강한 영향력을 가진 현실을
고려한 것이었다. 갑신정변에서 청과 조공 관계를 청산하고자 했던
김옥균조차 청을 맹주로 하는 조선의 중립화 방안을 내어놓았다. 곧

---

53) 《金玉均全集》, 〈池運永事件糾彈上疏文〉, 146쪽. 특히 김옥균은 청이 원세개 같
   이 시세를 판단하지 못하는 사람을 파견한 것을 비판하고, 원세개와 조선의 간신
   奸臣이 결당하여 국권을 멸시한 점을 강하게 비판하였다(145~146쪽).
54) 위의 글, 146쪽. 그러면서 김옥균은 자신들의 '정변'을 고종이 망국의 군주가 되
   지 않게 하기 위한 것이며, 국가를 위하여 신명을 던진 일이라고 하고, 자신들의
   행위를 "외국의 힘을 자藉하였다 평하는"것은 당시의 내외 사정상 만부득이한 것
   이었음을 변명하였다. 따라서 자신들을 '역적'으로 보는 것은 고종의 본뜻이 아닐
   것이라고 하면서(142~143쪽), "박영효, 서광범, 서재필의 3인은 연방소장年方少
   壯하고, 또 충성스럽고, 능히 외국을 사정을 관찰한 사람이니, 속히 소환하여 신임
   하면 국가의 동량이 될 것"이라고 하였다(147~148쪽).

1886년 김옥균은 이홍장에게

그런즉 閣下는 청국 황제폐하를 천하의 盟主로 하고 구미 각 대국에게 公
論으로 알리고, 더불어 조선을 中立國으로 세워 萬全無危의 땅으로 만들지
않으렵니까. 각하는 계속하여 노련한 수단으로 善隣友睦의 誼를 다하여 진
실로 輔車의 盟誓를 결합하여 東亞의 政略을 펴면 곧 이것은 단지 조선을 위
해 다행일 뿐 아니라 귀국에 대해서도 得策이 될 것입니다.[55]

고 제의하였다. 조선의 독립이나 중립화는 청국의 협조 없이는 불
가능하다는 판단이었다. 김옥균은 그 뒤 "일본, 한, 청 3국이 제휴
하여 구미 세력의 동점을 막아야 한다"는 삼화주의三和主義를 주장
하였다.[56]

또한 박영효나 유길준도 국제정세 변화를 인식하면서 조선의 대
응책을 제기하였다. 후술할 바와 같이, 박영효는 "비록 만국공법이
나 균세均勢와 공의公義가 있다고 하더라도 나라가 스스로 자립, 자
존하는 힘이 없으면 반드시 분할되고 유지할 수 없다"고 지적하면
서, 안으로 자강하고 대외적으로는 균세를 이루려고 하였다. 유길준
도 조선의 중립화를 구상하였는데,[57] 갑신정변 직후 청의 간섭과
러시아의 남하에 대처하기 위해서였다. 청이 맹주가 되어 영국·프랑

---

55) 《金玉均全集》, 〈與李鴻章書〉, 152쪽.
56) 近藤吉雄, 《井上角五郎先生傳》, 1943(趙景達, 〈朝鮮における大國主義と小國主義
   の相克〉, 《朝鮮史硏究會論文集》 22, 1985, 90쪽 재인용). 이런 점에서 아시아주
   의를 주장하는 일본 우익들이 김옥균을 "동양 평화의 선각자"라고 추앙하였다. 아
   시아주의는 일본이 맹주가 되어야 한다는 점에서 일본의 침략론이었다.
57) 《兪吉濬全書(Ⅳ)》, 〈中立論〉. 유길준의 중립론에 대해서는 강만길, 〈유길준의
   한반도 중립화론〉, 《창작과 비평》 30, 1973; 《分斷時代의 歷史認識》, 창작과비평
   사, 1978.

스·일본·러시아 등 아시아 관련 국가들을 모으고, 여기에 조선도 참 가시켜 중립화 조약을 맺자는 것이었다. 그리고 청이 조선을 속국으 로 대하는 것을 비판하고, 조선의 국제적 위상은 만국공법에서 거론 하는 '속국'이 아니고, '증공국贈貢國'이며, '수공국受貢國'과도 서로 사절과 영사를 파견하는 '독립 주권국'이라고 하였다.[58]

한편, 갑신정변 실패 후, 개화파 인사들은 일본·미국 등지에 망명하였다. 그 과정에서 서양문명, 더욱이 기독교 등에 대한 인 식이 많이 바뀌었다. 망명 뒤, 그들은 요코하마橫濱에서 서양 선교 사와 교류하였다. 서광범 등은 한국에 들어오려고 준비하던 언더 우드H. G. Underwood, 아펜젤러H. G. Appenzeller 등에게 한국어를 가르치고, 또한 일본이나 미국의 망명 생활에 도움을 받았다. 김 옥균은 성경의 한글 번역에도 부분적으로 참여하였다.[59] 서재필 은 루미스Henry Loomis 목사 집에 거처하면서 약 3개월 동안 루미 스, 헤론John W. Heron에게 한국어를 가르쳤고, 루미스로부터 영 어를 배웠다.[60] 언더우드도 서재필에게 영어 알파벳과 주기도문 을 가르쳤다. 언더우드는 미국에 가는 서광범에게 뉴욕에 사는 형 존 언더우드John T. Underwood를 소개해 주었다. 서광범·서재필 등은 뉴욕으로 가서 존 언더우드의 후원으로 미국 생활을 영위할 수 있었다. 언더우드는 서광범을 훌륭한 사람으로 보았고, 서광범 은 자신의 모친에게 기독교를 가르쳐 줄 것을 요청하기도 하였 다.[61]

---

58) 《西遊見聞》 제3편, 〈邦國의 權利〉, 92쪽.
59) 옥성득·이만열 편역, 《대한성서공회사》 자료집 1, 2004, 326쪽(루미스→길맨 총 무, 1883. 9. 20); 360쪽(루미스→길맨 박사, 1885. 6. 17).
60) 金道泰, 《徐載弼博士自敍傳》, 首善社, 1948, 147~148쪽.
61) 이만열·옥성득 편, 《언더우드자료집(Ⅰ)》, 연세대학교출판부, 2005, 4쪽, 13~14쪽;

그리하여 그들은 기독교 수용을 통한 문명개화까지 생각하게 되었다. 김옥균은 외국의 종교까지 도입하여 교화에 도움을 주자고 하였다.[62] 박영효는 1885년 12월, 미국에서 일본으로 다시 돌아와 미국 선교사의 도움으로 생활하였는데, 그는 서양이 개명한 이유가 기독교 교화에 있다고 판단하였다.[63]

2) 박영효의 개혁론과 유교: 〈건백서〉를 중심으로

(1) 양무론에서 문명개화론으로의 변전

박영효(1861~1939)는 노론 명문 반남潘南 박씨의 후손으로 수원에서 태어났다.[64] 그는 12세(1872)에 철종의 장녀였던 영혜옹주永惠主와 결혼하여 부마가 되어 금릉위錦陵尉로 불렸다. 이 때문에 그의 아버지 박원양朴元陽도 공조판서에 오르게 되었다. 결혼한 지 4개월 만에 영혜옹주가 사망했으나 박영효는 부마의 지위를 계속 유지해 갔다.

박영효의 학문은 그의 일가였던 박규수 문하에서 시작되었다. 박영효의 나이 15세 때였다(1875). 박규수는 1874년 11월 우의정에서 물러난 뒤, 자신의 사랑방을 찾아오는 젊은이들, 곧 박영효를 비롯하여 김옥균·서광범·홍영식·박영교朴泳敎(박영효의 형) 등을 가르쳤다. 앞서 본 바와 같이 박규수는 박지원朴趾源의 북학론을 계승하여, 유교의 우월성을 확신하면서 아울러 서양의 기술문명에도 관심

졸고, 〈개항 후 한국의 근대개혁과 언더우드〉, 《언더우드기념강연집》, 연세대학교출판부, 2011, 277쪽.

62) 李光麟, 〈金玉均의 著作物〉, 《開化黨研究》, 일조각, 1973, 201~202쪽.
63) 柳永益, 앞의 글(1990), 88~89쪽.
64) 박영효에 대한 전반적인 연구로는 金顯哲, 앞의 글(1999) 참조.

을 가졌고, 박영효는 박규수의 문하에서 국제정세의 변동과 '신사상'
을 익힐 수 있었다. 이런 사정을 박영효는 다음과 같이 회고하였다.

> 그 신사상은 내 일가 박규수 집 사랑에서 나왔소. 김옥균, 홍영식, 서광범,
> 그리고 내 伯兄하고 재동 박규수 집 사랑에 모였지요. …… 燕巖集에서 귀족
> 을 공격하는 글에서 平等思想을 얻어……65)

박영효 등이 박규수 문하에서 박지원의 연암집을 읽고 평등사상
을 배웠다는 이 회고로 흔히 개화사상이 북학론을 계승한 것이라고
지적되는데, 박영효는 박규수 문하에서 그렇게 오래 배우지는 못했
다. 1877년 2월 박규수가 사망하였기 때문이었다. 그러나 그 문하
에서 동문수학했던 사람들은 이후 대개 정치적, 학문적으로 같은 길
을 걸으면서 정부의 근대화 사업에 중요한 몫을 담당하였다.

한편 박영효는 김옥균 등과 접촉하면서 중인 출신이었던 유홍기
劉鴻基[유대치] 아래에서도 공부하였다. 유대치는 박규수의 청국 사행
에 역관으로 동행했던 오경석과도 친한 사이로, 자연스럽게 오경석이
청국에서 들여온 여러 새로운 책, 《해국도지》, 《영환지략瀛環志略》,
《중서견문록中西見聞錄》 등을 통하여 세계정세의 변동에 대해서 나름
의 식견을 가졌던 것으로 추측할 수 있다.66)

박규수 문하와 그 뒤의 학문 수학을 통해 박영효는 대체로 당시
서울 지역의 선진 지식인이 가졌던 양무론을 공유하였다. 그는 국제
질서의 변화를 인식하고, 그 질서 속에서 약소국 조선이 살아남을

---

65) 李光洙, 〈朴泳孝 氏를 만난 이야기 – 甲申政變回顧談〉, 《東光》 19, 1931(《李
    光洙全集》 17).
66) 李光麟, 〈숨은 開化思想家 劉大致〉, 《開化黨 硏究》, 일조각, 1975.

수 있는 방법은 부국강병이고, 이를 위해서는 안으로 나라의 폐정을 개혁하고, 동시에 서양의 기술문명을 수용해야 한다고 보았다. 부마였던 박영효는 여러 형태로 정부가 주도하던 양무개혁사업에 직간접으로 참여하였다.

박영효는 임오군란 뒤, 일본 문명을 경험하면서 사상적으로 양무론에서 문명개화론으로 변전하였다. 이 변화는 국제질서의 변동 속에서 만국공법 체제를 인식함과 동시에 일본의 문명화에 대한 충격 때문이었다. 임오군란 수습 차 수신사로 파견되어 약 3개월 동안 일본의 근대화 과정을 경험하면서 박영효는 "나의 일평생을 지배하는 기본관념은 바로 이때에 받은 충동에서 나온 것"[67]이라고 할 정도의 '충격적'인 변화를 겪게 되었던 것이다. 개혁의 논리와 방안에서 본다면 문명개화론은 양무개혁론과는 판이한 것이었고, 북학론의 전통에서도 이탈된 것이었다. 문명개화론자들은 일본과 같은 문명화, 개혁을 지향하면서, 먼저 청국의 간섭을 배제하고, 이를 따르는 세력을 제거하고자 갑신정변을 단행하였던 것이다.

박영효의 문명개화론은 갑신정변 이후 더욱 분명하고 치밀해졌다. 갑신정변 뒤 박영효는 일본으로 망명하였는데, 이때 서양의 선교사와 접촉하면서 서양문명을 간접적으로 익혔다. 그런 뒤, 박영효는 선교사가 써준 소개장을 지니고 서광범·서재필 등과 미국으로 갔다. 서재필은 미국에 정착하였지만, 박영효는 적응하지 못하고 일본으로 되돌아왔다(1885. 2). 이후 그는 줄곧 일본에서 지내면서 일본 인사들과 교류하고 문명개화 개혁의 구상을 가다듬었다. 그리고 마침

---

67) 朴泳孝, 〈甲申政變〉, 《新民》 14, 1926, 40쪽.

내 1888년에 그의 개혁 구상을 〈건백서建白書〉로 정리하였다.[68]

박영효가 망명지 일본에서 〈건백서〉라는 이름으로 고종에게 상소를 올린 것은 당시 제국주의 지배라는 국제질서 속에서 조선의 국권을 지켜야 한다는 위기의식 때문이었다. 박영효는 국권 보존을 위해서 무엇보다도 부국강병이 긴요하다고 보았고, 그러한 모든 개혁의 과정을 문명화로 생각하였다. 그는 〈건백서〉의 개혁 건의안을 제시하면서 군데군데 '문명국' 또는 '개명'한 외국의 예를 들었다. 그는 당시 조선을 이런 문명과 개명에 미치지 못하는 '미개'의 상태로 인식하였다. 곧 서양문명을 목표로 조선의 문명을 고쳐야 한다는 것이었고, 이런 점에서 박영효의 개혁론은 문명개화론이었다. 〈건백서〉에 제시된 개혁 구상이 국가의 전반적 체제 개혁의 수준은 아니었지만, 국왕에게 정책으로 시행되어야 할 것을 염두에 두고 제시되었다는 점에서 의미가 있고, 이는 갑신정변 이후 가장 잘 정리된 문명개화 개혁론이었다.[69]

---

68) 《日本外交文書》 권21, 事項 10 朝鮮國關係雜件, 〈朝鮮國內政二關スル朴泳孝建白書〉(1888, 이하 〈建白書〉).

69) 박영효의 〈건백서〉는 개화파의 사상을 밝히는 자료로 많은 연구자들이 분석하였다. 그 가운데 강재언, 〈개화파에 있어서의 자유민권사상의 형성〉,《근대한국사상사연구》 제3장, 한울, 1983; 靑木功一, 앞의 글(1976·1977); 崔德壽, 〈朴泳孝의 內政改革論 및 外交論 研究〉,《民族文化研究》 21, 고려대 민족문화연구소, 1988 등이 참조된다. 박영효의 〈건백서〉에는 일본 문명개화론의 거두 후쿠자와 유키치의 영향이 강하게 보였다. 후쿠자와의 저작, 특히《西洋事情》,《學問のすすめ》,《文明論之槪略》이 박영효의 건백서에 그대로 반영되었고, 심지어 약 1/4은 후쿠자와의 문장을 번역한 것이기도 하였다. 아오키는 후쿠자와의 세 저서와 〈건백서〉를 비교하여,《서양사정》에서 수용된 부분은 ①자유 평등 권리 의무의 사상(천부인권론), ②근대화를 위한 민의 교육 중요성, ③법 경제의 기초로서의 사유권의 존중, ④사회계약론, ⑤신교信敎의 자유 등이고,《學問のすすめ》,《文明論之槪略》을 경유하여 수용한 것으로 추정되는 것은 ①민권의 신장에 의한 전제군주제의 개혁, ②남녀 친자에 관한 자유평등론, ③인민 지덕智德의 향상이 역사 발전을 좌우한다는 역사관 등으로 정리할 수

(2) 〈건백서〉의 문명개화론과 유교

(가) 〈건백서〉에서 박영효는 먼저 당시 약육강식의 국제질서를 옛 중국의 '전국시대'와 같다고 보았다.

> 지금 세계의 모든 나라는 옛날 戰國時代의 列國들과 같습니다. 한결같이 兵勢를 으뜸으로 삼아, 강한 나라는 약한 나라를 병합하고 큰 나라는 작은 나라를 삼키고 있습니다. 또한 항상 軍備를 강구하면서 아울러 학문과 技藝를 진흥하여, 서로 경쟁하고 채찍질하며 앞을 다투지 않음이 없습니다. 각국이 自國의 뜻을 공고히 하여 세계에 위력을 떨치려 하고, 다른 나라의 빈틈을 이용하여 그 나라를 빼앗으려 하고 있습니다.[70]

고 하여, 당시의 국제질서는 힘에 따라 약육강식이 자행되는 제국주의 시대이며, 모든 나라가 이를 위해 군사력을 증대하고 각종 학문과 기술도 경쟁적으로 발전시키고 있다는 것이었다.

따라서 이런 질서 속에서 나라가 자립·자존하기 위해서는 '힘'이 있어야 하였다. 비록 만국공법과 균세 그리고 공의公義가 있다고 하지만, 이런 것은 본래 믿을 수 없는 것이라고 보았다. 즉 "구라파인들은 입으로는 법과 의義를 말하지만, 마음속으로는 야수의 마음을 품고" 있다고 하였던 것이다.[71]

이런 정세 속에서 조선은 약소국이었다. 박영효는 조선이 쇠퇴하

있다. 이는 영미 계열의 계몽주의가 후쿠자와 저작을 통해 박영효에게 간접 수용된 것이라고 하였다(靑木功一, 〈朝鮮開化思想と福澤諭吉の著作〉,《朝鮮學報》 52, 1969, 참조). 하지만 이런 연관성에도 그는 박영효와 후쿠자와가 구상한 개혁론의 사상적 바탕이나 성격은 다르다고 분석하였다(靑木功一, 위의 글(1976·1977)).

70) 〈建白書〉, '一, 宇內之形勢', 296쪽.
71) 위와 같음.

여 약해졌다는 표현을 여러 차례 거론하였다.

> 本朝는 건국 이래 지금까지 거의 500년을 이어져 내려왔는데, 중엽부터는
> 국세를 떨치지 못하여, 동쪽으로는 일본과 전쟁을 하고 북쪽으로는 淸朝가
> 일어나는 등 전쟁이 거듭 일어나면서 점차 쇠약해져 근세에 이르러서는 극
> 도로 약해졌습니다.[72]

라고 했다. 청국과 일본에 의해 쇠약해진 조선은 다시 러시아의 침
범까지 받고 있었다. 러시아가 우리에게 군비軍備가 없는 것을 보고,
먼저 우리나라의 서북 지방으로 진출하여 함경도와 평안도를 침략
하고, 아시아의 화복을 흔들고 있다는 것이었다. 또한 박영효는 이
렇게 쇠약해진 것은 조선뿐만 아니라 아시아 전역에 걸친 문제라고
보았고 "그런데도 우리 아시아주 민족들은 게으르고 부끄러움이 없
어 구차히 목숨을 부지해 가고자 할 뿐, 전혀 과단성 있는 기상이
없다"고 하며 탄식하였다.[73]

그러나 박영효는 아시아에서 유독 일본만이 강성해졌다는 점을
강조하였다. 그는

> 또한 이웃에 한 나라(일본)가 있어서, 우리 조선과 같은 人類로 똑같이 비
> 와 이슬의 혜택과 해와 달의 빛을 받고 있으며, 우리나라와 비교해 보아도
> 땅덩어리의 넓이에 있어서 크고 작음의 차이가 심하지 않고, 생산되는 물화
> 의 많고 적음의 차이도 심하지 않으나, 다만 일을 하는 것에 있어 차이가 있
> 습니다. 그들은 이미 開明의 道를 취하여 문화와 기예를 닦고 무장을 갖추어,

---

72) 〈建白書〉, 294쪽.
73) 〈建白書〉, 297쪽.

다른 부강한 국가들과 거의 어깨를 나란히 하게 되었습니다.[74]

고 하였다. 요컨대 조선과 일본이 약소국과 강대국으로 나누어진 원
인은 조선은 우매하고 어리석은 것과 달리 일본은 '개명開明의 도'를
취했기 때문이라고 본 것이었다.

그리하여 박영효는 조선의 쇠약함이 모두 정부의 책임이라고 단
정하였다. "인민이 어리석고 부끄럼을 모르게 되어, 남에게 점령을
당하더라도 치욕이 되는 줄을 모르고 재앙이 곧 닥치려 하여도 깨닫
지 못하게 된 것"은 정부가 백성을 노예와 같이 보고 가르치지 않았
기 때문이므로, 조선의 쇠약은 정부의 잘못이지 인민의 잘못이 아니
라고 하였던 것이다.[75]

따라서 박영효는 국권을 지키고, 또 나라를 부강하게 하기 위해서
는 정부가 개혁을 단행하여 개명의 길로 나아가서 자립·자존해야 한
다고 보았다. 그는 "정부의 목적은 무엇입니까? 백성을 보호하고 국
가를 지키는 것[보민호국保民護國]뿐입니다"라고 하여,[76] 개혁의 핵심
을 언제나 백성과 나라, 곧 민국民國을 보호하는 '보민호국'에서 찾았
다. 이를 위해 박영효는 〈건백서〉에서 다양한 방안을 제시하였다.

(나) '보민호국'을 위한 박영효의 개혁론은 사회 전반에 걸친 것
이었다. 개혁론의 내용은 당시 약육강식의 국제질서에서 나라의 자
주권을 지키기 위한 외교 관계부터, 정치체제와 민권의 문제, 경제
적으로 부국富國이 되는 것, 그리고 무력 증강 등이었다.

---

74) 〈建白書〉, 295쪽.
75) 〈建白書〉, 297쪽.
76) 〈建白書〉, 294쪽.

첫 번째 방안은 외교 관계를 잘 맺어야 한다는 것이었다. 위에서 본 바와 같이 비록 당시의 서양 제국주의국가들이 공법, 공의를 무시하고 힘으로 약소국을 침략하지만, 약소국인 조선은 힘을 갖추면서도 동시에 다른 나라와 맺은 조약을 잘 지켜 나라 사이의 신의를 중시해야 할 것을 강조하였다.

박영효는 "청에 대해서는 삼가고[致謹於淸], 러시아와는 신중하게 화합하며[愼而和魯], 미국에는 의탁하고[倚托於美], 일본과는 친교를 맺고[親交日本], 영국·독일·프랑스 등과는 결합[結英德法]"해야 한다고 하였다.77) 비록 갑신정변을 일으킬 당시에는 청국을 몰아내고 간섭에서 벗어나고자 했지만, 갑신정변 이후 현실적으로 청국의 영향을 배제할 수 없었던 상황에서는 청국을 포함하여 한반도를 둘러싼 여러 나라의 세력균형을 지향하였다. 이런 점은 앞서 본 바와 같이, 김옥균이 청국을 맹주로 한 조선의 중립화를 추진한 것과 맥을 같이 하는 것이었다.

둘째, 국내의 정치 운영과 관련된 것으로, 박영효는 법률의 원칙을 지키고 기강을 세워 민국을 안정시켜야 한다고 건의하였다. 곧 법치주의를 강조한 것이었다. 그는 법률을 "인민의 개인적 행동과 남과의 관계 맺음에 대한 규범이며, 바른 이치를 권면하고 그릇된 악행을 금지하는 것"이라고 하였다. 법률의 시행에는 절대로 편파적이거나 치우침이 없어야 하며, 인仁·의義·신信을 근본으로 해야 한다고 하였다. 이와 같은 법률 운영의 실상이 바로 개명국과 미개국의 차이라고 하였다.

---

77) 〈建白書〉, '七, 正政治 使民國有定', 309쪽.

형벌을 혹독하게 하여 仁을 해치고, 처벌을 억지로 시행하여 義를 무너뜨
리며, 법을 마음대로 쥐고 흔들어 信을 잃음으로써, 인민의 마음이 지조 없이
나약하게 되거나, 완고하고 포악하게 되거나, 또는 의심을 품고 동요하게 되
는 지경에 이르도록 하는 것은 야만국의 미개한 정치입니다. 仁으로써 刑을
행하고, 의로써 벌을 행하며, 신으로써 법을 행하여, 민의 마음이 안온한 경
지에 이르게 하는 것은 문명국의 開明한 정치입니다.[78]

박영효는 법에 의한 정치 운영을 위해서는 무엇보다도 국왕의 마음
자세가 중요하다고 강조하였다. 이를 실천하기 위해서 국왕이 백관
을 거느리고 종묘에 나아가 다음과 같은 점을 서약하라고 권하였다.
곧 ①선행과 재덕이 있으면 천인賤人이라도 포상·등용할 것, ②악을
행하고 재덕이 없는 자는 귀인貴人이라도 벌을 주고 파면할 것, ③형
벌을 줄이고 세금을 가볍게 하여, 인민이 간고艱苦에서 벗어나게 할
것, ④농상農桑을 권하고 공상을 일으켜 인민을 기한飢寒에서 벗어나
게 할 것, ⑤문덕文德을 도야하고 무비武備를 갖추어 민국을 편안하
게 할 것 등이었다.[79] 이 가운데 앞의 세 조항이 법을 운용하는 원
칙과 관련된 것이다.

박영효가 구상했던 법률체계는 '문명국' 서양의 법률까지 포괄하
는 것이었다. 법은 풍속에 순응하여 다스리는 것이므로, 옛 법을 따
르면서도 점차 좋은 법으로 나아가야 한다고 하였다. 박영효가 규정
한 '좋은 길〔良道〕'은 물론 민국에 유익한 것으로, 법률의 변화는 갑
작스럽게 하지 말아야 하겠지만, 민국에 유익한 것이 있다면 비록
소란이 일어나 분분하더라도 과단성 있게 실행해야 한다고 하였다.

---

78) 〈建白書〉, '二, 興法紀 安民國', 297쪽.
79) 위와 같음.

아마도 갑신정변에서 추진했던 법률 개정의 정당성을 염두에 두고 있었을 것이다. 이런 원칙 아래 재판관에 의한 재판, 혹형 폐지와 생명 보호, 노륙제孥戮制와 고문 폐지, 증거에 따른 죄의 판명, 공개 재판, 순경청 설치, 사형私刑 금지 등을 제안하였다.80)

이와 아울러 나라의 정치를 바르게 하여 민국을 안정시키자고 제의하였다. 그는 정부의 직분을 "나라의 백성을 편안하게 다스려 속박하지 않는 것이며, 국법을 굳게 지켜 마음대로 하지 않으며, 외국과 교제에서도 신의를 중시하는 것"이라고 강조하면서,81) 법치주의와 더불어 정부의 통치 원칙으로 강조하였다. 이런 정치를 펼치면 안으로는 인민의 소란이 일어나지 않고, 외국의 수모도 없어지게 될 것으로 보았다.

한편, 국내 정치와 관련하여 박영효는 매우 중요한 두 가지를 거론하였다. 그 하나는 정당政黨의 문제였다. 정치 운영에서는 이치를 둘러싼 논의가 일어나고, 그 논의에 따라 자연스럽게 당이 생기게 되는데, 이것이 전날의 붕당朋黨이며 오늘날의 정당이라고 하였다.82) 이러한 언급은 자신들의 무리〔黨〕가 일으켰던 갑신정변을 정치 운영에서 나타나는 정당 활동으로 본 것이었다. 그는

> 몇 해 전에 이르러 黨派가 또 다시 2개로 나누어졌는데, '새로운 것에 나아가고 自立〔就新自立〕'하는 당파와 '옛것을 지키고 남에게 의존'하는 당파가 이것입니다.83)

---

80) 〈建白書〉, '二, 興法紀 安民國', 298쪽.
81) 〈建白書〉, '七, 正政治 使民國有定', 308쪽.
82) 위와 같음.
83) 위와 같음.

고 하여, 자신들을 '취신자립'하는 당파로 규정하였다. 비록 자신들의 무리가 나라의 급박한 형세를 보고, 이를 서둘러 다시 진흥하고자 '잔혹'한 일을 저질렀지만, 이 거사는 나라의 체면을 보존하기 위해 취진된 것이고, 이 또한 정당 활동이라고 하였다. 따라서 국왕은 자신들과 같은 '나라에 충성하는 당'을 보호해야 한다고 요구하였다.[84]

또 다른 하나는 국왕의 권한과 역할을 축소하는 것이었다. 이는 뒤에서 말 할 민권 확립을 위해서 필요한 것이지만, 정치 운영에서도 견지되어야 할 것이었다.

> 진실로 한 나라의 부강을 기약하고 만국과 대치하려 한다면, 君權을 감소하여 인민으로 하여금 마땅한 만큼의 자유를 갖게 하는 것보다 나은 것이 없습니다. 각자 나라에 보답하는 책무를 지게 한 연후에 점차 문명한 상태로 나아가게 됩니다.[85]

고 하였다. 이런 점과 관련하여 정치 운영에서도 국왕이 친히 모든 것을 관장하면 안 되고, 관료들이 각자 맡은 바 일들을 하게 하며, 어진 재상을 뽑아 정무를 전담하게 하여야 한다고 하였다. 또한 각 지방마다 현회縣會를 만들어 인민의 일을 인민이 의논하게 하여 공사公私 양편을 모두 편하게 하자고 하면서, 이것을 '문명의 법'이라고 하였다.[86] 군주의 권한에 제한을 두면 민국이 모두 오랫동안 편안해질 것이라고 여러 차례 강조하였다.

---

84) 위와 같음.
85) 〈建白書〉, '六, 敎民 才德文藝以治本', 306쪽.
86) 〈建白書〉, '七, 正政治 使民國有定', 309쪽.

임금의 권한을 축소해야 한다고 하면서 박영효는 자연스럽게 정치체제 개혁도 생각하였을 것이다. 고종에게 올린 상소인 〈건백서〉에는 이를 명확하게 드러낼 수는 없었겠지만, 박영효는 입헌제도를 설명하면서 거론된 '군민공치君民共治'를 염두에 두었다. 정치의 운영을 국왕이 마음대로 하지 않고 국가 운영을 재상 이하 여러 관직에 나누어 맡긴 점이라든가, 조선의 구풍舊風에 있는 산림山林, 좌수座首 등의 전통 속에서 현회를 이해했던 것에서 '군민공치'라고 하였던 것이다.[87]

셋째, '보민호국'의 한 축인 '보민保民'을 위해서는 무엇보다도 인민의 권리와 능력을 키워야 한다고 거론하였다. 박영효는 이를 위해 다양한 논의를 제기하였는데, 그 논의는 기본적으로 서양의 근대정치론을 수용하여 체계화한 것이었다.[88] 인민의 권리와 능력을 키우기 위해 정부가 해야 할 일은 백성에게 문文·덕德·기예技藝 등을 가르치는 것이라고 강조하였다. 그는 당시 조선 정부의 무능과 마찬가지로 아직은 인민의 수준이 우매한 상태이므로, 이들이 개명하는 것을 우선의 과제로 보았던 것이다.

박영효는 인민의 개명을 위해서는 학교를 설립하는 것이 중요하다고 강조하였다. 백성들이 배우지 않으면 무식하고 경거망동하여 시비곡직을 가리지 못하므로, 정부에서 돈을 들여 교육을 시키는 것은 "사람마다 직분을 알고 이치를 깨달아 빈곤에 빠지지 않게 하고, 완악頑惡하고 흉포한 난동을 일으켜 인간의 보편적 의리를

---

87) 위와 같음.
88) 김현철은 박영효가 서양의 자유주의를 충분히 이해하지는 못하였고, 또 참정권, 의회 개설 등에 대한 내용은 없지만, 1880년 중반 개화세력의 서구 입헌제에 대한 이해를 반영하여, 입헌군주제에 대한 지향을 보였다고 평가하였다(金顯哲, 앞의 글(1999)).

해치고 죄악을 범하는 일이 없도록 하려는 까닭"이었다. 그는 소학
교·중학교 설치와 장년학교 등을 통하여 기초 과목으로 본국의 역
사와 국어 등을 가르치고, 더욱이 장년학교에서는 서양의 정치, 재
정, 내외법률, 역사지리 및 산술, 이화학理化學 등을 교육하자고 하
였다. 교육에 필요한 교과서는 한문이나 한글로 번역하여 만들고,
또 관료의 자제나 장년 가운데 성적이 좋은 자는 과거제에 따라
문관으로 채용할 것을 제안하였다. 이와 같은 학교교육 밖에도 서
적의 출판 보급, 박물관 설립, 신문 발간 등의 필요성도 지적하였
다.89)

　학교에서 가르쳐야 할 과목은 우리의 언어와 역사도 있지만, 박
영효에게 주된 것은 서양의 학문이었다. 그는 학문의 본질을 유교에
서 말하는 '격물치지格物致知'라고 하면서, 격물치지의 뜻은 당시 서
양에서 융성하고 있는 학문과 같은 것으로 보았다. 그는 또한 "학문
은 동서양을 막론하고 실용을 앞세우고, 글의 화려함을 뒤로 해야
한다"고 하면서, 실용 학문을 중시하였다. 그리하여 그는 "외국인을
고용하여 인민에게 법률, 재정, 정치, 의술醫術, 궁리窮理와 여러 기
술을 가르칠 것"을 제안하였다.90)

　박영효가 인민을 가르치고자 한 것은 궁극적으로 민권을 확립하
고 군권을 약화하기 위한 것이었다. 그는 이 점을 다음과 같이 서술
하였다.

　　대개 사람이 문명으로 나아가면 정부에 복종하는 도리와 정부에 복종해서
　　는 안 되는 도리를 알게 되고, 또한 딴 나라에 복종해서는 안 된다는 도리도

89) 〈建白書〉, '六, 敎民 才德文藝以治本', 307~308쪽.
90) 〈建白書〉, 307쪽.

알게 됩니다. 이것은 다름이 아니라 예의와 염치를 알기 때문입니다. 이 때문에 미개하고 무식한 국민들은 어리석고 게을러서 능히 壓制의 폭정을 견디고 안주하지만, 개명하여 이치를 아는 백성들은 지혜롭고 강직하여 속박하는 정치에 복종하지 않고 움직입니다. 그러므로 君權의 무한함을 공고히 하려면 인민으로 하여금 어리석게 하는 것이 가장 좋은 방법일 것입니다. 인민이 어리석으면 殘弱해지고, 임금이 專權을 공고히 할 수 있습니다. 인민이 어리석고 나약하면 나라도 역시 이를 좇아 약해지므로, 天下萬國이 어리석고 약해진 연후에야 그 나라를 보전할 수 있고, 임금의 자리도 안전하게 할 수 있습니다.91) 그러나 이는 헛된 말이며, 어찌 그 實이 있겠습니까?

라고 하였다. 임금의 권한을 줄여야 인민이 이에 상당하는 자유를 얻고 나라에 보답하게 될 것이라고 하면서, 이를 통해 비로소 나라가 문명의 경지로 들어갈 수 있고, 나라가 또한 태평해져 종사와 임금의 자리도 오래가게 될 것이라고 하였다.

이에 박영효는 '백성들로 하여금 마땅한 자유'를 갖게 하는 것이 중요하다고 생각하였다. 그는 하늘이 백성을 내렸으니 바꿀 수 없는 '통의通義'가 있다고 하면서, 이 '통의'는 사람이 생명을 스스로 보호하는 것, 자유를 구하여 행복해지는 것이라고 하였다. 그는 정부가 해야 할 일이 바로 '통의'를 공고히 하는 것이라고 하였다. 따라서 남녀 또는 부부 사이에서 권리가 균등하다는 점을 강조하고 반상班常이나 적서嫡庶의 구분, 문벌에 따른 차별, 노비 제도 등을 없애야 한다고 건의하였다.92) 곧 자유의 획득을 위해 중세적인 신분제도를 없애는 일이었다.

---

91) 〈建白書〉, 306쪽.
92) 〈建白書〉, '八, 使民得當分之自由 以養元氣', 309쪽.

박영효는 더 나아가 통의를 지키지 않는 정부는 백성들에 의해서 무너지게 될 것이라고 지적하였다. 만약 정부가 이 통의를 지키지 않고, "백성이 좋아하는 것을 싫어하고, 백성이 싫어하는 것을 좋아한다면" 백성들이 들고 일어나 정부를 갈아 치우고 새 정부를 세우게 될 것이라고 하였다. 그는 백성들이 통의를 지키지 않는 정부를 무너뜨리는 것이 곧 인민의 '공의公義이며 직분'이라고 하였다. 이런 점에서, 공법에서 국사범國事犯을 죄인으로 취급하지 않고 오히려 보호해 주는 것은 '문명의 공의'이며 하늘의 지극한 이치를 이은 것이라고 하여, 자신이 행한 갑신정변도 이런 차원에서 옹호하였다.[93]

그러나 박영효는 인민의 자유가 "옳다고 생각하는 바를 행하는 것"이기는 하지만, 자유는 세속의 통의와 법률도 따라야 한다고 하였다. 죄를 범하고도 벌을 받지 않고, 힘으로 멋대로 방종하거나, 다른 사람을 짐승과 같이 부리고, 인간을 욕되게 하고, 의가 없고 부끄러움이 없는 자의적 '자유', 곧 '야만적 자유'는 찬성하지 않았다. 세속의 통의와 법률에 따르는 것은 자유를 버린 것이 아니고, '야만적 자유'를 버리고 세상에 통용되는 공동의 이익을 얻은 것으로, 사회생활을 하는 데 필요한 '처세의 자유'를 얻은 것이라 하였다. 그는 이를 마음에 따라 규제되는 자율적인 '문명의 자유'라고 하였다. 박영효가 통의와 법에 바탕을 두어 추구한 것이 바로 이런 '문명의 자유'였던 것이다.[94]

이와 아울러 박영효는 인민의 몸을 건강하게 할 수 있는 방안도 강구해야 한다고 하였다. 그는 강대한 문명국이 모두 인구 증가와 인민의 건강에 힘쓰고 있는 점을 지적하였다. 그는 "문명국 사람들

---

93) 위와 같음.
94) 〈建白書〉, 310쪽.

은 근육이 왕성하고, 힘이 세고, 마음은 넓고, 몸집이 크고, 행복을 누리며, 오래 살고, 인구가 늘어남에 이르게 된다"고 하고, 이에 견주어 야만국 사람들은 몸을 상하게 하여 인구가 감소하게 된다고 하였다. 곧 당시에 유행하던 의료, 위생 등의 문제였다. 박영효는 이를 위해 의사의 초빙, 전염병 치료 병원 개설, 조혼 금지, 아편 금지, 우두 접종, 도로 정비와 위생 사업, 상하수도 설비, 목욕 장려 등을 제시하였다.[95]

넷째, 부국富國, 곧 "경제로 민국을 윤택하게 한다"는 것이었다. 이 부분에 대해서는 매우 구체적인 안을 44개 항으로 제시하였다. 그는 나라의 재화는 사람 몸속의 진액과 같은 것이므로, 진액이 잘 흘러야 사람의 혈기를 살릴 수 있는 것과 같이, 재화를 잘 흐르게 해야 "나라가 생산물을 증산하여 운반과 수송을 원활하게 하면 부유하고 윤택하게 됩니다"고 하여, 상품의 증산과 유통을 중시하였다. 이를 위해서 그는 근검절약, 농공상 진흥, 화폐 주조, 상회사 설립, 은행 설립과 저축, 도로·교량·수로를 통한 유통 등 매우 다양한 방안을 제기하였다. 상품의 매매와 유통이 있어야 "세상의 문명개화를 돕고, 사람의 지식과 견문을 넓히며, 인류의 교제를 친밀하게 하여 태평 무사한 관계를 보전토록 할 수 있다"고 하여 문명개화를 위해서도 반드시 이루어야 할 것으로 보았다.[96]

---

95) 〈建白書〉, '四, 養生以健殖人民', 302~303쪽.
96) 〈建白書〉, '三, 經濟以潤民國', 298~302쪽. 44개 항 가운데 중요한 것은 다음과 같다. ①군주와 관원의 녹봉을 정하고 고칠 것, ②호구조사, ③지조법과 지권地券 시행, ④도량형 통일, ⑤외국인에게 토지 매매 금지, ⑥고용인에 대한 임금을 일정하게 정함. ⑦농업과 잠업, 목축, 목양의 장려, ⑧공업, 상업, 어업, 수렵을 일으킬 것, ⑨산림사山林司, 제언사堤堰司, 준천사濬川司, 치도사治道司 등 기구 설치, ⑩광산 개발과 외국인 고용, ⑪은행 설립과 이자 제한, ⑫상사商社 설립, ⑬서울 개시장 철폐, ⑭납세의무 등이었다.

부국의 방안들은 매우 산발적으로 제기되었으나, 개화파가 구상했던 경제발전의 틀 안에서 유기적으로 연결되어 있었다. 요컨대 상공업과 광업 발전, 농업생산력 증대, 그리고 은행·회사 등을 통한 상품화폐경제의 발전을 도모하자는 것이었다. 더욱이 국가의 조세 수입과 납세의무를 강조하면서 지조법을 실시하여 농업에서 조세를 고치려고 하였다. 그들은 조선 후기 북학론 이래 주장하던 생산력 증대 논리와 근대적 상공업 발전론을 결합하여 자본주의적 경제체제를 지향하고 있었던 것이다.

다섯째, 강병強兵, 곧 무력을 준비하는 것이었다. "무비武備를 다스려 보민호국할 것"이라는 항목에는 10개 항의 구체안을 마련하였다.[97] 박영효는 '무武'는 사람의 기력과 같다고 하면서, "사람에게 기력이 없으면 스스로 설 수 없으며, 남의 모욕을 막을 수도 없습니다. 나라가 군비를 갖추고 있지 못하면, 안으로는 정치를 할 수 없고, 밖으로는 이웃 나라와 정당한 외교 관계를 맺을 수 없습니다"고 하여, 나라가 내외정을 수행하기 위한 필수적인 것으로 보았다. 박영효는 그 가운데서도 국내의 내란을 진압하는 것이 무비의 더 중요한 목표로 보았다. 여러 나라의 역사를 예를 들면서 외세를 불러들이는 원인이 내란에 있다고 보았던 것이다.[98]

박영효의 무비론은 서양의 군사기술을 배워 새로운 군대를 만들기 위한 논의였다. 그 가운데 군인을 키우기 위한 모병募兵, 근무기한, 그리고 정신적 무장을 강조하였다. 군인에게 인과 의를 가르쳐

---

97) 〈建白書〉, '五, 治武備 保民護國', 303~305쪽.
98) 그 밖에 ①군사학교의 설립, 생도의 외국 유학, ②양병에 필요한 비용 확보, ③모병법募兵法 개정, ④수병水兵 증흥, ⑤함경도, 평안도의 서북 지역 대비, ⑥개국開國한 이후 나라를 위해 죽은 장수와 병졸의 후손 구휼과 혼령에 대한 제사 등을 거론하였다.

군대를 하나 되게 만들고 나라를 위하는 마음이 생기게 하는 것, 그리고 인민들에게 나라의 역사를 가르쳐 승리와 패배에서 오는 영광과 치욕을 알게 하는 것 등이었다. 아울러 군인들의 후손을 돌보고, 이들을 제사 지내야 한다. 이런 방안은 근대국가를 유지하는 데 필요한 애국적 시민을 양성하는 사업과도 맥이 닿는 것이었다.

이상과 같이 정리할 수 있는 박영효의 〈건백서〉는 1880년대 후반, 갑신정변을 거치고 일본의 근대화 성과와 서구의 문명을 경험하면서 작성되었다. 그는 당시 조선이 내적으로 자의적 정치 운영과 백성의 속박·억압 등으로 매우 잔약한 야만이나 미개, 또는 반개半開의 상태라고 파악하고, 이를 벗어나서 문명의 상태로 개화, 개명해야 할 것으로 보았다. 이를 위해서 무엇보다도 국왕을 비롯한 정부에서 사회를 전면적으로 개혁해야 하며, 그 개혁은 당연히 서양 근대문명의 수용을 내용으로 추진하려는 것이었다. 이런 점에서 박영효의 건백서는 문명개화론을 실현하기 위한 방안이었던 것이다.

(다) 박영효는 〈건백서〉의 개혁 구상을 대부분 유교 경전을 비롯한 동양의 각종 사상의 다양한 논리와 용어를 동원하여 정리하였다. 이런 점에서 박영효가 유교를 어떻게 다루면서 개혁안을 제기했는가에 대해서 연구자들 사이에 많은 견해들이 제기되었다.

〈건백서〉는 《논어論語》, 《맹자孟子》, 《대학大學》, 《중용中庸》, 《서경書經》, 《역경易經》 등의 경전과 《손자孫子》, 《오자吳子》, 《육도六韜》, 《여씨춘추呂氏春秋》, 《사기史記》, 그리고 주자의 여러 글들을 끊임없이 인용하여 개혁론의 논리적 근거로 삼았다. 그리고 박영효는 조선조의 정도전·김종직·조광조·이언적·김시습·서경덕·이이·유형원·이익·한원진·홍대용·박지원·박제가·정약용·최한기 등의 사상과, 동시에 명

말 청초의 황종희·고염무 등의 영향도 받았다. 이런 점에서 박영효
는 조선의 전통적인 민본주의 사상, 실학사상을 계승하고, 유교를
비판한 일본 후쿠자와의 사상보다는 오히려 유교를 바탕으로 구상
된 청의 변법론과 동일하다고 보아, 이를 '변법개화론'으로 규정하기
도 하였다.[99] 또 다른 연구에서는 유교적 민본주의에 주목하여, 박
영효는 "기본적으로 서구적 요소들을 지향하면서도 유학적 사유에서
논의되던 개혁 방안들을 부분적으로 취사선택하는 방향으로 개혁
방안을 구체화"하였다고 하고, 이를 "전통과 근대의 복합화"라고 규
정하였다.[100]

　박영효가 서구문명을 수용하여, 조선이 야만·미개 상태에서 문
명·개명의 상태로 나아가기 위한 방안을 구상했다는 점에서 그의
〈건백서〉는 분명 서양의 문명관에 따른 문명개화론의 입장에서 작
성된 것이었다. 그런데 그의 상소는 모두 유교적 개혁론과 변법론

---

99) 靑木功一, 앞의 글(1976·1977) 참조. 아오키는 박규수, 유홍기, 오경석 등을
　'양무개화론'으로, 김옥균, 박영효 등은 '변법개화론'으로 분류 정리하였다. 박영효
　등이 후쿠자와의 저작을 매개로 하여 어느 정도 서구 근대사상의 영향을 받았지
　만, 후쿠자와가 유교사상을 전면적으로 부정했다면, 박영효는 유교사상을 확대 해
　석하여 서구 근대사상을 파악하였던 점에서 큰 차이가 있고, 이런 박영효의 사고
　양식은 청말 변법론과 더 가깝다고 하였다.
100) 金顯哲, 앞의 글(1999). 박영효가 보여준 '전통과 근대의 복합화'라는 논리는
　개화파의 공통된 개혁 논리였다고 분석하는 연구들이 많다. 정용화는 유길준의 경
　우도 "동서양문명의 장단점을 복합적으로 활용하여 보편적인 문명을 기획"하였다고
　분석하였고(〈유교와 자유주의 – 유길준의 자유주의 개념 수용〉, 《정치사상연구》 2,
　2000; 《문명의 정치사상 : 유길준과 근대 한국》, 문학과지성사, 2004), 김주성도
　박영효의 정치개혁구상은 "전통과 근대를 절충하여 복합화하려고 했던 것"이라고
　하였는데, 이는 김옥균, 박영효가 아직은 자유주의 정신에 대해 깊은 이해에 도달
　하지 못한 "유교지성의 한계"라고 하였다. 이런 점에서 박영효는 근대사상가가 아
　니며 그 결합은 "시대상황에 따른 수단적인 것이 아니라 본질적인 것"이라고 규정
　하였다(〈박영효의 자유주의정신〉, 《정치사상연구》 2, 2000).

의 논리로 작성되었다. 더욱이 '보민호국'을 위한 개혁을 제기하면
서 '보민'의 논리를 처음부터 유교적 민본론에서 출발하였다. 이런
논리 구조는 1880년대 초반, 문명개화론 형성 시기에 보이는 특징
이었다. 그들은 서양의 근대문명과 근대사상을 수용하면서 그들이
공부하였던 유교적 원리와 용어에 따라 이를 이해하였다. 그런 점
에서 박영효 등은 새로운 사상을 자신들의 입장에서 취사선택하고,
유교적 입장에서 해석하면서도 이를 크게 모순된 것으로 생각하지
않았다.

그러나 이때 중요한 것은 유교의 지위·역할의 문제였다. 박영효는
유교의 절대성을 고집하지 않았고, 때로는 유교가 현실적 시의時宜
에 뒤쳐진다는 점을 지적하였다. 유교의 절대성을 내세우지 않으
면서 개신교와 그에 바탕을 둔 서양문명의 우수성에도 공감하
였던 것이다. 그는 미국을 돌아보면서 "(문명의) 근원을 소급하
면 종교의 교화에 의하지 아니함이 없고, 우선 교육이나 정치나
그 모두가 종교의 성화에 기인하여 풍속이 순량하고 민업이 흥
왕케 한 것"이라고 하고, "동양제국은 야소교耶蘇敎를 신봉치 아
니하면 구미 각국과 같이 존립할 수 없음은 필연"이라고 했던
것이다.101)

종교의 중요성을 인식하고, 또 기독교의 필요성에 공감하면서 박
영효는 '신교信敎의 자유'를 주장하였다.

또한 종교는 인민이 의지하는 바요, 敎化의 근본입니다. 그러므로 종교가
쇠퇴한 즉 나라도 쇠퇴하고, 종교가 번성하면 나라도 번성합니다. 옛적에 유

---

101) 《朝野新聞》 1886년 3월 21일[柳永益, 앞의 글(1990), 87쪽, 재인용].

교가 번성함에 漢의 영토가 강성하였고, …… 지금 천주교와 야소교가 번성한 구미 여러 나라가 가장 강성합니다. 우리 조선은 유교와 불교의 가르침으로 일찍이 조금 번성한 시기가 있었습니다. 그러나 근일에 이르러 儒佛이 모두 廢하여 나라의 형세가 浸弱하니 어찌 한심하여 탄식하지 않겠습니까. 오호라, 유교로 하여금 다시 熾盛하게 되고, 文德을 닦는다면 국세가 또한 이로 인하여 다시 번성하게 될 것을 가히 기대할 수 있을 것입니다. 그러나 무릇 일에는 時運이 있으니 힘으로 만회하는 것은 불가능합니다. 그런 까닭으로 무릇 종교라는 것은 백성에게 맡기어 자유롭게 믿게 하고, 정부가 관여하고 간섭하는 것은 가하지 않습니다.[102]

고 하며, 박영효는 한때는 조선의 융성을 가져왔던 유교가 이제는 시운이 다했다는 점을 인정하고,[103] 당장 기독교 신앙을 허용할 수는 없지만, 종교는 믿는 사람의 자유로운 의사에 맡기라고 하였던 것이다.[104]

그는 서양문명을 유교적 체계 속에서 이해하고, 또한 유교적 원리에 근거하여 개혁의 합리성·정당성을 구하였다. 이것이 유교사회를 지향하거나 재건하려는 것은 아니었고, 또한 유교적 원리를 근대적으로 정립하려는 것도 아니었다. 그는 서양문명을 목표로 이를 전면적으로 수용하여 문명·개명으로 개혁하고자 하였다. 다만 서양문명을 수용하여 문명개화하는 것 자체가 유교의 원리에 배치되는 것

---

102) 〈建白書〉, '六, 敎民 才德文藝以治本', 307쪽.
103) 〈建白書〉의 다른 부분에서는 아시아가 근세에 이르러 '격물치지'의 본뜻을 모르게 되면서 쇠퇴하게 되었다고 하였다(306쪽).
104) 신교의 자유를 거론하면서도 당시의 사정 속에서 박영효는 "그러나 당장 교회당을 짓도록 허가해서는 안 됩니다. 화란을 야기할 수도 있습니다"라고 하여, 기독교 허용에 대해서는 신중하게 대처하도록 하였다(위의 글, 308쪽).

이 아님을 강조하였던 것이다.

3) 유길준의 개화론과 유교: 《서유견문》을 중심으로

(1) 서양문명 수용과 문명개화론

（가） 유길준(1856~1914, 호 구당矩堂)의 본관은 기계杞溪로, 노론 낙론계였다.105) 어려서 조부와 외조부로부터 한학을 공부하였고, 17세 때에는 문중의 유학자 유만주俞萬柱의 낙산서재洛山書齋에서 수학하였다. 유만주의 스승은 유신환俞莘煥으로, 유신환의 문하에는 김윤식을 비롯하여 민태호·민규호·남정철 등이 수학하였다.106) 유만주의 서재에는 민태호의 아들 민영익, 유길준의 매형이 되는 유정수柳正秀 등도 출입하였다.

유길준은 다시 박규수의 문하에서 공부하였다. 박규수의 문하에는 김옥균·박영효·김윤식 등이 수학하였는데, 유길준은 이를 통해 서양 근대학문을 접할 수 있게 되었다. 그는 18세 되던 때에 박규수의 권유로 《해국도지》를 읽고, 서양의 정세를 알게 되었으며, 외국에서 공부하려는 마음도 가지게 되었다.107)

유길준은 26세(1881) 때 일본 시찰단 어윤중의 수원隨員으로 유정수·윤치호·김양한 등과 함께 일본을 돌아보았다. 유길준은 곧

---

105) 유길준에 대해서는 김봉렬, 《俞吉濬 開化思想의 硏究》, 경남대학교출판부, 1998; 정용화, 앞의 책(2004) 등 참조.
106) 유봉학, 앞의 책(1995) 참조.
107) 金允植, 〈矩堂詩鈔序〉, 《俞吉濬全書(V)》, 161쪽. "박환재朴瓛齋〔박규수〕선생이 일찍이 그 시를 보고 장차 나라를 위한 그릇이 될 것임을 알고 크게 감탄하고 격려하면서 위묵심魏黙深〔위원〕의 《해국도지》를 주며, '지금은 외국의 일들을 반드시 알아야 된다'고 하였다. 이에 그 스스로 분발하고 장성해서는 동경 및 구미 각국에 유학遊學하였다"고 하였다.

바로 후쿠자와 유키치가 경영하는 경응의숙에 입학하였다. 그들은
명목상 수행원이었지만, 실제 목적은 일본에 유학하는 것이었
다.108) 유길준은 후쿠자와의 집에 기숙하면서 그의 저서와 직접적
지도를 통하여 서양의 정세와 근대학문을 공부하게 되었다. 이때의
사정을

> 辛巳 春에 余가 東으로 日本에 遊ᄒ여 其 人民의 勤勵ᄒ 習俗과 事物의
> 繁殖ᄒ 景像을 見흠이 竊料ᄒ든 배 아니러니, 及其 國中의 多聞 博學의 士를
> 從ᄒ여 論議 唱酬ᄒᄂ 際에 其 意를 揣ᄒ고 新見奇文의 書를 閱ᄒ야 反覆 審
> 究ᄒᄂ 間에 其 事를 考ᄒ야 實境을 透解ᄒ며 眞界를 披開ᄒ 則 其 施措 規
> 艭이 泰西의 風을 慕倣ᄒ 者가 十의 八九를 是居ᄒ니……109)

라고 하여, 일본의 여러 지식인과 교류하고, 서적을 보면서 일본의
발달이 서양을 모방한 것임을 알게 되었다.

  일본에서 공부하던 유길준은 1882년 7월, 임오군란 수습 차 파
견된 수신사 박영효 일행과 함께 귀국하였다. 유길준은 귀국한 뒤
통리교섭통상사무아문의 주사로 외무 사무를 보면서, 한성부 판윤이
었던 박영효가 주도하던 신문 발간 작업에 참여하였다. 유길준은 신
문을 "크게는 만국의 정치政治 사리事理로부터, 작게는 일신一身 일가
一家의 수신제가修身齊家에 이르기까지, 날로 새롭게[日新又日新]하여
비루한 습속을 벗어나고 개명開明한 화운化運을 향하여 폐해를 제거
하고 정리正理에 돌아가며, 불편을 버리고 유익을 취하여 그 나라의
문화를 증진하게 하는"것이라고 하였다.110) 그런데 신문 발간 작

---

108) 李光麟, 〈俞吉濬의 開化思想〉, 《歷史學報》 75·76, 1977, 204쪽.
109) 《西遊見聞》 序, 1쪽.

업은 박영효가 한성 판윤에서 체임되면서 중단되었고, 유길준도 통리아문 주사직을 그만두었다.

관직을 떠나 있던 유길준은 1883년 6월, 보빙사 민영익의 수원 隨員으로 미국에 가게 되었다. 그리고 민영익의 배려로 계속 미국에 남아 공부하였다.111) 유길준은 일본 유학 시절 강의를 들은 바 있었던 동물학자 모스Morse의 집에 7개월 동안 기거하면서 영어 교육을 받았고, 대학 진학 예비학교인 덤머 아카데미Dummer Academy에 입학하여 수학하였다. 하지만 유길준의 미국 유학 생활은 오래가지 못했다. 학교 입학 반년 만에 갑신정변의 소식을 듣고, 곧바로 귀국길에 오르게 되었기 때문이다.

유길준은 귀국길에 미국을 출발하여 유럽을 돌아 여행하면서 미국과 유럽의 문명을 폭넓게 경험하였다. 귀국한 뒤 그는 갑신정변 연루 혐의로 약 7년 동안 구금 생활을 하게 되었다. 그 구금 기간에 자신이 경험한 서양의 근대문명을 정리하고 문명개화 개혁의 구상을 가다듬어 《서유견문》으로 정리하였다.

이와 같이 유길준의 학문은 박규수 등의 노론 북학론에서 비롯되어, 1880년대 초반의 정부의 양무개혁사업에 참여하였다. 그러다가 일본 메이지유신의 성과와 미국 문명을 경험하면서 문명개화론을 갖게 되었다. 그는 서양의 근대정치론을 이해하고, 메이지유신을 모델로 하여 군주의 권한을 제한하고 백성의 권리를 어느 정도 신장하는 차원에서 정치체제의 개혁까지 구상하였고, 나아가 사회경제적으로 자본주의화를 추구하였다.

---

110) 《俞吉濬全書(Ⅳ)》, 〈新聞創刊辭〉, 6~7쪽.
111) 李光麟, 〈美國留學時節의 俞吉濬〉, 《韓國開化思想研究》, 일조각, 1974.

유길준이 자신의 문명개화론적 개혁 구상을 실제적으로 실현한 것은 갑오개혁 때였다. 그는 감금 생활을 하다가 일본의 내정 압박 속에서, 1894년 6월 통리기무사무아문의 주사로 복임되었다. 그러고는 곧 갑오개혁을 추진하던 중심 기관이었던 군국기무처軍國機務處 회의원會議員으로 임명되었고, 이어서 동부승지, 형조참의, 예조참의를 거쳐 의정부 도헌都憲을 맡았고, 1895년 5월에 내무협판, 내무대신서리를 거쳐 11월에 내무대신이 되었다. 그는 갑오개혁의 핵심 이론가로 참여하였다.

(나) 유길준의 문명개화론은 반半개화 상태의 조선을 서양과 같은 개화·문명의 단계로 진보시키자는 것이었다. 그리고 '개화'의 의미와 과정은 모두 사회진화론에 기반을 두었다.112) 그는 일본과 미국 유학 기간 동안 동물학자 모스를 통하여 진화론을 알게 되었는데, 그 뒤 문명국 미국과 유럽 등지를 경험하면서 진화론을 직접 확인하게 되었다. 그는 생존경쟁에서 강자·적자로 살아남기 위해서 반드시 부국강병과 문명개화를 이루어야 한다고 생각하였다.

유길준은 모든 일이 "경쟁에 의해서 진보"한다는 점을 확신하였다. 그는

---

112) 사회진화론의 수용과 그 영향에 대해서는 李光麟, 〈舊韓末 進化論의 受容과 그 영향〉, 《世林韓國學論叢》 1, 1977(《韓國開化思想研究》, 一潮閣, 1979); 李松姬, 〈韓末 愛國啓蒙思想과 社會進化論〉, 《釜山女大史學》 2, 1984; 졸고, 〈韓末 啓蒙運動의 政治論 研究〉, 《韓國史研究》 54, 1986; 朱鎭五, 〈독립협회의 사회사상과 사회진화론〉, 《孫寶基停年紀念韓國史學論叢》, 1988; 전복희, 《사회진화론과 국가사상》, 한울, 1996, 제4~5장.

大凡 人生의 萬事가 競爭을 依持ᄒ지 아니ᄒ는 者가 업스니, 大ᄒ 則 天下國家의 事로붓터 小ᄒ 則 一身, 一家의 事에 이르히 悉皆 競爭을 因ᄒ야 始能進步ᄒᄂ 者이라. 萬一 人生이 競爭ᄒᄂ 바가 업스면 何物노써 其 智德과 幸福을 崇進홈을 得ᄒ며, 國家가 競爭ᄒᄂ 바가 업스면 何物노써 其 光威와 富強을 增進홈을 得ᄒ리요.113)

고 하여, 이런 경쟁은 지덕智德의 연수硏修로부터 문학, 기예, 농공상 등의 모든 사업에 이르기까지 다른 사람보다 월등하기를 바라는 것으로, 사람들이 열등하고 또 가난한 것은 바로 경쟁 정신이 없는 것에서 말미암는 것이라고 하였다. 그뿐만 아니라 국가의 성쇠와 강약도 경쟁의 대소고비大小高卑에 있으므로 나라도 경쟁이 없으면 부강이나 문명은 물론, 나라의 독립도 유지·보존할 수 없다고 보았던 것이다.114)

사회진화론에서는 사회 진보가 경쟁으로 말미암아 이루어진다고 보았는데, 그 진보는 곧 야만에서 문명으로 변화하고 발전하는 과정이었다. 유길준은 사회 진보의 단계를 미未개화·반半개화·개화, 이렇게 3단계로 나누었다. 그는 "개화라 하는 것은 인간의 천사만물千事萬物이 지선극미至善極美한 경역境域에 이름을 말함"이라고 하고, 지극히 선미善美한 단계이므로 그 한계는 없다고 하였다. 또한 개화는 인민의 재력才力, 인민의 습관, 나라의 규모 등에 따라 등급과 고저가 있으며, 개화에 이르는 길도 한 가지가 아니라고 하였다. 유길준은 다음과 같이 개화를 정의하였다.

---

113) 《俞吉濬全書(Ⅳ)》, 〈競爭論〉, 47쪽.
114) 위의 글, 48~60쪽.

五倫의 行實을 純篤히 ᄒ야 人이 道理를 知ᄒ則 此ᄂ 行實의 開化며, 人이 學術을 窮究ᄒ야 萬物의 理致를 格ᄒ則 此ᄂ 學術의 開化며, 國家의 政治를 正大히 ᄒ야 百姓이 泰平ᄒ 樂이 有ᄒ 者ᄂ 政治의 開化며, 法律을 公平히 ᄒ야 百姓이 冤抑ᄒ 事가 無ᄒ 者ᄂ 法律의 開化며, 器械의 制度를 便利히 ᄒ야 人의 用을 利ᄒ게 ᄒ 者ᄂ 器械의 開化며, 物品의 製造를 精緊히 ᄒ야 人의 生을 厚히 ᄒ고 荒麤ᄒ 事가 無ᄒ 者ᄂ 物品의 開化니, 此 累條의 開化를 合ᄒ 然後에 開化의 具備ᄒ 者라 始謂ᄒ디라.115)

고 하여, 개화는 행실, 정치, 법률, 기계, 물품 등 사회의 모든 면에서 '개명'하는 것이었다.

물론 유길준도 완전한 개화 상태에 이른 나라는 아직 없다고 하였다. 그렇지만 각 나라는 개화, 반개화, 미개화의 등급으로 나눌 수 있다고 하였다. 이는 각 나라 사람들의 만물에 대한 연구와 경영, 나날이 진취하는 장대한 기상, 부지런함, 사람을 대하는 태도와 언어 등이 다르기 때문에 구분된 것이었다. 따라서 "각 인민에 개화하는 자가 많으면 개화하는 나라이며, 반개화하는 자가 많으면 반개화의 나라이며, 미개화한 자가 많으면 미개화한 나라"라고 하였다.116)

개화를 이루기 위해서는 마침내 개화된 나라, 곧 서양의 문물과 문화를 수용할 수밖에 없었다. 하지만 그는 "미개화자未開化者의 나라에도 개화하는 자가 있고, 개화한 자의 나라에도 미개화

---

115) 《西遊見聞》 제14편 〈開化의 等級〉, 375~376쪽.
116) 위의 글, 376~377쪽. 물론 "세계상에 야만의 종족이 별도로 있는 것이 아니라 개화인민이 변하여 야만되는 자도 있고, 야만이 변하여 개화인이 되는 자도 있으니, 그 수행의 여하를 따질 것이지, 그 근본을 힐문詰問하는 것은 불가"하다고 하여, 역으로의 변화 가능성도 있지만, 그 변화 자체는 부정할 수 없는 것으로 보았다(《西遊見聞》 제5편 〈政府의 始初〉, 136쪽).

한 자도, 반개화半開化한 자도 있다"고 보았으므로,117) 무엇보다
도 서양의 문명 가운데 '개화'된 장점만을 취사선택하여 수용해
야 한다고 하였다. 일본에서 발달된 문화도 대부분 유럽의 그것
을 모방한 것이지만 "시기의 변개變改를 살피어 그들의 장기를
취하며 규제規製를 이어온 지 30년 사이에 이렇게 부강을 이루었
다"고 생각하였다.118) 그리하여 그는 "옛날에 합당한 것이 오늘
에 합당하지 않은 것도 있으며, 저들에게는 선善한 것이 이쪽에
는 불선不善한 것도 있으므로 고금古今의 형세를 짐작하며 피차의
사정을 비교하여 그 장점을 취하고 그 단점을 버림〔捨〕이 개화
하는 자의 대도大道라"고 하였다.119)

　　이와 같이 유길준은 서양문명 중심의 위계적 문명관을 받아들이
고 가장 높은 단계의 서양문명에 나아가려 했으며, 이를 위해서는
우리의 장단점을 살피고 서양의 장점만을 받아들여야 한다고 하였
다. 그가 생각했던 서양의 장점은 앞의 인용문에서 언급된 '행실의
개화'(오륜)를 제외한 정치, 기계, 물품 등 거의 모든 분야에 걸치는
것이었다.

　　(다) 문명화를 위해서는 반드시 서양문명을 받아들여야 하지만,
동시에 구래의 중세체제를 개혁해야 하였다. 중세 말기 이래 파탄

---

117) 《西遊見聞》 제14편 〈開化의 等級〉, 377쪽.
118) 《西遊見聞》 序, 1쪽.
119) 《西遊見聞》 제14편 〈開化의 等級〉, 378쪽. 유길준은 이런 차원에서 실상개화
　　 實狀開化와 허명개화虛名開化를 구분하기도 하였다. 실상개화는 "사물의 이치와
　　 근본을 궁구하며 고량考諒하여 그 나라의 처지와 시세에 합당케 하는 자"이고, 허
　　 명개화는 "사물 상에 지식이 부족하여 타인의 경황을 보고 흠선歆羨하거나 공구恐
　　 懼하든지 전후를 추량推量하는 지식이 없고, 시행하기를 주장하여 재산을 소비하
　　 기가 불소不少"한 것이었다(〈開化의 等級〉, 380~381쪽).

상태에 이르렀던 봉건적 사회경제체제, 곧 농업 문제였다.

　개화파는 그들의 계급적 처지에 따라 갑신정변, 갑오개혁에서 어떠한 지주제 개혁론도 제기하지 않았다. 그들도 봉건적 수탈로 농민층의 몰락이 가속화하고 있다는 사실을 인식하고 있었지만, 그에 대한 해결 방안은 철저하게 지배층의 입장에서 마련되었다. 그들도 가혹한 지주층의 수탈은 반대하였으나 농민층에게 토지를 재분배한다는 생각은 하지 않았고, 오히려 부세제도의 개정을 통하여 농민층의 몰락을 해결하려고 하였다.120)

　토지·농업 문제에 대한 유길준의 입장도 명확하였다. 유길준은 토지분배론에는 찬성하지 않았다. 그는 종래의 부세와 관련된 결부법의 폐단을 지적하고 유형원柳馨遠이 거론한 경무법頃畝法을 좋은 것으로 소개하면서도 유형원의 토지개혁론에 대해서는

　　또 (반계의) 관민이 토지를 받는다는 논의는 비록 옛것을 欽慕하는 뜻에서 나온 것이지만 후세의 다스림에는 합당하지 않다. (…… 三代 以上에서는 ……) 사람들은 자족하는 것에 편안하여 부자가 되려는 것을 알지 못했다. 고로 井田制를 실시하여 그 산물을 가지런히 하였다. 지금에는 그러지 않아 백성들이 이익을 좋아하는 것이 善한 것을 좋아하는 것보다 심하여 부자들이 阡陌과 같이 연결되어 가난한 사람은 바늘 하나 꽂을 수 없으니, 진실로 국가의 정령으로 부자의 토지를 빼앗아 가난한 사람에게 나누어주는 것이 仁政의 한 단서와 같이 보이나, 그러나 불가하지 않는 바가 없다. 그러나 그 근원을 자세히 따져보면 장차 백성에게 병을 주는 길이 될 것이고 반대로 큰 害가 생길 것이다. 이것은 (토지관계를 그대로 두고) 백성을 이끌어 가는 것

---

120)　金容燮, 〈甲申·甲午改革期 開化派의 農業論〉, 《東方學志》 15, 1974(《韓國近代農業史研究〔Ⅱ〕》, 지식산업사, 2004)

보다 못하니[121]

라고 하여, 정전제와 같은 토지의 재분배는 오히려 백성들에게 부자의 토지를 뺏을 수 있다는 요행심만 갖게 하고, 백성에게 병을 주는 폐해만 생긴다고 하였다.[122]

이런 구상은 결국 근대적인 사유재산제도, 곧 재산의 권리를 인정하면서, 구래의 지주층의 토지 소유권을 인정한 것이었다. 그는 "금전을 다른 사람에게 빌려 준 자가 그 약속한 이자를 청구함과, 전토田土를 다른 사람에게 빌려 준 자가 그 수확을 나누어 줄 것을 요구함은 역시 당연한 정리正理"라고 하였다.[123] 그리하여 그는 구래의 토지 소유관계를 그대로 유지한 채 양전量田을 하고 지권地券을 발행함으로써 근대적 토지 소유관계로 전환시키려고 하였다.

(2) 국권 보존과 민권 확립

(가) 유길준이 서양문명을 본받아 문명개화를 추구했던 근본적인 목적은 당시 생존경쟁의 국제사회에서 국권國權을 보존하기 위한 것이었다. 유길준은 이미 써 두었던 〈국권〉이라는 글을 《서유견문》

---

121) 《俞吉濬全書(Ⅳ)》, 〈地制議〉, 142쪽.
122) 위의 글, 178쪽. 그리하여 그는 구래의 지주제도는 그대로 두되 지주층의 지대 수입을 줄여 농민층의 경제적 안정을 기하려고 하였다. 곧 지주층은 도조법賭租法으로 3할만 받게 하고, 나라에 내는 세금의 1/10은 주객[전주와 작인]이 각각 반을 부담하게 하였다. 유길준은 이런 방법이 비록 균전의 법을 행하지 않더라도 민력民力이 적으나 느긋해질 수 있는 것으로 보았던 것이다.
123) 《西遊見聞》 제4편 〈人民의 權利〉, 109쪽. 재산의 권리를 설명할 때에도 "국가가 사유재산을 보호하되 부자의 물건이나 거지의 물건이나 모두 그 보호에는 차등이 있을 수 없다. 곧 재산의 권리는 국가의 법률에 어긋나지 않으면 만승萬乘의 위력이라도 이를 탈奪하기 불능하며 만인의 적이라고 이를 움직이지 못하여 그 여탈與奪이 법에 있고, 사람에게 있지 않다"고 하였다(〈人民의 權利〉, 120~121쪽).

본론의 첫 편에 〈방국邦國의 권리權利〉라는 제목으로 편입하였다. 이는 당시 국제질서 속에서 국권의 보전이 제일 중요하다고 보았기 때문이었다.

유길준은 당시 유행하던 만국공법에 바탕을 두어 국제 관계를 파악하였다. 이에 따라 모든 나라는 나라 안의 정치·입법 일체를 스스로 행하는 "내용內用하는 주권主權"과, 독립·평등의 원리로 외국과 교섭하는 "외행外行하는 주권"을 가지고 있으며, 이 주권은 형세의 강약, 기원의 선부善否, 토지의 대소, 인민의 다과를 막론하고 동등하므로 다른 나라의 권리를 범하지 않으며, 그 독립獨立 자수自守하는 권리를 스스로 행사한다고 하였다.

> 大國도 一國이오, 小國도 一國이라. 國上에 國이 更無ᄒ고, 國下에 國이 亦 無ᄒ야 一國의 國되ᄂ 權利ᄂ 彼此의 同然ᄒ 地位로 分毫의 差殊가 不生ᄒ지라. 是以로 諸國이 友和ᄒ 意로 平均ᄒ 禮를 用ᄒ야 約款을 互換ᄒ며, 使節을 交派ᄒ야 强弱의 分別을 不立ᄒ고, 其 權利를 相守ᄒ야 侵犯ᄒ기 不敢ᄒ니, 他邦의 權利를 不敬ᄒ면 是ᄂ 自己의 權利를 自毁홈인 故로 自守ᄒᄂ 道에 謹愼ᄒᄂ 者ᄂ 他人의 主權을 不損ᄒᄂ 緣由라.[124]

곧 모든 나라는 상하의 구별이 없이 동등하므로 나라와 나라 사이에는 균등하게 조약을 체결하고, 또 강약의 구분 없이 서로 침범하지 않아야 한다고 하였다.

그러나 당시 조선을 둘러싼 국제질서는 만국공법의 원리만 작용하는 것이 아니었다. 유길준은 국제적으로도 강대국이 공도公道(만국

---

124)《西遊見聞》제3편〈邦國의 權利〉, 88~89쪽.

공법)를 돌아보지 않고 멋대로 하면서 약소국을 침탈·지배하고 있다고 보았다. 이에 따라 작은 나라 가운데는 스스로를 보전하기 위하여 다른 나라의 보호를 받는 '수호국受護國'이나, 공물을 바쳐 강대국의 침탈을 면하려는 '증공국贈貢國'도 생기게 되었다고 하였다.

그런데 조선의 경우는 더 복잡하였다. 1880년대 들어 서양 열강과 동등하게 조약을 맺어 공법의 원리가 작용되기도 하였지만, 또 다른 한편으로는 여전히 청국이 구래의 화이·조공질서를 앞세워 조선의 속방화를 추진하고 있었다. 유길준은 청의 속방화 속에서 조선의 처지를 '증공국'으로 규정하였다. 그는 공법의 이론에 따라 '증공국'과 '속국'을 구분하고, 조선은 청의 증공국이 될지언정 '속국'은 아니라고 하였다. 속국은 다른 나라와 조약을 체결할 권리가 없지만, 증공국은 다른 나라와 조약을 체결할 수 있는 주권 독립국으로 구분하였다. 유길준은 이런 조선의 대외 관계를 "증공국의 체제가 수공국受貢國 및 여러 타국을 향하여 전후前後의 양절兩截"이라고 하였다.[125]

이에 유길준은 조선이 국권을 보전할 수 있는 방법을 모색하였다. 먼저, 공법에서 말하는 국가 사이의 평등을 강조하였다. 약소국이 강국의 위협으로 일시적으로 '속국'이 되더라도 공법에서 모든 나라의 주권을 동등하게 인정해 주고 있으므로, 공법의 힘으로 파기될 것이라고 믿었다. 또 다른 한편, 유길준은 증공국과 수공국의 관계인 조청 관계에서, 수공국인 청국이 공물을 받고도 증공국 조선의 권리를 침탈하는 것은 약장約章에 어긋난다는 점을 들었다.[126] 유길준은 이렇게 여러 부분에서 청국의 처사를

---

125) 앞의 글, 97쪽.
126) 앞의 글, 98~99쪽.

힐난하였다.

(나) 유길준은 개화를 달성하고 국권을 유지하는 것이 기본적으로 국내 정치를 개혁하는 것에 있다고 생각하였다. 그리고 국내 개혁의 기반은 개인의 인권에 있다고 보았다.

개화의 단계는 "지위의 귀천과 형세의 강약으로 인품의 구별을 행하지 않고, 국인國人이 그 마음을 합일하여 여러 조항의 개화를 같이 힘쓰는 것"이었듯이,[127] 개화된 사회에서는 개인 사이에 사회적 불평등이 없다고 보았다. 그리고 국권을 지키기 위해서는 무엇보다도 인민이 권리의 중대함을 알아야 한다고 하였다. 인민의 지식이 고명하여 국가의 법령이 균평해지고 각 사람이 한 사람의 권리를 호위하여야 만민이 각자의 의기義氣를 들어 나라의 권리를 지킨다는 것이었다.[128] 이와 같이 나라의 독립 유지, 그리고 개화의 달성은 모두 '한 사람이 권리를 지키는 것'에서 출발하였다. 개인의 성장과 민권의 성장이 곧 개화, 부강, 국권의 근원이라는 것이었다.

개인의 권리 확립은 천부인권론天賦人權論에 근거하였다. 그는

凡人이 世에 生홈애 人되는 權利는 賢愚·貴賤·貧富·强弱의 分別이 無ᄒ니 此는 世間의 大公至正ᄒ 原理라 …… 人의 生世ᄒ 後에 占有ᄒ 地位는 人作한 區別이오, 享存ᄒ 權利는 天授ᄒ 公道니, 人의 人되는 理는 天子로브터 匹夫에 達ᄒ야 毫釐의 差殊가 本無ᄒ …… 人이 天地 間에 生ᄒ야 各其人되는 理로 視ᄒ면 人上人도 無ᄒ고 人下人도 無ᄒ니, 天子도 人이오 匹夫도 亦人이로딕.[129]

127) 《西遊見聞》 제14편 〈開化의 等級〉, 376쪽.
128) 《西遊見聞》 제3편 〈邦國의 權利〉, 99쪽.
129) 《西遊見聞》 제4편 〈人民의 權利〉, 114쪽.

고 하였다. 사람의 지위는 사람이 인위적으로 만들었고, 또한 사람을 구분하여 규정하지만, 사람의 권리는 하늘로부터 받은 것이므로 임금과 필부의 차이도 없을 뿐만 아니라 현우賢愚, 귀천, 빈부, 강약에 따르는 하등의 차이도 없다는 것이었다.

유길준은 하늘로부터 받은 인민의 권리, 곧 천부인권을 '자유와 통의'로 정의하였다.

> 夫 人民의 權利는 其 自由와 通義를 謂홈이라 …… 自由는 其心의 所好하는 되로 何事든지 從하야 窮屈拘碍하는 思慮의 無홈을 謂홈이로되 決斷코 任意放蕩하는 趣旨 아니며 …… 乃 國家의 法律을 敬奉하고 正直흔 道理로 自持하야 自己의 當行홀 人世職分으로 他人을 妨害하지도 勿하며 他人의 妨害도 勿受하고 其所欲爲는 自由하는 權利 …… 通義는 一言으로 蔽하야 曰 當然흔 正理라. 今에 數例를 擧하건되 假令 官職을 供하는 者는 其 任責을 行하기에 相當흔 職權을 保有홈이 亦 當然흔 正理며 …… 千事萬物에 其 當然흔 道를 遵하야 固有흔 常經을 勿失하고 相稱흔 職分을 自守홈이 乃 通義의 權利라.[130]

고 하였다. 자유는 마음에 좋아하는 바를 하는 것이지만 개인의 이욕利慾만을 추구하는 것이 아니고, 또 국가의 법률 안에서 자신의 직분에 따라 행사하는 권리이며, 통의는 소유권, 관직에서의 권한 등으로 상경常經을 잃지 않고 직분을 지키는 것이었다.

그리하여 유길준은 천부인권으로서의 자유와 통의를 대략 ①신명身命의 자유 및 통의[신명의 권리], ②재산의 자유 및 통의[재산의 권리], ③영업의 자유 및 통의[영업의 권리], ④집회의 자유 및 통의

---

130) 앞의 글, 109쪽.

〔집회의 권리〕, ⑤종교의 자유 및 통의〔종교의 권리〕, ⑥언사言詞의 자유, ⑦명예의 통의, 이렇게 7개로 구분하였다.[131]

한편 유길준은 인권 보호는 법률에 따라야 한다고 강조하였다. "권리가 비록 천하 사람들이 스스로 가진 지보至寶라 하나 그 실은 법률에 의부하여 그 현상을 보존함이니, 사람의 권리는 법률에서 준 바라고 말하여도 틀린 평評이 아니라"고 하였고,[132] 또한 사람의 권리는 법률의 공도에 따르지 않고 지배층이 힘으로 빼앗을 수 없다고 하였다.[133] 따라서 법률에 따른 천부인권의 규제도 거론하였다. 천부의 권리도 조종하지 못하고 내버려 두면 방탕한 폐속弊俗과 괴란壞亂한 악습이 증가할 것이므로, 법률은 "(권리의) 좋고 나쁨, 진짜와 가짜의 구분을 세워 인생 권리의 큰 병을 치료하는 금단金丹이라"고 하였던 것이다.[134]

이와 같이 유길준은 천부인권으로 신명身命, 재산, 영업, 집회, 종교, 언사, 명예의 자유와 권리를 거론하였고, 이 권리는 법률에 따라 보호·신장되고, 때로는 진정한 자유를 위해 규제되어야 한다는 점을 강조하였다. 물론 이 권리들은 자유주의와 민권의 성장에서 어느 하나 뺄 수 없는 것이었고, 모두 근대화 과정에서 반드시 이루어야 할 것들이었다. 곧 ①'인생의 중대한 천수정리天授正理'라는 신명의 권리는 봉건적·신분적 차별을 부정하고 개인 사이의 평등을 추구하기 위해, ②자신의 의지에 따라 단체를 조직하는 결사의 자유와, 연설이나 신문을 통해 인민의 언로를 열어 비루한 풍속이나 탐관오리의 수탈도 막을 수 있다는 언사의 자유 등은 근대국가의 형성에서

131) 앞의 글, 116~118쪽.
132) 앞의 글, 119쪽.
133) 앞의 글, 113쪽.
134) 앞의 글, 127쪽.

요구된 새로운 정치세력과 정치조직 형성에 필요한 것이었다. 그뿐
만 아니라 ③"국가가 사유재산을 보호하되 부자의 물건이나 거지의
물건이나 모두 그 보호에 차등이 있을 수 없다"고 천명한 재산의 권
리와, 사농공상의 일에 귀천의 구분을 없애고 재능이나 마음에 따라
영업을 할 수 있다는 영업의 권리를 통해서 자유롭고 새로운 경제체
제를 지향하였다.

(다) 자유와 통의가 법률에 따라 보장된다는 것은 결국 인권 확
립이 정부의 성격과 역할과도 밀접한 관련이 있음을 의미하였다. 유
길준은 야만족이라도 정부의 명색名色이 있고, 법을 시행하는 것이
자연의 정리正理라고 하였다.135) 곧 "국가의 정부를 설치하는 본의
는 인민을 위함이오, 인군人君의 정부를 명령하는 대지大旨도 인민을
위함"이라는 것이었다.136)

그리하여 유길준은 민권을 보장할 수 있는 새로운 정치체제를 구
상하였다. 그는 당시의 정체를 ①군주가 천단擅斷하는 정체, ②군주가
명령하는 정체(또는 압제정체), ③귀족이 주장하는 정체, ④군민이
공치共治하는 정체(또는 입헌정체), ⑤국인國人이 공화共和하는 정체
(또는 합중정체合衆政體) 등으로 나누었다. 이 가운데 ①, ③은 존재하
지 않으며, 아시아에는 조선이나 중국처럼 군주가 명령하는 정체가
많고, 유럽에는 군민공치君民共治가 많으며, 남·북아메리카에는 '국인
이 공화하는 정체'가 있다고 하였다.137)

유길준은 "각국의 정체를 상교相較하건대 임금과 백성이 공치共治

---

135) 《西遊見聞》 제5편 〈政府의 始初〉, 135쪽.
136) 위의 글, 141쪽.
137) 《西遊見聞》 제5편 〈政府의 種類〉, 143~145쪽.

하는 것이 최미最美한 규모規模라"고 하여,138) 군민공치체제를 가장
선호하였다. 그는 자신이 지향하였던 '군민공치제'를

其 制度가 公平ᄒᆞ고 些少도 私情이 無ᄒᆞ야 民의 好ᄒᆞᄂᆞ 者ᄅᆞᆯ 好ᄒᆞ며 惡ᄒᆞ
ᄂᆞ 者ᄅᆞᆯ 惡ᄒᆞ야 國中의 政令과 法律을 輿衆의 公論으로 行ᄒᆞᄂᆞ니 …… 人民
의 數ᄅᆞᆯ 乃定ᄒᆞ야 假令 萬人에 一人이나, 十萬人에 一人으로 其 中에 才局과
德器의 最高ᄒᆞᆫ 者ᄅᆞᆯ 薦擧ᄒᆞ야 君主의 政治ᄅᆞᆯ 贊襄ᄒᆞ며 人民의 權利ᄅᆞᆯ 保守
ᄒᆞ야, 行政 及 司法 諸大臣의 官守와 職務ᄅᆞᆯ 察ᄒᆞ며 …… 政府의 一定ᄒᆞᆫ 制度
ᄂᆞ 人君과 百姓이 同守ᄒᆞ야 敢히 是ᄅᆞᆯ 犯흠이 無ᄒᆞ고 …… 君民이 共遵ᄒᆞᄂᆞ
故로 暴君과 奸臣이 相遇ᄒᆞ야도 其 虐政과 苛法을 恣行ᄒᆞ기 不能ᄒᆞᆫ지라.139)

고 보았다. 군민공치제는 인민의 대의정치와 대의기구의 입법권과
행정권, 그리고 사법권에 대한 감찰 등을 그 특징으로 하였으며, 이
를 통해 폭군과 간신의 학정을 막을 수 있다고 하였다.

그가 군민공치제로의 개혁을 주장한 것은 서양의 부강이 바로
이 정체에서 나온다고 판단하였기 때문이었다. 군민공치제의 시행으
로 폭군이나 간신의 수탈을 방지할 수 있으면 인민들이 각자의 일에
안주하여 영화榮華를 구할 수 있고, 사람마다 나랏일의 막중함을 자
임하게 되면 결국 독립하는 정신도 갖게 된다는 것이었다. 그리고
아시아의 여러 나라에 군주의 압제정치가 많은데, 폭군과 간신이 패
란悖亂의 정령政令과 잔혹한 법률로 사의私意에 따라 방종하게 되면
서 인민은 정부를 원수로 보게 되고, 끝내 그들의 우국憂國하는 성의
나 애국하는 정성까지 없어지게 되었다고 하였다. 그리하여 구미 대

138) 앞의 글, 151쪽.
139) 앞의 글, 148~149쪽.

륙의 여러 나라가 아시아의 제국보다 백배 부강하게 되었고, 또 아시아의 대국이 구주의 소국에게도 모멸과 치욕을 받게 되었다는 것이었다.[140]

유길준은 당시 군주가 엄연히 존재하고 있는 조선의 사정을 고려하고 서양문명의 장점만을 수용한다는 기본 원칙을 견지하면서 군민공치를 주장하게 되었다. 그는 어느 정체든지 그 본의는 인민을 위하는 것이고, 그 종류의 차이는 시세와 인심의 변화에 따라 생긴 습관과 같은 것이므로 인민의 풍속과 국가의 경황을 불문하고 무작정 좋은 것을 취할 수 있는 것이 아니라고 보았다.[141] 그리하여 그는 '하갈동구夏葛冬裘'의 논리와 시세에 따른 변화의 논리에 따라, "인군人君이 인민의 위에 서서 정부를 설치하는 제도"는 사람의 힘으로 옮기고 움직일 수는 없지만, 정부의 사무는 대소를 가리지 아니하고 때에 따라 고쳐야 한다고 하였다. 오히려 선왕의 제도라도 종묘사직을 위태롭게 하면 고쳐야 한다고 하면서, 구규舊規를 따른다고 변통하는 대도大道를 모르고 국가의 위급함을 구하지 못하게 되면 이것은 '선왕의 죄인'이라고 하였다.[142]

이런 정치체제 아래의 정부는 말할 것도 없이 민권을 보장하고 신장할 수 있어야 하였다. 유길준은 정부의 통치를 ①국법 범위 안에서 자유 임의, ②각자가 신복하는 종교의 신앙 보호, ③기술·문학의 권장과 새로운 물건의 발명 권장, ④학교 건립과 인민 교육, ⑤산업의 장려, ⑥인민의 기한飢寒 질고疾苦 구제 등으로 구별하였다.[143] 이것은 마침내 우리가 앞서 살펴본 생명·재산·종교·산업 등

---

140) 앞의 글, 149~150쪽.
141) 앞의 글, 148, 151쪽.
142) 《西遊見聞》 제5편 〈政府의 始初〉, 141~142쪽.
143) 《西遊見聞》 제5편 〈政府의 治制〉, 153~154쪽.

의 인민 권리를 보호하고 발전시키기 위한 것이고, 또한 인민의 권리 보호의 전제가 되는 교육에 관한 것이었다. 이런 것은 정부가 조세를 사용하는 부문(정부의 지용支用, 인민 교육, 국가 영작營作, 종교 부지, 궁민 구제, 국가 방비)에서도 그대로 견지되었다.[144)

(라) 유길준은 민권을 천부天賦의 것으로 파악하면서도 민권이 올바르게 신장되기 위한 조건으로 인민의 지식 수준을 중요하게 생각하였다. 곧 인민의 교육이 부족하면 자유의 양악良惡과 통의의 진가眞假를 이해하지 못하여 권리를 오용할 것이기 때문이었다.[145)

유길준을 비롯한 당시의 식자층은 기본적으로 민중의 우매성을 지적하는 우민관愚民觀을 가지고 있었다. 더욱이 배우지 못한 '불학무지不學無知한 인민'에 대한 불신이 대단하였다. 유길준은

> 此輩流가 元來 是非를 不分ᄒ며 曲直을 不辨ᄒ야 國法으로 人民의 私有物
> 을 保護ᄒᄂᆞᆫ 道理에 暗昧ᄒᆫ 故로 一朝 國中에 騷亂이 有ᄒᆫ 則 其 勢을 乘ᄒ
> 며 其 機를 因ᄒ야 蜂쳐름 起ᄒ며 雲ᄀᆞ치 集ᄒ야 法도 不畏ᄒ며 人도 不憚ᄒ
> 야 其 慘酷ᄒᆫ 擧措와 凶惡ᄒᆫ 行爲가 名狀ᄒ기 不勝ᄒ니 ……146)

---

144)《西遊見聞》제8편〈政府의 民稅費用ᄒᄂᆞᆫ 事務〉205~225쪽.
145)《西遊見聞》제4편〈人民의 權利〉, 128쪽.
146)《西遊見聞》제3편〈人民의 敎育〉, 101쪽. 그리고 "사람의 지식이 없으면 원려遠慮가 없고, 원려가 없으면 목전의 욕심에 따라 그 악행에 이르지 않은 것이 없으며, 양생養生하는 법을 부지하면 절용節用하는 뜻을 알지 못하고, 나타懶惰에 편안하고 빈궁으로 곤困"하게 된다고 하여, 민권의 문제뿐 아니라 경제적 자립의 문제와도 관련된 것으로 보았다.

라고 하면서, 그 예로, 프랑스 혁명 때에 "고금에 비할 수 없는 폭행을 마음대로 하던 도배徒輩는 모두 불학무뢰不學無賴 치우방탕蚩愚放蕩하여 좋은 정부 아래 살아도 그 살아갈 계책을 영구營求하기 불능한 자들"이라고 하였다.

한편, 유길준이 근거하고 있었던 사회진화론적인 사고와 우민관의 결합은 전면적인 민권 성장을 추구하기 힘든 점이 있었다. 곧 강자의 약자 지배를 인정하는 논리 아래에서 약자인 인민의 성장을 통한 사회 진보는 불가능하기 때문이다. 약자인 민중이 주체가 된다는 생각은 처음부터 갖기 힘들었던 것이다. 그가 개화의 주체로 상정하였던 '개화의 주인'은 바로 이들, 개화 지식인이었고, 이들이 '개화의 노예' 상태의 민중층을 계몽하여 '개화의 빈객賓客'으로 변화시켜야 한다는 점도 이런 인식의 한 표현이었다.[147]

이런 점에서 유길준은 당시의 조선에 새로운 정치체제를 실시할 수 있을 것으로는 보지 않았다. 더욱이 인민 참정권에 대해서는 매우 부정적이었다. 그는

> 人民의 知識이 不足한 國은 卒然히 其 人民에게 國政 參涉하는 權을 許홈이 不可한 者라. 萬若 不學한 人民이 學問의 先修홈은 無하고 他邦의 善美한 政體를 欲效하면 國中에 大亂의 萌을 播홈인 故로 當路한 君子는 其 人民을 敎育하야 國政 參與하는 知識이 有한 然後에 此 政體를 議論홈이 始可하니, 此 政體가 有한 然後에 其 國의 開化하기를 冀圖홀디라. 是故로 此 政體가 保國하는 大道며, 愛君하는 精誠이어니와 國의 政體는 恒常 人民의 學識 階梯를 隨하야 其 制度의 等級이 成하는 故로 政體의 種類가 如何하든지 其 實은 皆人民의

---

147) 《西遊見聞》 제14편 〈開化의 等級〉, 378~379쪽.

自取혼 者이니, 泰西의 舊日 學者가 曰호딘 善民 上에 惡政府가 無ᄒ고 惡民 上에 善政府가 無ᄒ다 ᄒ니 誠然홀딘져 此言이로다.[148]

라고 하였는데, 정체의 개혁이 인민의 학식의 정도에 따라야 한다고 한 점은 바로 민권의 보장이 인민의 지식 향상을 전제로 하였던 바와 같은 논리였다.

　이런 점에서 유길준은 교육을 강조하였다. 곧 "인민의 권리를 평등하게 하고자 할진대 교육을 먼저 힘써 사람 사람으로 각자 지키게 하는 지식이 있게 함이 정치의 대도大道"라고 하였던 것이다.[149] 그리하여 그는 "천하의 급무는 학교를 세우는 것보다 먼저 해야 할 것이 없다"고 하였다.[150] 학교 설립과 교육은 말할 것 없이 국가가 그 주체가 되어야 하였다. 국가가 일반 사람의 자제를 강제적으로 교육하는 것이 인가人家의 개인적인 일에 관여한다고 생각할 수 있으나 이것은 매우 잘못된 것으로, 국가는 인세人世의 정도正道나 국민의 안녕 유지를 위해 개인의 일에도 간섭해야 하며, 정부가 사람을 벌주는 권한이 있는 것처럼 교육하는 권리도 있다는 것이었다. 그리하여 국가에서 학교를 세우고, 교사를 양성하는 일을 주로 맡아야 한다고 하였다. 교육을 통해서 일반 국민이 산업의 발달, 영업 등을 통해 살아갈 수 있는 방도를 찾으면 가난과 고통에서 벗어날 수 있으므로, 교육의 비용이 국가 조세로부터 지출되지만 뒷날에는 소요되는 세금도 줄어들 것으로 보기도 하였다.[151]

　이와 같이 유길준은 '우둔한 민중'이 민권을 행사하기 위해서는

---

148)《西遊見聞》제5편〈政府의 治制〉, 152쪽.
149)《西遊見聞》제4편〈人民의 權利〉, 129쪽.
150)《西遊見聞》제3편〈人民의 教育〉, 100쪽.
151) 위의 글, 104~106쪽.

먼저 교육으로 민중을 계몽시켜 민중의 지식을 개발하고, 그 다음으로 정체를 개혁하여 좋은 법률로 이를 보호해야 한다고 보았다. 그는 "권리는 교육으로 근본을 세우고, 법률로 호위護衛를 만들어, 이 두 개가 구비한 연후에 완미完美한 지경에서 시작하는 것"이라고 하였던 것이다.[152]

(3) 문명개화론과 유교 윤리

유길준은 개화의 위계적 단계를 설정하고, 반半개화 수준의 조선을 서양문명과 같은 수준으로 문명화·개화해야 한다고 주장한 문명개화론자였다.[153] 그런데 그는 문명화·개화 과정에서 유교를 부정하지 않았다. 〈개화의 등급〉을 정리하면서 "윤리를 돈독히 하는 행실의 개화는 천하만국天下萬國을 통하여 그 동일한 규모가 천만년의 장구함을 열력閱歷하여도 불변하는 것"이라고 하였다.[154] 또한 그는 개화의 과정에서도 피차의 장단점을 고려하여 서양문명의 취사선택이 필요하다고 하였는데, 우리의 장점으로 유교의 '오륜五倫'을 들었다.

그리고 유길준은 개화로 나아가기 위해서는 우매한 민중을 교육하는 것에서 시작해야 한다고 강조하였다. 그가 구상한 교육은 크게 세 분야였다. 곧 ①도덕교육, ②재예才藝 교육, ③공업교육이었고, 이것은 "정덕正德, 이용利用, 후생厚生"을 지향하는 것이었다. 이 가운데 유길준은 도덕 교육에 대해

道德은 人의 心을 教導ㅎ야 倫彝의 綱紀를 建ㅎ며, 言行의 節操를 飭ㅎ니

---

152) 《西遊見聞》 제4편 〈人民의 權利〉, 129쪽.
153) 정용화, 앞의 책(2004).
154) 《西遊見聞》 제14편 〈開化의 等級〉, 378쪽.

人世의 交際를 管制ᄒᆞᄂᆞᆫ 者인 則 其 敎育의 無홈이 不可ᄒᆞ고,155)

라고 하여, 도덕교육은 생활에서 언행과 교제의 방법 등을 가르치며, 무엇보다도 유교의 윤리를 바로 세우는 것이 중요하다고 했다.

교육 사업은 앞서 언급한 바와 같이 정부가 반드시 해야 할 일이었다. 그런 점에서 정부는 세금을 들여 "인간이 세상에서 그 생활을 위해 필요한 견문과 지식을 인도하는 교훈"을 가르치는 '일용日用하는 교육'을 해야 하며, 그 대강은 '오륜의 행실'을 비롯하여 사자법寫字法, 화도법畵圖法, 산수법算數法, 물산학物産學, 궁리학窮理學, 경제학, 인신학人身學 등이어야 한다고 하였다.156) 유교의 윤리인 오륜 교육을 중시하였던 것이다.

도덕교육을 강조한 것은, 유길준이 '개화'에서 유교적 윤리를 지키고 이를 변할 수 없는 것이라고 한 '행실의 개화'와도 관련이 있었다. 유길준은 서양문명을 적극적으로 수용하면서도 유교적 윤리의 변개에 대해서는 생각하지 않았다. 이런 점이 앞에서 본 박영효와 마찬가지로, 초기 문명개화론의 특징이었다.

그렇다고 유길준이 유교의 절대성을 고집한 것은 아니었다. 그는 기독교의 장점도 인정하였다.157) 1885년 그의 스승 모스에게 보낸 편지에는

기독교는 훌륭한 종교이며, 국가를 위해서 우리나라 사람에게 이를 받아

---

155)《西遊見聞》第3편〈人民의 敎育〉, 107쪽.
156)《西遊見聞》第8편〈政府의 民稅費用ᄒᆞᄂᆞᆫ 事務〉, 210쪽.
157) 유길준은 기독교를 신앙하지는 않았지만, 말년에 사경회査經會를 하기도 하였다. 그의 아우 유성준, 아들 유억겸 등은 뒤에 YMCA를 중심으로 기독교계에서 활동하였다.

들이도록 제안하고 싶다고 말씀드린 적이 있습니다. …… 기독교를 믿는 국
민은 자신의 정부에 대해 반항하지 않고 언제나 평화로운 삶을 영위하고 있
다고 생각하기 때문입니다.158)

고 하여, 기독교가 나라를 위해서 필요하다고 생각하기도 하였다. 그
러면서 그는 "도덕 역시 어느 종교에나 모두 있는 것이라는 사실을
알게 되"었다고 하며, 유교나 기독교나 모두 교리 속에 도덕이 있음
을 지적하였다. 《서유견문》에서는 모든 종교는 "존국尊國하는 의기와
애군愛君하는 정성은 피차 종교에서 다름이 없다"고 기술하였다.159)
　이를 위해 유길준은 '종교의 자유'를 거론하였다. 원칙적으로 '종
교의 자유 및 통의'는 〈인민의 권리〉 가운데 하나였기 때문이었다.

> 宗敎의 自由 及 通義니 此는 謂호딕 宗敎의 權利라. 宗敎의 自由는 各人이
> 敎ᄒ는 바와 宗ᄒ는 바에 一切 其 心悅ᄒ는 者를 隨ᄒ고, 禁遏 拘碍ᄒ는 勒
> 制를 不被ᄒ야 綽裕흔 樂地에 任歸홈이오, 宗敎의 通義는 歸依ᄒ는 黨徒를
> 受ᄒ며, 維持ᄒ는 規則을 設ᄒ기에 國法의 大紀를 不背흔 時는 其 行用ᄒ는
> 諸般事務가 自主ᄒ는 掌握에 在ᄒ야 他人의 操縱을 不受홈이라.160)

고 하며, 종교는 개인의 마음이 기뻐하는 것에 따라 믿으며, 누구도 제
어하지 못하는 자유권이 있으며, 또 종교가 국법에 어긋나지 않으면 교
인을 모으고, 조직을 만들어 자주적으로 행하는 것이 '통의'라고 하였다.
　유길준이 종교의 자유를 거론하면서도 가장 유의했던 점은 정부

---

158) 柳永益, 앞의 글(1990), 84쪽 재인용.
159) 《西遊見聞》 제8편 〈民稅費〉, 221쪽.
160) 《西遊見聞》 제4편 〈人民의 權利〉, 118쪽.

와의 관계였다. 그는 서양의 역사에서 보듯이 종교는 그 쟁론으로 말미암아 사람의 마음을 선동하여 인국人國을 멸망하고 살육하는 폐단이 있다고 하면서, 신교와 구교의 분쟁으로 수십만의 사람이 살육당했던 폐단을 지적하였다. 따라서 정부에서는 각 종교의 종류를 가리지 아니하고 그 권리를 보호해야 하지만, 종교도 그 교리가 인륜이나 국법을 해쳐서는 안 된다고 강조하였다.

> 政治의 一視ᄒᆞᄂᆞᆫ 公心은 各人의 崇信ᄒᆞᄂᆞᆫ 宗敎의 異同을 不問ᄒᆞ고 其 權利의 保護ᄂᆞᆫ 無偏ᄒᆞ야 其 人을 人홀 ᄯᆞ롬이오, 惟 其 敎典의 條例가 人生의 倫綱을 壞ᄒᆞ야 國法에 背ᄒᆞᆫ 則 禁止ᄒᆞᄂᆞ니, 然ᄒᆞᆫ 故로 宗敎의 權利ᄂᆞᆫ 國家의 典常을 不犯ᄒᆞᄂᆞᆫ 時ᄂᆞᆫ 其 歸依ᄒᆞᄂᆞᆫ 信心을 各從홈이라.[161]

이런 점에서 유길준은 종교의 자유를 보호해 주는 정부의 역할을 몇 차례 강조하였다. 그는 정부의 종류에 관계없이 개화의 정치를 위해 정부가 할 일을 거론하면서 그 가운데 하나를 '종교신복宗敎信服'이라고 하였다. 곧, 각자가 믿는 종교를 숭봉하는 것을 허락하고, 이에 관여하지 않고 민간의 분쟁을 규제하는 것이 정부의 일이라고 강조하였다.[162] 따라서 정부는 "비록 같은 나라의 사람이라도 유교를 믿는 자는 유교를 따르고, 불교를 좋아하는 자는 불교에 귀의"하도록, 오직 정부는 종교가 지니고 있는 '나라를 존중하는 의기'와 '임금을 사랑하는 정성'만을 수합해야 한다고 하였다.[163]

---

161) 앞의 글, 123~124쪽. 유럽의 종교의 상황과 역사에 대해서는 13편 〈泰西 宗敎의 來歷〉에서도 언급하였다.
162) 《西遊見聞》 제5편 〈政府의 治制〉, 153~154쪽.
163) 《西遊見聞》 제8편 〈政府의 民稅費用ᄒᆞᄂᆞᆫ 事務〉, 220~221쪽.

이와 같이 유길준은 서양 정치론의 자유권을 수용하면서 종교의 자유도 인정하였다. 그는 모든 종교가 애국적·도덕적인 면을 지니고 있다고 판단하였다. 그는 기독교를 허용하고, 유교의 절대성을 고집하지 않았다. 그는 '행실의 개화' 속에서 오륜을 강조하고, 이를 윤리상의 개화로 판단하였다. 문명화·근대화 과정에서 종래 정치교학으로서의 유교의 사회적 기능이 점차 윤리, 도덕으로 축소, 한정되어 가는 과정이었다.[164]

2. 청일전쟁 후 문명개화론의 확산과 계몽운동

1) 서구 지향적 문명관과 그 확산

(1) 서양의 정치·종교 수용과 문명화

개화파의 문명개화론은 청일전쟁 이후에 더욱 발전·확산되었다. 그들은 청일전쟁에서 일본이 이긴 원인이 메이지유신 이후 일본이 적극적으로 서양문명을 수용하여, 개화(곧 문명화)했기 때문이라

---

164) 유길준이 여전히 유교적 윤리, 오륜五倫을 강조하고 있었던 점에서 논란이 있을 수 있다. 유교 윤리를 유지하고 서양기술은 물론, 서양의 정치, 법률까지 수용했던 점에서 '변법개화론'을 체계화했다고 보기도 한다(朱鎭五, 〈開化論의 論理와 系譜〉, 《韓國 近現代의 民族問題와 新國家建設》, 김용섭 교수 정년기념 한국사학논총(3), 지식산업사, 1997). 1894~95년경의 김홍집·어윤중·김윤식 등도 모두 이 범주로 규정하고 있다). 또는 앞서 본 박영효와 마찬가지로 '전통과 근대의 복합화'라는 논리로 설명되기도 한다(정용화, 앞의 책(2004)). 그러나 유길준은 서양문명을 수용·지향하면서, 유교문명의 우월성을 주장하지 않았다. 개혁론의 지향점이나 문명관의 변화 등으로 볼 때, 유길준의 논리는 문명개화론이었고, 그 뒤 한말, 일제 아래 많은 유자들이 그러하였던 것처럼, 유교는 윤리·도덕의 차원에서 유지되는 수준이었다. 이는 앞서 살펴본 것처럼 유교적 문명관을 유지하였던 김윤식과는 분명하게 달랐다.

고 보았다.

> 져긔 져 일본을 보시오. 삼십년 전에 미기화국으로 삼십년을 두고 빅셩들
> 이 져의가 져의 일을 할시 모로고 어려온 일은 홀 수 업스니시 구미 각국으
> 로 도라 단이며 죽을 고싱을 ᄒ면셔라도 빅화다가 져의 나라에 부죡ᄒ 일이
> 업게ᄒ야 오ᄂᆞᄂᆞ 문명기화ᄒᆫ 동셔양에 멧직 안가ᄂᆞ 나라가 되엿스니 그 졍
> 치와 법률과 인명 직산과 병비와 농공 상업 각식 일용ᄉ물이 영국과 미국만
> 못ᄒ지 안ᄒ며 ……165)

라고 하여, 미개국이었던 일본이 30년 동안 서양문명을 배워 문명
개화를 이뤘고, 그 수준이 거의 미국, 영국과 같다고 평가하였다.

이에 견주어 청국에 대해서는 매우 부정적이었다. 그들은 조선
앞에 "일본이 가는 길과 청국이 가는 길의 두 길이 놓여 있다"고 하
고, 일본과 청국을 개화와 미개화(수구)의 수준으로 대비하면서 청
국을 매우 부정적으로 보았다.166) 곧 청국은 당요唐堯 시절에 개명
했던 풍속만 숭상하고, 시세에 이로운 학문을 배우지 않으면서 오직
사서삼경만 공부하고 있으며, 또 외국의 형편과 개화에 대한 학식을
가진 사람을 배척하여 마침내 종사와 임금까지 보전하지 못하게 되
었다고 보았다.167) 개화파들의 눈에 청국의 개화는 조선 수준도 되

---

165) 《협성회회보》 1898년 2월 12일 니익진 〈론셜〉. 《독립신문》에서는 일본이 서
  양 각국이 부강하게 된 곡절을 알고, 이를 학교에서 교육하여, 화륜선 제조, 철도
  부설, 상업 발달 그리고 3, 4층의 벽돌집 건축과 의자 생활, 양복과 가죽신 착용
  등을 달성하였는데, 이것 때문에 청국 같은 큰 나라를 이기게 되었다고 보았다
  (《독립신문》 1896년 4월 25일 〈논셜〉).
166) 《독립신문》의 청국관에 대해서는 白永瑞, 〈大韓帝國期 韓國言論의 中國認識〉,
  《歷史學報》 153, 1997 참조.
167) 《협성회회보》 1898년 2월 12일 〈론셜〉;《ᄆᆡ일신문》 1898년 4월 29일 〈론셜〉.

지 못하고, 청에게서 배울 것도 하나 없었다고 하였다.[168) 요컨대 "우리가 오히려 옛 법이나 말하고 청국 모양으로 앉아 있다가는 또한 이 지경을 면하지 못할 것"이라고 하였던 것이다.[169)

그리하여 당시의 조선(대한제국)이 가야 할 길은 일본처럼 서양을 따라 문명화·개화하는 것이었다. 앞서 본 바와 같이, 문명개화론은 서양문명을 목표로, 문명의 위계질서를 용인하였다. 그들은 문명개화의 전 단계로는 반半문명(반개화)과 야만(미개)의 단계가 있는데, 당시의 조선은 반개화 정도로 설정하였고, 반개화·미개의 상태에서 문명의 단계로 나아가는 과정을 곧 '개화', 문명화라고 보았다. 《독립신문》에서는 개화를 "나의 짧은 것을 버리고 저의 긴 것을 취"하는 것이고, "나의 없는 것을 인하여 저의 있는 것을 취"하는 것이라 하였다.[170) 저들의 장점을 취하여 우리 단점을 보완하는 '개화'는, 곧 서양의 부강을 가능하게 했던 모든 것을 배워 와야 한다는 논리로 귀결되었다. 미국·영국 등의 서양 문명국은 "법률 장정과 모든 다스리는 일들이 밝고 공평하여 무식한 백성이 없고 사람마다 자유권이 있으며 나라가 개화 세계가 되어 요순 때와 다름" 없는 나라였다.[171) 서양의 문명은 동양문명의 최고 단계인 요순시대로 간주되었던 것이다.

한편, 문명화에 대한 여론은 일본의 승리뿐 아니라 미국 자체에 대한 긍정적 인식이 확산된 것과도 무관하지 않았다.[172) 미

168) 《독립신문》 1896년 5월 21일 〈논설〉.
169) 《미일신문》 1898년 4월 16일 〈론설〉.
170) 《독립신문》 1898년 1월 20일 〈유지각한 사람의 말〉.
171) 《독립신문》 1899년 2월 23일 〈나라등슈〉. 이 논설에서는 동서양의 각국의 등급을 문명국, 개화국, 반개화국, 야만국으로 분류하였는데, 미국·영국 등은 문명국, 일본·이탈리아 등은 개화국, 대한국·청국 등은 반개화국 등으로 구분하였다. 문명국과 개화국을 나눈 점이 특이하다.

국에 대해서는 개항 이후 줄곧 호의적으로 인식되어 왔다. 이때
미국을 직접 경험했던 사람들이 증가하고, 또 기독교의 선교 활
동이 활발해 윤치호를 비롯한 개화세력이 형성되었다.[173] 이러
한 개화세력이 독립협회와 《독립신문》을 주도했던 것이다.

《독립신문》에서는 서양의 장점을 설명하는 가운데 더욱이 미국
에 대해서는

> 미국은 본릭 나라도 젹지가 안커이와 긔후가 온화ㅎ고 토디가 비옥ㅎ야
> 육축과 빅곡이 다 잘되며 각죵 쳔죠물이 만흔 고로 립국ㅎ지 百여년에 다른
> 나라와 ᄀᆞ치 젼쟁을 일슴지 안코 다믄 편민리국ㅎᆞᆯ 신법을 창셜ㅎ야 항샹 새
> 싸흘 긔간 ㅎᄂᆞ딘 …… 미국이 강토를 널릴 싱각이 업슬 ᄲᅮᆫ 아니라 …… 흔가
> 지 안락 틱평홈이 가위 극락세계가 되엿ᄂᆞ지라. …… 틱평양에 잇ᄂᆞ 모든 셤
> 나라들이 ᄌᆞ원ㅎ야 미국 쇽국 되기를 원ㅎ되 미국 졍부에셔 허락지 안코 도
> 로혀 ᄌᆞ쥬ㅎ라고 권ㅎ며 혹 약흔 나라이 강흔 나라의게 무례히 압졔를 밧든
> 지 ᄌᆞ유권을 쎗ᄂᆞ 나라가 잇스면 ᄌᆞ긔 나라 군사를 쥭이며 직물을 허비ㅎ랴
> 고 그 약흔 나라를 긔어히 도아주니 이ᄂᆞ 미국 사름의 큰 도략이요.[174]

라고 하여, 미국의 비옥한 토지와 부유함, 그리고 약소국을 침략하
지 않고, 도리어 약소국의 자유권을 도와주는 대외 관계 등을 거론
하면서 이를 '극락세계' 같다고 하였다.

서양문명의 수용을 통한 문명화·개화는 이제 서양의 기술문명에

---

172) 미국에 관한 인식에 대해서는 류영익, 〈개화기의 대미인식〉, 《한국인의 대미인
  식》, 민음사, 1994 참조.
173) 韓哲昊, 《親美開化派硏究》, 국학자료원, 1998; 장규식, 앞의 글(2006).
174) 《독립신문》 1899년 2월 27일 〈각국도략〉.

만 한정되지 않았다. 곧 "우리나라 신민들도 분개한 마음을 발하여 문명국의 정교 대략과 풍속에 진미함을 한결같이 본떠다가 개명할 기초를 일신"하자고 하였던 바와 같이[175] 정치, 종교, 풍속 등의 문제로 확대되었다. 곧 "정치를 밝게 하여 나라가 태평 부강하고 학문을 힘써 배워 백성이 문명"하게 되며, "자유권과 명예가 중한 줄을 알고, 사랑과 정의가 생기어 사람이 귀하고 물건이 천한 줄" 깨닫는 상태로 바꾸어야 한다고 하였다.[176]

더욱이 그들은 생활 습관과 풍속까지도 외국 것을 알고 또한 바꾸어야 야만으로 대접받지 않는다고 주장하였다. 가령 "김치와 밥을 버리고 우육과 브레드를 먹게" 되고, 머리의 모양이 자유롭게 되는 것,[177] 또는 "남의 집에 갈 때에 파나 마늘이나 냄새나는 음식 먹고 가지 않는 법이고, …… 남의 앞을 지나갈 때에는 용서하여 달라고" 할 정도가 되어야 한다는 것이었다.[178] 또 냄새나고 더러운 조선을 "사는 것이 황홀하고 의복 음식이 위생에 정긴하고, 기용집물이 수족에 편리하고, 완호 기물은 사람의 이목을 즐겁게"하는 상태로 바꾸어야 한다고 하였다.[179] 요컨대 서양의 물질문명을 비롯하여 정치체제, 종교(기독교), 사회 관습, 사회제도에 이르기까지 모든 것을 서양화하는 것을 '개화'라고 판단하였던 것이다.

(2) 갑오개혁, 광무개혁에 대한 인식

문명개화론자들은 서양문명의 전면적·적극적 수용을 통한 근대

---

175) 《미일신문》 1898년 4월 15일 〈론셜〉.
176) 《미일신문》 1898년 4월 13일 〈론셜〉.
177) 《독립신문》 1896년 10월 10일 〈논셜〉.
178) 《독립신문》 1896년 11월 14일 〈논셜〉.
179) 《미일신문》 1898년 4월 13일 〈론셜〉.

개혁을 모색하면서, 정부가 추진한 개혁사업, 곧 갑오개혁과 광무개혁에 대해서는 긍정적 차원의 비판을 가하였다. 갑오개혁부터 '개화'라는 말이 공적으로 쓰이기 시작하였고,[180] 고종도 갑오개혁을 "국정을 유신維新하여 독립의 기초를 세우고 중흥"한 것으로, 백성을 위한 '경장'이고 '개화'라고 하였다.[181] 이런 점에서 문명개화론자는 갑오개혁을 높게 평가하였다. 갑오개혁은 평소 자신들이 구상했던 개혁안을 실제로 시행하였던 점에서 그러하였다.

그러나 고종은 갑오개혁에서 일본의 간섭이 심하고, 또 자신의 군주권이 제약되자 아관파천을 단행하여 갑오개혁 정권을 무너뜨렸다. 하지만 광무개혁에서는 갑오개혁에서 시작한 개혁사업을 대부분 중단하지 않고 계속 추진하였다. 대한제국에서도 '개화'와 '개명'이라는 흐름을 거부하지 못하였다. 정부에서는 서구문명을 배우는 교육이 '개화의 근본'이라고 천명하였다.[182] 서양을 파악할 수 있는 《공법회통公法會通》, 《태서신사泰西新史》, 심지어 일본에 망명 가 있던 유길준의 《서유견문》까지 학교에서 교재로 사용할 정도였다.[183] 정부는 일본에 유학생도 파견하였는데, 유학생들 또한 "국가 정치의 기초와 동량을 자기自期하고 문명개화의 정신과 골자를 자임"하였다.[184]

대한제국의 개혁사업이 문명화·개화를 추구하면서 문명개화론자

---

180) 갑오개혁 당시 내정 개혁을 요구하던 일본 공사 오토리大鳥圭介도 그 개혁의 핵심이 '개화'에 있는 것으로 보았다〔《高宗實錄》 31년(1894) 6월 22일〕.
181) 《承政院日記》 개국 504년(1895) 윤5월 20일.
182) 본서 제2장 2절 참조.
183) 《皇城新聞》 1898년 10월 29일 잡보 〈勸奬學徒〉; 11월 4~5일 別報. 갑오개혁을 주도하던 유길준은 당시 일본에 망명 중이었으나 그가 지은 《西遊見聞》은 서양을 배우고 문명, 개화를 위한 참고서로 이용되고 있었다.
184) 《親睦會會報》 1 (1896년 2월), 〈會늡〉. 이에 대해서는 박찬승, 〈1890년대 후반 도일 유학생의 현실인식〉, 《역사와 현실》 31, 1999, 131~135쪽 참조.

들은 그 개혁사업도 긍정적으로 평가하였다.

> 대황뎨 폐하의셔 오빅년 무강ㅎ신 력복을 이으샤 쳔만셰 무궁ㅎ신 긔업을
> 즁흥ㅎ시고 만긔을 경쟝ㅎ시며 빅도을 유신케 ㅎ시ᄂ 즁에 특별히 샹셔와
> 학교의 규모를 확쟝ㅎ샤……185)
>
> 대황 폐하의 셩덕이 하히 ᄀᆺㅎ시 우리를 ᄌ식ᄀᆺ치 이육ㅎ실ᄉ 법률을 경
> 쟝ㅎ시고 독립긔쵸ᄅ 챵업ㅎ샤 우리를 태평지역에 인도ㅎ려 ㅎ시고 특별히
> 죠측을 나리샤 의지업ᄂ 자를 률법으로 보호ㅎ시며 곤궁ㅎ ᄌ를 진휼 구호
> ㅎ시거ᄂ……186)

협성회協成會는 대한제국의 개혁사업을 경장, 유신, 독립 등의 용어로 설명하면서, 그들은 법률 개혁, 독립의 기초 확립, 학교 설립 등을 긍정적으로 지적하였다. 그들은 '위로 임금을 받들고 아래로 동포를 대신하여 문명에 진취하고 독립 기초를 굳게 하는 것이 당연한 직분'이라고 자임하고 있었던 것이다.187)

동시에 그들은 대한제국의 개혁사업에서 좀 더 적극적으로 추진되어야 할 점도 지적하였다. 최병헌은 "(대황제 폐하께서) 개국 503년에 특별히 국가의 법률과 장정을 고치시고 예전 구습을 버리고 새로운 일을 도모하라 하신 칙령"을 강조하면서, 갑오개혁에서 시작된 법률, 장정의 개혁이 시행되지 않고 있음을 개탄하고, 계속적인 개혁을 촉구하였던 것이다.188)

또한 그들은 그동안의 개화사업이 실효가 없거나 실정에 맞지

---

185) 《협성회회보》 1898년 1월 1일 〈론셜〉.
186) 《미일신문》 1898년 4월 12일 〈론셜〉.
187) 《협성회회보》 1898년 1월 30일 〈론셜〉.
188) 《미일신문》 1898년 10월 1일 〈론셜〉.

않게 급진적으로 이루어졌던 점도 지적하였다. 갑오개혁의 급진적이고 외세 의존적인 현상을 비판하고, 개화사업의 자세와 방법을 반성적인 차원에서 제기하였다. 《독립신문》에서는 나라의 개혁이 "목수가 헌 집 고치는 것"과 같다고 하면서, 개혁에는 선후와 경중이 있다고 하면서, 당시 조선의 개화는 "서투른 목수"가 헌 집을 고치면서 새 기둥을 준비하지도 않은 채 헌 기둥을 모두 뽑아 버린 것과 같아서 결국 더 허술하게 된다고 우려하였다.[189] 또한 단발이나 양복을 입는 것은 집을 고친 뒤에 도배·장판하는 것과 같고, 언젠가는 해야 될 일이지만, 우선은 새 기둥으로 집을 튼튼하게 한 뒤에 이를 해야 본의가 잘 드러날 것이라고 하였다.[190]

《미일신문》에서는 이를 '참개화', '실학' 등으로 언급하였다. 곧 "개화라 하는 사람은 실학은 무엇인지 모르고 머리 깎고 양복만 하면 다 된 줄로" 알고 행동하는 실상을 비판하였다.[191] 기본적으로는 서구문명을 적극적으로 수용하는 '개화'의 입장이었지만, 실질적인 개화보다는 겉모양만 취하고 있던 점을 비판하였던 것이다. 이는 '장님 코끼리 만지듯이' 개화를 인식하기 때문이라고도 하였다.[192]

그리하여 《미일신문》에서는 '개화병'을 거론하고, '참개화'를 강조하였다. 《미일신문》은 "개화라 하는 것은 때를 헤아려 편리하도록 하여 실상으로 힘써 백성으로 하여금 행하여 가는 것"이라고 하면서,

---

189) 《독립신문》 1896년 5월 23일 〈논설〉.
190) 《독립신문》 1896년 5월 26일 〈논설〉. 그러나 새 기둥을 아직 갈지 않았다고 장판과 벽지 도배를 도로 뜯어내는 것은 집 고치기 전에 도배·장판하는 것과 같다고 하고, 이런 일은 개화의 근본 문제가 아니므로, 이미 시행했던 단발 같은 것은 그냥 그대로 백성들이 하고 싶은 대로 하는 것이 좋다고 하였다.
191) 《미일신문》 1898년 7월 28일 〈론설〉.
192) 《미일신문》 1898년 10월 3일 〈론설〉.

지금 우리 나라에 전에 업든 큰 병 ᄒ나히 싱겻스니 이병은 기화라 ᄒᄂ
병이라. …… 믄득 기화라 ᄒᄂ 쟈ᄂ 제 싱각대로 무슴 말을 ᄒ다리도 기화에
ᄂ 그러ᄒ다 ᄒ며, 샹 업ᄂ 힝위를 ᄒ고도 기화 법에ᄂ 그러ᄒᄋᆞ 관계치 안
이ᄒ다 ᄒ며, 심지어 오륜 샹에 대단이 관계가 되여 픠샹ᄒ 일이 잇듯ᄅᆞ도
기화에ᄂ 그러ᄒᄋᆞ도 샹관업다 ᄒ며, ᄒ다 못ᄒᄋᆞ 옷 ᄒ가지만 류란니 입어
도 기화법이라 ᄒ며, 음식 ᄒ가지라도 이샹ᄒ 것을 먹으면 기화라 ᄒ며, 집에
류리챵 ᄒ나만 박아도 기화라 ᄒ며, 젹은 안경 ᄒ나만 써도 기화라 ᄒ며, 져
른 집핑이 ᄒ나만 집허도 기화라 ᄒ며 …… 기화 두 글ᄌ에 병이 들어셔 이
디경들이 되얏스니 기화의 실샹을 모로고 다만 글ᄌ 둘만 가지고 나도 기화
너도 기화ᄒᄋᆞ 밤낫으로 기화 기화만 ᄒ면 이 기화가 필경 전국을 병들일 기
화니 지금 참 기화에 유의 ᄒᄂ이들은 기화 실학을 힘쓰고 기화의 화ᄂ 아죠
쎼여 내 바리기를 깁히 바라오.193)

라고 하였다. 이는 외형적 개화, 잘못된 개화를 추구하다가 온 나라
가 병들어 가는 실상을 비판하고 실질적인 학문='실학'을 통한 개화,
참 개화를 강조한 것이다.194)

(3) 계몽활동과 지지 세력의 확보

갑오개혁 이후 문명개화론자들은 '개화'의 중요성을 계몽하
고, 지지 세력을 확보할 필요성을 절감하고 있었다. 우선, 그들의
개혁론이 구조적으로 구래의 지주제를 유지한 채 형성되었던 점에
서 민중층, 더욱이 농민층의 지지를 얻기가 쉽지 않았다. 또한 갑신

---

193) 《미일신문》 1898년 12월 7일 〈론셜〉.
194) 이는 이미 유길준이 《西遊見聞》 제14편 〈開化의 等級〉, 380~381쪽
에서 '실상개화'와 '허명개화' 등으로 구분하여 제기했던 문제였다.

정변이나 갑오개혁이 궁중 내부의 권력 장악을 통해 추진되었던 한계가 있었다. 갑신정변에 참여했던 서재필徐載弼(미국명 Philip Jaisohn)은 귀국하자마자 바로 민중 계몽의 중요성을 제기하고,《독립신문》을 창간한 것도 그러한 한계를 극복하기 위해서였다.195)

일반 민중을 계몽하기 위한 가장 효과적인 방법은 교육이었다. 갑오개혁 당시, 이미 정부는 "교육은 개화의 근본"이라고 천명하고, 공립학교를 만들기 시작하였다. 교육에 대한 필요성은 갑오개혁 이후 더 강조되었는데, 그들은 개화의 정도나 국력의 강약이 모두 인민의 지식 여하에 달려있다고 보고, 교육을 통해 서양학문을 배워야 한다고 확신하였다. 곧 "공부하지 않는 백성들이 적어지도록 힘을 써야 문명국이 된다"는 것이었다.196) 그리하여 《독립신문》에서는 소학교, 여학교, 중학교, 대학교, 각종 실업학교와 전문학교 등을 설립하자고 주장하고, 또한 교과과정에서도 허문虛文을 버리고 서양의 근대학문, 곧 '실상 학문', '실학'을 가르쳐야 한다고 하였다. 또한 모든 교육과정에서 국문과 아라비아 숫자의 사용, 체육 등을 강조하였고, 외국 서적의 번역 출판과 유학생 파견도 주장하였다.197) 이런 점들은 《미일신문》에서도 같았다.198) 더 나아가 그들은 교육으로 국가의 문명 부강을 이루어 '서세동점'을 방어하고, 후일 '동세서점'의 모책도 찾을 수 있다고 확신하고 있었다.199)

신문을 통한 계몽활동도 활발하게 추진되었다.《독립신문》은 처음부터 '계몽'을 목적으로 창간되었다.《독립신문》은 조선 인민들에

195) 金道泰,《徐載弼博士自敍傳》, 앞의 책(1948), 209쪽.
196)《협성회회보》1898년 1월 1일 〈론셜〉.
197) 慎鏞廈,《獨立協會 硏究》, 일조각, 1976, 223~227쪽.
198) 金東冕,〈協成會의 思想的 硏究〉,《史學志》15, 1981, 92~94쪽.
199)《협성회회보》1898년 2월 5일 〈론셜〉.

게 외국 사정을 알게 하고, 이로써 인민들의 소견과 지혜를 진보시
키고자 하였다.[200] 또한 순 국문으로 신문을 발간한 것은 조선 인
민에 대한 적극적인 계몽의 방법이었다. 《미일신문》도 "부강,
문명개화를 위해 어두운 백성을 열어 주는 것이 신문"이라고 생
각하고,[201] "우리 신문사 목적은 개명부강할 방책에 긴요한 사
실과 학문상에 유리한 말을 듣는 대로 기재"하는 것이라 자임하
였다.[202]

또한 토론회라는 새로운 방식을 도입하여 계몽활동을 강화하였
다. 협성회에서는 1896년 5월부터 1여 년 동안 서재필을 특별 강사
로 초빙하여 회의, 연설 훈련, 토론회 등을 열었다. 토론회는 배재학
당 교사·학생을 회원으로, 그 밖에는 찬성원으로 조직되었다. 1898
년 3월 중순까지 모두 42회의 토론회가 열렸는데, 그 뒤 독립협회
의 토론회로 발전하였다. 독립협회에서는 1897년 8월에서 1898년
12월에 이르기까지 34회의 토론회를 열었다. 여기서는 신교육 진
흥, 산업 개발, 미신 타파, 민권 성장 등의 문제를 다루어 개화론을
확산시킬 수 있었고, 또한 만민공동회에서 활약한 많은 청년, 학생
들을 길러낼 수 있었다.[203]

그들이 국문 사용을 강조한 것도 이런 점과 무관하지 않았다. 이
전의 한문으로는 계몽의 대상이 한정될 수밖에 없었고, 따라서
문명개화론의 저변 확대를 위해서는 상대적으로 쉬운 국문이 더
없이 좋은 도구였다. 《독립신문》은 창간 논설에서 그런 점을

---

200) 《독립신문》 1896년 4월 7일 〈논설〉.
201) 《미일신문》 1898년 4월 12일 〈론설〉.
202) 《미일신문》 1898년 4월 15일 〈론설〉.
203) 愼鏞廈, 앞의 책(1976), 261~273쪽; 金東冕, 〈協成會 活動에 관한 考察〉,
《韓國學報》 25, 1981, 48~64쪽.

분명하게 드러내었다. 또 《밈일신문》에서도 한문 교육이 "내가 아는 것을 남이 모르게 하려는" 시기하는 마음에서 나왔고, 또 십여 년 한문 공부하여 경서를 안다고 하더라도 성인의 본뜻은 모르고 있다고 비판하면서

> 나라히 기명ㅎ다 칭ㅎ는 것슨 다만 글 일근 사름 몇 쳔명 몇 만명으로만 인연ㅎ야 ㅎ는 말이 아니라 젼국에 남녀 로소와 상하 귀쳔을 통계ㅎ야 비교 흔 연후에 혹 문명국이라, 반기화국이라, 야만국이라 칭ㅎ는 법이기로 …… 우리 나라이 미우 위급한 째라고들 의론ㅎ는 빅셩이 잇스니 이는 다힝이 대 한에 국문이 잇는 식둙이라. 이런 요긴흔 글을 실시ㅎ야 써셔 우부 우밍이라 도 다 기명흔 학문을 비화 젼국이 어셔 문명에 나아가기를 우리는 간졀히 위 ㅎ노라.204)

라고 하여, 문맹의 정도가 문명과 야만을 구분하므로, 국문을 사용하여 모두 개명한 학문을 배우자고 하였다.

한편, 민중을 계몽하고, 민중의 개명이 곧 문명화의 길이라고 생각한 바탕에는 지배층의 속성이기도 한 우민관이 자리 잡고 있었다. 자신들의 개혁 논리와 내용을 민중 속으로 침투시켜 '우매한 민중층'을 자신들의 이념 아래 조직하고 또한 자신들의 주도권을 확보하고자 하였던 것이다. 《독립신문》은 "내외국 인민에게 우리의 주의를 미리 말"하기 위한 목적으로 창간되었고,205) "우리 말대로

---

204) 《밈일신문》 1898년 6월 17일 〈국문이 나라 문명홀 근본〉. 만약 사서삼경을 번역하여 일반 백성들을 가르쳤으면 남녀 귀천이 모두 공자님의 제자가 되고 유교 가 이렇게 쇠하지는 아니하였을 것이라고도 하였다.
205) 《독립신문》 1896년 4월 7일 〈논셜〉.

행할 지경이면 부국강병이 자연이 될 터이니 부국강병이 되면 사람마다 그 이익을 받을 것"이라고 자신하였다.206)

이와 같이 문명개화론자들은 학교 설립, 신문, 토론회, 연설회 등을 통하여 문명개화론을 확산시킬 수 있었다. 그들은 교육과 계몽을 통하여 '우매한 민중'의 지식을 계발하고, 동시에 자신들의 이념을 민중층에게 선전하여 민중층을 자신들의 주도 아래 조직하는 일에 힘을 기울였다. 이런 점에서 독립협회는 정치권 내부와 서울에서만 전개되던 문명개화운동을 전국, 전 계층을 대상으로 확산하여 본격적인 조직적 계몽운동으로 발전시킨 출발점이었다.

2) 문명개화론의 정치경제적 지향

(1) 서양 정치론의 수용

문명개화론은 서양문명 수용을 기술문명으로 한정했던 양무개혁론을 비판하고 서양 부강의 핵심인 '정교政敎', 곧 근대적인 정치제도와 기독교를 수용하고자 하였다. 무엇보다 정치체제의 변혁은 문명개화론의 핵심적인 과제였다. 서양 근대정치론의 핵심은 이미 유길준이 《서유견문》에서 정리한 바 있었는데, 《독립신문》에서도 서양의 정치론을 수시로 소개하였다. 《독립신문》에서는 "정치학이라 하는 학문은 문명개화한 나라에서 여러 천 년을 두고 여러 만 명이 자기 평생에 주야로 생각하고 공부하여 만든 학문"이라고 하면서207) 이를 받아들여 실현하고자 하였다.

그들은 서양의 정치론과 전통적인 정치 구조가 근본적으로 다르

206) 《독립신문》 1896년 4월 30일 〈논설〉.
207) 《독립신문》 1896년 4월 14일 〈논설〉.

기 때문에 "동서 정치와 신구학문을 물구勿拘하고 참호參互하여 쓰
자"는 논의에는 찬성하지 않았다. 우리나라에 전래하는 법규는 폐단
만이 남았고, 또 시세와 형편에 맞지 않으므로 서양의 "국부병강하
고 이용후생하는 정치와 학문"을 수용하여야 한다고 하였던 것이
다.208) 이런 원칙은 대한제국의 신구절충적 차원의 서양문명 수용
론과는 그 주장이 달랐다.

(가) 문명개화론에서 지향했던 정치론은 민권을 확립하고 정
치체제와 정치 운영을 변혁하는 것이었다. 그들은 개인의 권리를
천부인권론의   차원에서   인정하였다. 《독립신문》에서는   "백성
마다 얼마큼 하나님이 주신 권리가 있는데 그 권리는 아무라도
빼앗지 못하는 권리요"209) "천생 권리와 사람마다 가진 자유권"
이라고210) 하였으며, "천한 사람이나 귀한 사람이나 누구나 하
나님께 받은 사람의 권리는 같은 까닭"이라고 하였다.211) 그들
이 천부인권으로 크게 강조했던 것은 자유권과 평등권이었다.

이 권리의 확립을 위해 그들은 먼저, 개인의 생명과 재산권을 강
조하였다. 독립협회에서는 정부에 대하여 "인민의 생명과 재산에 당
한 일은 어디까지든지 보호할 것"을 요구하고, "우리 정부로 하여금
백성의 생명, 재산의 권리를 침범치 못하게 하는 일이 마땅히 협회
의 큰 목적"이라고 천명하였다.212) 자유권은 천부의 권리이지만 우

---

208) 《매일신문》 1898년 8월 25일 〈론설〉.
209) 《독립신문》 1897년 3월 9일 〈론설〉.
210) 《독립신문》 1897년 2월 20일 〈론설〉. 이어서 "(외국인이 조선인을 아무렇게
　　대접하는 것은 곧 천생의 권리와 자유권을 남에게 잃게 되는 것이니) 인민의 마음
　　이 이러한 즉 어찌 나라가 자주독립을 하기가 쉬우리오"라고 하고, 학문을 배우고
　　몸을 굳세게 하는 공부를 하는 것이 급선무라고 하였다.
211) 《독립신문》 1897년 10월 16일 〈론설〉.

연히 길거리에서 주운 것이 아니라 오랜 시간동안 힘을 들이고 또한 투쟁하여 획득·유지된 것이므로, 조선에서도 이를 향유하기 위해서는 투쟁해야 한다고 하였다.213)

이에 따라 그들은 주로 국가 권력이나 관료층의 자의적인 수탈과 인신 지배를 반대하면서 인민의 인권, 신체에 대한 자유를 요구하였다.214) 그 가운데서도 신체상의 자유를 강조하였는데, 비록 죄를 다스리더라도 원칙과 법률에 따라야 한다는 것이었다. 이러한 독립협회의 원칙과 주장은 흔히 ①죄의 유무는 법정에서 법률에 따라 판결되어야 한다는 죄형법률주의, ②노륙법과 연좌법을 악법으로 반대한 죄형형평주의, 죄형개인주의, ③죄형관대주의, ④영장제도의 창설(인신의 구속은 영장에 의해 집행), ⑤고문제도 폐지, ⑥신속한 재판과 공개재판주의, 판결증거주의 등이라고 파악되고 있다.215)

그리고 《독립신문》에서는 개인, 더욱이 부자들의 재산을 보호할 것도 주장하였다. 조선이 세계에서 잔약하고 가난한 나라가 된 것은 돈이 있는 사람이 부를 축적할 수 없는 것에 말미암는다고 파악하고, 부자들이 재산을 모으지 못하고, 또 재물 모으고 싶은 생각이 적어지는 것은 재물을 자꾸 뜯기기 때문이라고 보았다.216) 이에 그들은 정부나 관인 등 권세가의 재산 수탈을 비판하였다. 따라서 정

---

212) 《독립신문》 1898년 8월 4일 〈협회에서 홀 일〉.
213) *The Independent*, 1898년 5월 19일. T. H. Yun "An Honest Confession"
214) 《독립신문》 1898년 8월 4일 〈협회에서 홀 일〉. ①무단히 사람을 잡거나 구류하지 못하며, 잡으려면 그 사람의 죄목을 분명히 공문에 써서 그 사람에게 보이고 나치拿致할 일, ②잡은 뒤에도 재판하여 죄상이 현로顯露하기 전에는 죄인으로 다스리지 못할 일, ③잡힌 뒤에 가량 24시간 안에 법관에게로 넘겨서 재판을 청할 일, ④누구든지 잡히면 그 당자當者나 그 당자의 친척이나 친구가 즉시 법관에게 말하여 재판을 청할 일 등이었다.
215) 愼鏞廈, 앞의 책(1976), 179~182쪽.
216) 《독립신문》 1896년 12월 8일 〈논설〉.

2. 청일전쟁 후 문명개화론의 확산과 계몽운동 299

부는 백성들의 재물을 뜯어갈 것이 아니라 "백성들의 의복 음식을
넉넉하게 할 도리는 법률과 장정 규칙을 엄하게 세워 인민의 돈을
일호—毫 일리—厘라도 법률 외에 취하지 않게 하여야"하였고, 백성
들도 정부의 법령을 믿고 재산을 지탱하게 되면 결국 충군애민할 것
으로 보고, 이 문제에 나라의 흥망이 달려 있다고 지적하였다.217)
개인들이 생활 면에서 자주독립하는 것이 조선이 가난을 벗어나 부
강해지는 것이라 하였다.

　신체와 재산의 자유권은 개인의 자립과 자본의 축적을 통한 자
본주의체제의 지향과도 관련된 것이었다. 그들은 누구든지 "학문으
로 벌든지, 힘으로 벌든지"다른 길이 없게 만들어, 노동의 귀천을
없애고 자유로운 노동을 보장해야 한다고 하였다.218) 그런 다음, 개
인의 재산을 보호하여 자본 축적을 도모하였다. 더욱이 사유재산의
보호는 결국 독립협회가 기반으로 삼고 있던 지주층의 유지, 상공업
발전과 자본 축적이라는 점과 깊은 관련이 있었다. 독립협회에서
는 지주자본을 근간으로 하는 자본주의 체제를 지향하였던 것이
다.219)

　둘째, 독립협회에서는 언론·출판·집회·결사의 자유권도 또한 천
부인권의 차원에서 확립할 것을 주장하였다.

　　말ᄒ는 것이 사ᄅ음의 특별ᄒᆫ 권리라. 말이 업스면 텬리의 오묘ᄒᆷ을 궁구ᄒᆯ
　　슈 업고 오륜의 도리를 ᄀᆞᆯᄋᆞ칠 슈 업슬 터이라. 하ᄂᆞᆯ이 만민을 내히실 ᄯᅢ에
　　부귀 영욕은 다 주지 아니 ᄒᆞ셧스나 말ᄒᆞᄂᆞᆫ ᄌᆡ죠ᄂᆞᆫ 다 주셧스니, 부귀 영욕

은 텬싱권리라 ᄒ지 못ᄒ되 언권ᄌ유(言權自由)ᄂ 텬싱권리라. 하늘이 주신
권리를 엇지 진중히 보존치 아니ᄒ리오.220)

라고 하였다. 언론의 자유는 바로 공론公論을 세우는 것이었다. 공론
이란 "여럿이 규칙 있게 모여 정대하게 만사를 토론하여 좌우편 이
야기를 다 들은 뒤에 결정한 의론"이므로, 공론이 있으면 정부에서
일하기도 쉽고, 또 하는 일을 잘못하지 않을 것이라 하였다.221)

그들은 공론을 형성하는 방법으로 토론회나 연설회를 개최하고,
또한《독립신문》을 발간하였다. 더욱이 "세계 도처에 신문이 공론을
통하는 대로가 되어 신문이 많을수록 국가가 흥왕하고 국가가 흥왕
할수록 신문이 많아"진다고 하여,222) 스스로《독립신문》의 가치를
내세웠다. 또한 공론을 형성할 수 있는 가장 좋은 방법으로 "대저
회會라 하는 것은 정부나 사회상이나 제일 요긴한 것이요, 학문상과
지혜와 생각과 의견과 경제상에 가장 유조한 것이라"고 하면서, 배
재학당의 협성회나 독립관에서 이루어지는 토론회, 그리고 독립협회
를 거론하였다.223) 더욱이 스스로 독립협회와 같은 조직을 통해
"위국 위민하자는 목적으로 의론을 하여 인민의 지식을 넓히고 또
공론을 만든다"고 자부하였고,224) 서양 민회民會의 예를 들면서 행
정에 잘못이 있으면 집회를 열고 이를 성토하여 바르게 한다는 점을
지적하였다.225) 또한 서재필은 협성회 같은 것을 통해서 첫째는

---

220)《독립신문》1899년 1월 10일〈언권ᄌ유〉.
221)《독립신문》1898년 2월 24일〈독립협회 회원들의 샹쇼 쵸본〉.
222)《독립신문》1899년 1월 10일〈언권ᄌ유〉.
223)《독립신문》1898년 2월 19일〈광무협회 연설〉독립신문 사장 제손씨의 연설.
224)《독립신문》1898년 2월 24일〈독립협회 회원들의 샹쇼 쵸본〉.
225)《承政院日記》광무 2년(1898) 9월 9일(음)〈中樞院一等議官尹致昊等疏〉.

"상제上帝께서 각인에게 허급한 권리를 보호하는 것이고, 둘째는 나라를 위하는 성력" 등을 이루어야 한다고 하였다.[226]

그들이 언론·집회·결사의 자유를 통하여 국가의 공론을 형성하고자 한 것은 국정을 바로잡으려는 의도이기도 하였다. 언론의 자유가 있어야 언로가 넓어지고, 공론이 형성되어야 정치와 법률이 바르게 되어 국정을 바로잡을 수 있다고 하면서,[227] "백성이 정부에 반대하는 것을 이상히 여기지만, 반대가 없으면 진보가 없다"고 지적하였다.[228] 더 나아가 언론의 자유는 나라의 흥망에 직결된다는 생각도 하였다. 언권의 자유를 없애 공론이 없어지면 정부 관인들이 거리낌 없이 인민을 압제하여 마침내 나라가 위태롭게 될 것이므로, 언권 자유를 백성에게 주는 것이 바로 국가를 흥하게 하는 근본이라고 하였던 것이다.[229]

(나) 민권 확립은 사회 신분, 관습을 포함한 사회제도의 개혁과도 밀접한 관련이 있었다. 이를 위해서는 무엇보다도 봉건적인 신분제도를 폐지해야 했다. 《독립신문》에서는 "천한 사람이나 귀한 사람이나 하나님께 받은 사람의 권리는 다 같은 것"이므로, "하나님께서 내신 사람이거늘 어찌 사람이 사람을 사람으로 대접치 않고 짐승과 같이 대접하여 살다가 부릴 도리가 있으리오"라고 하여,[230] 사람이 사람을 지배하고 부리는 신분적 불평등을 천부인권의 차원에서 반대하였다. 신분제도는 이미 갑오개혁에

---

226) 《독립신문》 1897년 12월 4일

227) 《承政院日記》 광무 2년(1898) 9월 9일(음) 〈中樞院一等議官尹致昊等疏〉.

228) 《독립신문》 1898년 11월 7일 〈반딕의 공력〉.

229) 《독립신문》 1899년 1월 10일 〈언권ᄌ유〉.

230) 《독립신문》 1897년 10월 16일 〈론셜〉.

서 법적으로 폐지되었지만, 아직도 강하게 있어 이를 청산하려던 것이었다. 곧 신분제로부터 자유로운 개인의 완성, 나아가 모든 국민을 신분으로부터 해방시켜 보편적으로 균등한 국민을 양성하기 위한 것이었다.

그들은 양반의식에 젖어 있는 양반들을 비판하였다. 이들이 근대화에 걸림이 되기 때문이었다. 문명개화론자들은 "조선에 아직까지 백성들이 지체 좋은 양반들을 더 높게 보고 더 믿는 것은 우스운 일"이라고 하였고,[231] 자주독립을 지향하는 독립협회 같은 단체를 반대하는 자들을 "창자 속에 양반만 들어앉아 명분을 조화하는 자"들이라 하였다.[232] 또 양반들은 자신의 문벌과 유명한 조상에만 의지하고, 옛 학문만 공부하는 세상의 무용지물이므로, "지체 좋은 양반들은 꿈들을 깨시오"라고 경고하였다.[233]

그들은 또한 아직도 남아있는 노비제도도 비판하였다. 이미 노비제도가 폐지되었지만 세력이나 재산있는 사람들이 잔약한 형제를 "개와 돼지" 같이 매매하기도 하고, 또 딸을 시집보낸다고 하면서 돈을 받고 팔아먹는 현실을 지적하며, 이를 미국의 노예해방을 예를 들어 "사람의 사람된 권리를 빼앗지 않고 사람은 사람을 동등으로 대접"하자고 하였다. 이를 통해 "전국 인민이 종을 면할 지경이면 우리나라는 자연히 남이 종으로 대접하지 못할 것이라" 하여,[234] 나라의 자주권을 세우는 것과도 연관시켜 이해하였다.

그리하여 그들은 모든 인민이 상하 귀천을 가리지 않고 자기의 직무를 가져야 한다고 하였다.[235] 곧 "나라가 열릴 지경이면 지체와

---

231) 《독립신문》 1896년 12월 22일 〈론셜〉.
232) 《독립신문》 1898년 3월 31일 〈독립협회 회원 윤기진 씨의 글〉.
233) 《독립신문》 1896년 12월 22일 〈론셜〉.
234) 《독립신문》 1897년 10월 16일 〈론셜〉.

문벌 생각하는 것은 없어질 것이요, 그 가운데 학문 있는 사람들이 벼슬도 할 것이오 큰 장사도 할 것이요 큰 농부도 될 것이라"고 하였던 것이다.236) 그들은 신분에 따른 차별, 더욱이 신분에 따른 직업 결정을 부정하고 능력에 따라 각자의 직분을 가진 체제를 지향하였다. 그리고 이 또한 국가의 부강과 자주독립의 기초로 생각하였다.

또한 그들은 봉건적 사회관습인 조혼 제도를 반대하였다. 그들은 조혼으로 어린아이가 아이를 낳으면 "무슨 뛰어난 재주와 강한 체골이 생기리오"라고 비난하였고, 또 남자가 자신을 주체할 힘도 없는데 아내를 얻어 결국 남편이 처자를 벌어먹이지 못하게 되면서 독립할 마음도 없어진다고 하였다.237) 그리하여 《독립신문》에서는 조혼을 금지하고, 결혼의 자유와 연령의 제한을 실시하자고 하였고, 결혼 전에 학문과 지식을 넓히고 지혜와 체력을 길러 자주독립하는 마음과 자립정신 그리고 그 능력을 갖추자고 하였다.238)

또한 그들은 여성에 대한 차별 철폐와, 남녀평등을 주장하였다. 세상에서 가장 불쌍한 것이 조선의 여자이고, 남자가 여자를 압제하는 것은 그들이 아직 문명개화하지 못한 때문이라고 하였다.239) 그리하여 "하나님이 세계 인생을 낳으실 때에 사나이나 여편네나 사람은 다 한가지라"고 하면서240) 가족 내 부부 관계에서 가부장의 권위주의 비판 그리고 부부 사이의 애정과 공경 등을 주장하였다.241) 아울러 축첩제도를 반대하고,242) 또한 과부의 개가나 상처한 소년

235) 《독립신문》 1897년 5월 29일 〈론설〉.
236) 《독립신문》 1896년 12월 22일 〈론설〉.
237) 《독립신문》 1898년 2월 12일 〈론설〉.
238) 《독립신문》 1898년 2월 12일 〈론설〉; 1896년 6월 6일 〈논설〉.
239) 《독립신문》 1896년 4월 21일 〈논설〉.
240) 《독립신문》 1898년 1월 4일 〈론설〉.
241) 《독립신문》 1896년 6월 6일.

의 후취도 마땅하다고 하였다.[243] 이런 차원에서 그들은 여성의 지위 향상을 위한 여학교 설립과 여성 교육도 주장하였다.[244] 그리고 남녀평등도 "남녀 간에 고락을 한가지로 하고 사업을 같이 하며 생애를 고르게 하여 나라가 더 부강하고 집안이 태평할 터이니, 그럴 지경이면 어찌 아름답지 않으리오"라고 하여, 그 목적은 '국부國富 민강民强'에 두었다.[245]

구래의 사회제도와 습관에 대한 비판은 곧 유교적 이념과 사회 질서에 대한 비판이기도 하였다. 또한 유교를 비판하고, 나아가 기독교를 새로운 신앙으로 받아들이는 논리이기도 하였다.

(다) 개인 자유권의 신장과 확보, 사회적 관습과 봉건적 신분제도에서 해방은, 인민이 나라의 주인이라는 점과 인민의 국정 참여를 주장하는 것으로 나아갔다. 그들은 모든 권리가 인민에게 있고, 인민이 나라의 근본이라고 지적하였다. 독립협회는 "정부가 백성을 말미암아 된 것이오, 백성이 정부를 위하여 난 것은 아니라"고 하면서,[246] "사람이 토지를 의지하여 나라를 세울 때 임금과 정부와 백성이 동심합력"하는 것이므로, "백성의 권리로 나라가 된다"고 하였

---

242) "᷾식을 ᷤ랑ᅙᄂ 녀편네들은 ᄂ밈의 첩 되ᄂ 거슬 분히 넉이고 엇던 사나희가 첩이 되라 홀 디경이면 그 사나희가 큰 실례를 ᅙᄂ 거시니, 그째ᄂ 그 사나희를 ᅡᄁᄀ짓고 ᄈ뺨을 ᄯ찌려 ᄶ쫏차야 올흔 일이니라"고 하였으며(《독립신문》 1896년 6월 16일 〈논설〉), "남의 첩이 되야 세상에 천대 밧고 남의 집안에 불화ᅙᆫ 경식을 이릇키며 계집의 등분을 낫ᄎᆔᄂ 계집이 여간 빅여명이 아니며, …… 녀편네 즁에 남의 첩이 되며 사나히의 희롱ᅙᄂ 물건이 된 녀인이 업셔야 대한 부인네들을 셰계 만국 인민이 공경ᅙ야 대졉홀지라"고 하였다(《독립신문》 1898년 2월 12일 〈론설〉).
243) 《독립신문》 1896년 4월 21일 〈논설〉.
244) 愼鏞廈, 앞의 책(1976), 224~225쪽.
245) 《독립신문》 1898년 1월 4일 〈론설〉.
246) 《독립신문》 1898년 11월 26일 〈유진률씨 편지〉(전호련속).

다.[247]

　이런 차원에서 그들은 인민의 권한을 국가의 통치행위로 위임하였다고 생각하여, 인민과 관인의 사이를 주인과 종의 관계로 인식하였다. 곧 "정부에서 벼슬하는 사람은 임금의 신하요 백성의 종이라"고 하였던 것이다.[248] 인민이 관인들을 성인군자로 믿고 자기의 목숨과 재산을 부탁하고, 세금을 내어 월급을 받은 관인들로 하여 주인 일을 보아 달라고 했다는 것이다.[249]

　하지만 그들은 당시 조선이 이런 원칙에서 크게 벗어났다고 보았다. 더욱이 '종'인 관인들이 '주인'인 백성을 오히려 수탈하고 있다는 것이었다. 윤치호는 "(인민이) 관인의 노예가 되어 죽도록 일하여 정부에 세나 바치고 양반에게 돈이나 뺏기며" 종노릇하는 것이 백성 노릇하는 줄로 알고 있다 하였다.[250] 서재필도 고용한 사환들이 상전이 되고 정작 주인인 백성은 노예가 되어 자기들의 생명과 재산을 '사환'들에게 빼앗기고 있다 하였다.[251]

　그러므로 이런 현상을 벗어나려면 먼저 인민이 스스로 나라의 주인이라는 것을 깨닫고,[252] 정치에 참여해야 한다고 하였다. 인민의 정치 참여는 인민이 정부를 감독하고 정치에 관여하는 권리였다. 나라가 흥하고 망하는 것은 백성들의 직무 이행 여하에 달려 있는데, 그 백성의 직무 가운데 첫 번째 일이 정부를 살피는 것이라 하면서

247) 《독립신문》 1898년 12월 15일 〈민권론〉.
248) 《독립신문》 1896년 11월 22일 〈론셜〉.
249) 《독립신문》 1898년 11월 16일 〈계손씨 편지〉.
250) 《독립신문》 1897년 8월 26일.
251) 《독립신문》 1898년 11월 16일 〈계손씨 편지〉.
252) 《독립신문》 1898년 11월 16~17일 〈계손씨 편지〉.

정부가 익군 익민ᄒᄂ 정부인지 아닌지 그것을 볼켜셔 만일 정부에셔 ᄒ
ᄂ 일이 우희로ᄂ 님군을 존경ᄒ고 아리로ᄂ 빅셩을 ᄉ랑ᄒ야 사ᄅᆷᄆ다 싱
이가 잇고 직업이 잇서 안락ᄒ게 살도록 법률과 규칙을 ᄆ들며 그런 법률과
규칙을 ᄆ든ᄃᆡ로 츄호라도 억임업시 시힝ᄒᄂ 것을 슬펴야 ᄒ며 …… 그런
정부에셔 ᄒᄂ 명령은 죠곰치도 억임업시 시힝ᄒᄂ 것이 빅셩의 직무요. 만
일 빅셩들이 알기에 정부가 익군 익민ᄒᄂ ᄉ업을 못ᄒᆯ 디경이면 그 쇼이연
을 법률에 ᄆᆺ당ᄒ게 말ᄒ야 아모죠록 익군 익민ᄒᄂ 정부가 셔도록 ᄒᄂ 것
이 빅셩의 직무라.[253]

고 하여, 애군·애민하는 정부에 대해서는 모두 복종해야 하지만 그
렇지 못한 정부에 대해서는 정부의 잘못을 시비하고 기어이 못하게
하여야 하는 것이 바로 백성의 직무라는 것이었다. 그리하여 백성들
이 직무를 잘 시행하면 나라가 점점 부강해지고 인민의 의식과 직업
도 넉넉해질 것이라 하였다. 독립협회에서 정부를 향한 질의나 관리
퇴진운동 등은 이런 수준의 것이기도 하였다.[254]

그렇다고 그들은 민중들이 집단적·무력적으로 하는 정부 비판 활
동에는 찬성하지 않았다. 만약 관찰사나 정부 관인이 못된 짓을 하
여 백성을 괴롭히고 수탈하더라도, 백성들은 일심으로 관원의 불법
적인 수탈에 대해 공손하고 도리에 맞게 말해야 한다고 하였다. 백
성들이 원통한 일을 당하면 "기껏 한다는 것이 민란을 일으킨다든지
다른 무뢰지배의 일을 행하여 동학당과 의병의 행사"를 하는데, 이

---

253) 《독립신문》 1898년 1월 11일 〈론셜〉.
254) 러시아의 침략에 대한 일련의 독립협회 활동을 "민주주의의 물결이 바닷가 바
    위와 같은 조선 정치에 조용하게 때리고 있다"(《尹致昊日記》 1898년 2월 27일
    (五, 136쪽))고 표현하였다.

것은 곧 난민이고 비도이며 법률상에 큰 죄인이라고 단정하였
다.[255]

인민의 정치 참여를 주장하면서 민중층의 혁명이나 무력행사에
반대하면서 그들은 정치도 현명하고 박력 있는 '개화파'와 같은 지
식인들이 중심이 되어야 한다고 생각하였다. 이런 차원에서 독립협
회에서 주장한 것이 의회 설립이었다. 독립협회는 1898년 7월 3
일 중추원을 개편하자고 건의하였다. 서양에서 전제정치 아래에
서도 상하원을 설치하여 여론에 따라 정치를 하고 있으므로, 우
리도 언로를 넓혀 옆으로 준언을 구하고 아래로 백성에게 물어
야 한다고 하였다. 그리고 7월 11일 다시 상소하여 '백성의 뜻을
널리 모으는 것[民意博採]'을 강조하였으며, 10월 24일에는 중
추원 개편안을 건의하였다. 이 건의에 따라 정부에서는 중추원관
제를 개편하여 중추원의 입법권과 행정부의 정책에 대한 동의권,
행정부 건의에 대한 자순권諮詢權과 건의권 등을 규정하였다. 독
립협회에서는 중추원을 통하여 인민이 헌의하는 사항을 심의하
도록 하여, 일정한 범위 안에서 인민의 기본권과 자유권 등을 보
장하려고 하였다.[256]

그러면서도 독립협회나 문명개화론자들은 당시의 현실적 조
건에서 정체 개혁이나 인민의 참정권은 아직 가능하지 않은 것
으로 생각하였다. 첫째로는 민중의 수준을 고려하여 하의원의 개
설은 찬성하지 않았다.

하의원이라 흐는 것은 빅셩의게 정권를 주는 것이라. 정권를 가지는 사름

255) 《독립신문》 1897년 8월 12일 〈론설〉.
256) 愼鏞廈, 앞의 책(1976), 361~375쪽.

은 흔 사름이던지 몃 만 명이던지 지식과 학문이 잇서셔 다믄 내 권리믄 알
쑨 아니라 남의 권리를 손샹치 아니 ᄒ며 …… 무식ᄒ면 흔 사름이 다ᄉ리나
여러 사름이 다ᄉ리나 국정이 그르기ᄂᆫ 맛챤가지요, 무식흔 셰계에ᄂᆫ 군쥬
국이 도로혀 민쥬국보다 견고흠은 고금ᄉ긔와 구미 각국 졍형을 보와도 알
지라.[257]

고 하였다. 이처럼 그들은 무식한 백성에게 민권을 주는 민주국보다
는 군주국이 더 견고하며, 또한 하의원을 만드는 것은 도리어 위태
하므로 백성의 교육이 잘 이루어진 뒤, 적어도 40~50년은 지나야
가능하다고 생각하였다.[258]

또 다른 면으로, 국권 확립과 자주독립의 달성은 군주권을 강화
하는 의미도 지녔다. 그들은 민권 신장과 국권 확립을 서로 모순되
는 것으로 보지 않았고, 현실의 군주권을 부정하려는 생각도 또한
없었다. 백성이 행하는 일의 기준은 여전히 '애군, 애민'이었다.[259]
이런 점에서 만민공동회에서는 우리나라가 단군 이래 전제정치를
행하였고, 또한 인민 공화정치나 민주정치를 행하는 구미 각국과 나
라의 정형이 다르므로 "전제정치하시는 대황제폐하를 만세무강하시
도록 갈충竭忠 보호"하여야 한다고 했다.[260] 이런 인식에서 만민공
동회의 헌의 6조에서는 "외국인에게 의부依附치 말고 관민이 동심합
력하여 전제황권을 공고케 할 사事"라는 조항을 첫째로 넣었다. 역
시 국권·자주독립이라는 목표 아래 대한제국의 군주는 여전히 그 목
표 달성의 구심점이자 상징이었던 것이다.

---

257) 《독립신문》 1898년 7월 27일 〈하의원은 급지 안타〉.
258) 위와 같음.
259) 《독립신문》 1898년 1월 11일 〈론설〉.
260) 《독립신문》 1898년 10월 29일 별보 〈대공농회〉.

독립협회에서 주장하였던 '인민이 나라의 주인'이라는 것은 결코 인민주권론의 차원에서 제기된 것이 아니었다. 그것은 모든 권한을 군주가 가진 군주주권론에 가까웠고, 군주에 복종하고 충성하는 인민이자, 나라 구성의 중요한 요소로서의 인민을 생각하였던 것이다. 독립협회의 의회 설립론은 인민주권에 입각한 대의기구가 아니라 독립협회원과 같이 학문 있고, '생각 있는 사람들'에 의한 상원의 설치에 국한된 것이었다. 또한 그 목적은 직접적으로 중추원을 통하여 의정부의 권한을 견제하기 위한 것이었고, 또 다른 면으로는 황제권 아래의 권력분립을 통하여 황제권을 강화하는 것에도 있었다.261) 그들의 민권론은 여전히 군주권과 공존, 곧 인민의 애국심과 충성심을 보장하는 장치, 그리고 이를 통한 자주독립이라는 점을 동시에 추구한 것이었다. 또한 정체의 개혁에서도 그들은 영국식의 대의정치와 입헌군주제를 지향하였지만, 조선에서는 현실적으로 대의국민의회가 가능하지 않다고 보았다. 곧 일본식의 개혁을 모델로 추구하면서 프러시아형의 입헌군주제를 실현하고자 하였던 것이다.262)

그리하여 그들은 독립협회를 중심으로 '우둔한 민중'을 계몽, 교육시켜 민중의 식견을 늘리고, 황제를 중심으로 좋은 법령을 실시하여 민권을 확장하는 것이 필요하다고 보았다. 가령 프랑스와 같은 민변이 일어날지 모른다는 우려에 대해 양국 사이의 '국민의 수준'을 거론하면서

---

261) 말할 것도 없이, 독립협회 내부에는 쿠데타를 통해 고종을 폐위시키고 권력을 장악하고자 구상하였던 부류들(안경수, 윤효정, 정교 등)도 있었다고 분석되고 있다[朱鎭五, 앞의 글(1995), 150~155쪽].

262) 崔德壽, 〈獨立協會의 政體論 및 外交論 연구〉,《民族文化研究》 13, 고려대 민족문화연구소, 1978.

　　그러흔 싱각들은 솖에도 품지 말고 다믄 신문과 교육으로 동포의 문견믈 넓히 ᄒ며 우리 분외의 권리ᄂ 믈ᄋ지도 말고 대황뎨 폐하ᅴ셔 허락ᄒ신 양법 미규나 잘 시힝되도록 관민이 일심ᄒ면 ᄌ연 춍명과 교육이 ᄂᄂ디로 민권이 ᄎᄎ 확쟝이 되야 황실도 만셰에 견고케 ᄒ며 국셰도 부강ᄒ게 될 일을 긔약ᄒ노라.263)

고 하여, 민권의 확립은 황실 보존과 국가 부강을 위한 것이었다.

(2) 통상 무역과 개방을 둘러싼 내부 논란

　　문명개화론의 경제개혁 방안은 식산흥업, 곧 산업발전론이었다. 이는 농업·공업에서 물산을 증식시켜 통상 무역을 활성화하고, 이를 통해 부국강병과 자본주의 사회경제 구조를 만들려는 것이었다.

　　《독립신문》은 농지 개간, 농업기술 등을 통한 농업생산력의 증대, 공장·회사 설립을 통한 공업 진흥, 그리고 특권상업체제의 해체 등을 주장하였다. 통상 무역은 무역하는 쌍방이 피차 이익을 볼 수 있다는 논리를 바탕으로 외국 자본의 침투나 이권 침탈에 대해서는 별로 심각하게 생각하지 않았다. 그들의 통상 무역론과 경제발전론은 기본적으로 구래의 지주제를 유지하고 지주자본을 산업 부문으로 전환하는 구조와 연관되어 제기된 것이었다.264)

　　그런데 대외 개방이 국내의 미약한 경제구조에 미칠 영향과 이에 대한 대응 방안을 둘러싸고 문명개화론자 안에서 《독립신문》과 《ᄆᆡ일신문》 사이에 약간의 논란이 있었다. 물론 전

---

263) 《독립신문》 1898년 7월 9일 〈민권이 무엇인지〉.
264) 이런 점에 대해서는 주진오, 앞의 글(1985), 89~111쪽 참조.

반적으로 통상 무역이 필요하다는 점에서는 입장이 동일하였다. 《미일신문》도 "지금 세계 만국이 통상하는 세상에는 일국의 홍망성쇠가 전적으로 상업에 달렸으니 장사가 큰 근본"이라고 하여 상업을 통한 문명화와 부강화를 추구하고 있었다.[265] 그러면서도 《미일신문》은 1898년 3개 항구(군산, 성진, 마산)의 추가 개항 문제에 이의를 제기하고 나섰다.

《미일신문》은 먼저 통상 무역이 "나라와 백성의 상무商務를 확장하여 각색 물건으로 남의 나라 돈을 받아다가 내 나라를 부요하게 하자는 것"인데, 우리의 경제 형편으로는 오히려 피해가 늘어나고 있다고 지적하였다. 가령 통상 이후 인천항의 예를 들어

> 기항훈지 거의 이십년 동안에 부상대고는 모도 외국인이라. 항구에 츌입 훈는 물건을 슈운훈기도 다 외국 사룸의 비로 훈고 우리나라 샹민들이 륜선을 가지고 션샹훈는 이 잇단 말은 듯지 못훈엿스니 무삼 물건이던지 실어 드리고 닉기에 션가는 다 외국 사룸의 리 되는 배오 …… 항구에셔 셔울신지 텰로를 또훈 외국 사룸이 놋는 배니 이것만 보아도 기항훈야 큰 리는 다 놈을 주고 안졋는지라.[266]

고 하여, 개항 이후 이득은 모두 외국인의 수중에 들어가고 있다는 점을 제기하였다.

《미일신문》도 외형적으로는 개항으로 우리가 얻게 되는 이익도 있다고 하였다. 해관세 수입의 증대, 입고 쓰기에 편리하면서도 값이 싼 물건(가령 서양목) 증가, 개항 이후 유통 부문에 고용된 노동

265) 《미일신문》 1898년 4월 27일 〈론설〉.
266) 《미일신문》 1898년 6월 3일 〈론설〉.

자의 수입 등과 같은 것이었다. 그렇지만 그 이득의 실상은 모두 우리 백성이 스스로 부담하는 것이라고 하였다. 곧 외국 상인이 해관세를 물건값에 포함시켜 판매하므로 드디어 우리 백성에게 장사하여 번 돈으로 해관세를 내는 것이며, 또 편리한 서양목 때문에 시골에서 길쌈하여 생계를 유지하던 촌민들이 몰락하고, 각색 공장도 점차 없어지고 있으며, 또 철도 부설에 따른 이익도 있지만 그 이익은 철도를 놓은 외국 자본가에게 돌아가는 것이라고 하였다. 요컨대 《미일신문》에서는 백성의 수준이 낮아 아직 개항의 해악 여부를 모르고 있으므로 개항을 확대하게 되면 마침내 나라의 진액은 날마다 외국으로 빠져 나가게 되고 외국인의 상무만 흥왕케 될 것이라고 예견하였다. 따라서 정부에서는 추가 개항보다는 먼저 백성을 인도하여 상무를 힘쓰게 하고, 백성들이 상무의 중요함을 깨닫는 것이 더 중요하다고 하였다.267)

그러자 《독립신문》에서 《미일신문》의 주장을 조목조목 비판하였다. 《독립신문》은 국내와 국외로 무역이 흥왕하면 할수록 인민이 편리해지고 국가가 부요해진다는 점을 다시 한 번 강조하면서 다음과 같이 주장하였다. 우선 외국 물품이 들어와도 우리에게 이로운 것만 사면 된다는 것이었다. 가령 무명옷 한 벌 할 돈으로 서양목 두 벌이나 한 벌 반이나 해 입는 것이 득책이고, 또 무명을 짜서 생업하는 사람이 겨우 몇 만 명이라면 서양목을 입어 이익 보는 사람은 천백만 명이므로 생업으로 삼는 몇 만 명을 위하여 더 많은 사람들의 이로움을 폐할 수 없다는 것이었다.

더 나아가 《독립신문》에서는 그 밖에 ①항구가 가까우면 그 근

---

267) 위와 같음.

처에 있는 백성들이 쓰고 남는 물건을 수출하여 높은 값을 받게 될
것이므로 이를 탐관오리나 불한당에게 뺏기는 것보다 낫다는 점, ②
개항을 더 많이 하면 외국인의 돈이 더 들어와 벌이가 없는 사람들
에게 벌이가 될 것이라는 점, ③나라에 흉년이 들면 다른 나라 곡식
을 각처에 수입하기 편하다는 점 등을 거론했다.

> 대한이 잘 되고 볼 디경이면 항구를 만히 려러도 무방할 것이요, …… 다
> 시 기항은 말고 이왕 려럿던 항구들을 다 닷어 걸고 외국 사름을 다 쫏ㅊ 내
> 여도 필경 타국의 병탄할 바이 될 것이니 차라리 즈쥬 권리로 녀는 것이 이
> 다음에 쳥국 갓치 주리 틀녀 가면서 뺏기는 것보다 나흐며 …… 268)

라고 하였다. 《독립신문》은 수동적으로 개항·개방하는 것보다는 자
주적·적극적으로 하는 것이 좋다고 하였다. 또 《독립신문》의 영어판
*The Independent*에서도 물건을 구매하는 사람들이 해관세를 부담
하더라도 토산보다 값이 싸기 때문에 사서 쓰는 것이 이득이라고 하
였다. 개항으로 우리나라 사람들이 수입이나 수출에서 모두 이익을
보고 있으므로, 개항을 하지 말자는 것은 나라를 닫아 버리고 1876
년 이전 상태로 돌아가자는 것이라고 비판하였다.269)

그러자 《미일신문》에서 다시 이에 반론을 제기하였다. 서양목을

268) 《독립신문》 1898년 6월 9일 〈론셜〉. 또한 철도 부설권을 모두 외국인에게 주
　　는 것은 해롭지만, 만일 이를 모두 우리가 놓기를 바라다가는 몇백 년 뒤에나 될지
　　모르고, 또 철도가 생기면 인민의 이목이 개명하여 진보할 마음이 생길 것이므로
　　이미 시작한 철로는 외국 사람이 속히 성공하게 하는 것이 좋다고 하면서 철도부설
　　권을 여러 곳으로 개방하고 이를 모두 외국인에게 주는 것은 찬성하지 않았다.
269) *The Independent* 1898년 6월 7일 "New Treaty Ports"; 6월 9일 "The New
　　Treaty Ports"; 《미일신문》 1898년 6월 13일 〈론셜〉.

사용하여 이익을 보더라도 사서 쓸 생각보다는 제조하는 법을 배워 서양목을 우리 손으로 짤 생각을 해야 하고, 또 상업의 이익이 외국 사람의 장중에 들어가는 것을 막기 위해 우리 손으로 상무商務도 흥왕케 만들어야 하며, 그리고 철로도 우리 손으로 놓을 만큼 능력이 된 뒤에 개항을 더 하여도 늦지 않다고 하였다. 곧 항구를 서둘러 여는 것보다는 백성을 교육시켜 상업·공업을 발전시키는 법을 강구해야 한다고 다시 강조하였던 것이다.[270]

문명개화론을 주도하던 《독립신문》에서는 약육강식과 만국공법으로 표방된 당시의 국제질서 속에서 문호를 적극적으로 개방하여 상업을 발달시켜야 한다고 하였다. 그와 달리 《미일신문》에서는 국내의 공업을 발전시킨 뒤에 상업 발전을 도모하자는 입장을 보였다. 문명개화론의 내부에서 제기된 이런 인식의 차이는 마침내 문명개화론의 변화 과정에서 민족문제, 토착 자본의 형성 등을 둘러싼 부르주아 민족운동 노선의 분화로 전변될 가능성도 보이고 있었던 것이다.

3. 문명개화론의 발전과 유교

1) 윤치호의 문명개화론과 독립협회운동

(1) 문명개화론의 형성과 일본화

윤치호(1865~1945, 호 좌옹佐翁)는 9세 되던 때에 서울로 이주하여 어윤중의 문하에서 수학하였다.[271] 일본 시찰단 조사

---

270) 《미일신문》 1898년 6월 13~14일 〈논설〉.
271) 윤치호에 대해서는 柳永烈, 《開化期의 尹致昊 硏究》, 한길사, 1985. 참

朝士 어윤중의 수행원으로 유길준·유정수·김양한 등과 일본에 갔다가 시찰 뒤에 바로 그곳의 동인사同人社에 입학하여 1883년 4월에 이르기까지 약 2년 동안 수학하였다. 그는 주로 일본어와 영어를 공부하였는데, 그가 영어 공부에 힘을 기울인 것은 유럽의 문명을 배워야 한다는 김옥균의 권유 때문이었다. 유학하던 윤치호는 1883년 5월, 조선으로 부임하는 초대 미국 공사 푸트Foote의 통역으로 귀국하였다. 이노우에 카오루와 후쿠자와 유키치의 추천이었다.

이미 일본의 근대화와 문명개화에 감명받은 윤치호는 통역관 시절에 김옥균·박영효 등의 개화세력과 이념을 같이 하면서 일본의 메이지유신을 본받아야 한다고 생각하였다. 가령 그는 외아문에서 기선회사汽船會社를 만드는 문제와 관련해서 고종에게

> 청국은 사람이 많고 땅이 넓어 일본의 11배나 되지만, 일본은 30년 정도 更張하고 振作하여 文明富强되어, 외국과 통상한지 60년 된 청국보다 백 배 낫다고 하는데, 그 이유는 무엇입니까. 청국은 옛 것에 빠져있고, 일본은 능히 革古效新한 연유입니다.[272]

라고 하여, 새것을 따르는 것과 옛것에 빠진 것〔循新泥古〕의 이해관계를 거론하였다.[273]

고. 윤치호나 그의 부 윤웅렬尹雄烈은 양반 가문 출신이었지만 그 집안이 당시 명문가가 아니었기 때문에 용이하게 개화사상을 수용할 수 있었다고 하였다(17쪽). 이 점은 유길준과 달랐다.

272) 《尹致昊日記》 1884년 6월 1일 (一, 85쪽).

273) 위와 같음. 이런 점에 대해 "양전칭선兩殿稱善", 곧 고종과 민비의 칭찬을 들었다. 고종을 비롯한 조선 정부의 서양기술 수용에 대한 의지를 엿볼 수 있다.

윤치호는 고종과 민씨 세력에게 개혁에 관한 다양한 의견을 제시하였다. 청국의 간섭을 배제하고, 서구 열강과 조약 체결을 주장하였고, 또 조선과 미국의 유대 강화를 강조하였다. 국내적으로는 행정권의 분립, 인사행정 개선 등과 같은 정부 조직의 개혁, 호조에 의한 국가 재정의 통일, 은전銀錢의 외국 위탁 주조, 미국 군사교관의 초빙과 사관학교 설립 등을 건의하였으며, 또 미국인에게 병원이나 학교, 전신 등의 설치를 허가할 것을 건의하였다. 이런 개혁안은 대체로 갑신정변을 주도한 개화파의 구상과 같은 것이었다. 그러나 윤치호는 개혁안을 달성하는 방법으로 갑신정변과 같은 '정변'에는 찬성하지 않았다. 그는 갑신정변 정권에 의해 외아문 참의에 임명되었으나, 김옥균을 비판하고 이에 따르지 않았다.[274)

윤치호는 갑신정변에 찬성하지 않았지만, 정변 뒤 개화파와 가까웠다는 이유로 어려운 처지에 있었다. 그의 후견인 격이었던 푸트 공사마저 미국으로 돌아가 버리자, 윤치호는 1885년 1월 푸트의 소개장을 가지고 청국으로 유학하였다. 상해에서 미국 총영사 스탈 G. Stahl의 알선으로 중서서원中西書院(Anglo-Chinese College)에 입학하였고, 그 학교에서 영어·중국어·역사·성경 등을 공부하였다. 상해 유학 시절 윤치호는 교회에 나가게 되었고, 1887년 4월에 세례교인이 되었다. 기독교 신앙은 그의 사상 전반에서 매우 중요한 영향을 끼치게 되었다.[275)

---

274) 柳永烈, 앞의 책(1985), 32~56쪽.
275) 柳永烈, 위의 책(1985), 57~65쪽. 윤치호는 세례 받기 전에 작성한 〈過去의 나와 現在의 나와의 對照〉에서 "나는 과거에 유교儒敎의 사서四書를 정독하고 많은 교훈을 발견하였다. 그러나 누구나 그 교훈에 복종하여야만 될 까닭은 없었다. 영혼의 요구를 만족시켜 주지 못했기 때문에 나는 나의 추구하는 바의 것을 얻지 못했다. 나는 많은 고약한 행실을 떨어 버리려 애썼고, 내가 단 꿀처럼 사랑하던

3년 7개월가량 상해 유학을 마친 윤치호는 1888년 9월 미국으로 유학하여, 테네시주 내슈빌Nashville의 밴더빌트Vanderbilt 대학에 입학했고 3년 동안 신학과 영어 코스를 수학하였다. 그 뒤 조지아주의 에모리Emory 대학 별과 과정에 입학하여 다시 2년 동안 수학하였다. 미국 생활을 통하여 그는 미국 문명을 경험하고, 기독교 신앙 속에서 철저한 미국 문명 예찬론자가 되었다. 그는 미국을 "최고의 문명국"으로, 그리고 "최선의 민주주의 제도를 갖춘 나라"로 보았으며, 미국 문명의 원동력과 민주주의 제도의 창조력이 모두 기독교에서 나왔다고 인식하였다.[276]

미국에서 공부를 마치고 윤치호는 다시 상해로 가서 중서서원의 교수가 되었다. 이때 청일전쟁이 일어났다. 일찍부터 청국에 대해 부정적인 생각을 가지고 있었던 윤치호는 청국을 "조선 번영의 진짜 원수"라고 규정하였다.[277] 그는 청일전쟁을 조선이 청국의 억압을 벗어날 수 있는 기회라고 기대하였다. 또한 전쟁을 "혁신적인 서양 문명과 퇴화하는 동양 야만 사이의 전쟁"으로 보았다. 그는 "일본의 승리는 조선의 구제와 청국의 개혁을 의미할 것"이라고 판단하고 동양의 이익을 위하여 일본이 승리하기를 기원하였다.[278] 물론 일본

죄악을 어느 정도 없이하는데 성공하였다. 이러한 결과는 성서와 기타 종교 서적과 종교적인 강연의 힘으로 이룩되었다"고 하고, "나의 시간과 재능을 다하여 기독교에 대한 지식과 신앙을 증진하여, 하나님의 뜻이라면, 내 자신과 형제를 위하여 쓸모 있는 생을 살려 함"이라는 이유로 세례를 받았다(白樂濬,《韓國改新敎史》, 연세대출판부, 1973, 176~177쪽).

276) 柳永烈, 위의 책(1985), 69~82쪽. 물론 그는 미국을 인종차별이 자행되는 백인 국가로도 보았다. 특히 그가 살았던 남부 지역에서의 흑백 인종차별과, 황인종인 자신에 대한 인종차별을 지적하였으며, 이런 점은 모두 '강자의 약자 지배'라는 논리로 이해하였다.

277)《尹致昊日記》 1894년 6월 2일 (三, 323쪽).

278)《尹致昊日記》 1894년 9월 27일 (三, 375쪽).

이 승리하게 되면 일본이 조선을 지배할 것이라는 점도 예견하였으나, 그는 청국은 조선을 멸망시키려 하지만, 일본은 조선을 개혁할 것이라고 기대하였다.[279] 그는 "조선에 대한 청국의 악독함을 매우 혐오하므로 다른 나라의 지배는 나에게는 비교적 참을 만하다"고 할 정도였다.[280]

윤치호가 서양의 근대문명을 직접 체험하면서 구상하였던 조선의 문명화는 무엇보다도 서양의 문명관을 받아들이는 것이었다. 또한 그 문명화의 과정은 서양문명의 근원인 기독교화를 통해 가능하다고 생각하였다. 그는 사회진화론에 입각하여 문명(개화), 반半문명(반개화), 야만의 단계로 구분하고, 야만에서 반문명의 단계로, 반문명에서 문명의 단계로 발전된다고 생각하였다.[281] 윤치호는 일본의 문명을 경험한 1880년대 초부터 조선을 '야만국'이라고 생각하였다.[282] 그는 당시 세계를 지배하는 원리는 "정의가 아니라 힘"이라고 판단하였다.[283] 따라서 조선의 궁극적인 문명화는 "힘을 길러 강자가 되는 것"이라고 보았고, 이 일이 바로 자신의 의무라고

---

279) 《尹致昊日記》 1894년 7월 30일 (三, 348쪽).
280) 《尹致昊日記》 1894년 7월 31일 (三, 350쪽).
281) 《尹致昊日記》 1892년 12월 29일 (二, 449쪽). 그는 "야만은 자연의 노예이고, 반문명인은 자연의 소심한 구걸자이며, 문명인은 자연의 주인이다"고 하였다.
282) 《尹致昊日記》 1884년 1월 2일 (一, 41쪽). 어윤중이 "조선은 야만을 면한 지 오래되었다"고 한 것에 대해, 윤치호는 "조선은 야만국"이라고 하였다.
283) 《尹致昊日記》 1890년 2월 14일 (二, 19쪽); 1892년 11월 20일(二, 418쪽) 또는 "적자생존의 원리는 절대로 같은 종족이나 국가 안에 있는 개인들 사이에는 진실이 아니더라도, 다른 종족이나 국가들 사이에서는 틀림없는 진실이다. 국가의 경우, 약자보다 강자라고 더 죄가 많은 것은 아니다. 국가 사이에는 힘이 정의이다. 정의와 평화는 강한 종족이나 국가가 모든 약한 종족이나 국가를 부수어 버리기 전에나 또는 그들 스스로 자신을 보호할 수 있을 만큼 강자가 된 이후가 아니면 이 지구상에 절대로 건설되지 않을 것이다"라고도 하였다(《尹致昊日記》 1891년 11월 27일 (二, 239쪽)).

생각하였다.284)

윤치호가 구상했던 조선 문명화의 목표는 기독교의 나라 미국이
었으나 현실적으로는 청일전쟁 이후 일본을 그 모델로 하였다.

> 만일 내가 살 집을 마음대로 선택할 수만 있다면 일본이 바로 그 나라일
> 것이다. 나는 지독하게 냄새나는 청국에서도, 인종적 편견과 차별이 무섭게
> 지배하는 미국에서도, 극악한 정부가 계속되는 조선에서도 살기를 원치 않
> 는다. 오 축복 받을 일본이여! 동양의 파라다이스여! 세계의 정원이여!285)

라고 하고, 갑오개혁에서 일본이 조선 정부에 강요한 개혁안은 "바
로 내가 항상 실현되기를 원했던 것"이라고 하였다.286) 그는 "기독
교화 다음으로는 일본화(Japanization)가 조선에게 가장 큰 축복을
가져다 줄 것이다"라고도 하였다.287)

윤치호는 미국이나 일본을 모델로 기독교의 힘에 따른 근대화와
문명화를 추구하게 되면서, 문명국 지배 아래에서 달성되는 개혁까지
도 용인할 수 있다고 생각하였다.288) 물론 그는 평화적·자주적 개혁

---

284) "나의 매우 낙천적인 소망에 가끔 으스스한 기분이 든다. 그 생각은 조선이 생
　　존하기에 적합하지 않을 것이라는 것이다. 그렇다면 무엇을 해야 하는가? 내가 해
　　야 할 일과 의무는 조선을 생존에 적합하게 만드는 데 최선을 다하는 것이다. 만
　　약 조선이 공정한 경쟁에서도 그러하다면 조선은 생존하기에 적합한 것이 아니다"
　　라고 하였다(《尹致昊日記》 1892년 10월 14일 (二, 389쪽)).

285) 《尹致昊日記》 1893년 11월 1일 (三, 204쪽).

286) 《尹致昊日記》 1894년 8월 3일 (三, 350~351쪽).

287) 《尹致昊日記》 1894년 11월 27일 (三, 410~411쪽).

288) 그는 조선의 개혁의 향방을 ①평화적 자주 개혁, ②내부 혁명, ③현상 유지,
　　④중국에 속박, ⑤영국이나 러시아의 지배 등으로 예견하고, 그 가운데 ①, ②가
　　최선의 방법이지만 당시의 여건으로는 불가능하고, ③, ④는 참을 수 없으므로 이
　　를 피하기 위해서는 ⑤의 방법을 생각하였던 것이다(《尹致昊日記》 1890년 5월
　　18일 (二, 58~60쪽)).

과 내부 혁명을 더 좋은 방안으로 보았지만, 외세에 의해 정부를 개
조하고, 개화 정부를 수립하여 개화의 이상을 실현하자는 개화지상주
의와 근대주의적 사고도 동시에 가지고 있었던 것이다. 이것은 그가
나중에 친일론으로 흐르게 되는 논리가 될 수 있었다.[289]

윤치호는 근대화와 문명화, 그리고 근대국가 수립을 위한 출
발로 개인의 인권 문제를 거론하였다. 그는 인간에게는 뺏을 수
없는 권리와 자유가 있다고 하면서,[290] 가령 아시아 여러 나라
가 서양의 침략을 받게 된 것은 포악한 정치로 인민을 약하게 만
들었기 때문이라고 하였다.[291] 인민의 성장 없이는 나라를 보전
할 수 없다는 것이었다.

> 일국 흥망성쇠는 그 인민 지각과 긔상의 달닌 것인디 아국 빅승이 여러
> 빅년 남의 노예 드 되여 지각과 스니다운 긔상은 일호도 읍고 또 세상 무비
> 호 악정부의 오빅년 압제를 바드 상호 관민이 남의긔 미여 구보승명호기만
> 도모호니, 지금 아국 형세로 독립을 웃지 바르며 독립호기로 웃지 후폐를 방
> 비호며 국가를 보전호리료.[292]

---

289) 柳永烈, 앞의 책(1985), 223~231쪽.
290) 《尹致昊日記》1890년 2월 14일 (二, 18쪽). 물론 미국이 "자유의 나라"이고
    모든 사람이 이렇게 천부인권을 말하지만 이는 백인인 경우에만 그렇다고 하였다.
    그는 서부에서는 중국인이, 남부에서는 흑인들이, 미국 전역에서는 인디언들이 박
    해를 당하고 있는데도, 미국이 천부인권을 자랑하고 있다고 하였다.
291) 《尹致昊日記》1889년 5월 26일. 헤스팅(Waren Hasting)의 *Indian Policy*를 읽은
    다음 약육강식을 한탄하고, 인도 정부가 튼튼하여 그 인민을 보호하였다면 영국이
    침탈할 수 없을 것이라고 하고, 천하의 강국인 영국이 인도를 차지한 것은 그르친
    일이 아니며, 영국이 주인이 된 이후 인도의 내란도 종식되고 인민의 생명, 재산을
    보호하며, 학교교육으로 인재를 양성하고 학문을 권면하여 전날보다 태평을 누리
    고 있으므로, 인도를 위해서는 영국이 그 은인이라고 보았다. 말할 것도 없이 서양
    이 강함을 믿고 약한 것을 능멸하는 것은 옳지 않으나 아시아의 학정이 결국 외환
    을 스스로 초래하였다는 것이다.

이는 전제 정부의 압제와 민권의 억압으로 나라의 독립을 기하기 어려우며, 민권 신장이 바로 국가 독립과 국가 보전의 길이라는 생각이었다. 국력을 길러 강국이 되기 위해서는 민력이 양성되어야 하고, 또 민력이 양성되기 위해서는 민권이 보장되어야 한다는 논리였다.

윤치호는 민권 보장과 아울러 백성들에 의한 정부 교체나 정치체제의 개혁도 가능하다고 보았다. 더욱이 갑오개혁을 전후한 시기에 그는 조선왕조 아래에서는 개혁을 위한 희망이 없다고 하면서 "왕조의 노예들과 함께 없애 버리자!"고 하여,[293] 구래의 왕조 체제를 바꾸어야 개혁이 가능하다고 확신하였다. 그리하여

결국 부패하고 또 부패 중인 독재정치로부터 조선인을 구하는 유일한 방법은 현 정부와 낡은 왕조를 완전히 철폐하는 것이리라. 철저히 썩은 정부를 일시적으로 미봉하는 것은 소용없는 일이다.[294]

라고 하였던 것이다.

그리하여 윤치호는 새로운 정치체제로 입헌군주제가 적당하다고 생각하였다. 물론 그는 미국의 민주주의가 가장 좋은 정부 형태라고 지적하면서도,[295] 민주공화제는 당시 조선에서 실현할 수 없는 것으로 생각하였다. 그리하여 민권, 인민주권 등에 바탕을 둔 영국형의 입헌제도를 이상적인 것으로 보았다.[296]

292) 《尹致昊日記》 1889년 2월 29일 (一, 370쪽).
293) 《尹致昊日記》 1894년 10월 8일 (三, 383쪽).
294) 《尹致昊日記》 1894년 9월 12일 (三, 369쪽).
295) 《尹致昊日記》 1893년 9월 24일 (三, 174쪽).

윤치호는 오랜 외국 생활을 통하여 서양의 근대문명을 배우고, 나라의 문명개화를 추구하였다. 조선은 부국강병과 독립을 위해서는 기독교와 서양문명을 수용하여 개혁을 단행하여야 하며, 그 출발은 개인 성장과 권리 신장이라고 보았다. 그리고 이는 교육으로 가능하다고 하였다. 더욱이 기독교화가 문명개화의 유일한 길이라고 보았다. 그러나 그는 기독교라는 서양문명을 강조하다가 자주적 개혁이 이루어지지 않을 경우 "문명국의 지배에 의한 개혁"도 상정하였고, 이를 통한 개혁과 근대화에 대해서도 그렇게 심각하게 생각하지 않았다.

(2) 윤치호와 독립협회운동

중서서원의 교수로 있던 윤치호는 1895년 2월, 박영효·김홍집 연립정권에 의해 갑오개혁이 제2단계로 들어가던 때에 귀국하였다. 윤치호는 학부협판을 거쳐 외부협판이 되었는데, 당시 그는 조선 정부의 완전한 철폐와 문명개화 개혁을 거론하고 있었다. 그가 갑오개혁 정권에 참여했던 것은 이런 가능성을 보았기 때문이었다.

윤치호가 일본을 배경으로 추진된 갑오개혁에 참여하기는 하였지만, 그는 미국에 더 가까웠다. 갑오개혁에 비판적인 세력은 을미사변 뒤 신변 위협에 처한 고종을 빼내기 위해 '춘생문春生門 사건'을 일으켰다. 이 사건을 주도한 인물 가운데 한 사람이 윤치호의 아버지 윤웅렬이었다.[297] 윤치호도 이 사건에 연루되어

---

296) 柳永烈, 앞의 책(1985), 208~209쪽.

297) 춘생문 사건에 대해서는 오영섭, 〈충민공 이도철의 생애와 애국활동〉,《이도철과 춘생문 의거》, 제천문화원, 2006. 이 사건에는 미국 선교사(언더우드, 헐버트 등)들이 연관되었으며, 회고록에 등장하는 '윤장군'은 윤웅렬이었다. 이에 대해서는 L. H. 언더우드, 신복룡·최수근 역주, 《상투의 나라》, 집문당, 1999,

미국 공사관에 피신하였다가 아관파천 뒤에 정치활동을 재개하였다. 그는 대한제국의 관료이면서 동시에 독립협회 회장 등으로 문명개화 활동을 이어갔다.

독립협회는 서재필의 구상으로 만들어진 것이었다. 갑신정변 이후 미국에 망명하였다가 갑오개혁기에 귀국했던 서재필은 청일전쟁 뒤에 얻어진 '독립'을 축하하고, 자주독립국의 상징으로 독립문을 세우기로 하였다. 그리고 "나는 우리나라의 독립은 오직 교육 더욱이 민중을 계발함에 달렸다는 것을 확신하였기 때문에 우선 신문 발간을 계획"한다고 하여 《독립신문》을 창간하였고, 또 "신문만으로는 대중에게 자유주의·민주주의적 개혁사상을 고취하기가 곤란"하다고 판단하여 독립협회를 창설하였다.[298]

독립협회에서는 민중의 교육과 계발을 통해 자유주의·민주주의 사상을 불어넣〔고취하〕고, 이를 자주독립의 기초로 삼고자 하였다. 《독립신문》에서는 이를

> 나라이 진보되야 가는지 안 가는지 첫저 보이는 거슨 그 나라 사람들이 주긔들의 빅셩된 권리를 차지랴고 하는 거시라. …… 그 권리를 가지고 빅셩

192~195쪽 참조.

298) 金道泰, 앞의 책(1948), 198~218쪽. 당시 풍미하던 자주독립은 청으로부터의 자주독립이었다. 이미 1894년 12월(음) 고종의 〈종묘서고宗廟誓告〉와 〈홍범 14조〉를 통하여 천명되었던 이 말은 청일전쟁이 한창이던 때 일본의 요구에 의해서 이루어진 것으로, 조선에 대한 일본의 독점적 지배를 위한 포석이기도 하였다. 이 것은 다시 청일전쟁 뒤 〈시모노세키조약〔下關條約〕〉 제1조에 거론되었다. 독립협회에서의 자주독립도 모두 이런 인식의 연장선에서 이루어졌다(졸고, 〈한국 근대사에서 자주독립의 의미〉, 《역사비평》 29, 1995). 《독립신문》에서는 "하나님이 조선을 불쌍히 여기셔서 일본과 청국이 싸움이 된 까닭에 조선이 독립국이 되어 지금은 조선 대군주 폐하께서 세계 각국 대왕들과 동등이 되시고 그런 까닭에 조선 인민도 세계 각국 인민들과 동등이 되었는지라"고 하였다(1896년 6월 20일 〈논설〉).

이 빅셩 노릇슬 잘 ᄒ여야 그 나라 님군의 권리가 놉하지고 전국 디톄가 놉하지ᄂ 법이라. 죠선 빅셩들은 몃 빅년을 ᄌ긔 나라 사름들의게 압졔를 밧아 빅셩의 권리라 ᄒᄂ 거슨 당쵸에 다 이져 버렷고 ᄯ 무슴 ᄯᆺ신지도 모로ᄂ지라. …… 죠션 젼국에 잇ᄂ 인민들이 셔로 죠션 빅셩의 권리를 보호ᄒ여 줄 것 ᄀᆺ흐면 남의 나라 사름들이 죠션 사름을 디ᄒ야 실례만 아니 홀 ᄲᆫ이 아니라 업수히 넉이ᄂ ᄆᆞ음이 업셔질 거시니 …… 그리ᄒ기에 ᄌ쥬 독립을 ᄒ랴면 몬져 빅셩의 권리브터 보호홀 싱각들을 ᄒ시오.[299]

라고 하여, 백성의 권리 유무가 나라의 진보 여하를 결정하는 것이며, 백성의 권리가 보호되어야 나라나 임금의 권리나 지위가 높아지므로, 자주독립을 위해서는 먼저 백성의 권리를 보호해야 한다고 하였다. 그리고 백성의 권리를 보호하여 백성이 자주독립하게 되면 나라도 독립이 된다고 하였다.[300]

윤치호가 독립협회운동에 참여하게 된 것은 1897년 후반기였다. 그는 친미 세력이 주도하던 정동구락부의 일원이었다. 독립협회 초기, 윤치호는 협회에 이완용 세력을 비롯한 여러 세력이 연합해 있으므로 자신과 같은 사람은 끼어들 틈이 없다고 생각하였다.[301] 그러다가 1897년 8월, 그는 서재필에게 독립협회 개조를 건의하였다. 곧 독립협회를 관료·지식인들의 사교 클럽에서 강의실, 도서실, 박물관 등을 갖춘 일반학회(General Knowledge Association)로

---

299) 《독립신문》 1897년 3월 9일 〈론셜〉.
300) 《독립신문》 1898년 7월 15일 〈독립하는 상책〉.
301) 《尹致昊日記》 1897년 7월 25일 (五, 78쪽). "협회는 그것은 서로 이해될 수 없는 요소들이 모인 집단이다. 이완용과 그의 일파들이 잠시 서로 이익을 위해 모여 있다. 다음에 대원군파, 러시아파, 일본파, 근왕파와 다른 파들이 있다. 각 집단은 스스로 여기저기 무리를 지어 있어, 나 같은 국외자는 바깥에 있다."

개조하자는 것이었다.302) 독립협회는 이 일환으로 토론회를 개최하기로 결정하고, 윤치호·권재형·박세환 등이 회칙을 개정하여 8월 29일에 첫 토론회를 열었다. 이로써 독립협회는 사교 단체에서 계몽 단체로 전환하게 되었다.303)

1898년에 들어 윤치호는 독립협회의 중심인물로 떠올랐다. 그해 2월 부회장이 되었고, 5월에 서재필이 추방되고, 회장 이완용이 전북관찰사로 옮겨가자 회장 대리를 거쳐 회장이 되었다(8월). 이때 《독립신문》의 책임도 맡았다. 독립협회는 이제 계몽 단체를 벗어나 활발한 정치활동을 전개하였다.304)

윤치호가 이끄는 독립협회에서 펼친 정치활동의 핵심은 민권 신장과 자주독립의 달성이었다. 그들은 민권을 주장하면서 동시에 국권 확립을 주장하였으며, 국권의 상징으로 군권의 확립도 주장하였다. 또한 그들은 "백성이라 하는 것은 나라의 근본"이라고 하면서도,305) 우리나라를 다른 나라와 동등하게 하는 자주독립을 위해서는 국권의 대외적 상징인 군주를 다른 나라 군주와 동등하게 해야 한다고 하였다.306) 독립협회는 황제에게 상소하여 "안으로는 전장典章을 실천하고, 밖으로는 타국에 의뢰함이 없게 하여 우리의 황권을 자주自主하고 국권을 자립自立"해야 한다고 하였다.307) 이것은 매우 모순된 것 같지만, 민권은 언제나 국권이나 군권의 범주를 넘어가지 않는 범위에서 생각하였다. 그는

---

302) 《尹致昊日記》 1897년 8월 5일 (五, 80쪽).
303) 柳永烈, 앞의 책(1985), 107~108쪽.
304) 주진오, 〈독립협회운동〉, 《한국사》 11, 한길사, 1994 참조.
305) 《독립신문》 1897년 8월 26일.
306) 《尹致昊日記》 1898년 2월 13일 (五, 132쪽).
307) 《承政院日記》 광무 2년(1898) 2월 2일(음) 〈中樞院一等議官安駉壽等疏〉.

만일 권權으로 논하면 …… 6대주와 동등하여 만국과 평행하는 것은 폐하의 권이고, 폐하의 백성이 되어 폐하의 강토를 지키고 그 정치를 거슬리고 법률을 어지러이 하는 신하가 있어서 종사를 해롭게 하면 탄핵하여 성토하는 것은 신등臣等의 권이니, 흔히 '민권이 승勝하면 군권이 손損이라' 하는데, 사람의 무식함이 이보다 심함이 있으랴.

고 하였던 것이다.308)

이런 여론 속에서 독립협회는 '의회 설립'을 추진하였고, 그 중심에는 윤치호가 있었다. 독립협회에서 이를 시작한 것은 1898년 봄이었다. 윤치호는 3월부터 《의회통용규칙 *Pocket Manual of Rules of Order Parliamentary Assemblies*》이라는 책을 번역하여 간행하였다. 4월, 독립협회의 제25회 토론회에서는 "의회원을 설립하는 것이 정치상에 제일 긴요함"이라는 주제를 내걸고 그 필요성을 환기시켰다. 또한 서양의 예를 들어, 조선에서도 의정원을 따로 두어 학문과 지혜와 좋은 생각을 가진 사람들을 뽑아 의논하는 권리를 주고, 그 결정된 사항은 임금의 재가를 얻은 뒤에 다시 내각에서 규칙대로 시행하자고 하였다. 이 과정에서 인민의 의사와 주장을 충분히 반영할 수 있고, 또 인민들의 애국심도 생길 것으로 기대하였다.309)

그렇다고 윤치호와 독립협회에서 본격적인 정체 개혁이나 인민의 참정권을 주장한 것은 아니었다. 민중의 수준과 관련하여, 그들은 하의원의 개설은 찬성하지 않았다. 민권은 신장되어야 하지만, 아직 인민의 수준이 낮으므로 그들에게 참정권을 주어야 할 것으로

308) 《承政院日記》 광무 2년(1898) 9월 9일(음) 〈中樞院一等議官尹致昊等疏〉.
309) 이에 대해서는 愼鏞廈, 앞의 책(1976), 204~214쪽, 361~375쪽.

는 생각하지 않았다. 오랜 기간의 교육이 이루어진 뒤, 적어도 100
년이 지난 다음에 가능할 것으로 보았다. 윤치호는 중추원의 의회로
의 개편 과정에서도 "내가 한 번도 생각해 본 적이 없지만, 만약 조
선에서 인민 대의 기구가 가능하다고 생각하였다면, 지금은 나는 그
것을 포기한다"고 하였다.[310]

윤치호는 독립협회가 계몽운동과 정치운동 단체로 전환하던 시
기에 이를 주도하였다. 그는 독립협회운동을 통하여 민권을 신장하
고, 나아가 자주독립과 국권을 확립하고자 하였으며, 또한 국권의
상징으로 황제권을 강화해야 할 것으로 생각하였다. 그 방안의 하나
로 의회 설립을 주장하였으나, 의회는 인민의 참정권을 보장하는 것
이 아니라 독립협회 회원이 주도하는 기구로 생각하였다. 이런
윤치호의 생각은 앞서《독립신문》에서 보인 당시 문명개화론의 성격
과 수준을 그대로 보여 주는 것이었다.

2) 계몽운동의 문명개화론과 유교

(1) 기독교적 문명개화론의 유교 비판

(가) 문명개화론은 서양의 근대문명을 최상의 단계로 설정하
고, 반개화 수준의 조선은 서양의 기술은 말할 것도 없고 정치와
종교, 그리고 생활 풍속까지 받아들여야 한다는 논리였다. 그들이
서양의 종교까지 수용하고자 한 것은 서양문명의 근원이 기독교에

---

310)《尹致昊日記》1898년 5월 2일 (五, 156쪽). 이를 이어서 "사람들은 거의 공
    공의 정신이 없으며, 혹은 매일 밤마다 약탈당하고 있는 그들의 이웃을 손가락 하
    나라도 들어서 도와야 되겠다는 생각이 거의 없으니, 이런 사람들에게 나라의 중
    요한 사항들을 맡길 수 있는가"라고 하였다.

있다고 판단하였기 때문이었다. 기독교를 수용한다는 것은 곧 유교의 문명을 부정하고, 유교이념의 절대성을 부정하는 것이었다.[311]

기독교 수용을 통한 문명화를 주장한 가장 대표적인 사람은 윤치호였다. 그는 상해 유학 시절 기독교를 믿게 되었고, 미국에 유학하면서 미국 문명의 우수성을 경험하여 기독교 수용을 통한 근대화, 문명화 개혁에 확신을 가지게 되었다. 그는 기독교가 인간 개선과 사회변혁의 윤리이며, 서양의 문명 부강과 민주주의를 창출시킨 힘의 종교이고, 강자의 종교이며, 또한 약자의 편에 서는 종교라고 인식하였다.[312] 그는 "아국 교육을 도와주고 인민의 기상을 회복할 기계는 예수교밖에 없다"고[313] 확신하면서

조선인의 장래는 어떻게 될 것인가? 나는 적자생존의 이론과 사실을 믿는다. 그들에게 지금까지 한 번도 가지지 못했던 정당한 기회를 주어야 하며, 만약 그들이 생존에 적합하지 않다는 것을 보인다면 그냥 그렇게 되도록 내버려두어야 한다. 그런 다음 나의 의무는 그들을 생존에 적합하게 만드는 데 헌신하는 것이며, 그 결과는 하나님의 손에 남겨두어야 한다. 기독교화가 조선인들에게는 유일한 구원이다.[314]

고 하여, 적자생존의 현실 속에서 조선이 살아남을 수 있는 유일한 길이 바로 기독교화라고 하였다.[315]

---

311) 개화파, 기독교인의 민족운동론 등에 대해서는 李萬烈, 〈한말 기독교인의 민족의식 형성과정〉, 《韓國史論》 1, 서울대 국사학과, 1973; 李光麟, 〈開化派의 改新敎觀〉, 《歷史學報》 66, 1975(《韓國開化思想研究》, 일조각, 1979); 柳永益, 앞의 글 (1990); 장규식, 《일제하 한국기독교민족주의 연구》, 혜안, 2001 등이 참조된다.
312) 柳永益, 앞의 책(1985), 75~85쪽.
313) 《尹致昊日記》 1889년 2월 29일 (一, 370쪽).
314) 《尹致昊日記》 1893년 4월 8일 (三, 55~56쪽).

기독교를 서양문명의 원천으로 파악하고, 나아가 문명개화를 위해서는 반드시 기독교를 믿어야 한다는 주장은 《독립신문》과 《미일신문》에서도 강하게 제기되었다. 그들은 "세상에 교가 많이 있으되 예수교같이 참 착하고, 참 사랑하고, 참 남을 불쌍히 여기는 교는 세계에 다시없다"고 하면서[316] "크리스트의 교를 착실히 하는 나라들은 지금 세계에 제일 강하고, 제일 부요하고, 제일 문명하고, 제일 개화가 되어 하나님의 큰 복을 입고" 살고 있으므로,[317] "크리스트교가 문명개화하는 데 긴요한 것"이라고 단정하였다.[318]

이들은 기독교는 하늘이 내린 개인의 자유권, 나라의 자주권, 곧 천부인권을 위해서도 필요하다고 생각하였다.

> 하느님의 도를 존경하는 사람이라야 능히 자유의 권리를 남의게 뺏기지 아닐 것이오, 사람마다 자유의 권을 닐치 아니하면 나라이 반다시 자주 권셰가 단단홀지라.[319]
>
> 또한 "태서 제국이 오늘날 문명개화라, 자주독립이라 하는 것이 모두 성경에서 나온 말이오, 법률과 학문이 거반 다 이 책에서 나온 것이므로, 사람마다 편리하고 공평하다 하여 지금 세상에 통행하는 것"이라고 하였다.[320]

---

315) 《尹致昊日記》 1893년 2월 19일(三, 32~33쪽)에도 같은 견해가 표현되어 있다.
316) 《독립신문》 1896년 8월 20일 〈논설〉.
317) 《독립신문》 1897년 1월 26일 〈논설〉.
318) 《독립신문》 1897년 12월 23일 〈론설〉.
319) 《독립신문》 1899년 9월 12일 〈나라의 근본〉. 이를 이어 "하느님을 존경하며 텬도를 조종하는 나라들은 세계 각국 중에 반다시 문명하고 반다시 부강홀 것이오, 이단의 샤슐을 좃는 빅셩들은 동셔양을 물론하고 반다시 어두오며 반다시 미약홀지라"라고 하여, 문명과 부강이 하나님을 존경하는 것에서 나온다고 하였다.
320) 《미일신문》 1898년 5월 28일 〈론셜〉.

이런 인식에서 그들은 서양 선교사의 활동도 칭송하였다. 선교사가 문명개화한 자신의 나라를 버리고 "거처와 의복과 음식이 모두 불평하고, 도로가 더러워 다니기가 어렵고, 언어가 통하지 않는" 조선에서 자기 돈 들여서 학교와 병원을 세운 것은 오직 "불상한 조선 백성들이 자기 나라 사람과 같이 되"기를 원하고, 또한 "구세주 예수 그리스도를 믿고 그 성주의 가르침을 본받으라 함"이라고 하며 칭송하였다.[321]

하지만 기독교의 장점을 거론하면서도 여전히 유교질서가 강하게 남아있던 현실 조건에서 직접 유교를 비판하기는 쉽지 않았다. 대한제국의 황제가 수시로 유교를 근본이념으로 표방하였고, 또한 일반 사회에서도 유교를 전면적으로 배척하고 적으로 삼을 만큼 기독교가 성장해 있지도 않았기 때문이다. 그리하여 문명개화론자들은 '참 개화', '실질 개화'를 강조하면서 유교가 시대 변화에 뒤떨어지고, 또 허문이 많고 현실적 이익에 보탬이 되지 않는다는 수준에서 지적하였다.

> 이전에 우리나라에서 슝샹ᄒ든 사셔 삼경과 시부표칙 론의심은 지금 형편에 덜맛가져 허문이 만코 경제샹에ᄂ 실효가 젹으니 이쩌에ᄂ 잠시 놉흔 집 우희 묵거 두엇다가 태평무ᄉᄒ 쩌에나 강론ᄒ 학문이오.[322]

라고 하며, 유학은 태평 시대에나 거론할 학문이므로 잠시 높은 집 위에 올려다 묶어 두라고 하였던 것이다. 또 산림학자, 선배, 유림, 거유 등과 같은 부류들이 놀고먹기만 하여 나라가 잔약해졌다고 비

---

321) 《독립신문》 1896년 8월 20일 〈논셜〉.
322) 《미일신문》 1898년 11월 5일 〈론셜〉.

판하고, 이들이 정치나 경제 사무 등과 같은 실학은 공부하지 않고 허학을 공부하는 사실을 지적하기도 하였다.[323]

오히려 그들은 기독교 보급과 신앙이 유교 윤리를 부정하기 보다는 보완할 수 있는 것으로 이해하기도 하였다.[324] 곧 예수교가 나라의 문명 부강과 자주독립의 근본이 된다고 지적하면서 동시에 "예수교만 실노히 믿을 지경이면 군신과 부자와 부부와 장유와 붕우 사이에 의리와 정의가 있어 일국이 태화 세계가 될 터"라고 하였다.[325] 더 나아가 "도라는 것은 사람으로 하여금 악한 것을 버리고 착한 데로 인도하는 길"이어서 세계의 여러 나라에서 모두 종교를 통하여 인민을 가르치는데, 문명한 나라는 백성들이 천성을 지키면서 "삼강과 오륜이며 인의와 예절을 깨닫게 한 후에야 문명한 나라" 가 될 수 있다고 하였다.[326]

그러나 기독교 수용을 통한 문명개화 논의가 차츰 주류를 이루어 가게 되면서 위와 같은 보완론적인 입장도 점차 비판을 받았다. 가령, 당시의 개혁론 가운데 서양의 종교는 이단이라고 하면서 병기, 전보선, 전기차, 화륜선, 기계 등을 취하여 쓰는 이른바 양무개혁론, 곧 동도서기론은 "근본은 버리고 끝만 취"한 것이라고 비판하였다.[327] 기독교가 서구문명의 근본이라는 점을

---

323) 《민일신문》 1898년 9월 16일 〈론설〉.
324) 李光麟, 앞의 글(1975).
325) 《민일신문》 1898년 5월 28일 〈론설〉. 말할 것도 없이, 그들이 주장하는 바는 "예배당을 찾아가서 전도하는 말도 자세히 듣고 성경도 많이 보아 모두 진정으로 믿는 교우들이 되어서 나라를 영미국과 같이 문명 부강케 만들기를 우리는 진실로 바라노라"는 것이었다.
326) 《민일신문》 1898년 5월 30일 〈론설〉. 이 논설에서도 "내 나라 풍속이라도 흐린 것은 차차 버리고 남의 나라 풍속이라도 옳고 진실한 일이거든 기어히 본떠다가 우리 것을 만들어 대한 신민도 차차 세계 상에 대접을 좀 받아 봅시다"라고 하여 전통적인 종교 생활 태도에 대해서는 부정적이었다.

인정하고, 먼저 이를 종교적으로 믿으면서 동시에 기술문명도 수용해야 올바른 개혁이 된다는 것이었다. 이런 인식은 그 뒤 계몽운동에 접어들면서 더 강화되어 유교를 부정하고 기독교에 기반을 둔 근대개혁론으로 발전하였다.

(나) 1905년 후의 계몽운동은 우리의 힘이 부족하여 국권 상실이 초래된 것으로 판단하고, 국권 회복을 위해서 힘을 양성하고 자강을 이루며, 또한 이를 위한 자주적 '조국정신'을 고취해야 한다고 하였다. 힘을 키우기 위한 방안은 교육과 식산흥업이었다. 곧 우리의 실력은 신학문을 수용하여 민지民智를 개발하며 산업을 진흥시켜야 이룰 수 있는 것이었다.

계몽운동에는 다양한 사상적·경제적 배경을 가진 집단, 사람들이 참여하였는데, 문명개화론을 가진 지식층과 변법론에 기반을 둔 '개신유학자'가 주도하였다. 더욱이 문명개화론자들은 신학문을 수용하고 이를 일반 민중에게 교육시키기 위해서 무엇보다도 서양의 문명을 전면적으로 수용하고, 동시에 구래의 유교적 사회질서, 생활 관습 그리고 유교 윤리를 철저하게 부정하였다. 문명개화론자들에게 자강의 기반은 기독교였던 것이다.

기독교는 독립협회운동 이후 확산되었다. 문명개화론자들이 기독교계 학교나 서양 선교사 관련 단체에서 활동하면서 그러하였다. 그 가운데서도 '옥중 개종'은 유명하다. 고종 폐위 음모로 투옥된 이승만李承晩(1899년 투옥), 덕어학교 학생회장이었던 신흥우申興雨(1901년 투옥), 개혁당 사건으로 1902년 6월 투옥된

---

327) 《독립신문》 1899년 9월 12일 〈나라의 근본〉.

이원긍李源兢·이상재李商在·유성준兪星濬·홍재기洪在箕·안국선安國善
등이 그들이었다.328) 이들은 옥중에서 기독교를 믿게 되었고,
출옥한 뒤에는 교육운동, 정치운동 등에 참여하였다. 이들은 더
욱이 1905년 국권 상실 뒤, 국권 회복을 목표로 일어난 계몽운
동에 적극적으로 동참하였다. 상동교회, 연동교회를 중심으로 국
민교육회國民敎育會를 조직하였으며, 《대한매일신보大韓每日申報》
도 주도하였다.329)

그들은 먼저 종교의 중요성을 거론하며, 사회문제를 해결하기 위
해서는 종교를 근본으로 해야 한다고 하였다.330) 이런 점에서 '자강'
을 추구하면서도 재력과 무력 같은 '유형의 자강'보다는 신교력信敎力
인 '무형의 자강'을 더 중시하였다.331) 또한 정치의 개혁이나 개량
은 반드시 종교의 개량에서 시작되어야 하므로 '종교는 정치의 어머
니'라고 하였다.332)

계몽운동에서 강조한 종교는 자유와 평등을 주창한 기독교였다.
기독교의 종교개혁은 세계문명의 기점이며 자유주의를 발휘하게 하
여 인지人智와 교화敎化의 발달을 조성하고, 정치사회의 자유의 기초
를 세웠다고 지적하였다.333) 그리고 이런 결과가 영국의 개혁, 미국

---

328) 李光麟, 〈舊韓末 獄中에서의 基督敎 信仰〉, 《東方學志》 46·47·48합, 1985
  (《韓國開化史의 諸問題》, 1986).
329) 한국기독교사연구회, 앞의 책(1989), 263~266쪽, 289~307쪽.
330) 종교와 정치는 "互相表裏의 관계를 有ᄒ지라. 內으로는 德化風氣를 裨益扶植ᄒ
  며 外으로 國運隆贊을 致生케 ᄒ나니, 眞所謂人에 在ᄒ야ᄂ 腦髓오, 國에 在ᄒ야
  ᄂ 國粹라 하야도 과언이 아니라. …… 정치사회와 萬般制度의 경장되ᄂ 동시에
  종교도 개혁될 것이오"라고 하였다(《大韓每日申報》 1910년 5월 15일 〈韓國宗敎界
  의 將來〉).
331) 《大韓每日申報》 1905년 12월 1일 〈信敎自强〉.
332) 《皇城新聞》 1909년 11월 20일 논설 〈宗敎와 政治의 關係〉.
333) 《皇城新聞》 1909년 11월 20일 논설 〈宗敎와 政治의 關係〉.

의 독립, 프랑스의 혁신으로 나타나게 되었다고 극찬하였다.[334] 또한 기독교는 다른 종교보다 감화력이 우월하고, 박애주의와 평등 이념을 지니고 있으며 매년 많은 돈을 들여 신지식·신문명을 수입하고 있다고 하였다.[335]

계몽운동 기간을 거치면서 기독교는 급속하게 확산되었다. 《황성신문》은 '한국은 장래에 기독교국이 될 것이다'라고 한 어느 미국 선교사의 말을 인용하며, 우리나라 사정으로 보아 기독교가 확산될 것이라고 보았고, 유교·불교의 약화, 관리의 탐학과 외인外人의 압제, 그리고 선교사의 자선적 활동 등을 그 원인으로 들었다.[336] 그리하여 유교는 더 이상 시행할 수 없으므로 기독교를 숭신崇信해야 한다고 주장하게 되었다.

> 客曰 이 종교를 독실하게 믿으면 나라가 강해지겠소? 曰 現今 英·美·法·德이 기독교로 종교로 삼아, 그 나라의 걸음과 나라의 빛이 과연 어떠한가. 우리 동포도 이를 부러워하거든 그 여러 나라에서 받들어 믿는 그 종교를 따라야 할지라.

더욱이 덕육德育을 위해서 기독교를 받들어 믿어야 한다고 하였다. 이 글의 논자는 당시 한국의 패망을 "하늘의 뜻을 따르지 않고, 의무를 다하지 않"는 한국인 때문이라고 하고, "그리스도 예수가 천하 후세 만민의 죄를 대신하여 십자가에 못 박힌 것처럼 한국민이 천만인의 죄도 대신 속죄하여 죽었다"고 하였다.[337]

---

334) 《大韓每日申報》 1908년 10월 11일 논설 〈宗敎改革이 爲政治改革之原因〉.
335) 《大韓每日申報》 1910년 5월 17일 논설 〈韓國宗敎界의 將來(續)〉.
336) 《皇城新聞》 1909년 1월 19일 논설 〈我國基督敎의 將來〉.
337) 《大韓每日申報》 1908년 3월 12일 〈西湖問答(續)〉. 이런 종교적인 신앙의 확

이에 그들은 한국을 다시 부흥하려면 반드시 기독교를 믿어야 한다고 주장하였다. 곧 한국이 진흥하는 날은 "한인韓人 사람 사람의 입으로 예수 그리스도의 이름을 부르며, 사람 사람 손에 신약전서新約全書 한 권을 쥐는 날"이라고 할 정도였다. 예수가 자유와 평등을 기치로 복음을 선포한 이후 서유럽과 미국이 문명화하고 강국이 된 것처럼 한국 동포도 이 종교의 다스림 아래에 들어가 신성神聖의 세례를 받아 크게 회개하고 분발해야 한다고 하였다.[338]

이런 차원에서 그들은 대한제국 정부나 개신유학자들이 주장하던 신구학절충론도 반대하였다. 유교의 본래 뜻을 긍정하더라도, 시세에 뒤떨어진 유학자의 잘못은 여전하였기 때문이었다. 유교가 수신·제가·치국·평천하를 근본으로 하여 인도人道에 합당한 것이 있을지라도 최근의 유자들은 경전 암송이나, 시·문장 짓는 일에만 빠져 있으므로 유교를 다시 행할 수 없는 것이라 규정하였다.[339] 혹자는 부패한 유학자나 선비의 헛된 학문을 비판하면서 열강의 문명도 모두 신학新學의 효력으로 가능했던 것처럼 신학을 적극적으로 수용해야 한다고 주장하였다.[340] 감리교의 목사였던 최병헌崔炳憲도 당시 식자층이 기독교는 '서학'이라고 비판하면서 서양의 병기나 기계는 취하고 전화電話, 어학語學을 설치하는 것은 "그 본은 힘쓰지 않고 그 말만 취하는 것"이라고 하고, 이런 방법으

신으로 '신앙을 잘하면 하느님이 이스라엘 백성을 구하듯이 우리나라도 구원할 것'으로 생각하기도 하였다(《大韓每日申報》1905년 11월 19일 〈爲國祈禱文〉; 12월 9일 〈警告韓民〉).

338) 《大韓每日申報》 1910년 3월 14일 논설 〈韓國振興策(續)〉.

339) 《大韓每日申報》 1908년 3월 10일 〈西湖問答(續)〉.

340) 究新子, 〈新學과 舊學의 區別〉 《西北學會月報》 8, 41쪽.

로는 "문명을 이룰 수 없다"고 극언하였다.[341]

한편에서는 유교의 윤리를 아예 부정하고, 유교를 전제정치, 계급사회, 상고주의尚古主義의 유물로 규정하였다. 《대한매일신보》에서는 이런 점을 다음과 같이 주장하였다.

> 유교는 …… 덕으로 교화하여 파급한 恩澤이 적지 않으나 그 방법이 많은 종류의 제도를 가지고 있어, 鎖國時代의 專制政治와 階級社會와 尚古主義와 서로 부합되는 것이오, 또 그 시대의 遺物이라. 결코 현대 시대, 현대 사회에 적합하지 아닐 뿐 아니라 오히려 해가 될 우려가 있다. 최근 유교 계통에서 종교가 많이 나왔으나 孔子敎, 大成敎, 大同敎, 太極敎 等이다. 그 趣旨가 성인을 존중하여 받드는 것이 매우 가상하지만 그 목적이 과연 國粹 보전하는 것에 있는가? 국권회복에 있는가? 아니면 신지식을 수입함에 있는가? 그 결과가 필경 계급사회를 유지하고 상고주의를 계속함에 불과할지는, 이것은 우리들이 취할 수 없는 바이다.[342]

이처럼 문명개화론에서는 유교 자체가 본래 전제정치, 계급사회의 논리이며, 당시 성행하던 유교개혁과 유교의 종교화 운동도 계급주의·상고주의를 유지하는 것에 지나지 않는다고 비판하였다.

(다) 계몽운동 시기 기독교를 바탕으로 문명개화를 주장하던 사람 가운데 가장 대표적인 사람이 이승만(1875~1965)이었다. 기독교계 학교인 배재학당에서 수학한 이승만은 청일전쟁 뒤 문

---

341) 《大韓每日申報》 1906년 10월 9일 잡보 〈宗敎與政治之關係(續)〉. 최병헌의 입장에 대해 기독교의 신앙적인 측면에서는 "유교에 대해 도전적이라기보다 오히려 보완적 혹은 공존적인 태도"라고 지적하고 있다(李光麟, 앞의 글(1975)).
342) 《大韓每日申報》 1910년 5월 17일 〈韓國宗敎界의 將來(續)〉.

명개화론의 확산에 크게 기여했던 《미일신문》의 주필, 사장으로 활동하였다. 또한 독립협회운동, 만민공동회운동에도 적극적으로 참여하였다. 그는 1899년 고종을 폐위하고 박영효를 옹립하려는 정치 음모 사건에 연관되어 종신형을 선고받았는데, 한성감옥에서 복역 하다가 기독교를 믿게 되었다. 그는 옥중에서 《제국신문》 논설을 집필하고, 《독립정신》 등의 책도 저술하였다. 이를 통해 그는 기독교에 바탕을 둔 문명화를 주장하였다.

이승만은 당시를 '통상과 개방의 시대'로 규정하였다. 곧 "천하만국에 통하지 않는 나라가 없으며, 만국 만민에 열리지 못한 것이 없다"고 하였고, 모든 사람이 이 사실을 깨달아야 한다고 하였다. 더욱이 그는 야만 상태의 나라는 통교를 통해서만 문명화할 수 있다고 보았다. 그는 이를 아침에 동이 트는 것에 빗대어, "혹 햇빛이 먼저 비치는 곳도 있고 혹 나중에 비치는 곳도 있으나 돌아 오는 해를 막을 자는 없는 것"과 같다고 하여, 서양문명은 피할 수 없는 부득이한 것이라고 강조하였다. 따라서 "새 빛을 받지 않으려고만 힘쓰다가 나라가 영원히 없어지고 인종이 장차 소멸"하게 될 것이라고 지적하였다.[343]

이에 이승만은 통교·통상은 문명국이나 야만국이나 모두에게 이익이 되는 것이라고 하였다. 여러 나라 사람들과 서로 이웃이 되어 문호도 열고 풍속을 고치며 물화物貨를 바꾸는 것은 각처의 사람들이 서로 필요한 것을 바꾸어, 있고 없는 것을 서로 보용補用하는 것이므로, 세계 각 나라가 한 이웃이 되어 같은 이익을 모두 누리게 된다고 하였다. 요컨대 통상하는 것이 세상에서 나라를 부유하게 하

---

343) 이승만, 《독립정신》, 1910 (國民精神振興會, 활문사출판부, 1946, 300~301쪽).

는 근본이므로 우리도 이를 취해야 한다고 하였다.344)

이런 점에서 그는 제국주의 세력이나 외국인이 우리나라에 들어오는 것도 다르게 바라보았다. 그들이 들어오는 것은 "본래 나를 해치려는 뜻이 없고 피차에 다 이롭기를 경영하기 위한 것"이라고 하였다. 오히려 이롭게 하고자 오는 외국인을 원수처럼 보는 것이 더 큰 문제라고 지적하였다.

> 외국인을 원수같이 여김이 제일 위태危殆로운 것이니, 이는 어두운 백성들이 항상 까닭 없이 남을 미워하는 폐단이라. 위에서 말한 것만 보아도 족히 남을 미워할 이유가 없음을 가이 파악하겠거늘 세상 형편도 모르고 남의 뜻도 모르는 가운데 어리석게도 남을 은근하게 싫어하며, 종종 기회를 당하면 해를 입히려고 꾀하니, 실로 사리에도 대단히 합당치 않거니와 나라에도 이만큼 위험한 일이 없는지라. 당초에 천주교인을 없애려고 하다가 병인양요를 만들었고, 갑신정변, 임오군란 때에도 '일본'인을 몰아내려다가 난리를 일으켜 큰 화를 당하였으며, 갑오[1894]년에 동학이 일어나 외국인을 몰아낸다 하다가 동양이 크게 소란하게 만들었나니 …… 345)

라고 하며, 외국 세력이 침략하여 화를 입은 것이 아니라 외국을 미워한 것 때문에 큰 화를 입었다고 하였다.

이승만은 당시 기독교 선교사의 교육·의료 사업을 보면 기독교의

---

344) 이승만, 위의 책, 301~303쪽. 덧붙여 그는 "만일 남의 오는 것만 허락하여 다만 앉아서 접대하기만 위주 할진대 그 통상하는 이익과 세력이 다 외국인의 손에만 들어갈" 것이라 하고, '마땅히 우리도 남에게 가서 형편과 풍속과 물정을 살피고 들어올 물건과 나갈 물건을 차차 우리 손으로 대신'해야 하며, 이렇게 하여야 우리의 상권을 확장할 것이라 하였다(위의 책, 303~304쪽).
345) 위의 책, 304쪽.

성격을 알 수 있다고 하였다. 그들이 병원, 학교, 고아원, 맹아원 등을 설립한 것을 보면, 그들이 우리를 좋은 뜻으로 대접하고 있음을 알 수 있는데, 우리가 그 뜻을 모르고 도리어 해치려고 한다고 하였다. 우리가 이렇게 하는 것은 문명국으로 대접받기를 포기한 것이라 하였다. 그렇기 때문에 이승만은 우리를 망하게 하는 것은 외국인이 아니라, 오히려 이런 사실을 모르는 어리석은 백성 때문이라고 강조하였다.346)

(2) 천도교의 문명개화론과 유교 비판

계몽운동에는 사회경제적 배경과 사상적 연원이 다른 다양한 집단이 참여하였다. 천도교 세력도 그 가운데 한 계열이었다. 동학 교단은 이때 문명개화 노선을 천명하면서 운동의 방향을 전환하였고, 이어서 천도교라는 근대 종교로 탈바꿈하였다. 이 변화를 주도한 세력은 동학의 상층부, 곧 손병희孫秉熙를 중심으로 한 북접北接의 지도부였다. 이들은 《만세보萬歲報》라는 신문을 간행하고, 대한협회大韓協會의 지도부로 계몽운동에 참여하였다.

손병희는 농민전쟁 이후 지하에서 최시형崔時亨을 보좌하여 교문을 유지하였다. 그러다가 최시형이 체포되자 북접의 법대도주法大道主가 되어 동학의 조직을 총괄하였는데, 1901년 동학에 대한 정부 탄압이 심해지자 이상헌李祥憲이라는 가명으로 일본에 망명하였다. 일본에서 그는 문명개화론으로 노선을 전환하고, 독립협회운동 등에 참여했던 개화파 인사들인 양한묵梁漢默·권동진權東鎭·장효근張孝根 등을 포섭하였다.347)

---

346) 위의 책, 304~306쪽.
347) 이에 대해서는 康成銀,〈20世紀初頭における東學敎上層部の活動とその性格〉,《朝

동학을 창도했던 최제우崔濟愚는 이미 "유도 불도 누천련에 운이 역시 다했던가",348) 또는 "아셔라 이 세상은 요순지치라도 부족 시時오 공맹지덕이라도 부족 언言이라"고 하여349) 운이 다한 기존의 유교로는 당시의 사회문제를 해결할 수 없다고 보고, '천도天道'에 근거한 새로운 종교체계로 동학을 창시하였다. 따라서 동학의 사상 체계는 유교와 불교를 뛰어넘으며, 서학과는 대립적인 구조를 가지고 있었다. "오도吾道는 원래 유儒도 아니며, 불佛도 아니며, 선仙도 아니니라. 그러나 오도는 유불선儒佛仙 합일이니라. 즉 천도天道는 유불선이 아니로되 유불선은 천도의 한 부분이니라"고 하였다.350) 이런 입장에서 더욱이 유교에 대해서 다음과 같이 비판하였다.

> 儒敎니 …… 그 敎의 主旨는 天의 命令下에 在하여 信仰은 天靈, 地靈, 人靈이오, 그 綱領은 三綱五倫이요, 그 目的은 修身·齊家·治國·平天下之大道라 하며, 그 道는 無形的으로나 有形的으로나 鬼神本位며 事大主義로 되었다. …… 그 敎를 믿어온 사람의 口頭에는 彼를 大國이라고 仰慕하는 同時 我는 小中華라 稱하였다. …… 그것이 非人本主義며 不平等 主張임에야 어느 때든지 그 人族이 꿈을 깨는 날에는 한번 다시 뒤집어지고 마는 것이 原則일 것이다.351)

라고 하며, 곧 유교를 귀신본위, 사대주의, 비인본주의, 불평등주의라고 비판하였던 것이다.

鮮史硏究會論文集》 24, 1987; 金炅宅, 〈韓末 東學敎門의 政治改革思想硏究〉, 연세대학교 석사학위논문, 1990 등 참조.
348) 《용담유사》〈교훈가〉 경신 (《東學思想資料集(壹)》 64쪽).
349) 《용담유사》〈몽듕노소문답가〉 신유 (《東學思想資料集(壹)》 113쪽).
350) 李敦化, 《天道敎創建史》편, 1933, 47쪽 (《東學思想資料集(貳)》 79쪽).
351) 吳知泳, 《東學史》, 1940, 10쪽 (《東學思想資料集(貳)》 366쪽).

손병희는 당시 서양의 발달된 기계문명을 보면서, '고금이 부동 不同'한 것은 운이 변한 것이고, 지금의 세계문명은 "천지가 크게 변하는 창시創始의 운이라"고 생각하였다.352) 그러고는

> 人氣가 壯大하고 智叡聰明하여 前人에 비해 몇 배 勝하나 敎化는 解弛해지고 時運과 時機의 變易을 능히 따르지 못하고, 古文定法 외는 다시 연구하지 않으니, 연구하지 않고 생각하지 않으면 物理 意見이 어디에서 나오겠는가353)

라고 하여 교화는 해이해지고, 옛글만 연구하다가 시운과 시기에 뒤떨어졌다는 것이었다. 그리하여 그는 변역變易을 위해 새로운 '삼전론三戰論'을 제기하였다.

그는 '천도=동학'의 근본은 변할 수 없지만, 시대의 변화에 따라 대처하는 방법은 달라져야 한다고 하여, 나라의 문명 발전과 보국안민輔國安民의 방안을 도전道戰·재전財戰·언전言戰으로 제시하였다. 자연의 부원을 이용하여 산업을 발전시키자는 것이 재전이고, 외교관을 양성하여 각국과 외교를 잘하자는 것이 언전이었는데, 이것은 모두 동학을 국교로 하자는 도전道戰에 근본을 두어야 한다는 것이었다.

도전道戰이란 바로 국가의 융성을 위해서는 종교가 근본이 되어야 한다는 것이었다.

> 道政者는 主敎之謂也니 化民成俗之政策也라. 國無主敎면 民無率性하야 各自爲心 故로 政法이 不行하나니, 是故로 於古及今에 國無道而興昌者가 未

---

352) 孫秉熙, 〈三戰論〉, 《天道敎創建史》 3편 부록, 83쪽, 86쪽 (앞의 책, 261, 264쪽).
353) 孫秉熙, 〈明理傳〉, 위의 책, 88쪽 (위의 책, 266쪽).

之有也니이다.…… 吾國之富強이 亦不下於外國而不幾之年에 必爲政於天下
하리니 是故로 開明之遲速이 亦係乎國敎之優劣也니이다.…… 政府가 獨何以
勢力으로 對抗外國乎잇가. 協民心而揚民權이라야 以對天下하리이다. 然則爲
邦之本은 民心也요 化民之本은 道也라.354)

요컨대, 나라의 독립·부강·문명은 모두 백성들의 민심·민권으로
이루어지고, 백성들의 마음은 도덕으로서 교화하는 '화민성속化民成
俗'으로 돌아오게 할 수 있고, 이 도덕은 국교에서 비롯된다는 것
이었다.

백성들을 덕화德化하기 위한 도덕은 동학의 도道였다. 불교는
이미 쇠퇴하였고, 기독교를 백성의 도덕으로 삼을 수도 없는 것이
었다. 그는 "야소耶蘇는 3파로 나누어져 천하에서 힘을 얻어, 지금
구미의 모든 강대국이 여러 나라에 그 도를 행하여 민심을 빼앗고
열국을 잠식하는 고로 대적할 만한 것이 없고 이루어지지 않는 것
이 없으니 매우 두렵다"고 경계하였다.355) 그는 오히려 유교 윤리
가 중요하다고 강조하였다. 삼황오제三皇五帝 시대를 모든 문물제
도와 도덕이 완비한 문명의 성대盛代로 인식하였고, "효제충신孝悌
忠信과 삼강오륜은 세계가 부러워하는 바요, 인의예지는 선성先聖
의 가르친 바"라고 하며, 이를 동학과 합해 사용한다면 금상첨화
라고 생각하였다.356)

문명개화론을 실현하는 방안으로 손병희는 민회운동民會運動을
전개하였다. 동학의 민회운동은 1904년 이용구李容九를 중심으로

---

354) 李敦化, 앞의 책(1933) 3편, 39쪽, 41쪽 (위의 책, 217쪽, 219쪽).
355) 이돈화, 위의 책, 39쪽 (위의 책, 217쪽).
356) 孫秉熙, 〈三戰論〉, 86쪽 (위의 책, 264쪽).

전국적으로 추진되었는데, 이 민회 조직은 대동회大同會·중립회中立
會를 거쳐 그해 9월 진보회進步會가 되었다가 12월에는 일진회와
합하였다.[357] 손병희는 동학을 천도교로 개편(1905. 12)한 뒤,
1906년 2월 일본에서 귀국하였다. 그러고는 곧 이용구와 송병준宋
秉畯을 천도교에서 축출하고,[358] 오세창과 권동진을 중심으로 교
육·출판·정치활동 등의 분야에서 문명개화운동을 더욱 적극적으로
전개하였다. 그는 《만세보》를 만들어 계몽 사업을 하면서 일진회를
견제하였으며, 오세창과 권동진을 대한협회大韓協會에 참여시켰다.
그리고 천도교의 기관지와 같았던 《만세보》를 통하여 서양의 신학
문을 철저하게 받아들이자고 주장하였다.

　손병희는 구학문에 대해서 반대하였다. "우리들이 지식이 없으면
목석木石과 다르지 않고, 지식이 비열卑劣하면 우마牛馬와 같다. 지식
이 우優한 자에게 이용되고 희생될 뿐"이라고 하면서, 우리의 급선
무는 세계의 신지식을 구하는 것이라고 하였다.[359] 우리나라에서
전래되어 오던 학문은 모두 중국에서 빌려 온 것이므로 당시에는 쓸
수 없다는 것이었다.[360] 그들은 신학문과 신지식의 발달을 반대하
는 사람들을 무식배·잡류라고 비난하면서,

---

357) 진보회와 일진회의 관계에 대해서는 金炅宅, 앞의 글(1990), 52~72쪽. 이 두
　　단체는 사실상 처음부터 기맥을 통하여 동일한 강령을 내걸 수 있었다. 각 지방에
　　서는 진보회와 일진회의 이름이 혼용하여 사용되었고, 초기 일진회의 간부들이 모
　　두 동학 북접의 지도자였다는 점 등으로 일진회도 사실상 손병희의 직·간접 지도
　　아래 조직된 것이었다.
358) 당시 천도교 상층부에는 "내지內地로부터 선생[손병희]과 같이 나온 오세창·권
　　동진·양한묵 일파[문명파文明派], 일진회 골자인 이용구·송병준 일파, 비개화파인
　　김연국金演局 일파[완고당頑固黨]" 등이 있었다고 한다[吳知泳, 앞의 책(1940),
　　199쪽), 앞의 자료집, 155쪽).
359) 《萬歲報》 1906년 9월 18일 〈本報一面〉.
360) 《萬歲報》 1906년 8월 19일 〈準備時代(續)〉.

夫 新學問은 世界文明國의 學問이라. 地球上 人類된 者가 歐美의 文明을
吸受치 못ᄒ면 卽 野蠻도 能히 歐美 文明이 美혼 쥴은 知ᄒ거늘, 彼 閔京鎬
갓튼 無知覺한 飯袋ᄂ 此도 不知ᄒ니, 必也혼 人의 形體만 僅具ᄒ고 猿의 腦
髓로 賦成혼 者 아인가.[361]

라고 하여 서양 문명국의 신학문을 흡수해야 야만에서 벗어날 수 있
다 주장하였고, 이를 반대하는 사람들을 '원숭이 머리'라고 맹렬
하게 비난하였다. 이런 차원에서 그들은 의병을 일으킨 최익현崔
益鉉도 '고유부론古儒腐論'으로 비판하면서[362] 우리를 열등하게 만
들고 국민을 부패와 멸망의 길로 이끄는 것이 바로 이들 완고파
라고 하였다.[363] 완고한 유교적 세계관을 비판하고, 신학문·신지
식 곧 서양문명을 수용하여 문명화를 달성하고자 한 것이 바로
손병희와 천도교의 문명개화론이었다. 천도교의 문명개화론은
1920년대 새로운 민족문화론으로 발전하였다.

---

361) 《萬歲報》 1906년 7월 15일 〈雜類誤世〉.
362) 《萬歲報》 1906년 6월 28일 〈義兵〉.
363) 《萬歲報》 1906년 7월 3일 〈解紛議〉; 1907년 3월 17일 〈善民始可知〉.

제4장

변법개혁론의 유교 개혁과 국수보전

　청일전쟁 이후 문명개화론이 확산되고, 대한제국의 개혁사업이 추진되면서 흔히 '개신유학자改新儒學者'로 불리던 유생층도 시세의 변화에 따라 개화, 문명화의 논리를 수용하였다. 그들은 유교적 변통론變通論에 따라 서양문명을 절충적으로 받아들였으며, 오래되어 폐단이 생긴 법을 바꾸어야[변법變法] 당시의 정세 아래서 민족과 국가를 보존할 수 있다고 확신하였다. 변법을 곧 '개화'로 규정하고 근대개혁을 지향했다는 점에서 그들의 개혁론은 변법개혁론變法改革論이라 할 수 있다.[1] 변법개혁론은 문명개화론과는 달리 우리의 전통문화, 역사, 특히 실학적 전통 위에서 유교를 비판적으로 계승 또

---

[1] 흔히 김옥균, 박영효 등 개화파의 사상을 변법개화론이라고 분류하고 있는데[靑木功一, 〈朴泳孝の民本主義·新民論·民族革命論(一·二)〉, 《朝鮮學報》 80·82, 1976·1977], 이 책에서는 이를 문명개화론으로 규정하였다. 박영효 등이 자신들의 개혁을 '변법'으로 표현하였지만, 그들은 유교적 문명관을 비판하고, 서양문명을 달성하려 했던 점에서 이미 유교적 '변통變通'의 범위를 벗어난 것이었다. 한편 이 장에서 다루는 개신유학자의 논의를 '변법적變法的 개화자강사상開化自强思想'이라고 하여 개화사상의 범주로 파악하기도 한다(愼鏞廈, 《朴殷植의 社會思想研究》, 서울대출판부, 1982). 그러나 이들의 변법론과 개화사상이 외형적으로 '자강', '자주' 등과 같은 동일한 목표를 지향하고 있지만, 그 논리 속에서 '개화'와 '문명'에 대한 생각이 기본적으로 달랐던 점에 유의해야 한다. 변법개혁론은 중국과 마찬가지로 그 안에 제한적이지만 민권과 정체 변혁, 민족 이념 등을 포함하고 있었다(중국 변법운동의 이념에 대해서는 민두기, 《중국근대개혁운동의 연구》, 일조각, 1985, 참조). 이 점에서 변법개혁론은 앞서 살핀 대한제국의 구본신참, 신구절충적 개혁론과도 차이가 있었다.

는 개혁하고 무분별한 서구화에 반대하였다. 변법개혁론은 1905년
이후 국권회복운동 단계에서 더욱 발전하여 자강주의와 애국주의의
기반이 되었으며, 우리 역사에서 국혼國魂, 국수國粹를 찾으면서 근
대민족주의의 기틀을 세웠다.

1. 유교적 변통론과 변법개혁론

보수적 유자층 가운데 일부는 청일전쟁 이후의 정세 변화, 더욱
이 대한제국의 개혁, 독립협회, 《독립신문》 등을 경험하면서 사상적
으로 변하였다. 그들은 종래의 유교로는 민족·국가적 위기에 대처할
수 없다고 판단하고, 유교적 '수시변역隨時變易'의 원리에 따라 서로
의 장단점을 고려하여 유교를 개혁하면서 동시에 서양문명을 수용
하여 근대개혁을 추진하였다. 그들은 우리 역사에서는 개혁을 위해
계승할 수 있는 장점으로 실학파의 학문을 계승하고자 하였다. 이런
변화를 주도하던 사람으로 박은식朴殷植·장지연張志淵·이기李沂 등이
있었고,[2] 《황성신문》이 중요한 구실을 담당하였다.

1) 유생층의 사상 변전과 변법개혁론

(1) 변통론과 신학 수용
(가) 해주 출신의 박은식(1859~1925, 호 겸곡謙谷, 백암白巖,

---

2) 박은식과 장지연의 사상을 '자강사상'이라고 하고, 이들의 사상적 변화와 논리 구
  조를 제시한 글은 盧官汎, 〈대한제국기 朴殷植과 張志淵의 自强思想 연구〉, 서울대
  국사학과 박사학위논문, 2007 참조.

태백광노太白狂奴 등)은 관서 지방의 대표적인 주자학자 박문일朴文
一·박문오朴文五 문하에서 수학하였다. 주자학을 배우면서 그는 이
지방에서 중견 주자학자로서 명성을 얻었다. 이런 사정을 그는

> 吾國 儒林의 思想으로 言하면 諸老先生이 모두 朱學을 崇尙하고 篤信하여
> 唯一無二한 法門이 되매 감히 一言 一字라도 주학과 異同이 되면 斯門亂賊
> 의 律을 가하고 王學에 至하여는 異端邪說로 排斥하여 學界의 容跡을 許치
> 아니하였으니, 余도 그러한 사상계에서 생장하여 宇宙 間 正學은 朱學 一門
> 뿐으로 認하였고……3)

라고 하여, 주자학을 유일한 '정학'으로 보았으며, 주자의 영정을
서실書室에 봉안하고 매일 아침마다 절을 할 정도였다.4) 그는 성
명性命을 토론하고 음사飮射를 강행講行하기도 하였으며, 수구守舊
를 의리로 삼고 개화를 사설邪說이라 배척하였다. 또 자정自靖을
법문을 삼아 스스로 통달하였다는 망상에 빠지는 보수 유학자의
생활에 만족하고 있었으며,5) 다른 유학자처럼 과거시험을 준비하
였다.6)

　　주자학자 박은식이 사상적으로 변화를 겪게 된 것은 그의 나이
마흔이 되던 1898년 이후였다.7) 그해 여름 그는 강원도 원주 주천

---

3) 《朴殷植全書(下)》, 〈學의 眞理는 疑로 쫓차 求하라〉(1925), 197쪽.
4) 위와 같음.
5) 《朴殷植全書(下)》, 〈賀吾同門諸友〉(1908), 32쪽.
6) 《朴殷植全書(下)》, 〈告我學生諸君〉(《西北學會月報》(1909.3) 1–10), 49쪽에는 "20~30세
　內外에는 科擧之學과 文章之學에 從事"하였다고 하였다.
7) 박은식의 사상적 변화에 대해서는 愼鏞廈, 앞의 책(1982); 金基承, 〈白巖 朴殷植
　의 思想的 變遷過程〉, 《歷史學報》 114, 1987; 梁潤模, 〈白巖 朴殷植의 '思想變動'
　에 관한 一考察〉, 《한국독립운동사연구》 14, 2000; 拙稿, 〈1910년대 박은식의

酒泉에서 상경하였다.[8] 이때는 대한제국의 신구절충적 광무개혁이 진행되고 있었고, 더욱이 《독립신문》을 통해 서구의 문명이 소개되었으며, 독립협회와 만민공동회 운동이 한창이었다.[9] 이런 시세 변화의 영향으로 그는 주자학 이외의 학문과 서양을 보는 생각이 바뀌게 되었다.

> 四十歲 以後에 世界學說이 輸入되고 言論自由의 時期를 만나매 余도 一家 學說에 膠泥되었던 思想이 저윽이 變動됨으로 우리 先輩의 嚴禁하든 老莊楊墨申韓의 學說이며 佛敎와 基督의 敎理를 모다 縱覽하게 되었다.[10]
>
> 及其來留京師하는 始也에는 猶是宿志를 不變하고 新學을 厭聞하는 主義러니 乃東西 各國의 新書籍이 偶然 觸目하매 天下의 大勢와 時局의 情形을

사상 변화와 역사인식〉, 《東方學志》 114, 2001; 盧官汎, 앞의 글(2007) 등 참조. 박은식의 사상 변화의 계기에 대해서는 박은식의 표현대로 '세계 학설', '언론 자유' 등이 영향을 끼쳤을 것으로 추측하는데, 노관범은 더욱이 《태서신사泰西新史》의 영향이 크다고 지적하였다. 신용하는 박은식의 사상이 주자학 → 동도서기론(1898년 이후) → 변법적 개화자강사상(1906년 이후)으로 변화했다고 보았고, 노관범은 주자학 → 시무론 → 변법론으로 변화하였다고 정리하였다.

8) 박은식이 이때 상경하여 그해 창간된 《황성신문》의 주필이 되었다고 한다〔신용하, 앞의 책(1982), 10쪽〕. 이에 견주어 노관범은 박은식의 언론 활동을 1904년 《학규신론學規新論》 이후로 보고 있다(盧官汎, 위의 글, 151~152쪽).

9) 흔히 박은식이 독립협회에서 활동했다고 한다. 그러나 박은식은 스스로 자신이 독립협회나 만민공동회에 참여했다고 기술한 적이 없다. 박은식, 장지연 등이 독립협회에 관련이 있었다는 것은 주로 1920년대 중반의 기록이 많다 (《張孝根日記》 1925. 12. 15. 《한국사논총》 2, 성신여대, 109쪽 등). 더욱이 《독립협회연역략獨立協會沿歷略》이라는 자료에 의거하여 1898년 11월 만민공동회에 장지연이 편집부장급, 박은식이 문교부장급으로 활동하였다고 파악하는 것(慎鏞廈, 《獨立協會研究》, 1976, 101쪽). 이 자료는 신뢰하기 힘들다. 이 자료에 실린 명단의 신빙성도 의심스럽고, 또 대부분의 내용이 1926년 간행된 《신민新民》 14호에 실린 윤치호, 황의돈 등의 회고 수준의 글 몇 편을 그대로 옮긴 것이다.

10) 《朴殷植全書(下)》, 〈學의 眞理는 疑로 좃차 求하라〉(1925), 197쪽.

觀測함이 有하여 今日 時宜가 不得不 變通更新하여야 吾國을 可保하고 吾民을 可活인 것을 覺知한지라.[11]

고 하며 박은식은 동서 각국의 신서적을 접하면서 천하의 형세와 시국이 변하는 가운데 '변통갱신變通更新'해야 국가와 민족을 살릴 수 있다고 깨닫게 되었다.

박은식이 '변통갱신'이라고 말했듯이, 그의 사상적 변화 원리는 '시세의 변화에 따라 마땅한 것을 구한다'는 유교의 변통론이었다. 그는 "수시변역隨時變易하고 온고지신溫故知新은 오도吾道〔유교〕의 대요大要"라고 하고, 당시의 민족·국가적 위기를 구하기 위해서는 "부득불不得不 시무時務의 필요와 신학新學의 실용을 강구"하는 것이 유자儒者의 책임이라고 하였다.[12]

그가 말한 '수시변역'은 유교를 시세의 변화에 따라 조정하자는 것으로 이를 전면적으로 폐기한 것은 결코 아니었다. 따라서 시대의 변화에 따라 서양의 신학문을 수용해야 하지만 이는 구학문과 서로 참작·절충하는 선에서 이루자는 것이었다. 곧 각 나라의 정형에 따라 학문이 다르므로 "다만 옳지 못한 것은 고치고 옳은 것은 그대로 두고서 피차 비교·참작하여 장점을 취"하자는 것이었다.[13]

박은식은 시세에 따라 신학문을 받아들이자고 하면서도 줄곧 유교가 우수하다는 점을 강조하였다.

만일 가로되 지금 세상에 태어나서 신학문을 하는 것이 옳고, 구학문을 어

---

11) 《朴殷植全書(下)》, 〈賀吾同門諸友〉(1908), 32~33쪽.
12) 《朴殷植全書(下)》, 〈賀吾同門諸友〉, 32~33쪽.
13) 《謙谷文稿》, 〈興學說〉, 1901〔《朴殷植全書(中)》, 405쪽〕.

다다 쓸 것인가 한다면, 저도 근일에 新文字를 역시 읽어서 어렴풋이 짐작하고 있습니다. 그 이전에 發하지 못한 것을 발하여 시의에 적합한 것은 어찌 배우지 않아서 되겠습니까. 단지 천하의 일이 千變萬化할지라도 良心이 근본이 되는 것이니 身心이 다스려지지 않으면 어떻게 변화에 응할 수 있으며, 무엇을 가히 할 수 있겠습니까. 신심을 다스리고자 하면 우리 孔孟의 書를 버리고서 무엇으로서 할 수 있겠습니까.[14]

라고 하여 그는 적어도 몸과 마음을 다스리는 데는 유교가 필요하다고 하였다.

박은식은 "모든 학문에는 종교가 근본이 되어야 한다"고 하면서 "한국의 종교는 공부자孔夫子의 도이다. 무릇 천하의 중용을 다하고, 천하의 바른 이치를 다한 것은 공부자의 교敎보다 더한 것이 어디 있단 말인가"라고 하여, 유교가 근본이 되어야 한다는 점을 확신하였다.[15] 한국의 종교가 유도儒道라는 점은 처음 기자箕子의 8조로 군자국君子國으로 불리었던 점, 또 조선에 들어 공맹을 스승으로 하고 이단을 배척하였던 역사성에서도 그러하다고 밝혔다.

박은식은 변통과 변법을 꾀하면서 동시에 유교를 더욱 강화하여 일반인들에게 전파해야 한다고 생각하였다. 이를 위해서는 성균관을 중심으로 유교 교육체계를 강화해야 한다고 하였다. 학부에 소속되어 그 지휘를 받는 성균관의 격을 높여 학덕 있는 선비를 2품 이상 칙임勅任 관리로 삼아야 한다고 하였으며, 각 군에도 교수를 두어 제

---

14) 《謙谷文稿》, 〈上毅齋閔尙書〉(《朴殷植全書(中)》, 369~370쪽).
15) 《學規新論》〈論維持宗敎〉, 1904(《朴殷植全書(中)》, 29쪽). 박은식이 이때 말한 종교는 근대의 신앙체계로써의 종교가 아니라 "종교는 성인이 하늘을 대신하여 말을 세워 만민을 가르치는 것"이라고 하여, 성인의 가르침이며, "도덕지학道德之學"이라는 것이었다(《謙谷文稿》〈宗敎說〉《朴殷植全書(中)》, 414쪽].

사와 교육을 담당하도록 하자고 하였다. 또한 유교이념의 전파를 위해서는 소학小學과 사서四書 등을 국문으로 번역·간행하여 농공상인은 물론 부녀자들까지 이를 배우게 하여 이교異敎에 빠지는 것을 막아야 한다고 하였다.16)

이와 같이 박은식은 세계정세의 변동과 서양학문을 접하면서 변화의 필요성을 인식하였고, 그 변화의 원리를 유교의 변통론에서 구하였다. 그는 서양에서 발달한 시무와 실용의 문물을 수용해야 하지만, 그와 동시에 한국의 종교인 유교를 더욱 더 강화하고, 이를 전파하여 일반 사람들까지 유교 경전을 공부해야 할 것으로 생각하였다.

(나) 경상도 상주에서 태어난 장지연(1864~1921, 호 위암韋庵, 숭양산인嵩陽山人)은 14세 때(1877)에 칠곡 북삼면 오산吳山에 있던 족조 장석봉張錫鳳 아래서 유학을 공부하였다.17) 이곳에는 인동 장씨 남산파의 일부(나월당파蘿月堂派)로 조선 중기 장현광張顯光의 후손들이 세거하였다.18) 조선 후기 장씨들은 다른 영남 남인들과 달리 고위직에 진출하였는데, 19세기 후반 이들 문중을 대표하던 사람은 장석봉을 비롯하여 장석룡張錫龍, 장석구張錫龜 3형제였다.19)

---

16) 《謙谷文稿》〈宗敎說〉〔《朴殷植全書(中)》, 419~420쪽〕.
17) 장석봉은 문음文蔭으로 관직에 올랐는데, 청안현감淸安縣監 시절에는 10년 동안 적체된 공납을 해결하여 서리와 백성들이 모두 기뻐하였으며, 매삭每朔에 학문을 권하고 향약을 실시하였다. 또 전주 판관 때에는 경복궁 중건에 비용을 마련하기 위하여 힘을 다해 수납하였으며, 당백전의 사용에 백성이 따르려 하지 않자 집집마다 찾아다니며 효유하였고, 번잡한 요역을 견감蠲減하고 잘못된 예를 혁파하여 칭송을 받았다. 1871년에 천안군수가 되었으며, 천안에 있던 행궁行宮 개축에 또한 힘을 다하였다(張錫龍, 《遊軒集》 권11, 〈伯兄通訓大夫天安郡守梧下府君遺事〉). 장석봉은 장지연의 재기才氣가 출중한 것을 보고 그의 손자 장익상張翊相과 함께 공부시켰다.
18) 《韋庵文稿》 권4, 〈吳山記〉.

1882년 장석봉이 사망하자 장지연은 다시 이웃 마을 임은林隱의 허훈許薰 문하에서 고문古文을 배웠다.[20] 이곳의 허씨들은 근기近畿 남인들과 관련이 있었다. 곧 장지연은 허훈을 통하여 실학과도 연결되고 있었던 것이다.

전반적으로 장지연은 주로 장씨가 사람들과 교류하면서, 몇 번 과거에 응시하는 보수적 유생의 길을 걸었다. 1884년에 의제衣制 변경을 반대하는 상소에서는 "외국과 우리는 구역區域도 다르고 습관도 다른데, 기자 이래 예의의 나라에서 이를 따라서는 안 된다"고 하였다.[21] 1894년에는 진사 병과進士 丙科에 급제하였으나 농민전쟁이 일어나 임명되지 못하였다. 또한 1895년 8월 명성왕후 시해 소식을 듣고 만장輓章을 지어 슬퍼하였고, 의병에게 격문을 지어 후원하였다. 그즈음 곽종석郭鍾錫과 이승희李承熙를 배알하고 경전에 대한 의문점을 묻기도 하였으며, 곽종석이 일본의 침략을 규탄하면서 지은 〈포고천하문布告天下文〉과 최익현이 선유사를 사양하면서 지은 상소에 대해 가르침을 받기도 하였다.[22] 이때 그의 스승 허훈이

---

19) 장석봉의 다음 세대로는 장승원張承遠, 그리고 그의 아들 장길상張吉相, 장직상張稷相 등이 배출되었다. 장지연은 장승원이 1917년 대한광복회大韓光復會에 의해 암살된 뒤 이를 애도하는 시를 지었다(《韋庵文稿》 권2, 〈輓族祖雲庭公承遠三首〉). 그 뒤 장지연이 죽자 장석봉의 아들 장교원張敎遠이 장지연의 행장과 만장을 지었고, 또 같이 공부했던 장익상과 장길상(장승원의 아들)도 만장을 지어 애도하였다(《韋庵文稿》 권11; 권12). 이들 장씨가에 대해서는 拙稿, 〈韓末·日帝時期 龜尾地域 儒生層의 動向〉,《韓國學論集》 24, 계명대 한국학연구원, 1997, 참조.

20) 임은의 허씨가, 특히 허훈, 허위許蔿에 대해서는 졸고, 위의 글 참조.

21) 《韋庵文稿》 권3 〈代安孝濟衣制疏〉. 1884년 윤5월, 정부는 두루마기의 넓은 소매[광수廣袖]가 생활에 불편하므로 좁은 소매[착수窄袖]로 하도록 하였고, 관복도 흑단령黑團領을 사용토록 하였는데, 관료·유생들은 '선왕의 법을 없애고 오랑캐의 복장을 따르는 것'이라고 반대하였다[拙稿, 〈개항 이후 보수유림의 정치·사상적 동향〉,《1894년 농민전쟁연구(3)》, 역사비평사, 1993, 234~235쪽].

경북 진보眞寶에서 의병을 일으켰지만, 장지연은 장석룡이 의병 선유사로 경상도에 내려오자 허훈에게 편지를 보내 국왕의 의병 해산 유시諭示를 알리고, 비록 역적을 멸하지 못했지만 천하에 대의를 성명한 것이 충분하다고 전하였다.23)

상경한 장지연은 집권세력인 민영규閔泳奎의 문객門客으로 살았다.24) 장지연은 아관파천 이후 러시아 공사관에 있던 고종의 환궁을 청하는 〈만인소萬人疏〉를 지었고, 또 고종이 환궁하자 황제의 자리에 오를 것을 청하는 상소문의 초안과 독소讀疏의 책임을 맡았다. 그는 대한제국의 선포와 고종의 황제 즉위는 단순히 서양의 예에 따르는 것이 아니라 위로는 천명에 응하고, 아래로는 여러 백성들의 뜻에 부응하여 천하의 의리를 주관하기 위한 것이며, 이것으로 독립의 기초를 이루고 중흥中興을 드러낼 것이라 하였다.25) 이는 대한제국의 수립과 자주독립을 동일하게 이해하는 것이었다. 또한 그는 "나라의 수치를 아직 설욕하지 못했고, 국모國母의 원수를 아직 갚지 못했다"는 상소를 하기도 하였다.26) 이와 같이 장지연은 대한제국을 지지하면서 당시 척사론적 반일 분위기를 그대로 보였다.

벼슬을 바라며 보수 유생으로 살던 장지연은 1897년경에 독립협회운동을 거치고,27) 또 대한제국의 관료 생활(사례소史禮所 직원,

---

22) 《韋庵文稿》 권11, 부록 〈年譜〉, 474쪽; 권3, 〈上舫山許先生〉 丙申. 115쪽.

23) 《韋庵文稿》 권3, 〈上舫山許先生〉 丙申, 115쪽.

24) 盧官汎, 앞의 글(2007), 191~201쪽 참조. 이때 장지연은 여러 계통에서 배우고 교류하면서 박학풍博學風의 학문을 익혔다고 하였다.

25) 《韋庵文稿》 권3, 〈請定皇儀疏〉, 86~87쪽.

26) 《韋庵文稿》 권3, 〈請復讐疏〉, 84~85쪽.

27) 장지연이 1898년 10월 29일에 열린 관민공동회에서 남궁억南宮檍, 이승만, 양홍묵 등과 함께 총무위원으로 활동하였다고 하고(李瑄根, 《韓國史》 현대편, 진단학회, 1963, 870쪽), 또《독립협회연역략》에 의거하여 편집부장급으로 지목되고 있다(慎鏞廈, 앞의 책(1976), 101쪽). 그러나 장지연의 경우에도 박은식과 마찬가지로, 자료를

내부 주사)을 하면서 사상적인 변화를 겪게 되었다. 곧 유교를 바탕으로 신학문을 수용해야 한다는 입장으로 바뀐 것이다. 1897년의 〈상정부서上政府書〉에서 장지연은

> 천지만물의 이치는 常이 있고 變이 있습니다. …… 執拗者는 常에 익숙하고 變에는 막혀 있고, 喜新者는 變에 치중하여 常에는 배치되며, 執拗者는 단단하여 通하는 것이 없고, 喜新者는 가벼워 實이 없어 균등하고 適中하지 못했습니다. 오직 常을 잡으면서도 變에 通해야 능히 經權의 道에 이를 수 있고 時措의 마땅함에 合할 수 있습니다. 대저 나라에 君臣·父子·夫婦·兄弟·長幼가 있음을 五常이라 하여 천지 고금을 통틀어 바꿀 수 없는 常經이요, 禮樂·刑政·典章·法度는 때에 따라 변하는 것입니다.[28]

라고 하여, 때에 따라 변해야 도道를 이룰 수도 있고, 시의時宜에 마땅함도 얻을 수 있으며, 오륜과 같은 유교적 상경常經은 바꿀 수 없지만, 예악·형정·전장·법도와 같은 것은 때에 따라 변해야 한다고 하였다. 이 변화의 논리는 시의에 따라 변해야 한다는 변통론이었고, 그 변통의 범위는 정치와 법률, 전장典章까지 포함하는 변법론이었다.

장지연이 구상했던 변법론은 '집요자執拗者'와 '희신자喜新者' 모두를 비판하면서 출발한 것이었다. 나라를 위하려면 '상常'에만 빠져 통변通變에 막혀서도 안 되고, 또한 시변時變만 추구하여 '상常'을 버려서도 안 된다는 것이었다. 그는 '때로 말미암아 변한다〔인시이변因

통하여 명확하게 확인할 수는 없다. 독립협회 안에는 문명개화론적인 입장과 변법개혁론적인 입장이 연합, 공존하였고, 더욱이 후자를 대표하던 남궁억이 《황성신문》의 사장이었던 점에서 장지연에게도 영향이 있었을 것으로 보이지만, 어떤 직책을 맡았는지 명확하지 않다.
28) 《韋庵文稿》권3, 〈上政府書〉丁酉, 104쪽.

時而變]'는 원리에 따라 서양의 예악·형정·전장·법도로 변통할 수 있다고 생각하였지만, 당시의 개화사업처럼 유교의 강상綱常까지 파괴하여 짐승의 지경으로 빠지게 해서는 안 된다고 하였다. 그는 개화한 서양의 만국이라도 각각의 나라에 군신·부자·부부의 구분이 있고, 비록 기독교나 회교의 경우라도 충군효친忠君孝親의 절의節義는 있을 것이라고 지적하였다. 그는 삼강오륜은 절대로 변할 수 없는 것임을 강조하면서도 다른 종교의 윤리도 유교적 차원에서 이해하고 이를 인정하였으며, 또한 유교도 시의에 따라 변할 수 있다는 여지도 가지고 있었다.29)

장지연의 변법개혁론은 1904년, 의학교 교관 장도張燾, 유학幼學 김상연金祥演 등과 함께 중추원에 제출한 '정치경장政治更張' 55개조에도 잘 드러났다.30) 이 경장안은 정치체제로부터 폐정 개혁에 이르는 방대한 것이었지만, 그 핵심은 대한제국이 황제가 주권을 가지고 통치하는 국가라는 것이었다. 그러면서도 "제국의 입법은 유래由來의 조헌朝憲을 의하여 대황제폐하께옵서 전재專裁로 제정하시며, 행정 및 사법에 관하여는 각기 상당한 권한을 해당 관부官府에 위임하여 행케 하실 것(4조)"이라 하여, 정치의 운영에서는 행정부에 권한을 위임하였다. 또한 "대한 신민臣民은 법률에 유由치 않으면 체포 감금 및 심문 처벌을 받거나 소유 재산의 권리를 침해됨이 없을 것(41조)"과 "대한 신민은 법률에 정하는 요건을 준수하여 언론

---

29) 《韋庵文稿》위의 글, 104~105쪽.

30) 《皇城新聞》1904년 3월 19일 잡보 〈樞院獻議〉. 이 헌의안에 대해서는 崔起榮, 〈露日戰爭 발발 직후 지식인의 정치개혁론 — 1904년의 '政治更張에 關한 主要事項'을 중심으로〉, 《吉玄益停年紀念史學論叢》, 1996 (《한국근대 계몽사상사 연구》, 일조각, 2003); 《조선전사》 14(근대편 2), 조선과학백과사전출판사, 1980, 142~145쪽 참조.

저작 및 집회 결사와 신교의 자유를 향유할 것(42조)"을 거론하여 신체·생명·언론·집회·결사·종교의 자유를 천명하였다. 요컨대 경장안은 식산흥업 정책과 교육정책을 통하여 근대적 개혁을 추구하던 대한제국의 입장을 지지하면서 폐정을 고치고 이를 통하여 일본의 '시정개선施政改善' 압력에 대처하고자 제기한 것이었다. 황제가 통치권을 가진다는 점을 강조하면서도 한편으로는 의정부의 권한 강화, 민권의 신장, 사법제도의 확립, 중추원의 활성화 등을 통하여 변법적인 입장을 견지하였던 것이다.

(다) 전라도 김제 출신의 이기李沂(1848~1909, 호 해학海鶴)도 과거를 준비하던 유학자였다.31) 그러다가 그는 과거 준비를 걷어치우고 사회 개혁을 위한 학문을 체계화하였다. 조선 후기 실학, 그 가운데서도 정약용의 학문과 토지개혁론을 계승하였고, 그 위에 서양문명을 받아들여 변법개혁론자가 되었다.

전통의 유학 공부와 과거 시험을 포기한 뒤, 이기는 새로운 방안을 모색하면서 전국을 돌아다녔다. 그러다가 1891년, 대구에서 천주교의 교리서인 《성교리증聖敎理證》을 보게 되었다. 그는 유교적 입장에서 천주교 교리를 비판하고, 천주교 신부 로베르와 이를 둘러싸고 논쟁하였다. 이기는 천주天主라는 명칭이 근거가 없는 것이라고 하고, 천주의 천지창조설天地創造說과 강생론降生論을 부정하였다. 이기는 천주를 조상 위에 올려놓은 것을 반인륜적인 '불경부조不敬父

---

31) 朴鍾赫, 《海鶴 李沂의 思想과 文學》, 아세아문화사, 1995; 金庠基, 〈李海鶴의 生涯와 思想에 대하여〉, 《亞細亞硏究》 1, 1965; 金容燮, 〈光武年間의 量田·地契事業〉, 《亞細亞硏究》 31, 1968(《韓國近代農業史硏究〔Ⅱ〕》, 지식산업사, 2004); 拙稿, 〈海鶴 李沂의 政治思想 硏究〉, 《東方學志》 31, 1982; 鄭景鉉, 〈韓末 儒生의 知的 變身〉, 《陸士論文集》 23, 1982 등 참조.

祖'라고 강하게 비판하였다. 또한 천주교는 교리의 외형으로는 불교의 아류이고, 기복을 추구하는 혹세무민의 종교이며, 죽음 뒤의 구원을 기도하는 비현실적인 종교라고 판단하였다.32)

이기는 천주교의 교리를 유교적 입장에서 반대하였지만, 서양의 과학기술이 정교하여 천하의 모범이 되고, 또 우리에게 필요한 의식衣食이나 사용하는 물건도 서양에서 온 것이 많다는 점은 인정하였다. 그는 유교의 우월성을 확신하면서, 천주교는 그냥 방치해 두면 자연스럽게 소멸될 수 있다는 '불금시금不禁是禁'의 방법을 제시하였다. 그는 천주교를 믿는 자를 엄벌하여도 아무 효과가 없었다고 보고, 천주교 선교사의 포교를 자유롭게 방임하되 호적대장에 올려 조선의 세법稅法에 따라 세금을 부과했다. 조선의 형법에 따라 다스려 일체의 치외법권을 인정하지 않으면 몇 년 지나지 않아 천주교도들의 신앙심도 점차 소멸될 것이라 보았던 것이다.33)

그리하여 이기는 종교를 제외한 모든 서양학문을 수용해야 한다는 방향으로 나아갔다. 뒷날 계몽운동 당시의 글이지만, 그는 신학新學을 '시무時務'라고 규정하였다. 물론 신학과 구학이 문사文辭는 다르지만 의리는 같은 것이기에 나눌 수 없지만,34) 신학 가운데도 "경륜주책經綸籌策이 있어 신학으로 경세제민經世濟民할 수 있다"고 판단하였다.35) 그가 관심을 가졌던 신학문은 물리·화학 등의 자연과학에서 정치학·법률에 이르는 것이었다.36) 곧 서양의 정치론까지 적극적으로 수용하여 근대개혁론으로서 변법론을 구상하였던 것이다.

---

32) 朴鍾赫, 앞의 책(1995), 44~78쪽.
33) 李沂, 〈天主六辨〉 '天主可禁' (朴鍾赫, 앞의 책, 부록, 259~262쪽).
34) 《湖南學報》 1, 〈湖南學會月報發刊序〉(1908. 6), 2쪽.
35) 《海鶴遺書》 권6, 〈答李君康濟書〉 戊申(1908), 115쪽.
36) 李沂, 〈好古病〉 《大韓自强會月報》 9 (1907. 3), 5쪽.

서양학문의 수용 과정에서 그는 서양학문을 유교적 차원에서 재해석하여 정리하였다. 그의 변법개혁론은 갑오개혁 정권이 무너지고 대한제국의 개혁사업이 추진되던 1902년 무렵, 8항목에 걸쳐 정리한 〈급무팔제의急務八制議〉로 개진되었다(후술). 이 방안은 종래의 전통적인 분야의 개혁론(주로 농업, 조세 등)과 함께 서양의 학문(주로 정치론)이 결합되어 마련되었다.

(2)《황성신문》의 변통론과 변법개혁론

《황성신문》은 박은식, 장지연 등 '개신유학자'들이 모여 세력을 결집하고 여론을 형성해 가던 마당이었다.[37] 장지연은 1899년 9월에 주필이 되었는데, 중간에 잠시 황성신문사를 떠났다가 복귀하였고, 〈시일야방성대곡是日也放聲大哭〉 사건으로 물러나기 전까지 주필, 사장으로 활동하였다.[38] 박은식은 1904년《대한매일신보大韓每日申

---

37)《皇城新聞》의 개혁론에 대해서는 姜萬生, 〈皇城新聞의 현실개혁구상 연구〉,《學林》 9, 1987; 李光麟, 〈皇城新聞 研究〉,《東方學志》 53, 1986; 崔起榮, 〈皇城新聞의 역사 관련 기사에 대한 검토〉,《韓國近代啓蒙運動硏究》, 일조각, 1997; 김동노, <대한제국기 황성신문에 나타난 근대적 개혁관>,《사회와 역사》 69, 2006 등 참조. 일반적으로《황성신문》과 박은식 등의 개혁론은 '동도서기론'으로 이해되고 있으나, 이 책에서는 동도서기론보다는 더 진전된 변법개혁론으로 파악하였다.
38)《韋庵文稿》, 〈年譜〉에는 장지연이 1898년《황성신문》의 창간에 참여하고, 1899년 9월에《황성신문》주필로 고빙되었다가 수개월 만에 사직하였다고 하였다. 일반적으로는 장지연이《황성신문》창간 때부터 주필이었다고 알려져 있으나(千寬宇는《時事叢報》와의 관련에서 1899년 9월은 〈연보〉의 착오라고 하였다. 李光麟은 앞의 글(1986), 10~12쪽에서는 다른 자료들을 이용하여 〈연보〉의 기해己亥년을 1898년으로 잘못 인용하고 있다). 그러나 장지연이 언제《황성신문》의 주필이 되었는지는 명확하지 않다. 또 〈연보〉에서는 다시 장지연이 1901년 봄에 주필이 되고 곧 사장이 되었다고 하였는데, 이것도 부정확하다. 사원社員으로 있던 장지연이 사장이 된 때는 1902년 9월이었다(《皇城新聞》 1902년 9월 2일 〈社說〉). 그런데《위암문고韋庵文稿》나《전서全書》에 수록된 글들은 1900년 10월에서 1901년 11월에 집중되어 있다. 또한《황성신문》 1902년 1월 16일자에는 남숭산인南嵩山人

報》에 초빙되었다가 1906년 장지연이 물러나자 《황성신문》의 주필
이 되었다.

《황성신문》은 기본적으로는 "온고이지신溫故而知新 명체이달용明
體而達用",39) 곧 '옛것을 근본으로 새것을 받아들인다'는 취지에서
창간되었다. 이는 당시 새로운 것을 구하는 개화세력〔求新者〕의 사업
이 잘못되었다는 판단에서 제기된 것이었다. 우선, "지금 정치를 말
하는 자들이 유럽 제도의 정량精良 흥성興盛한 것을 보고 이를 문명
의 종지宗旨로 인식하여 정치의 요도要道로 삼고 있으니, 이것은 외
국을 조잡하게 아는 자의 병증"이라고 하고,40) 서양문명을 종지로
삼고 있는 태도를 비판하였다. 곧 이들 '구신자'들은 구장舊章을 변
혁하여 폐단을 없앤다고 하면서 오히려 폐단을 만들어 낸 '난지자亂
之者'라는 것이었다.41) 따라서 "부국富國 강민强民"을 위해서는 당연
히 서법西法까지 수용해야 하지만,42) "옛것을 버리고 새로운 것에
따른다〔捨舊從新〕"는 것과 마찬가지로 "옛 전장에 말미암아 따른다〔率
由舊章〕"는 것도 역시 옳은 것이므로, 옛것을 버리는 것도 신중해야
한다고 하였다.43)

그리하여 《황성신문》에서는 변통을 강조하고, 유교적 원리에 따라
'개화'를 거론하였다. "지금의 이른바 개화를 말하는 자도 별것이 아

명의의 〈기서寄書〉가 게재되어 있는데, 주필로 있으면서 기고를 한다는 것도 어색
하다. 이런 여러 사정을 고려한다면 장지연은 《시사총보》의 주필로 있다가 1899년
9월에 《황성신문》으로 자리를 옮겨 적어도 1901년 11월까지 주필로 있었으며, 잠
시 신문사를 떠났다가 1902년 1월 이후 봄에 복귀했던 것으로 보인다.

39) 《皇城新聞》 1898년 9월 6일 論說.
40) 《皇城新聞》 1904년 4월 29일 論說 〈警世之拘儒及新進〉.
41) 《皇城新聞》 1899년 9월 22일 論說 〈漁樵問答(續)〉.
42) 《皇城新聞》 1898년 9월 7일 論說.
43) 《皇城新聞》 1899년 3월 3일 論說.

니라 옛것을 짐작하여 지금에 나아가[酌古進今] 개물화민開物化民에 힘
쓰는 것"이라고 하고,[44] '개물화민', 곧 개화는 '개물성무開物成務 화
민성속化民成俗'이며, 그 본뜻은 때에 따라서 변하는 '수시응변'에 있다
고 하였다.[45] 그러면서 변통의 결과인 '개화'는 본래 동양의 복희伏
羲·신농神農·공자孔子 등이 이미 이룩했던 것이고, 또한 신라와 고려에
서 나쁜 습속을 고쳐 문명의 정치를 이룬 "아국我國의 개화"도 있다고
하였다.[46] 곧 개화의 원리나 근본은 여전히 유교적이었던 것이다.

이런 논지에 따라 《황성신문》은

> 今世에도 五倫의 行實을 純篤히 行하여 人의 道理를 知한 즉 行實의 開化
> 요, 學術을 窮究하여 理致를 格한 즉 學術의 開化요, 國家의 政治를 正大히
> 하여 百姓이 泰平한 樂이 有한 즉 政治의 開化요, …… 此 數條가 合하면 可
> 히 具備한 開化라고 謂할지라. 然하나 行實開化는 天下萬國의 通同한 規模
> 라, 千萬年 閱歷하여도 長久不變하고 政治 以下 諸 開化는 時代를 隨하여 變
> 改도 하며, 地方을 從하여 殊異도 하는 故로 ……[47]

라고 하였다. 개화를 위해서는 윤리·학술·정치·법률·기계·물품 등을
모두 구비하여야 하지만, 유교 윤리만은 절대 변해서 안 되고, 나머
지는 시대와 지방에 따라 변개變改할 수 있다고 하였다. 말할 것도
없이 이 변개도 고금과 피차의 선善·불선不善, 그리고 장단을 고려해

---

44) 《皇城新聞》 1901년 12월 14일 論說 〈不覺時勢難免夏蟲井蛙〉.
45) 《皇城新聞》 1900년 9월 7일 〈解開化怨(續)〉.
46) 위와 같음.
47) 《皇城新聞》 1898년 9월 23일 論說. 이 논설은 《西遊見聞》을 그대로 옮겨 놓은
　　것이다. 유길준은 갑오개혁 정권의 붕괴로 일본에 망명하였지만, 문명개화의 필요
　　성에서 이 책은 대한제국 정부의 개혁사업에서도 이용되고 있었다(《皇城新聞》
　　1898년 10월 29일 잡보; 11월 5일 별보 〈學部訓슈(續)〉).

야 하였다. 나라의 처지와 시세에 합당하게 이루어진 것은 참다운 '실상개화實狀開化'이고 타인의 겉모습만 흠모하여 전후를 헤아리지 못하는 것은 '허명개화虛名開化'라고 믿었기 때문이었다.[48]

시대와 지역에 따라 변개하는 '변통'이 '개물화민' 곧 '개화'의 본질이라고 할 때, 이는 마침내 변법을 통해서 실현될 수 있었다. 변법의 필요성은 "선왕先王의 성헌成憲이 아름답지 않음이 아니지만 수시변역隨時變易이 추세"라는 점에서 그러하였고,[49] 무엇보다도 "법이 오래되면 폐단이 생기고 변화시키지 않으면 폐단이 쌓이기" 때문이었다.[50] 그리하여

> 今日 大韓之勢에 處하여 積弊의 誤함은 人皆可知니, 積弊의써 誤한 바는 반드시 成法을 執하여 化치 못한데 由함인즉 變法하기를 진실로 緩緩치 못할지라. …… 大抵 法久則弊生하고 不變則弊積하나니 今大韓이 內有敝 外有侮하여 因陋就簡에 日趍闇弱하니 진실로 變法이 아니면 功될 바가 無하니 變哉 變哉여. 어찌 하여 變코자 하다가 또 變치 않는가. 此 變法은 마땅히 去弊하는데 在하니 …… [51]

라고 하여, 안으로 폐단을 제거하고 밖으로 다른 나라의 수모를 벗을 수 있는 것이 바로 '변법'이라는 것이었다.

당시 국가가 겪고 있던 안팎의 폐단을 해결하고자 제기한 '수시개변'의 변법은 바로 유교적 의미의 경장, 유신, 개혁의 과정이었다. 그들은 "유신維新의 정치를 도모하기 위해서는 반드시 먼저 치국治國

---

48) 《皇城新聞》 1898년 9월 23일 論說. 이 논지 또한 유길준이 언급했던 바였다.
49) 《皇城新聞》 1900년 3월 3일 論說 〈官制太濫章程太煩馴致後弊〉.
50) 《皇城新聞》 1899년 1월 17일 論說.
51) 위와 같음.

의 법률을 개혁하여 규모와 제도를 확실히 성립한 뒤에 이를 표준으
로 삼아 시행하여야"한다고 확신하였다.[52]

이런 점에서 그들은 '갑오경장'을 변법·유신의 시작으로 인식하
였고, 이 개혁사업이 제대로 시행되지 못했음을 안타깝게 생각하였
다. 갑오개혁에서 "근본이 공정하고 근원이 맑아야 한다"는 변법의
원칙이 지켜지지 않았고, 그 완급이 구분되지 않았기 때문이었
다.[53] 더욱이 갑오개혁에서 일본의 관제와 장정을 준용하면서 피차
의 손익을 짐작하지 않고 모방만 하고, 이에 따라 관제를 광설廣設하
고 장정을 증수增修하였지만 하나도 실천된 것이 없고, 조변석개朝變
夕改로 관제·법률의 개정이 이루어지는 폐단이 생겼다는 것이었
다.[54] 그들은 갑오개혁이 우리의 처지를 고려하지 않고 급하게 시
행된 점을 비판하고, 대한제국에서 펼치는 법률 개정에 기대를 걸기
도 하였다.[55]

하지만 그들의 변법개혁론은 단순하게 법률 개정에만 국한된
것이 아니었다. 그들은 '민권'을 거론하고 근대 정치체제로 변혁까
지 구상하였다. 이를 처리하는 기본적인 태도는 역시 '민위방본民爲
邦本'이라는 유교 원리였다. 가령 의원議院 제도가 있는 나라는 '민
본'을 실천하여 문명·부강한 것과 달리 그것이 없는 나라는 쇠약·
빈곤하다는 이유에서였다.[56] 또 인민들은 정부나 유력자의 압제와
속박을 받지 않고 생명과 재산을 보전할 수 있는 천생권天生權, 곧
천부인권을 지니고 있다고 강조하였다.[57] 그들은 인민과 정부의

---

52)《皇城新聞》1904년 3월 22일 論說〈亟宜先立表準〉.
53)《皇城新聞》1899년 1월 9일; 1월 17일 論說.
54)《皇城新聞》1900년 3월 3일 論說〈官制太濫章程太煩馴致後弊〉.
55)《皇城新聞》1899년 7월 21일 論說.
56)《皇城新聞》1899년 2월 22일 論說.

관계를 이런 차원에서 접근하여, 인민이 정부를 위하여 있는 것이
아니라 정부가 인민을 위하여 설립되었고,[58] "정부와 인민이 각기
직권職權이 있어, 그 권한 외에는 피차에 일발一髮도 침범치 못"하
는 나라가 바로 '개화국'이라고 하였다.[59] 이는 《황성신문》의 핵심
적인 인사들이 독립협회의 의회 개설 요구에 동조하였던 연유이기
도 하였다.[60]

이와 같이 《황성신문》에서는 유교적 변통론·변법론의 입장
에서 근대 변혁을 지향하였다. 개혁을 위해 서양의 신학문을
받아들이되 이를 구학문과 절충하려던 변법개혁론은 《독립신
문》중심의 문명개화론과는 개혁의 논리가 달랐다. 문명개화론
이 기독교를 비롯한 서양의 근대사상에 기울었다면 변법개혁
론에서는 우리의 전통 학문이나 문화, 역사에서 개혁의 근거를
찾았다. 더욱이 그들이 주목한 학문이 바로 조선 후기의 실학
사상이었다.

2) 실학의 계승과 변법개혁론

(1) 실학의 계승

유생층은 변통론에 따라 서양의 신학문을 수용하면서 시세와 장
단점을 고려하여 이를 구학문과 절충하고자 하였다. 이때 그들은 우

---

57) 《皇城新聞》1900년 5월 7일 論說 〈解權利說〉.
58) 《皇城新聞》1898년 10월 21일 論說.
59) 《皇城新聞》1898년 10월 1일 論說.
60) 《皇城新聞》1898년 11월 2일 論說에서는 관민공동회의 헌의 6조나 조칙 5조
   의 실시를 주장하였는데, 이 가운데에는 말할 것도 없이 중추원의 관제를 고쳐 '의
   회' 형태로 바꾸는 조항이 포함되어 있었다.

리가 가진 장점은 역사적·학문적으로 계승하고, 서양학문은 이를 보완할 수 있는 차원으로 수용하고자 하였다. 이에 변법개혁론자들은 조선 후기의 실학에 주목하였다.

　실학의 성격에 대해서는 많은 논란이 있지만, 실학은 조선 후기, 중세사회 해체기에 그 현실 변화를 반영하여 새로운 개혁을 추구하던 사상이었다. 여기에는 생산력 증대, 통상 무역 진흥, 서학 수용 등을 주장한 북학론 계열이 있었고, 또 다른 한편으로는 토지개혁론을 중심으로 체제 개혁을 지향한 기호 남인층의 변법적 실학 계열이 있었다. 변법개혁론에서 주목한 것은 바로 이러한 실학의 사회개혁적 성격이었다.

　이들은 학문 수학 과정에서 실학파의 학문을 접하였다. 박은식은 1880년 경기도 광주를 방문하여 신기영申耆永, 정관섭丁觀燮을 통해 정약용의 학문을 익혔다.61) 또 임오군란 뒤에는 낙향하여 평남 영원寧遠에서 경세經世에 관한 학문에 정진하였는데, 이때 박은식과 같이 공부하던 전성암全成庵은 천하에 뜻을 두고 경제에 관한 선배들의 저술들을 탐독한 사람으로, 경세의 핵심 문제로 균부와 양전 등을 거론하였다.62) 그들이 실학파의 경제 관련 저술들을 세밀하게

---

61) 《朴殷植全書(下)》, 〈白巖朴殷植先生略歷〉, 287쪽.
62) 《謙谷文稿》〈送黃海監理成庵全君序〉〔《朴殷植全書(中)》, 434~435쪽〕. "나와 성암成庵은 뜻을 같이 하고, …… 성암은 몸이 비록 극도의 기한飢寒에 처해 있었으나, 그 뜻은 항상 천하를 온포溫飽하게 하는 것을 생각하여 경제에 힘썼다. 무릇 선배들의 저술 가운데 이것에 합당한 것이 있으면 반드시 숙강熟講하고 정토精討하였다 …… 대개 경세經世의 일은 균부가 우선이고 균부의 근본은 양지量地에 있다. 나라에 양무量務가 시행되지 않은 지 오래되었다. …… 법이 오래되면 폐단이 생기고 폐단이 극에 달하면 변해야 하는데, 이것이 금일의 양무가 시급히 거행되는 것이다"라고 하였다. 전성암은 이런 식견으로 광주양전사업에서 황해도의 양무감리量務監理로 파견되었다. 박은식은 양전사업을 변법의 차원에서 이해하였는데, 이 점은 광무개혁사업의 방향을 가늠할 수 있는 표현이기도 하다. 노관범은 성암을 전

검토하였을 것은 분명해 보인다.

장지연은 스승 장석봉이 사망하자 이웃 마을 임은林隱의 허훈許薰에게서 고문古文을 배웠는데(1882), 그는 근기 남인의 실학을 공부한 사람이었다. 허훈은 29세 때 당시 김해부사로 내려온 허전許傳에게 학문을 배웠다.[63] 허전은 이익李瀷—안정복安鼎福—황덕길黃德吉로 이어지는 근기 실학파의 학자로, 토지개혁을 통하여 당시의 농업 문제를 해결하고자 했던 진보적인 학자였지만, 서양문명에 대해서는 유교적 원칙에서 철저하게 반대한 보수적 입장을 보였다.[64] 허훈은 비록 실학의 핵심적인 논의였던 토지개혁론을 통한 사회 개혁을 체계적으로 제시한 것은 아니었지만, 허전을 통하여 근기학파의 실학을 배웠고,[65] 또한 현실에서 필요한 실용적인 분야에 대해서도 관심을 가졌다.[66] 이런 학문적인 태도는 장지연에게도 영향을 끼쳤던 것으로 보인다.

병훈全秉薰으로 유추하였는데, 후에 양덕陽德군수, 부령富寧군수 등을 거쳐 1908년 이후 중국에 머물렀다(盧官汎, 앞의 글, 155~156쪽).

[63] 허훈은 동시에 유성룡柳成龍의 학통을 계승한 유주목柳疇睦의 가르침을 받기도 하였지만, 허훈은 근기학파의 전통, 곧 이황李滉—정구鄭逑—허목許穆—이익의 학통을 더 강조하였다(李佑成, 〈解題〉, 《國譯舫山全集》, 1983, 3~4쪽).

[64] 拙稿, 〈개항 전후 儒者의 '三代' 인식과 近代改革論〉, 《한국중세의 정치사상과 周禮》, 혜안, 2005, 273~286쪽.

[65] 허훈은 허전이 임술농민항쟁의 수습책으로 제기한 10조의 치도治道와 삼정대책三政對策을 "학문에서 흘러나온 치평율령治平律令이니 진실로 거행한다면 삼대지치三代之治를 거의 다시 볼 수 있을 것"으로 높게 평가하였으며, 주나라 제도에 의거하여 토지개혁론을 정리하였던 허전의 〈수전록受廛錄〉을 거론하기도 하였다(《國譯舫山全集》 권21, 〈性齋先生言行總錄〉; 권6, 〈上性齋先生〉 己巳).

[66] 가령, 국가경제에서 염업鹽業의 중요성을 지적하고, 염장에 염세관監稅官을 설치하여 염세를 거두자고 한 〈염설鹽說〉, 서양 화포의 장점을 거론하고, 방비를 위해서는 우리가 쓰고 있는 화승총과 겸용하여야 한다는 〈포설礮說〉, 그리고 이 대포를 운반하기 위해서 필요한 수레를 사용해야 한다고 한 〈거설車說〉 등이 그런 것이었다(《國譯舫山全集》 권12, 권13).

그는 유형원의 《반계수록磻溪隨錄》과 정약용의 《방례초본邦禮草本》(경세유표經世遺表)을 읽은 뒤에 과거를 포기하였다. 그는 이런 사정을

> 20살 이후로 점차 그 잘못을 깨달았다. 그러나 그 시절에 온 나라 안에 理學, 化學, 政治學, 經濟學 등의 학문이 없었기 때문에 오직 柳磻溪의 隨錄과 丁茶山의 邦禮草本 등의 책을 구하여 읽었고, 28세에 이르러 과거 공부를 팽개치고 다시는 하지 않았다.[67]

> 나는 어린 시절부터 비록 학문을 하기는 하였으나 과거 공부나 하여 나 스스로 즐겁지 않았다. 간간이 옛 사람이 쓴 磻溪의 隨錄이나 茶山의 邦禮草本 등의 경제 관련 책과 國朝典故 등의 책을 취하여 더욱 연구하였다.[68]

고 하였다. 그는 유형원·정약용의 실학, 토지개혁론을 접하면서 이를 바탕으로 새로운 사회개혁론을 구상하였던 것이다.

변법개혁론의 중심 기관이었던 《황성신문》에서는 이용후생利用厚生, 격물치지格物致知, 실사구시實事求是 등을 강조하면서 실학파의 사회경제론을 당시 사회문제 해결을 위한 길잡이라 평가하였다.[69] 실학자 가운데서도 "국조國朝 중고中古 이래로 정치가로 말할 수 있는 사람은 잠곡 김육金堉, 반계 유형원柳馨遠, 성호 이익李瀷, 다산 정약용丁若鏞, 연암 박지원朴趾源 등 네다섯의 선배가 있어 경제정치학經濟政治學으로 저술한 것이 뛰어나다"고 하였다.[70]

이런 인식에서 그들은 실학자의 저서를 정리하고 간행하였다. 정

---

67) 李沂, 〈習慣生涯變愛變生頑固〉, 《大韓自強會月報》 8 (1907. 2), 10~11쪽.
68) 《海鶴遺書》 권6, 〈答鄭君曦圭書〉 癸卯(1903), 117쪽.
69) 李光麟, 〈開化期 知識人의 實學觀〉, 《東方學志》 54·55·56, 1987.
70) 《皇城新聞》 1902년 5월 19일 論說 〈廣文社新刊牧民心書〉.

약용의 《목민심서牧民心書》, 《흠흠신서欽欽新書》, 《아언각비雅言覺非》, 박지원의 《연암집燕巖集》, 안정복의 《동사강목東史綱目》 등을 활자본으로 간행하였고, 유형원과 정약용의 전제개혁론田制改革論, 이익의 《곽우록藿憂錄》, 정약용·박제가朴齊家의 농학론 등을 《황성신문》에 소개하였다. 더욱이 박은식은 《연암집》 간행(1900)에 참여하여, 〈발문〉을 썼다.

장지연은 시사총보사時事叢報社의 후신으로 광문사廣文社를 만들어 이런 작업을 주도하였다. 장지연은 정약용을 평가하여 "선생은 세상을 경영하고 시대를 구하는[經世濟時] 재목이 되기로 생각하여, 고전에 해박하고 오늘날에도 통하는[博古通今] 학문을 쌓았으며, 언제나 경장유신更張維新의 뜻이 있었으나 불행히도 때를 만나지 못해 쓰이지 않았다"고 애석해 하였다.[71) 그리고는 스스로 정약용의 《아방강역고我邦疆域考》를 증보하여 《대한강역고大韓疆域考》를 편찬하기도 하였다. 이런 점에서 장지연의 학문은 "성호 이익과 다산 정약용 두 분이 주로 한 것"이라고 평가되었다.[72)

이런 점을 박은식은 뒷날(1924) 다음과 같이 회고하였다.

전에 正祖 때 星湖, 茶山, 燕巖 제공이 함께 학계에서 革新思想을 가지고 이상적인 空談에 힘쓰지 않고 정치·경제의 實用을 연구하면서 西法을 參考하여 그 장점을 채택하고자 하였다. 이들 諸公들이 그 뜻을 폈다면 우리나라의 維新이 東亞에서 일찍 선도의 위치를 점하였을 것이니, 어찌 금일과 같은 羞恥에 이르렀겠는가. 이에 舊派의 압력에 굴복하여 그 뜻을 펴지 못하였고, 혹은 邪說의 誣告 사건에 걸리어 세상에 쓰이지 못하였으니, 정녕 千古의 큰

---

71) 《韋庵文稿》 권5, 〈題雅言覺非後〉, 192쪽(《皇城新聞》 1903년 12월 2일 論說).
72) 金澤榮, 〈事略〉, 《韋庵文稿》 권12, 496쪽.

恨이 아니랴.73)

고 하였다. 박은식은 실학파의 학문이 실용을 위해 서법의 장점까지 채택하였다고 보고, 그 학문이 세상에 펴지지 못한 것을 안타까워 하였고, 또한 자신의 학문도 그런 원칙에 입각해 있음을 드러내었다.

요컨대 변법개혁론자들은 당시의 사회문제 해결을 위해 실학파의 학문을 계승·활용하고자 하였다. 그들이 실학파의 학문 가운데 관심을 가진 것은 실학파의 토지개혁론으로부터 농학, 역사, 지리 등에 이르는 분야였다. 그리고 그들은 이를 서양의 학문과 절충하여 자주독립과 문명화를 추구하였던 것이다.

(2) 실학의 근대적 변용

(가) 개항 뒤에도 여전히 농업·농민 문제는 가장 중요한 문제였고, 1894년 농민전쟁 이후에는 더욱 그러하였다. 그러나 서양문명 수용을 통한 개화·문명화의 과정에서, 실학의 핵심 논의인 토지개혁론을 근대학문과 결합하는 것은 쉬운 문제가 아니었다. 실학파의 후예들 가운데 누구보다도 이기李沂가 이 문제를 고민하였다.

이기는 특정한 학통을 공부하지는 않았지만, 젊은 시절 유형원과 정약용의 토지개혁론을 읽고 실학적 입장의 사회 개혁을 모색하였다. 그는 전국을 유람하면서 농촌의 실상을 직접 체험하고, 이를 실학파의 개혁론과 결합하였다. 그는 1894년 농민전쟁이 일어나자 전봉준을 찾아가 조정을 타도하고 국헌國憲을 일신할 것을 제의하였다.74) 하지만 김개남의 반감으로 체포 위기에서 도망친 뒤에는 도

---

73) 《朴殷植全書(下)》, 〈雲人先生 鑑〉(1924), 243쪽.
74) 鄭寅普, 〈海鶴李公墓誌銘〉, 《海鶴遺書》.

리어 농민군을 토벌하는 입장에 서기도 하였다. 하지만 그는 농민층의 몰락을 막고 토지 소유의 모순을 해결하기 위한 방안을 실학파의 개혁론을 계승하여 정립하였다. 1895년 탁지부대신 어윤중에게 건의한 〈전제망언田制妄言〉이 그것이다.

이기는 농민층의 항쟁이 삼정문란三政紊亂으로 말미암은 부세 불균·증세 현상에서 초래된다고 파악하였다.[75] 그리고 그 근본적 원인은 토지 소유를 둘러싼 모순에 있다고 보았다. 전국의 토지가 부가富家에 집중되면서, 소작농은 지주에게 탈경奪耕·이작移作되기도 하였다. 이런 구조에서 1/2~1/3이나 되는 지대를 납부하였고, 몰락하게 되어 필연적으로 농민항쟁이 격화되었다고 보았다.[76] 그러나 토지 소유를 둘러싼 모순을 개혁하기는 쉽지 않았다. 이기는 "토지겸병의 폐해가 진한秦漢 이래 천하의 권력이 부가富家에 옮겨지면서 발생하였지만, 사대부가 그 교구矯捄를 생각하지 않는 것은 그들 역시 지주이기 때문"[77]이라고 지적하였으며, 개화파가 갑오개혁에서 토지문제를 언급하지 않았음도 언급하였다.[78]

이에 이기는 농업·농민 문제를 해결하기 위해 먼저 정전제井田制의 원리에 따라 토지개혁을 제기하였다. 〈전제망언〉의 '치표지술治標之術'이 그것이다. 하지만 그는 흔히 토지 재분배론으로 거론되던 정전제나 한전제를 원칙대로 실현할 수 없다고 판단하였다. 산천의 모양 때문에 전田을 획정劃井할 수 없고, 획정하게 되면 변邊과 각角의 유리지遺利地가 생기므로 정전제를 실시하기 어려우며, 또 한전제의 경우도 토지나 사람, 그 어느 기준으로도 제한할 수 없기 때문

---

75) 《海鶴遺書》 권2, 〈急務八制議〉 戶役制, 56쪽.
76) 《海鶴遺書》 권1, 〈田制妄言〉, 4쪽, 8쪽.
77) 《海鶴遺書》 권2, 〈急務八制議〉 田制, 53쪽.
78) 《海鶴遺書》 권1, 〈田制妄言〉, 2쪽.

에 어렵다고 하였다. 그리하여 그는 먼저 토지를 조사하여 이를 국유화하고, 그 다음 토지 분배는 생긴 모양대로 하자고 하였다.[79]

토지 국유화를 이루기 위한 방법은 두 가지였다. 먼저, 공매公買하는 방법이었다. 모든 주와 현에서 공매를 위해 세전税錢의 1~2할을 그 자금으로 비축하고, 만약 일반인이 민전民田을 팔려고 하면 이를 사들이자는 것이었다. 혹 자금이 부족하면 탁지부에서 보조를 받으면 된다고 생각하였다. 사매私賣나 공매를 빙자한 지방관의 토지 매집은 대역부도大逆不道의 수준에서 처벌할 것도 아울러 첨언하였다.

다음은 사전賜田을 금하는 것이었다. 정부에서 지급한 사전이 점차 사유화되고, 이 토지가 매매·겸병되었으므로 이를 철저하게 금해야 한다는 것이었다. 부득이 왕자·공주·군공자軍功者에게 봉상封賞할 경우라도 토지의 소유권 자체를 주지 말고 궁방전宮房田처럼 수조권収租權만 지급하자고 하였다. 이 방법을 겨우 10~20년만 행한다면 전국의 토지가 공전화公田化될 것이므로, 그 뒤에 지방마다 호구戶口의 많고 적음, 토지의 광협廣狹을 조사하여 균등하게 사민徙民을 행하고, 토지·경우耕牛·향량餉糧 등을 분배하자고 하였다. 그는 이 방법이 정전제를 시행하지 않고도 정전제의 효과를 얻을 수 있는 것임을 확신하였다.[80]

그러나 원칙적이고 근원적인 토지 재분배론은 시간이 걸리는 것이었다. 따라서 이기는 시급하게 농민층 안정을 위한 방안도 모색하

---

79) 《海鶴遺書》 권1, 〈田制妄言〉, 1쪽, 6쪽, 12~13쪽. 그런데 이기가 반계나 다산의 정전제를 정확하게 이해하지 못했음은 이미 金容燮, 앞의 글(1968)에 지적되어 있다.

80) 《海鶴遺書》 권1, 〈田制妄言〉, 10~13쪽. 이때 정부는 역에서 단순히 1/9세만 거두게 하였고, 상전常田을 받으면 1년 면세, 진전陳田을 받으면 3년 면세하도록 하였다. 하지만 토지 분배의 구체적인 방법, 수전자收田者의 기준, 전답 외의 농업, 정치체제와의 관련 등에 대해서는 언급이 없다.

였다. 그는 이를 〈급무팔제의急務八制議〉와[81] 〈전제망언〉의 '치표지
술治標之術'로 정리하였다.

그 방안으로 이기는 농업생산력의 증대, 농지의 확대, 새로운
농업기술 개발 등과 더불어 삼정문란을 해결해야 한다고 하였다.
곧 전정田政에서는 양전 실시, 양전법의 개선, 두락제斗落制 실시,
세율의 조정 등을 거론하였고, 군정軍政에서는 호포제戶布制와 결포
제結布制를 결합하여 전토田土와 자금의 다소에 따라 차등적으로 부
과하자는 안을 제기하였다. 이 가운데 세율에 대해 〈급무팔제의〉에
서는 소작농이 1/2을 모두 가지게 하고 나머지는 지주와 국가가
나누도록 하였다면,[82] 〈전제망언〉에서는 토지개혁론을 보완하는
차원에서 소작농이 8/9, 지주 1/18, 정부 1/18을 가지는 획기적인
방안을 마련하였다.[83] 후자의 방안을 실시하면 지주의 수익이 줄
어들게 될 것이고 따라서 자연스럽게 지주제가 개혁될 것으로 보
았다. 이렇게 되면 자연히 관리의 중간착취와 도결都結·가결加結의
폐단도 없어지고 농민 경제도 안정될 것이라 하였다. 이에 수익이
줄어든 지주들이 그 자본을 다시 토지에 투자하지 않을 것이고, 마
침내 상업·산업 자본으로 전환될 것이라고 예상하기도 하였다.[84]
토지문제를 해결하면서 동시에 상공업 발전을 위한 자본의 확보
방안도 마련한 것이었다.

토지개혁과 더불어 호역제戶役制의 개편을 통해서도 농민 경제를

---

81) 이 글은 1902년경, 이기가 대한제국의 양전사업에 참여한 뒤의 경험을 바탕으
   로 작성한 글로, 제목 그대로 당시 정부에서 급하게 시행해야 할 사항을 8개로 정
   리하였다. 토지, 조세 문제 외 정체, 지방제 등에 관한 것이 포함되었다.
82) 《海鶴遺書》 권2, 〈急務八制議〉. 소작농은 소출의 반을 가지지만 그 밖에 지세,
   종자 등의 부담이 있었다.
83) 이런 차이는 각 글이 집필된 시기와 목적이 달랐던 점에 연유하였다.
84) 《海鶴遺書》 권1, 〈田制妄言〉.

안정시킬 수 있었다. 물론 정전제의 이념이 실현되면 호역의 문제는 자연스럽게 해결될 수 있었지만 현실적으로 아직 토지개혁이 실시되지 않는 가운데 농민층의 과중한 부담을 해결해야 할 문제였다. 이기는 그 원칙을 삼대사회의 병부제兵賦制에서 찾았다. 곧 "호戶를 이루면 모두 균등하게 역役을 진다"는 원칙이었다. 삼대사회에는 정전제가 실시되어 백성들의 재산이 서로 비등하므로 역을 균등하게 하더라도 원망이 없었으나 진한秦漢 이후 빈부 차이가 나타나게 되었고, 당송唐宋에 이르러서 사대부는 균역을 면제받았으며, 면제받지 못한 가호는 반드시 음호陰戶나 도호逃戶가 되면서 폐단이 더욱 심해졌다고 보았다. 끝내 "궁핍하여 스스로 존립할 수 없는 자[窮不能自存者]"만 역을 지게 된 폐단이었다. 그는 이를 해결하고자 갑오개혁에서 1호에 은 6각銀六角을 부과한 근거를 '근본은 모르고 말末만 정비한 것'이라고 평가하였다.[85]

당시 군정에 대한 개혁론으로는 흔히 동포제洞布制, 호포제, 결포제의 방법이 제시되었는데, 이기는 호포제와 결포제를 절충하는 방안을 마련하였다. 전田과 부賦가 같지 않아 마을 단위로 역을 배분할 수 없으므로 모든 호가 재산 정도에 따라 역을 지는 방법이었다. 그는 이것을 차역差役이라 부르고, 정전제가 시행될 수 없을 때 할 수 있는 방법이라 하였다. 이에 그는 재산의 다과에 따라, 위로는 재상으로부터 아래는 도고屠沽에 이르기까지 사농士農은 전토의 다소로, 상공商工은 자금의 다소에 따라 차등을 두도록 한다는 원칙을 제시하였다. 원9등原九等, 별6등別六等의 15등급에 따라 출전出錢을 달리하여 양반 지주층·대상공인의 특권을 막고

큰 부담을 지우며, 과다한 역 때문에 몰락하는 영세농민을 보호
하고자 하였다.[86)]

이기는 향촌에서 직접 농민 몰락과 농민항쟁을 목도하고, 토지문
제와 조세제도 등을 고쳐 농민층을 안정시킬 방안을 구상하였다. 이
는 실학파를 비롯한 전통적인 개혁론을 계승하여 마련한 것이었다.
더욱이 이기는 양전법에 대해서도 깊은 식견을 가지고 있었다. 그는
토지개혁과 조세의 공정한 부과를 위해서도 양전법의 정비는 필수
적이라고 보았다. 이런 점이 인정되어 그는 대한제국의 양전사업에
양무위원으로 발탁되었다.[87)]

(나) 이기는 실학파의 경제론을 계승하면서, 한편으로는 이를 서
양의 근대사상과 결합하는 길을 모색하였다. 그는 근대 서양 정치론
의 수용에도 관심을 가졌는데, 서양의 정치사상도 유교적 입장에서
이해하였다.

당시 소개된 서양의 정치체제는 대개 공화共和, 입헌立憲, 전제專
制, 이렇게 세 가지 형태였다. 이기는 이를 중국의 옛 정치체제와 비
교하여 이해하였다. 즉 그는 당우唐虞 이상을 공화, 삼대三代를 입헌,

---

86) 앞의 글, 56~57쪽. 원9등 외에 별6등 모두 15등급으로 나눈 것은 토지만으로
그 부역을 부과할 수 없다는 판단에서 그러하였다. 우공禹貢에서도 사람들의 거주
에 희조稀稠의 차이가 있고, 물산에서 풍모豊耗의 차이가 있기 때문에 전부田賦가
균등하지 않았다고 보는 것에 근거하였다. 이기는 별도로 원9등 위에 대지주, 자
산가를 다시 3등급으로 두고, 원9등의 아래에 극빈민 3등급을 두었다.
87) 대한제국의 양전사업은 토지개혁을 추구한 것은 아니었다. 다만 대한제국에서도
근대화를 위한 개혁을 단행하면서 서양의 상공업론, 기술론 등을 수용하여 식산흥
업정책을 실시하면서, 동시에 양전사업에서는 서양의 기술과 더불어 구래의 실학
자 등이 주장한 양전론에 관심을 가졌고, 이기 같은 실학파의 후예를 발탁하여 사
업을 추진하였다. 그렇다고 대한제국의 개혁사업이 '실학을 계승한 개혁'이라고 말
할 수는 없을 것이다.

진한秦漢 이하를 전제의 정치로 상정하였다.

> 지금 天下에서 국가라고 부르는 것은 또한 많다. 그러나 그 政體를 크게
> 요약하면 세 가지가 있으니, 共和, 立憲, 專制가 그것이다. 동양에서는 비록
> 이런 이름이 없었으나, 시험적으로 이것을 동양에서 생각해보면, 唐虞 이상
> 은 共和의 정치이고, 三代는 立憲의 정치이며, 秦漢 이하는 專制의 정치이다.
> 이 세 가지 가운데 共和가 가장 좋고, 전제가 가장 좋지 않다. 성인이 다시
> 나온다고 해도 반드시 처할 것이 있을 것이다.[88]

먼저, 당우시대를 공화의 정치로 본 것은 "천하는 천하 사람의
공유이지 군주 한 사람의 천하가 아니다"는 점이었다.[89] 주권이 전
인민에게 있는 공화정치를 유교의 이상적인 민본정치로 본 것이었
다. 그러므로 힘과 덕이 있어 군주가 되었더라도 자기보다 용기 있
고 현명한 사람이 나오면 선양禪讓하는데, 이런 요순堯舜의 선양이
바로 구미의 대통령제와 임기의 차이만 있을 뿐, 꼭 같다고 보았다.
  다음, 하·은·주 삼대사회를 입헌정치와 대비하였다. 삼대에서는
비록 임금의 자리는 사사로이 오르지만, 그 법을 마음대로 하지 않
았으며, 예악문물禮樂文物이 통의通義에서, 공죄형상功罪刑賞이 중론衆
論에서 나온 것은 취할 수 있다고 보았다. 여기에서 '선비(관료)는
향촌에서 뽑는다[選士於鄕]'는 것과 '병사는 농사에서 나온다[萬兵於
農]'는 것은 서양의 상하의원上下議院과 상후비병常後備兵의 제도와 같
다는 것이었다. 그는 선거에 의한 의회의 구성이나 상비군의 보유가
국가의 필수임을 이미 알고 있었다.

---

88) 《海鶴遺書》 권2, 〈急務八制議〉 國制, 20쪽.
89) 위의 글, 20쪽.

그 다음 시기는 전제정치로 보았다. 춘추시대에 이르면서 점차 임금의 권한이 커지고 민권은 점차 가벼워지게 되었다는 것이다. 모든 것은 세주자世主者, 곧 임금의 사유가 되어 나라의 정공正供이 개인의 창고에 이관되고 백성의 힘도 부역으로 다 소모되었으며, 또 현우賢愚·작형爵刑도 친소親疎·애오愛惡로 결정되는 정치였다. 곧 백성이 존재하지 않는 단계가 바로 전제정치의 시기라는 것이었다.

그리하여 이기는 '군민동치君民同治', 곧 입헌군주제를 주장하였다. 그는 "당우唐虞 이상의 공화는 높아서 바랄 수 없고, 진한秦漢 이하의 전제는 나빠서 행할 수 없으므로 오직 삼대三代의 입헌정치만이 가능하다"고 판단하였다. 이상적인 사회 건설을 위해서는 공화정치를 실시해야 하지만, 군주권이 유지되고 있던 현실에서는 바랄 수 없었기 때문이었다. 급진적인 혁명으로 군주제를 없애고 공화제를 시행하기 어려운 때에는 입헌군주제를 추구할 수 있을 것이었다.[90]

또한 이기는 입헌군주제의 기반으로 민권을 세우고 군권을 제한해야 한다고 거론하였다. 민권 확립은 유교적 민본정치이념으로도 설명하였다. 그는 《서전書傳》에 나오는 '백성은 가까이 해야 하고 멀리하면 안된다[民可近不可遠]'는 것과, '백성을 두려워하는 마음'도 거론하였다.[91] 그리고 이를 위한 법치주의도 주장하였다.

삼대사회를 복구하는 차원에서 입헌군주제를 주장하면서 이기는 동시에 이를 보완하는 제도 개혁도 제기하였다. 제도 개혁의 원칙은

---

90) 위의 글, 20~21쪽. 서둘러 정부에서 시행해야 할 내용을 정리한 〈급무팔제의〉의 다른 내용도 모두 그러하다.
91) 《海鶴遺書》 권2, 〈急務八制議〉 國制, 21쪽; 《書傳》 虞書 〈五子之歌〉, 〈大禹謨〉에 나오는 말이다.

물론 변법론, 곧 구래의 제도와 갑오개혁 이후 시행된 서양의 제도를 결합하는 것이었다. 이에 대해 그는 구래의 관제를 근본적으로 바꾸려는 것이 아니라 갑오개혁의 문제점을 보완하는 차원이었다. 곧 갑오개혁에서 그전의 한사閒司, 잡직雜織 등을 개혁하여 국인國人의 이목을 일신시켰지만 조례가 정돈되지 않고, 또 명칭이 아름답지 않는 등의 문제점이 여전하므로 다시 의논해야 한다는 것이었다. 이에 대한제국 시기의 의정부 관제를 골격으로 관료 기구를 간소화하거나 명칭을 바꾸는 등의 첨삭을 가하였다. 더욱이 명칭이 직무에 어긋나지 않는다면 동양의 습속에 맞고, 또 우아한 명칭으로 바꾸자고 하였다.92)

아울러 이기는 전선제銓選制도 개선하자고 하였다. 그 목표는《주례周禮》에서 거론한 '학교선거學校選擧'를 달성하는 것이었다. 새로운 관리 임용 제도는 갑오개혁에서 이미 실시되고 있었다. 이 제도는 조야朝野·경향京鄕의 귀천출신貴賤出身 여하를 불문하고 품행·재능 및 예능이 있고 시세를 잘 아는 자를 선취選取하여 전고국銓考局에서 보통·특별 시험을 치르게 하는 근대적인 인사제도였다. 이기는 전선제를 통해 현우賢愚를 구별하고, 능력 있는 사람을 뽑는 원칙이 중요하다고 강조하였다. 문벌과 지벌을 구분하지 않으면서, 다만 납속納粟·술수術數·무축巫祝 등과 같이 출신이 부정한 자, 작문(보고報告·훈령訓令·조회照會·통첩通牒 등)과 독서(대명률大明律·무원록無寃錄·각국약장各國約章·공법회통公法會通 등)의 시험에 통과하지 못한 자는 축출해야 한

---

92) 《海鶴遺書》권2,〈急務八制議〉官制, 22쪽. 명칭의 개정은 가령, 의정부를 국무부國務府로, 의정議政·참정參政·찬정贊政은 총리대신總理大臣·참리參理·찬리贊理로 하며, 각 부府·부部의 대신·협판은 경卿·소경少卿으로, 원院의 경卿은 감監으로, 또 농상공부農商工部는 백성의 생활에 직접 관계되므로 민부民部로 고치자는 것 등이었다.

다고 하였다. 비록 이것이 경세經世의 상법常法이 아니라고 하더라도 십수 년 뒤에는 '학교선거'가 이루어질 수 있을 것으로 보았다.[93] 그는 학교교육과 결합된, 곧 《주례》에서 거론한 공거제貢擧制와 과천합일科薦合一을 지향하였던 것이다.

이와 관련하여 이기는 학교 제도 또한 개혁해야 한다고 하였다. 주나라 때에는 향鄕-주州-국國의 순서로 천거를 하는 것이 '선거'의 조례였는데, 이를 교육과정으로 견주었을 때 향은 소학小學, 주는 중학中學, 국은 대학大學이 될 것으로 보았다.[94] 또한 그 당시에도 자제들이라면 모두 배워야 하는 강제교육, 곧 의무교육과 같은 형태로 운영되었을 것으로 보았다. 그리하여 그는 이를 바탕으로 교육과정을 소학·중학·대학으로 나누고, 소학교는 임시로 1군에 1교, 중학은 몇몇 군에 1교, 대학은 1주[道]에 1교씩 설치하며, 각 5년, 4년, 4년의 연한으로 교육시키자고 하였다. 이 가운데서도 특히 소학 교육은 의무교육으로 하자고 제안하였다.[95]

이기는 지방 제도도 개혁하고자 하였다. 그는 지방제 개혁을 '평생 힘을 쏟은 것[平生精力所在處]'이라 할 만큼 큰 관심을 기울였다. 더욱이 그는 갑오 이후의 지방제 개혁이 급히 이루어지면서 하서夏書·우공禹貢·주례周禮의 직방職方에 보이는 규모規模·명의名義도 없으며, 또 성야星野·산천山川 등의 자연조건에도 합치되지 않는다고 파

---

93) 《海鶴遺書》 권2, 〈急務八制議〉 銓選制, 38쪽.
94) 옛날에는 소학과 대학만을 배웠는데, 중학 단계에서 공부한 것이 무엇이었는지 이기도 의문을 표시하였다. 그는 《중학中學》이 진나라 때 불타 없어진 것으로 간주하였고, 이를 《주례》의 대사도大司徒에 의거하여 추측하였다. 곧 향삼물鄕三物로 만민을 가르쳤는데, 첫째는 육덕六德(지인성의충화知仁聖義忠和), 둘째는 육행六行(효우목인임휼孝友睦姻任恤), 셋째는 육례六禮(예악사어서수禮樂射御書數) 등으로, 이 3강綱 18조가 《중학》의 편목이었을 것으로 보았다.
95) 《海鶴遺書》 권2, 〈急務八制議〉 學制, 57~59쪽.

악하였다.96) 그의 지방 제도 개혁에서 근간이 된 것은 물론 삼대사
회의 제도였다. 그리하여 광무개혁에서의 13도제를 골격으로 그 이
정釐整을 제시하였다. 곧 서울 한 곳에 판윤서判尹署, 개항장에 감리
서監理署를 두며, 관찰부觀察府(궁내부, 의정부와 혼병混幷될 수 있으
므로 그는 독무성督撫省으로 개칭하고 있음) 아래로 도와 군으로 통
일시켰다. 그리고 각 군은 강계疆界가 불명하고 결호結戶가 불균한
점을 고려하여, 산천의 편의에 따라 333군으로 개편하자고 하였다.
그러나 이것은 임시 조치로서, 수년 뒤에 전결田結·인호人戶를 기준
으로 다시 조정되어야 할 것으로 보았다.97)

이와 같이 이기의 입헌군주론과 관료 제도 개혁론은 근본적으로
유교사회의 논리, 곧 삼대사회를 근간으로 하면서 이를 서양의 제도
와 결합한 것이었다. 변법론적인 개혁에서 중세체제에 대한 비판의
대안으로 유교적 이상 사회, 삼대사회를 거론한 것이었다.98) 이는
또한 여전히 중세적 한계에도 아랑곳 하지 아니하고, 삼대사회를 이
상으로 하면서, '민'에 대해 새롭게 이해하려고 노력했던 실학파의
정치론을 계승한 것이기도 하였다.

(다) 당시 많은 변법개혁론자들은 신구절충의 원칙 아래, 우리의
역사와 지리 문제에 관심을 가졌다. 그리고 이를 중시하는 출발을
조선 후기 실학파에서 찾았고, 이를 계승하여 역사 서술의 필요성을
강조하였다.99)

96) 《海鶴遺書》 권2, 〈急務八制議〉 地方制, 39쪽.
97) 위의 글, 44쪽.
98) 삼대사회를 지향하는 문제의식에서 당시의 개혁 문제를 개진한 경우에 대해서는
   拙稿, 앞의 글(2005), 참조.
99) 당시 많은 논자들이 현실문제 해결을 위해 역사와 전통문화를 중시하였다. 가령

변법개혁론에서는 고금의 치란治亂, 성패, 흥망 등을 살피는 역사가 정치에 도움이 된다고 보았다.[100] 외국의 역사를 공부하는 것도 같은 이유였다. 곧 강성한 이웃 외국의 경사經史, 정사政事, 고적古蹟, 율례律例, 회전會典 등을 자세하게 밝히게 되면 "그 강대한 연유를 실제적으로 증명하고, 그런 핵심을 구한다면 능히 법을 지키는 바를 알 수 있다"고 하여, 이를 안다면 강한 외국과 "순치脣齒의 도움"이 있을 수 있다고 보았던 것이다.[101]

그들이 발간하던 신문도 역사 서술의 임무를 담당하였다.[102] 그들은 신문의 논설과 기사 자체를 곧 역사 서술로 생각하였다. 장지연은 《시사총보時事叢報》의 발간 취지서에서

古者에 稗官 野史가 有ᄒᆞ야 作史ᄒᆞᄂᆞᆫ 者 或取之러니 今에 變爲新聞ᄒᆞ니 其法이 盖肇自英伊ᄒᆞ야 近世에 盛行 各邦ᄒᆞ니, 是亦史之流也라. 其體 有二ᄒᆞ니 一曰 論說이오 二曰 雜報니 論說이란 者는 史家의 評論ᄒᆞᄂᆞᆫ 體요, 雜報란 者는 史家의 記事ᄒᆞᄂᆞᆫ 體라.[103]

박은식이 《한국통사韓國痛史》에서 거론하던 국교國敎, 국학國學, 국어國語, 국문國文, 국사國史 등을 지키고자 한 바였다. 그런데 이 문제를 둘러싸고 변법론자와 문명개화론자 사이에는 약간의 차이가 있었다. 서구화를 지향하던 문명개화론자들은 낙후한 한국 현실을 적극적으로 부정·청산한다는 면이 강하여, 유교를 부정하고, 또 국사의 중요성도 상대적으로 낮게 평가하였다. 그들은 오히려 서양문명을 적극적으로 보급 확산해야 한다는 차원에서 국문(한글)의 보급을 더 중시하였다. '산구학절충'을 주장하던 변법론자들도 한문의 폐단을 지적하고 국문 보급, 국한문 혼용을 강조하면서, 동시에 국교나 국사 또는 국학의 필요성을 더 중시하였다. 이런 점을 당시 《황성신문》과 《독립신문》의 문체와 논조를 비교해도 알 수 있다. 당시 역사 관련 논술이나 저서는 대부분 '개신유학자'에 의해서 이루어졌다.

100) 《皇城新聞》1903년 5월 5일 論說〈叙我韓疆域攷後說〉.
101) 《皇城新聞》1899년 7월 22일 論說.
102) 《皇城新聞》의 역사 서술에 대해서는 崔起榮,〈皇城新聞의 역사관련 기사에 대한 검토〉,《韓國近代啓蒙運動硏究》, 일조각, 1997.

고 하였다. 곧 역사 기사는 신문의 잡보이고, 역사 논평은 신문의
논설이라고 하였던 것이다.

《황성신문》에서는 역사 서술의 필요성을 계몽하는 한편, 직접 국
조고사國朝故事, 의관 제도, 화폐제도 등을 역사적으로 정리하기도
하였다. 또 세계 각국의 역사서, 지지地誌와 안국치민安國治民에 유익
한 서적을 번역하자는 취지 아래[104] 현채玄采가 번역한 《중동전기中
東戰記》, 《미국독립사美國獨立史》, 《법국혁신전사法國革新戰史》, 《청국무
술정변기淸國戊戌政變記》, 《월남망국사越南亡國史》 등을, 그 이후에도
《애급근세사埃及近世史》(장지연 옮김) 등을 간행하였다.

그러면서 그들의 관심은 점차 외국사보다는 우리 국사에 집중되
었다. 이는 실학자들이 이미 강조하던 바였고, 또한 당시 국사보다
중국사를 더 중시하던 중세적 역사 서술에 대한 반성에서 제기되었
다. 그들은 우리의 박학가博學家들이 우리 것은 버리고 다른 것을 좋
아하는 마음으로, 중국에 대해서는 혈성血誠으로 탐구하여 그 찌꺼
기는 능히 해득하면서, 본국에 대해서는 등한하고 내버려 두고 있던
점을 비판하였다.[105] 또한 교육에서 어린이에게 본국의 역대歷代는
가르치지 않고 다른 나라의 역대를 먼저 가르치게 되면 약간 문식文
識이 있는 자는 모두 국사에는 전적으로 어둡고, 중국 역사(한사漢

---

103) 《時事叢報》 1899년 1월 22일 〈本報發刊之趣旨〉; 《나라사랑》 5, 35쪽. 장지
연은 1910년대에도 "지금의 보관報館〔신문사〕이란 옛날의 태사太史의 직"
이라고 하였고, 신문의 언론과 기사에서의 포폄과 실록實錄, 정직과 공명
이라는 기능과 원칙을 천명하였다(《每日申報》 1915년 3월 28일 〈霸窓漫筆
(7)〉; 《張志淵全書(8)》, 63쪽; 《韋庵文稿》 권7, 〈覊窓手錄 13條〉, 285~286
쪽).
104) 《皇城新聞》 1899년 5월 19일 論說.
105) 《皇城新聞》 1899년 5월 19일 論說.

史)를 흠모하게 되어 결국 의부하는 마음만 생기게 된다는 점을 지적하였다.106)

그들은 더욱이 역사적 강역, 곧 역사·지리 문제를 중시하였는데, 그 가운데 실학파의 역사에서 거론되던 만주 지역에 주목하였다. 《황성신문》에서는 〈북변개척시말北邊開拓始末〉 등을 연재하였고,107) 요동의 반과 오라烏喇 이남은 모두 우리 땅으로 고구려 멸망 이후 지금까지 수복하지 못한 점을 거론하였다.108) 장지연은 《대한강역고》를 역술하면서, 이를 부분적으로 《황성신문》에 연재하였다.

그들은 당시의 국사 서술에는 아직 많은 문제점이 있다고 생각하였다. 더욱이 사료를 ①수집하여 열거하는 것이 넓지 못하고 고증이 상세하지 않은 점, ②나누고 합하는 것이 일정하지 않음〔分合無常〕, ③명칭이 다름〔名稱異同〕, ④문헌에 증거가 없음〔文獻無徵〕, ⑤역사 서적이 황당함〔史志荒誕〕, ⑥서적이 미비함〔書籍未備〕 등을 문제점으로 지적하였다.109) 곧 사료의 부족으로 실증적인 작업이 이루어지지 않는다는 것이었다. 이 때문에 수백 년 동안의 역사에 증거가 없고, 자신의 의견만을 내세우며 멋대로 증손增損하거나 논설을 첨가하여 정사正史, 야사野史가 혼잡하고 분간이 없어졌다는 것이었다.110) 이런 문제점은 결국 중국 역사만을 중시하고 중국의 서적만 좋아하는, 곧 '근본은 버리고 남의 것만 따르는〔捨本趨外〕'태도 때문이며, 또한 새로이 저술되는 서적들을 무시하거나 구매·열람하지 않기 때문에 생긴 것이었다.111)

---

106) 《皇城新聞》 1899년 4월 22일 論說.
107) 《皇城新聞》 1903년 1월 12일.
108) 《皇城新聞》 1902년 6월 6일 論說 〈西北沿界疆土居民〉.
109) 《皇城新聞》 1899년 7월 22일 論說; 1903년 5월 5일 論說 〈敍我韓疆域沿後說〉.
110) 《皇城新聞》 1899년 7월 22일 論說.

더욱이 그들은 고대사 관련 서적이 부족하여 고지명 등을 연구
하기에 어려움이 있다고 하였다.112) 이에 그들은 우선 국내에 산재
한 여러 문헌을 수취收聚하여 국사를 완전하게 하자고 하였다.113)
앞서 지적한 바와 같이《동사강목》등 실학파의 서적도 이런 필요성
에서 간행하였다. 1903년에도 유지 몇 명이 야사잡지野史雜誌와 기
문이서奇文異書, 국조고사國朝故事 문헌을 수집 및 발간하고자 광고를
내면서《삼국유사三國遺事》,《고려도경高麗圖經》,《연려실기술燃藜室記
述》,《청야만집靑野謾輯》,《여지지輿地誌》,《동경지東京志》,《팔역지八域
志》,《성호사설星湖僿說》,《반계수록》,《과농서課農書》등을 거론하였
다.114)

장지연의《대한강역고》는 이런 역사 서술의 필요성과 원칙을 단
적으로 보여 주었다. 그는《대한강역고》에서 자국의 강토, 강역 문제
를 환기하면서, 동시에 실증적인 작업을 통하여 고대의 지명과 위치,
그리고 국경 문제들에 대해서는 자신의 견해를 "연안淵案"으로 첨부
하였다. 이는 정약용이 내외의 사서를 널리 모아 정밀하게 서술했던
점을 인정하면서도 이에 더하여 그 이후의 사서들을 다시 동원하여
보완하였던 것이다. 특히 백두산정계비와 관련해서 건립 당시 책임자
의 불성실한 태도, 토문土門의 위치 문제, 정부의 방관 등을 지적하고
두만강 지역을 상실한 것에 대한 애통함과 실지 회복 등을 거론하였
다.115) 실학파의 역사 서술에서 견지되던 강역 문제의 중요성과 실

---

111)《皇城新聞》1902년 2월 17일 論說〈本國史學懵陋之弊〉. 또한 당나라 소정방
　　의 기한箕韓과 백제의 서적 겁화劫火, 견훤의 가야와 신라의 역사책 겁화, 그리고
　　임진왜란으로 인한 조선시대의 서적 산실 등을 지적하였다.
112)《皇城新聞》1903년 2월 28일 論說〈宜廣編書籍〉(《韋庵文稿》권8, 360쪽).
113)《皇城新聞》1899년 5월 19일 論說.
114)《皇城新聞》1903년 1월 23일.
115) 金生基,〈張志淵의 역사인식─大韓疆域考를 중심으로〉,《한국민족독립운동사

증적·고증적인 태도가 그대로 이어지고 있었던 것이다.[116]

변법개혁론자들은 실학을 바탕으로 서양의 학문과 문명을 절충적으로 수용하고자 했지만, 근본적으로 사회체제의 개혁까지 지향한 실학파의 변법적 개혁론과는 명확하게 접목시키지 못하였다. 단지 당시의 급박한 국내외 정세 아래서 민족문제가 가장 핵심 사안이 되면서, 이를 해결하기 위해서 역사와 지리에 주목하였다. 이런 논의를 바탕으로 1905년 이후 국권 회복을 위한 계몽운동에서 민족을 새롭게 발견하고, 민족주의를 정립할 수 있었다.

2. 계몽운동과 변법개혁론의 발전: 유교개혁과 국수보전론

1905년 을사늑약으로 대한제국의 '국권'이 상실되자, 국권 회복을 위한 계몽운동이 활발하게 펼쳐졌다. 계몽운동에서는 앞서 본 문명개화론과 더불어 변법개혁론이 또한 중요한 운동론이 되었다.[117] 계몽운동은 교육과 식산흥업 발전, 조국정신 함양을 통하여 자강을 이루어 국권 회복을 달성하고자 하였고, 자강을 달성하

의 제문제》, 김창수화갑기념논총, 1992(《韋庵 張志淵의 思想과 活動》, 민음사, 1993).

116) 그러나 장지연은 일본 사서에 의거하여 임나任那를 대가야大伽倻의 별칭이라고 분석하고, 일본의 남선정벌南鮮征伐과 임나일본부任那日本府를 인정하고 이를 증보하였다. 당시 현채, 김택영金澤榮 등의 역사 교과서에서도 대부분 일본인의 연구 결과를 수용하여 임나일본부를 인정하였다.

117) 《황성신문》을 중심으로 활동하던 변법론자들도 국권회복운동에 적극적으로 참여하여 주도층의 한 축을 이루었다. 《황성신문》을 떠난 장지연은 대한자강회에서, 박은식은 《황성신문》과 서우西友·서북학회西北學會에서, 그리고 신채호申采浩는 《대한매일신보》에서 활동하였다.

는 방법으로 신구학절충론이 확산되었다. 이때 문제가 된 것이 바로 '유교'였다. 문명개화론자들은 주로 유교를 비판·부정하였지만, 변법 개혁론자들은 유교(구학舊學)와 신학문의 절충을 주장하였으며, 일부 논자들은 유교의 폐단을 지적하고 유교개혁론을 제기하였다.

1) 자강주의와 신구학절충론

(1) 자강주의와 '계몽'

계몽운동에서는 사회진화론을 바탕으로 당시의 국제정세와 국권 상실을 인식하였다. 그들은 우승열패·적자생존의 원칙을 피할 수 없는 '천연天演의 법칙'이라고 규정하고, 국권을 만회하기 위해서 실력을 양성하고 자강을 이루고자 하였다.

대한자강회에서는 이런 점을 다음과 같이 제시하였다.

> 夫邦國之獨立은 惟在自强之如何耳라. 我韓이 從前不講於自强之術ᄒ야 人民이 自錮於愚昧ᄒ고 國力이 自趍於衰敗ᄒ야 至於今日之艱棘ᄒ야 竟被外人之保護ᄒ 니 此皆不致意於自强之道故也라. …… 今我韓은 三千里 疆土가 無缺ᄒ고 二千萬 民族이 自在ᄒ니 苟能奮勵自强ᄒ야 團體共合이면 猶可望富强之前途 而國權之回 復也라. …… 如究其自强之術이면 無他라 在振作教育也요 在殖産興業也니, 夫教 育이 不興則民智未開ᄒ고 産業이 不殖則國富莫增ᄒᄂ니 然則開民智養國力之道 ᄂ 豈不在教育産業之發達乎아. 是知教育産業之發達이 卽惟一自强之術己라.[118]

곧 대한자강회는 국권 상실이 자강의 방안을 도모하기 않았기 때문

---

118) 《大韓自强會月報》 1 (1906. 7) 〈大韓自强會趣旨書〉, 9~10쪽.

에 초래된 것이라 보고, 자강의 방안으로 교육을 통한 민지 개발, 식산흥업을 통한 국부國富의 증진을 제기하였다. 그들이 이루고자 했던 자강은 곧 부강화, 문명화였고, 강자, 적자適者가 되는 '우승주의優勝主義' 입장이었다.

대한자강회를 비롯한 계몽운동의 운동론을 체계적으로 정리한 사람은 변법개혁론자 장지연이었다. 그는 대한자강회의 발기인과 평의원評議員으로 활동하면서 '자강주의'라는 운동방침을 제기하였다. 먼저 그는 당시를 "우승열패優勝劣敗 강신약굴强伸弱屈"하는 때로 보고,[119] 이런 "물경物競이 곧 천연天演의 공례公例"라고 하였다.[120] 곧 사회진화론에 입각하여 당시 정세를 파악하였다.

장지연은 이런 경쟁 속에서 한국이 빈약하여 국권을 상실하게 된 원인을 "부원이 두절된 것〔杜絶富源〕"과 "놀고먹으면서 재물을 없애 버리는〔遊食耗財〕" 현상 때문이라고 보았다.[121] 이런 폐단을 고칠 수 있는 방안이 곧 '자강'이었고, 따라서 그는 《역경易經》에 나오는 '자강불식自强不息'이라는 말이 진정 "자강주의의 둘도 없는 법문法門"이라고 하였다.[122]

장지연의 자강주의는 개항 뒤 전개된 여러 변혁운동에 대한 반성에서 제기되었다. 그는 조선이 견지했던 '쇄국'정책을 비판하였으며, 또한 '동학은 망국의 요얼妖孽'이라고 규정하고 반대하였다. 그뿐만 아니라 혁신을 주장하던 개화파의 운동에 대해서도 그 급진성을 비판하였다. 갑신정변이 비록 개진 혁신에서 나왔지만 "서둘러 나아가고 경솔하게 행동하여, 급격함을 넘어 마침내 자신의 몸까지 훼손

---

119)《韋庵文稿》권6,〈皇城中央學會趣旨文〉, 247쪽.
120) 張志淵,〈自强主義(續)〉,《大韓自强會月報》4 (1906. 10), 8쪽.
121) 張志淵,〈國家貧弱之故〉,《大韓自强會月報》6 (1906. 12), 6~7쪽.
122) 張志淵,〈自强主義〉,《大韓自强會月報》3 (1906. 9), 5쪽.

하고 버리게 되고, 외세는 더욱 치성熾盛"해진 것이라 하였으며, 갑오개혁은 "일체의 정치 법도를 쇄신환면刷新換面하고 유신에 뜻을 두었지만, 역시 급격하여 실패하였다"고 보았다. 독립협회운동도 민권과 국민의 애국 사상으로 독립의 기초를 공고히 하였지만 역시 급격한 것이 잘못이었다고 지적하였다.[123]

　이런 비판 위에서, 장지연은 자강을 이루기 위한 방안들을 다음과 같이 제의하였다.

　먼저 그는 '적점합군積漸合群',[124] 곧 단결과 단체 결성을 강조하였다. 그는 경쟁에서의 우열이 단체의 능력 여부에 달려 있다고 전제하고, 당시 한국은 ①당파의 고질, ②기질忌嫉의 악벽惡癖, ③의뢰依賴의 결은結癮, ④나태의 고증痼症, ⑤무국가사상無國家之思想 등의 원인으로 단체 결합이 되지 않는다고 하면서[125] 그 이유로 민족성, 더욱이 애국 사상이나 공공 관념의 결핍으로 국민이 해야 할 의무를 알지 못해 단체 결성이 되지 않는 점이었다. 그리하여 그는 자강 정신으로 전체가 단합하는 때가 바로 "대한 독립 자강의 날"이라고 하였다.[126]

　다음, 장지연은 자강을 위한 구체적인 방안으로 교육 진흥과 산업 발전을 강조하였다. 국권 상실의 원인으로 파악한 "부원의 두절〔杜絶富源〕"과 "놀고 먹으면서 재물을 없애는〔遊食耗財〕" 문제점을 고치기 위한 것이었다. 그런데 장지연은 이를 주로 '계몽'의 차원에서 거론하였다. 자강을 위해 직접적으로 교육운동이나 산업 활동을 추진하

---

123) 張志淵, 〈過去의 狀況〉, 《大韓自强會月報》 11 (1907. 5).
124) 張志淵, 〈自强主義(續)〉, 《大韓自强會月報》 4, 3~4쪽.
125) 張志淵, 〈團體然後民族可保〉, 《大韓自强會月報》 5 (1906. 11), 1~7쪽.
126) 張志淵, 〈自强會問答〉, 《大韓自强會月報》 2 (1906. 8); 〈自强主義〉, 《大韓自强會月報》 3, 3~4쪽.

기보다는 자강의 구체적인 방안을 모색하고 계몽하자는 것이었다. 곧 자강을 추진할 만한 재원 '유형적 자본'이 없으므로 '무형적 자본'인 지식을 활용하자는 것이었다. 교육은 모두 학부學部와 관련이 있으므로 회원들이 교육 발달 방침들을 연구하여 당국에 건의하고, 전국의 사립학교를 연결하고 이를 지도·장려하자고 하였으며, 또 식산흥업을 위해서도 회원들의 중지를 모아 방안을 마련하여 이를 정부에 건의하거나, 황무지 개간, 삼림식양森林植養, 농사 개량, 관개 설비와 인민 재산 보호 등의 방법을 강구하자고 하였다.127) 그에게 자강은 실제적인 운동을 추진하는 것이 아니라, 우선 지식을 동원하여 여론을 불러일으키거나 또는 이를 정부에 건의하는 방법이었던 것이다.

또한 장지연은 자강을 위해 애국심, 곧 '조국정신'의 고취도 강조하였다. 대한자강회의 취지서에서는 교육과 산업 발달과 더불어, 먼저 국민의 정신을 배양하여 단군, 기자 이래 4천 년 동안 이어온 자국의 정신을 2천만의 머릿속에 흐르게 하여 이를 잊지 않게 하여야 한다고 하였다. 그리하여 그들은 "안으로 조국정신祖國精神을 배양하고 밖으로 문명의 학술을 호흡하는 것이 금일 시국의 급무"라고 제기하였다.128) '조국정신'은 자강주의의 또 다른 핵심이었다.

조국정신, 애국심은 계몽운동에서 줄곧 주장되었다. 나라가 군사적, 경제적으로 열등하여 국권을 상실하였지만, 국가의 정신이 있으면 나라가 망하지 않을 것이라는 논리였다. 이런 점은 그들이 조국정신, 국혼을 유지하기 위해 역사를 연구하는 근거가 되었다. 뒤에 신채호는 "형식상 국가"가 망했다고 하더라도 "정신상 국가"가 망하지 않으면 나라는 망하지 않은 것이므로 "형식

127) 張志淵, 〈自强會問答〉, 《大韓自强會月報》 2, 7~8쪽.
128) 《大韓自强會月報》 1, 〈大韓自强會趣旨書〉, 10쪽.

상 국가를 건립코자 하면 먼저 정신상 국가를 건립할지며, 형식
상 국가를 보전하고자 하면 먼저 정신상 국가를 보전"해야 한다고
하였다.129)

(2) 신구학 절충론의 확산

계몽운동에 많은 변법개혁론자들이 참여하면서, 서양문명을 수
용하는 방안에서도 신학문과 구학문을 절충하자는 논의들이 강하게
대두되었다. 구학문의 핵심은 물론 유교였다. 혹자는 체용론體用論의
논리에 따라 신구학을 거론하였지만, 대체로 체용론의 내용도 신구
참작新舊參酌, 신구절충 수준이었다. 따라서 '국정교학'의 지위를 누
렸던 유교는 점차 '인의도덕仁義道德'으로 축소·한정되어 갔다. 일각
에서는 이런 논의를 바탕으로 무분별한 신학의 수용을 비판하고 자
립적·주체적 신구학 절충론을 주장하기도 하였다.

(가) 계몽운동을 이끌던 대한자강회나 대한협회가 신학문을 받
아들이는 방식은 크게 보아 신구학 절충론이었다.130) 그들은 시세
의 변화와 시의時宜를 참작하고 장단점을 고려해야 한다고 하였
다.131)이런 논의는 교육운동을 추진하던 학회에서도 그러하였다.
교남교육회嶠南敎育會에서는 세계 학술의 발달과 지식 교육의 필요성
을 제기한 다음, 영남 지방의 뛰어난 문학적 재질을 바탕으로 신지
식을 교육하여 체용을 구비해야 한다고 하였고,132) 서우학회西友學

---

129) 《丹齋申采浩全集(別)》, 〈精神上 國家〉, 160~161쪽.
130) 대한자강회의 이런 경향에 대해서는 柳永烈, 〈大韓自强會의 新舊學折衷論〉,
  《崔永禧先生華甲紀念 韓國史學論叢》, 탐구당, 1987 참조.
131) 李鍾麟, 〈新舊學의 關係〉, 《大韓自强會月報》 4, 16~17쪽.
132) 《嶠南敎育會雜誌》 1 (1909. 4), 〈本會趣旨書〉, 1쪽.

會에서는 이를 "구법은 신법의 지도자"라는 표어로 표현하였다.133)
대동학회大東學會는 체용론에 따라 신학문 수용을 천명하였는데, 신
학을 수용하는 태도는 '근본[體]을 세우고 쓰임[用]에 도달한다' 또는
'신학과 구학을 짐작斟酌한다'라는 원칙이었다.134)

또한 계몽운동에서는 신학과 구학을 시간적인 차이로 파악하기
도 하였다. 곧 '오래된 구학'과 '새로운 신학'으로 구분하면서, 신학
은 모두 구학에서 나온 것이라고 하였다. 호남학회湖南學會에서는 삼
대三代에서 보면 당우唐虞의 학문은 구학이 되고, 진한秦漢에서는 삼
대의 학문이 구학이 된다고 하였고,135) 또는 "오늘의 구학이 전일
에는 신학이고, 오늘의 신학이 내일에는 구학이 될 것이므로, 신구
는 상호 참작해야 한다"고 하였다.136)

신학과 구학의 내용을 정하는 논의도 다양하였다. 구학의 본질은
말할 것도 없이 유교였다. 대표적인 동도서기론자였던 신기선은 공
맹의 종지를 지키고, 사물의 시의를 밝혀 정덕正德·이용利用·후생厚生
을 병행하여 문명국이 되어야 한다고 하였다.137) 또 구학문은 수신·
제가를 위한 윤리·도덕으로, 신학은 나라 정치와 백성 생활을 위한

---

133) 朴殷植,〈敬告社友〉,《西友》2 (1907. 1), 6쪽.
134) 대동학회는 회장 신기선, 부회장 홍승목洪承穆·서상훈徐相勛 등을 비롯하여 김
윤식, 조중응趙重應 등 전·현직 고급 관료들이 참여하였으며, 일본에서 귀국한 유
길준, 장박張博 등도 동참하였다. 대동학회는 일제의 배후 조종에 따라 만들어진
단체로, 공자교회孔子敎會라는 종교 단체로 개편된 뒤 친일 행각이 더욱 노골화되
었다. 당시 언론에서도 대동학회가 "(일본의) 保護를 歌舞하고 結日을 力倡"하였
다고 지적하고, 회장이었던 신기선을 당시의 3대 매국노 가운데 한 사람으로 규정
하기도 하였다(《大韓每日申報》1908년 1월 20일 별보〈巨頑物의 大得計〉; 1908
년 4월 2일〈日本의 三大忠奴〉; 1909년 10월 6일〈魔學會의 名稱變更〉등).
135)《湖南學報》1 (1908. 6),〈本會趣旨〉, 52~53쪽.
136) 蔡章默,〈舊學을 不可全廢〉,《嶠南敎育會雜誌》8 (1909. 12), 16~17쪽.
137) 申箕善,〈大東學會趣旨書〉,《大東學會月報》1 (1908. 2), 3~4쪽.

농공상병農工商兵과 정치이화政治理化로 구분하기도 하였다.[138] 구학
은 유교=종교로 규정되기도 하였고, 좁은 의미로 유교적 윤리·도덕
으로 한정되기도 하였다.

한편 이들은 서양의 신학문이 모두 중국에서 비롯된 것으로 생
각하였다. 이는 이미 18~19세기 청이나 조선의 유자들이 동양적,
유교적 입장에서 서양학문을 이해하면서 형성된 것이었다. 이종하李
琮夏는 신구학의 관계를 논하는 글에서 입법설교立法說敎의 목적은
'모두 세상을 보존하고 백성을 다스리는 것〔保世治民〕'에 있으므로 이
를 가르치고 배우는 학문에 고금이나 신구의 명칭이 따로 있을 수
없다고 하면서 '신학문의 법률이나 이학理學·화학化學은 모두 구학문
에 연원이 있다'고 하였다.[139] 기호흥학회畿湖興學會의 윤흥섭尹興燮
은 서양의 정치제도를 중국의 옛 제도와 대비시키면서 "나라를 경영
하고 백성을 다스리는 경법은 고금이 하나"라고 했다. 또한 관리가
국민의 공복이라는 관념도 구학에 이미 보이고 있고, 서양 민회의
비조도 맹자이며, 서양의 선거법도 향공법鄕貢法과 같다고 하였
다.[140] 또 교남교육회의 채장묵도 공화·입헌의 서양 정치제도는 요
순과 삼대의 제도로 이해하였고, 기차·윤선·천문지리·자전거·자명종·
산학은 물론 농공상의 개량도 모두 옛 중국에서 그 원소를 찾을 수
있다고 하였다.[141]

그리하여 신학문을 받아들이는 범위도 늘어났다. 처음에는 서양
문명을 기술문명에만 한정하였지만, 점차 서양을 부강하게 만든 여러

---

138) 尹柱臣, 〈採藥人問答〉, 《湖南學協》 3 (1908. 8), 46~47쪽.

139) 李琮夏, 〈新舊學問이 同乎아 異乎아〉, 《大東學會月報》 1, 28~29쪽.

140) 尹興燮, 〈雖舊維新〉, 《畿湖興學會月報》 2 (1908. 9), 20쪽. 그는 태극교종太
    極敎宗의 회장이었다.

141) 蔡章默, 〈舊學을 不可全廢〉, 《嶠南敎育會雜誌》 8, 16~17쪽.

분야로 확산되었다. 한치유韓致愈는 '체體'는 인仁이고, '용用'은 서양이 부강하게 된 의식·의약·주거舟車·상매商買·교역·갑병甲兵·정법政法이라고 하였고,[142] 유길준도 도덕을 근본으로 정치와 법령을 실시하자고 하였다.[143] 곧 서양의 신학문 속에 '정법'까지 확대되었다.

대표적인 양무개혁론자였던 김윤식은 이때 귀양에서 풀려 정계에 복귀한 뒤, 기호흥학회 회장 등으로 계몽운동에 참여하였다. 김윤식이 꾸준히 관심을 기울인 것은 유교였다. 그는 체용론에 바탕을 두어, "인의도덕을 체體로 하고 이용후생을 용用"으로 한다고 하면서, 인의도덕이나 이용후생은 모두 우리의 선성先聖들이 가르치고 또 실천하던 것이며, 전 세계의 나라들도 받들어 추앙하는 것이라고 하였다. 그리고 이용후생은 이미 우리의 선성이 실천했던 것인데 후세 사람들이 연구하지 않으면서 오히려 신학문에서 '개물성무開物成務'를 이루었다고 보았던 것이다.[144] 따라서 서양의 신학문, 곧 정치, 법률, 공법, 경제, 그리고 총포, 선박, 언어 등도 모두 유교의 인의도덕이 표현된 것이고, 또한 유교를 위해서도 필요하다고 하였다.[145] 또한 김윤식은 유교의 종교화를 위해 촉진된 대동교大同教의 총장總長으로 추대되기도 하였는데, 서양의 정치론을 받아들여 헌법을 만들고 전제정치의 권한을 축소하고 의원議院을 설치하는 것도 유교의 대동

---

142) 韓致愈, 〈學問體用〉, 《大東學會月報》 1, 37~38쪽.
143) 兪吉濬, 〈時代思想〉, 《大東學會月報》 1, 12~14쪽(《兪吉濬全集 IV》수록). 일본 망명 뒤에 귀국한 만년의 유길준은 《서유견문》 단계보다 보수화했던 것으로 보인다. 이 시기 유길준에 대해서는 尹炳喜, 《兪吉濬 硏究》, 국학자료원, 1998 참조.
144) 金允植, 〈大東學會月報序〉, 《大東學會月報》 1, 1쪽.
145) 〈新學六藝說〉 丁未 (《金允植全集(貳)》, 24~28쪽). 이 글은 동일한 제목과 내용으로 《大韓自强會月報》 10호에 智山吟叟 著, 洪弼周 述로 하여 게재되었다. 김윤식이 해배解配되어 서울로 돌아온 것은 1907년 10월이었고, 《대한자강회월보》는 그해 4월에 간행되었다. 김윤식이 유배지(智島)에서 작성했던 것으로 보인다.

大同에 '우연하게 일치〔暗合〕'한다고 보았다.146)

이처럼 계몽운동에서는 서양의 기술문명을 유교의 이용후생이나 격물치지 속에 이미 담겨 있는 내용으로 보면서, 더 나아가 서양의 근대 정치사상도 유교나 제자백가의 경전 속에 있다고 보았다. 이는 철저한 자기합리적, 부회적附會的 해석이었다. 유교는 점차 윤리·도덕으로 한정되었고, 이 윤리·도덕을 기본〔體〕으로 하고 서양의 정법政法 이론도 이용후생 차원에서 수용해야 한다는 입장이 우세하게 되었다.

(나) 변법개혁론자를 중심으로 시의와 시세에 따라 서양의 신학문을 구래의 학문과 절충적으로 수용하게 되면서 문명개화론의 적극적인 신학문 수용의 문제점을 지적하는 이들도 나타났다. 곧 전면적 서양화에 대한 우려였다.147)

---

146) 《雲養集》 권10, 〈大同教緒言序〉 庚戌(《金允植全集(貳)》, 180쪽).

147) 이런 경향은 일본에서 시작되어 중국에서도 성행하였다. 1880년대 말, 일본 지식인 가운데 메이지 정부의 정책을 서양만을 따르는 '구화주의歐化主義'라고 비판하고, 일본의 전통과 정신을 보존하여 국가정신을 발휘하자는 '국수주의國粹主義', '일본혼日本魂'을 강조하는 이들이 등장하였다. 일본의 국수주의는 중국의 국수주의 형성에도 영향을 끼쳐, 청국에서도 '중국혼中國魂', 고유의 상무정신 등을 주장하였다(이에 대해서는 이지원, 《한국근대문화사상사 연구》, 혜안, 2007; 千聖林, 〈20세기초 중국에서의 "國粹"와 反"國粹" 논쟁〉, 《梨大史苑》 30, 1997; 〈國學과 革命 - 淸末 國粹學派의 傳統學術觀〉, 《震檀學報》 88, 1999; 都重萬, 〈國粹와 西學〉, 《中國現代史研究》 8, 1999 등 참조). 청일 양국의 국수론은 조선의 계몽운동에도 영향을 주었다. 《皇城新聞》에서는 일본의 학계 동향을 〈日本維新三十年史〉를 번역, 연재(《皇城新聞》 1906년 4월 30일)하여, 이를 소개하였다. 또한 일본 유학생 가운데는 '국수보존國粹保存을 통한 국가주의國家主義와 구화주의를 대비하거나(《大韓興學報》 13, 〈日本敎育界思想의 特點〉(1910. 5)〕, 일본혼을 본받아 조선혼을 발휘하자는 논의도 제기되었다.〔(崔錫夏, 〈朝鮮魂〉, 《太極學報》 5(1906. 12)〕.

먼저 그들은 무분별한 개화사업에만 몰두하여 자국을 생각하지 않는 점을 비판하고, 오히려 '수구守舊'하는 것이 낫다고 생각하였다. 유승흠柳承欽은 수구당이 비록 반상班常과 경향京鄕을 구별하는 폐단이 있지만, 통상 외교 이후 40년 동안에 일어난 일은 모두 '껍데기 개화'만 추구한 '개화당의 죄'라고 비판하고, 법률의 경장, 종교개혁, 실업 개량 등의 모든 사업은 신구참작 속에서 이루어져야 한다고 주장하였다.148) 또 혹자는 "애국은 목적이고 개화는 수단"인데, 수단을 알지 못하는 수구세력도 문제이지만, 목적인 애국을 알지 못하는 '개화'도 있다고 지적하면서, 개화세력은 외국 사람에게 아부하여 개인의 영달이나 꾀하고, 외국인들이 우리를 침략하게 만들었다고 하였다.149) 다시 말해 수구세력이 비록 진보는 없지만, "외국인을 끌어들여 자국에게 피해를 주는 것은 결코 행하지 않는다"고 하면서, '껍데기 개화'보다는 오히려 수구가 좋다고 지적하였다.150)

변법개혁론자들은 이처럼 무분별한 개화·문명화를 비판하면서 자연스럽게 우리의 국성國性과 정신 등을 강조하게 되었다. 김원극은 개화사업이 예로부터 내려오는 국성이나 전래하는 풍속의 선악도 헤아리지 않고 모두 버리면서, 반대로 외국에서 전래하는 것은 살피지도 않고 모두 취하고 있다고 비판하였다. 그는 신학과 구학, 개화파와 수구파의 대립을 지양하고 중력衆力을 합쳐야 무슨 일이든지 성취할 수 있다고 하였다.151) 또한 그는

---

148) 柳承欽, 〈宗敎維持方針이 在經學家速先開化〉, 《太極學報》 1 (1906. 8), 19~21쪽; 《太極學報》 2 (1906. 9), 14~17쪽; 〈公共主義說〉, 《大韓留學生學報》 1 (1907. 3), 17~22쪽.
149) 朴勝彬, 〈擁爐問答〉, 《大韓留學生學報》 2, 25~26쪽.
150) 揚致中, 〈守舊가 反愈於就新〉, 《太極學報》 22 (1908. 6), 13~14쪽.
151) 松南, 〈開化守舊 兩派의 胥失〉, 《西北學會月報》 19 (1910. 1), 6쪽.

당시의 신교육이 애국정신도 환기시키지 않으면서 문명국을 모방하기만 하다가 청년들의 정신이 혼란해지고, 결국에는 외국어나 조금 알면서 다른 사람의 밀정이나 되고, 명예와 벼슬만 열망하게 되었다고 파악하였다. 그리하여 이런 '망국의 자료'가 된 교육을 바로 하기 위해서는 '대한정신大韓精神'을 먼저 배양해야 한다고 주장하였다.152)

신채호도 이런 점에서 명확하였다. 그는 외국문명을 수입, 모방하거나 외국 인물만 숭배하게 되면 조국사상祖國思想을 몰각하게 되고, 자신도 모르는 사이에 '부외노附外奴'가 된다고 지적하였다.153) 그는 이를 '동화적 모방'이라고 비판하였다.

我가 同化코자 하여 模倣함이니, 我의 精神은 都無하고 彼를 服從키만 樂하며, 我의 利害를 不計하고 彼를 模範키만 務하여, 我가 彼되기를 僕僕自願하다가 畢竟 我의 身이 被의 身으로 化하며, 我의 國이 被의 國으로 化하며, 我의 族이 被의 族으로 化하여 其國家와 其種族이 消融乃已하는 模倣이니라.154)

고 하여, 동화적 모방을 비판하였다. 따라서 우리는 노예적 습관과 동화적 모방을 없애고 "외국 사회가 문명에 나아가면 나도 문명에 나아"가서 그들과 동등하게 되는 "동등적 모방"이 필요하다고 하였다. 그리하여 그는 문명 진보하기 위해서는 "외국의 장점을 취하여 본국의 단점을 보완하고, 외국의 해害를 감鑑하여 본국의 이익을 계計"해야 한다고 하였다.155)

152) 金源極, 〈教育方法必隨 其國程度〉, 《西北學會月報》 1 (1908. 6).
153) 《丹齋申采浩全集(別)》, 〈舊書蒐集의 必要〉, 169~170쪽.
154) 《丹齋申采浩全集(別)》, 〈同化의 悲觀〉, 150쪽.
155) 《丹齋申采浩全集(別)》, 〈國家를 滅亡케하는 學部〉, 127쪽.

신채호는 이런 입장에서 기독교 수용의 문제점도 지적하였다. 그
는 먼저 제국주의 침략이 종교를 수단으로 진행되고 있다는 사실을
지적하면서,[156] 기독교를 믿게 되면 자칫 국가나 민족을 망각할 수
있다는 점을 지적하였다. 기독교 신앙에만 안주하여 국가와 민족의
존망에는 무관심하고 오직 영혼 구제와 천국주의만 추구한다는 것
이었다.[157] 또한 기독교를 믿어야 나라가 부강해질 수 있다는 논의
도 비판하였다. 이집트처럼 예수교를 따르고도 망한 나라도 있고,
일본처럼 불교를 믿고도 흥한 나라가 있으니, 종교에 따라 나라의
흥망이 결정되는 것이 아니라고 단정하였다. 그는 오히려 나라의 부
강이 종교가의 우열에 의해 결정되므로, 국가주의 사상을 지닌 종교
가가 필요하다고 하였다.[158]

그리하여 그들은 '개화'에 임하는 자주적 자세를 강조하였다.
김원극은 기독교가 왕성한 해서海西 지방 교인들에게, 종교와 문
명화를 동시에 이루기 위해서는 너무 종교에만 빠지지 말고, "종
교적으로 도덕을 우선 배양하고, 그 다음으로 국가 사회의 의무
에 복종服從"해야 한다고 권고하였다.[159]

당시 신문에서는 기독교가 국민을 양성하는 국민교육을 실시해
야 한다고 주장하기도 하였다. 곧 기독교에서 기독교인만 양성하고,

---

156) 가령 강전姜荃은 당시를 '종교적 전쟁시대'라고 파악하였다. 곧 전쟁의 근본은
마음의 공격에 있고, 이 공심법攻心法은 종교를 통해서 가능하다는 것이었다. 그
는 프랑스의 월남 지배, 미국의 필리핀 점령이 모두 선교사를 통해 그 기초가 닦
여졌다고 이해하였다(〈宗敎的 戰爭〉《大韓學會月報》 8, 4~7쪽).
157) 《大韓每日申報》 1910년 4월 15일 논설 〈兩宗敎家에 向하여 要求하노라〉.
158) 《大韓每日申報》 1909년 11월 28일 논설 〈今日宗敎家에 要하는 바〉. 이 글에
서는 국가주의의 유무의 예로서 이항로와 일본의 야마자키 안사이[山崎闇齊]를 비
교하였다. 두 사람의 학술, 문장은 야마자키가 이항로의 '시동侍童'에 불과하지만,
국가주의의 정신에서 한일의 강약이 결정되었다고 하였다.
159) 金源極, 〈告我海西同胞〉, 《西北學會月報》 6 (1908. 11).

천주교에서는 천주교인만 양성하게 되면, 기독교와 천주교는 진흥하
겠지만 국가는 진흥할 수 없다는 것이었다.[160] 20세기의 신국민을
강조한 논설에서는 유교나 기독교 모두 '국민의 종교'가 되어야 하
며, 기독교인 가운데 '정신이 없는 자[無精神者]'를 깨우쳐 일으키고,
외래의 침략을 몰아내어야 한다고 하였다.[161]

(3) 지방유생층의 산구학절충과 교육운동 : 경북 지방의 경우

서울을 중심으로 전개되던 계몽운동은 각 단체의 지방지회나, 지
방에 근거를 둔 학회(서우·서북학회, 기호흥학회, 호남학회, 교남교
육회, 관동학회, 한북흥학회 등)의 활동으로 각 지방으로 확산되었
다. 이에 따라 신학을 절충·참작한다는 논리도 각 지방으로 확산되
었다. 이 논리는 지방에서 활발하게 전개되던 학교 설립과 교육운동
의 원리가 되었다. 이런 현상은 전국적으로 일어났지만, 더욱이 유
림의 전통이 강한 경북 지역에서도 그러하였다.[162]

---

160) 《大韓每日申報》 1909년 11월 24일 논설 〈國民教育을 施하라〉. 기독교에 대한
   이러한 비판이 제기되자 《大韓每日申報》에서는 기독교[耶蘇教]에서 많은 돈을 들
   여 한국의 국가와 민족을 위해 신지식·신문명을 수입하고 있다는 점을 강조하였
   다. 또한 종교로 말미암아 사람의 정신이 '무형간無形間에 감화변환感化變幻'하는
   지적에 대해서도 이는 종래 유교로 말미암아 모화심慕華心이 생겼던 점을 염려한
   것이며, 기독교의 박애를 잘 알지 못하는 것이라고 하였다. 서양 사람이 자신들의
   이익을 위해 열심히 포교한다 할지라도 한국인도 그 이익을 한국 방면으로 취하면
   된다는 것이었다(《大韓每日申報》 1910년 5월 17일 論說 〈韓國宗教界의 將來(
   續)〉).
161) 《大韓每日申報》 1910년 3월 3일 논설 〈二十世紀 新國民(續)〉.
162) 지방지회에 대해서는 拙稿, 〈韓末 啓蒙運動의 地方支會〉, 《孫寶基停年紀念韓國
   史學論叢》, 지식산업사, 1988 참조. 경북 지방에 대해서는 金喜坤, 〈韓末 嶺南儒
   學界의 啓蒙運動〉, 《韓末 嶺南 儒學界의 動向》, 영남대출판부, 1998; 拙稿, 〈한말
   경북지역의 近代教育과 儒教〉, 《啓明史學》 10, 1999 참조.

(가) 주자학적 세계관에 바탕을 두어 서양문명의 침투를 유교문화의 금수화禽獸化로 인식하던 재야 유생층은 시대의 변화에 따라 점차 서양문명에 대한 생각이 바뀌어 갔다. 경상도 성주星洲의 유생층, 곧 이진상李震相의 한주학파도 그런 변화를 보였다.

성주의 유생들은 병인양요와 개항을 거치면서 척사론을 강하게 보였다. 1881년 《조선책략》을 반대하는 상소운동에서 이진상은 영남 우도右道 지역을 대표하여 부소수副疏首가 되었고, 그의 아우 이운상李雲相과 제자들로 하여금 이 상소운동에 적극적으로 참여하도록 독려하였다.163) 또 개화파의 갑오개혁으로 단발령이 실시되자 재야 유생층의 위기의식은 더 고조되었다. 군주의 결단에만 기대고 있던 유생층은 이제 이를 기다리지 않고 의병을 일으켜 항쟁하였고, 또는 유교의 도道를 지키기 위해 "거수去守", "자정自靖"하기도 하였다.

그러나 대한제국 시기에 들면서 사정은 달라졌다. 정부의 개혁사업이 서양문명을 절충적으로 수용하여 추진되었고, 이를 고종이 주도하였다는 점, 그리고 청일·러일전쟁을 거치면서 서양과 일본을 보는 시각도 달라지고 있다는 점 등으로 말미암아 유생층의 현실 인식도 변하였고, 그 대응 방안도 달라졌던 것이다. 한주학파에서는 당시 유행하던 만국공법에 주목하고, 외교적인 방안을 동원하여 외세의 침탈에 대처하려고 하였다. 1905년의 국권 상실 이후 이러한 경향은 더욱 심해졌다.

이런 논의를 주도하던 사람은 한주학파의 두 기둥이었던 곽종석郭鍾錫과 이승희李承熙였다. 곽종석은 먼저 서양이 부강하다는 사실

---

163) 《寒洲先生文集》 부록 권2, 〈年譜〉(二, 380쪽). 이에 대한 연구로는 鄭震英, 〈19세기 후반 嶺南儒林의 정치적 동향 ― 萬人疏를 중심으로〉, 《韓末 嶺南 儒學界의 동향》, 1998 참조.

을 인정하면서 "서양의 종교는 불명不明하지만 오히려 애민愛民으로 정치를 하고, 교민敎民으로 일을 삼고, 부강으로 업業을 삼기 때문에 무정無政·무교無敎·무민無民·무무無武의 우리나라와 중국이 서양에게 유린되지 않을 수 없다"고 하였다.164) 그리고 그는 서양에서 과학 기술이 발달할 수 있었던 근저에는 서양의 철학과 종교가 있다고 생각하였다.165)

그러면서 곽종석은 유교 보존을 위해 정치·외교나 기술 같은 서양의 학문은 가르쳐야 한다고 하였다.

> 오늘날 같은 현실은 우리들이 虛談만을 숭상하고 實物을 추구하지 않아 元氣가 虛乏하여지면서 밖의 사악한 것이 기회를 노린 것에서 비롯되었다. 공자나 맹자를 오늘날에 있게 하더라도 반드시 隨遇變通하고 因物制宜하여 內修外攘의 도를 행하였을 것이다. 이에 우리들이 도모하고자 하는 것도 역시 憲政·交際·物理·兵制 기타 農工技藝와 같은 것은 마땅함과 재료에 따라 교육함으로써 다른 날에 스스로 떨칠 것을 기다려야 한다. 미주의 紅人이나 아프리카의 黑奴처럼 스스로 위축되고 구렁에 빠질 것을 볼 필요는 없다. …… 이런 연후에 공맹의 宗敎가 가히 보존될 것이고, 그렇지 않으면 인류는 없을 것이다.166)

더욱이 그는 유교가 때에 따라 변통하지 못하고 허담虛談만 숭상하다 폐단이 생겼다고 판단하였으며, 서양의 기술문명도 모두 본래 유교 속에 있었던 것으로 보았다. 따라서 서양의 것만 추구해서

---

164) 《俛宇先生文集》 권99, 〈答權浩仲〉 乙巳 (參, 122~23쪽).
165) 《俛宇先生文集》 권142, 〈書李汝材哲學攷辨後〉 (四, 95쪽).
166) 《俛宇先生文集》 권74, 〈答河叔亨〉 乙巳 (貳, 481쪽).

는 안 되지만, "신서新書는 불가불 섭렵한 뒤에 우리 사서육경四書六
經의 기본 명맥을 죽기로서 잃지 않아야 한다"고 하여 서양의 과학
기술과 정치론 등을 통하여 유교를 발전시킬 수 있다고 생각하였
다.167) 유교적 입장이 강한 가운데 서양의 기술문명을 취한 신구학
절충론이었다.

　이런 인식과 더불어 곽종석은 제국주의 침략에 대해 만국공
법을 강조하고 서양의 여러 나라에 대한 외교 활동을 전개하였
다. 그가 강조하던 공법은 서양에서 통용되던 블룬칠리Johann. K.
Bluntschli, 步倫冠魁의 《공법회통》을 유교적인 입장에서 이해한 것
이었다. 천하의 나라들이 도륙屠戮하는 것은 천의의 공법이 아니
라고 규정하고, 《공법회통》에서 지적하고 있는 것처럼 '인의'에
근본을 두어야 한다고 하였다.168) 곽종석은 1896년 이승희, 이두
훈李斗勳 등의 동문들과 각국 공사관에 〈포고천하문布告天下文〉을
보내어 일본의 침략을 만국공법에 바탕을 두어 규탄하였다.169)
가까운 문인들까지도 이런 태도를 "이적을 가까이하는 온당치 않
은 처사"라고 지적할 정도였다.170) 그러나 그는 "존양尊攘의 실實
은 바로 의리를 밝히는 것이므로 그들이 오히려 의리에 감복하면
우리에게 눌리는 것"이라고 하고, 당시 우리의 사정으로 과연 병
거兵車를 움직여 서양에 저항할 수 있는지 의심스럽다고 지적하
였다.171)

　1905년을 전후하여 곽종석은 외교적 대응을 더욱 강조하였다.

167) 《俛宇先生文集》 권99, 〈答權浩仲〉 乙巳 (參, 122~123쪽).
168) 《俛宇先生文集》 권141, 〈書公法會通後〉 乙亥 (四, 79쪽).
169) 〈布告天下文〉, 《독립운동사자료집(1)》, 국가보훈처, 102쪽.
170) 《俛宇先生年譜》 권1, 〈建陽元年 丙申條〉 (四, 628쪽).
171) 《俛宇先生文集》 권28, 〈答金致受〉 丙申 (壹, 488쪽).

일본에 대해 원수를 갚는 방법은 교린을 통하는 것이 가장 효과적이
라고 생각하였던 것이다. 의리에 밝고 사변辭辨을 잘하는 사람을 골
라 일본 정부에 조회하여, 대의를 깨우치고 대세를 확실하게 증명하
면 병력을 사용하지 않고도 원수를 토복討復하는 뜻을 펼 수 있다는
것이었다. 그런 뒤에 우리나라를 방해하는 조약은 파기하고 새로이
입약立約하여 서로 같이 보존할 수 있게 하여야 하며, 또한 청淸·아俄·
영英·미美·법法·덕德과도 신의로 권하고 이해로 깨닫게 하여, 공법에 따라
우리의 독립권도 이루어야 한다고 하였다.172)

　더욱이 러·일 사이의 대립에서, 《황성신문》에 러·일의 한반도 분
할 지배, 또는 일본의 한반도 독점적 지배 등이 보도되자 곽종석은
우리는 '국외중립'해야 한다고 주장하였다. 먼저 정부에서 열국의 공
사를 초청하여 담판하고, 일본과 러시아 양국의 정부에게도 한반도
의 지배는 불가하다는 점을 경고하면서, 이를 온 세계에도 알려야
한다고 하였다.173) 그는 정부를 통하지 않고 유생들을 동원하여 각
국 공관에 담판을 시도하기도 했다.174)

　곽종석은 의병항쟁과 같은 무력 대응에는 찬성하지 않았다.
일찍이 그는 1895년 안동 지방에서 기의한 권세연權世淵 부대의
아장亞將으로 추대되었으나, "가벼이 일어나는 것은 안 된다[不可
輕起]"는 입장에서 그 직을 사양하였다. 다시 김도화金道和 의병에
도 아장으로 임명되었으나 역시 응하지 않았다. 또 그는 이웃 제
천·영월에서 기의한 유인석柳麟錫의 의병진을 보고, 명령이 엄숙
하고 민간에 폐를 끼치지 않는 규율을 지적하면서도, 의병의 군

---

172) 《俛宇先生文集》卷首, 〈沃川途中疏〉(壹, 16~17쪽); 〈密進箚子〉(壹, 22쪽).
173) 《俛宇先生文集》卷首, 〈再進箚子〉(壹, 22쪽).
174) 《俛宇先生年譜》권1 (四, 719쪽).

졸들이 모두 농사짓는 '오합지졸'로 훈련 하나 받지 않아서 대사
大事를 이룰 수 없다고 판단하기도 하였다. 1896년에는 이승희를
비롯한 여러 문인들이 의병을 일으키려 하자 "할만한 힘이 없다
〔無可爲之勢〕"는 이유로 반대하였다.175) 그 뒤 1906년 최익현이 거
병을 제의하였을 때에도 "우리나라의 모든 힘을 들어서 국외의
적과 싸우는 것은 계란으로 바위를 치는 것과 같다"고 하여 거절
하였다.176)

이진상의 아들 이승희도 곽종석과 비슷하였다. 이승희는 의병
을 준비하다가 곽종석의 반대로 하지 못한 뒤에는 외교적인 방법
을 추구하였다. 을미사변 뒤 곽종석과 상의하여 일본 공사 미우라
고로三浦梧樓가 왕후를 시해한 죄를 공법에 비추어 토죄討罪할 것을
호소하는 글을 짓고, 이를 강구상姜龜相·윤위하尹胃夏·장완상張完相·이
두훈 등과 연명하여 각국 공사관에 보냈다. 또한 1905년 을사조약
이 체결되자 장석영張錫英·이두훈과 함께 오적五賊을 죽이고 이를 폐
기할 것을 청원하는 상소를 하면서 "천하의 사람들에게 대한大韓 사
람의 감정이 을사늑약을 반대하고 있음과 일본이 강제로 조약을 맺
은 죄를 알리고자 한다"고 하였고, 헤이그에서 평화회의가 열린다는
소식을 듣고는 일본의 침략을 국제사회에 알리고자 여러 편의 글을
작성하였다.177)

---

175) 《俛宇先生年譜》 권1, (四, 625~627쪽). 그러나 안동 의병진의 조직에
  곽종석의 이름이 들어있다. 金祥起, 〈1895~1896년 安東義兵의 思想的 淵源
  과 抗日鬪爭〉, 《史學志》 34, 1998; 金喜坤, 〈안동의병장 拓菴 金道和
  (1825~1912)의 항일투쟁〉, 《歷史敎育論集》 23·24, 1999 등 참조.
176) 《俛宇先生文集》 권19, 〈答崔贊政〉 (壹, 359~360쪽).
177) 琴章泰, 〈韓溪 李承熙의 生涯와 思想(Ⅰ)〉, 《大東文化硏究》 19, 1985,
  13~15쪽. 〈與和蘭國牙萬國平和會中書〉, 〈以海牙辨誣事 通告萬國政府文〉, 〈與英
  國留學生書〉 등이었다. 이승희는 '강점' 이후 '만국대동의원萬國大同議院'이라는

이와 같이 곽종석과 이승희가 보여 준 현실 인식과 그에 대한 대
응은 전통적인 유생들과 조금 달랐다. 그들은 유교를 근본으로 하면
서 서양의 신학문을 절충하려 하였고, 만국공법과 외교를 강조하였
다. 이런 한주학파의 분위기에서 그 제자들도 서양의 학문을 연구하
고 이를 수용하는 모습을 보였다.

이승희와 곽종석의 지도를 받았던 김창숙金昌淑도 전통 유학에서
극적으로 사상이 변한 경우였다.178) 성주 대가면大家面의 의성 김씨
는 김우옹金宇顒(1540~1603, 호 동강東岡)의 후손들로 이 지방의
대표적인 유림이었다. 김창숙의 아버지 김호림金護林(호 하강下岡)
은 이진상을 스승으로 모셨고, 김창숙을 이승희에게 보내 배우게
하였다.179) 김호림은 당시의 시세 변화를 깨닫고, 구래의 사회가
바뀌어야 한다는 생각을 가지고 있었다. 그는 1894년 농민전쟁이
일어난 뒤, 김창숙 등의 학동學童에게 농민의 실상을 깨닫도록 가르

조직을 구상하였다. 약육강탄弱肉强呑하는 당시의 제국주의 열강을 중심으로 하는
평화회의를 반대하고, 신의로 공존할 수 있는 방안으로 구상되었던 것이다. 그는
이를 통해 만국의 이학정치가理學政治家, 명사名士를 그 나라의 백성의 수에 비례
하여 선출하고, 각 나라 의회의 규례를 조화하여 만국공법과 규칙을 정하여 천하
만국이 이를 행하도록 한다는 것이었다. 그는 이를 통해 만국이 인의人義의 구역
에 들 수 있고 태평 만세를 이룰 것으로 예견하였다(《大溪先生文集(續)》권5, 〈萬
國大同議院私議〉).
178) 심산사상연구소 편, 《심산 김창숙의 사상과 행동》, 성균관대학교, 1986; 권기
훈, 《심산 김창숙 연구》, 선인, 2007; 김기승, 〈심산 김창숙의 사상적 변화와 민족
운동〉, 《한국독립운동사연구》42, 2012 등 참조.
179) 김호림이 이승희에게 김창숙의 지도를 부탁하였으나 김창숙은 "내가 본래 성
리설을 듣기 좋아하지 않아서 결국 그 문하에 들지 못하고 말았다"고 하였다. 그
러나 아버지의 사후에 "李種杞·郭鍾錫·李承熙·張錫英 등을 두루 찾아가서 경서經
書의 뜻을 물어서 감발感發된 바가 많았고, 특히 이승희에게는 마음속으로 절로
감복되어 성심껏 섬기게 되었다"고 기술하고 있다(金昌淑, 《心山遺稿》권5, 〈躄翁
七十三年回想記〉, 국사편찬위원회, 300~301쪽).

쳤고, "지금 세상이 크게 변해 가는 즈음인데 너희들은 주역周易을 읽고도 변혁의 이치를 몰라서야 되겠느냐"고 하면서 계급과 문벌을 타파해야 한다고 가르쳤다.[180] 이런 가르침에서 김창숙은 '을사조약' 이후에 "나라가 곧 망하겠다. 지금 문을 닫고 글만 읽을 때가 아니다"고 하고, 대한협회 성주지회를 통하여 계몽운동에 참여하였다. 1910년 이후에도 그는 유생층의 입장에서 적극적으로 민족운동을 전개하였다.

곽종석의 제자였던 고령의 이인재李寅梓도 그러하였다. 이인재는 당시를 "천고千古에 없었던 변국變局"이라고 파악하고, 보국保國·보종保種·보교保敎의 과제를 달성하기 위해서는 '자강'에 힘써야 한다고 하였다. 그러나 정부가 자치, 자강의 도를 게을리 하여, 개항 초기에는 힘을 다해도 얻는 바가 없었고, 정권을 잡고 있는 자는 고식적으로 일을 보며, 목민관은 백성을 수탈하여 자기만 살찌우고 있다고 비판하였다. 그는

> 조정의 신하(개화파)는 시국을 목도하고 西法을 불가불 사용해야 한다는 것을 대강 알고는 衣章이나 文具에 의해 開化의 外貌만 추구하였다. 草野의 선비는 經籍에만 의탁하여 매번 古道를 회복해야 한다고 말하면서 陳言往迹 으로 尊撰의 헛된 습관〔虛習〕만 숭상하였다. 외모만 구비하는 것은 곧 開化 의 末일 뿐으로, 황금을 낳는 거위를 양생하지 않은 것이다. 또 허습이 이루 어져 존양에 비슷한 것 같지만, 이는 머리만 감추는 타조와 같은 것이다. 조

---

180) 《心山遺稿》 권4, 〈先君子下岡府君遺事〉; 권5 〈躄翁七十三年回想記〉. 1894년 농민전쟁이 일어났을 때 농민군도 "여기는 김하강의 마을이다. 조심하여 범하지 말라"고 하였을 정도였다. 단발령이 실시되자 김호림은 "왜구들〔島寇〕을 없애지 않으면 우리들이 반드시 오랑캐를 따라 이빨에 먹칠을 하게 되리라"고 하여 의병을 일으킬 것을 꾀하기도 하였다(〈先君子下岡府君遺事〉, 297쪽).

정에서는 그 허습을 싫어하여 儒者는 쓰기에 부족하다고 하고, 초야에서는 그 외모를 비판하여 時務하는 것은 배울 수 없다고 한다.[181]

고 하여, 서양의 겉모습만 추구하는 개화파를 비판하면서 동시에 구래의 허습만 숭상하는 재야의 보수적인 유생층도 비판하였다.

더욱이 이인재는 신법을 택한다고 유교를 부순다면 서법 자체도 배울 수 없을 것이라고 판단하고, 신학을 받아들여 민지民智를 개발하고 자강을 추진하되, 서법의 껍데기만 따르지 않아야 한다고 하였다. 또한 이를 통해 자강·보국하고, 황인종과 백인종의 대결에서 종족을 보존해야 하며, 전날처럼 천주교를 탄압할 것이 아니라 종교·신앙의 자유를 허가하면서 우리들은 '안신입명安身立命'할 수 있도록 유교를 돈독히 보존해야 한다고 하였다.[182]

이인재는 이런 문제의식에서 유생으로는 특이하게 그리스철학을 연구하였다. 그는 "태서泰西가 흥함을 생각하면 반드시 그 치致가 있고, 그 근본을 구명하면 그 정치가 가장 낫다. 헌법·행정 등의 책을 보니 그 원류는 모두 철학에서 나온 것"이라고 하면서 철학을 밝히기 위해 〈고대희랍철학고변古代希臘哲學考辨〉을 저술하였다.[183]

유교를 근본으로 서양학문을 수용하고자 했던 이인재는 구래의 향약과 서양의 정치론을 절충하여 지방에 민의소도 만들었다.[184]

---

181)《省窩集》권5,〈漫錄〉, 417쪽.
182)《省窩集》권5,〈漫錄〉, 415~419쪽.
183)《省窩集》권2,〈上俛宇先生〉, 162쪽. 곽종석은 제자 이인재가 쓴 그리스철학을 검토하고는 "서구 근세의 과학은 모두 희랍철학에서 나온 것으로, 후세에 그 학문이 천리인륜天理人倫의 정에 근본하지 않고 오직 물질의 변화를 연구하고 공리의 사욕만을 추구하여 통달했을 뿐이며, 그 기술이 매우 정미精微롭고 깊어져 사람이 귀매鬼魅가 되고 금수가 되었다"고 지적하였다(《俛宇先生文集》권142, 〈書李汝材哲學考辨後〉(四, 95쪽)].

민의소는 인민의 자치를 실시하여 인민의 권리를 수립한다는 목표
로, 지방 공익의 도달導達, 행정 방법의 개선, 인민폐막人民弊瘼 개혁,
교육 보급, 권리 보호, 환난상구患難相救 등을 강령으로 하였다. 물론
그 활동은 철저하게 "국법 범위와 문명 궤도 이내의 행동"을 강조하
였는데, 인민의 편리 방안이나 지방의 폐해가 있으면, 관청에 건의
하고 질문하여 이를 시행하는 방법을 택하였다.[185]

　한주학파의 곽종석, 이승희와 그들의 제자들은 자연스럽게 국채
보상운동에도 동참하였고,[186] 성주의 대한협회 지회, 고령의 민의
소를 운영하였으며, 사립학교를 만들어 교육운동도 전개하였다. 또
한 3·1운동 뒤에는 유림세력을 동원하여 독립청원운동을 전개하였
다. 이런 변화는 화이관의 극복과 신분제 부정, 그리고 유교의 종교
화 등과 더불어 일어났다.

　(나) 계몽운동이 전국의 각 지방으로 확산되면서 경북 지역에서

---

184)《省窩集》권5,〈自治民議會趣旨書〉;《高靈郡自治民議所程式》.
185)《高靈郡自治民議所程式》에는〈綱領〉,〈規則〉,〈細則〉,〈議員選擧規程〉,〈公式文
　　書〉,〈通常會會規〉,〈總務會計處務規程〉,〈罰則〉,〈面會所規則〉 등이 매우 자세하
　　게 규정되어 있다. 그는 당시의 계몽운동도 자국의 정신을 북돋워 국권을 만회하려
　　는 것이므로, 이것은 지방에서 선비들의 기운을 진흥시키는 향약과 같다고 생각하
　　였다(《省窩集》권3,〈答大韓協會星洲支部－金元熙·李晋錫·金昌淑〉, 218~219쪽).
186)《大溪先生文集(續)》권5,〈以國債義務事通本鄕文〉;《大韓每日申報》1907년 4
　　월 12일 잡보〈慶北星州郡義務所國債報償趣旨書〉. 이 글들에는 국채보상운동의
　　시작에 대해 재미있는 지적이 있다. 앞의 글에서는 "지금의 禁烟報債하자는 의논
　　은 동래항에서 시작되어 達府[대구]에서 일어나서 관서 지방의 의무 조직이 되었
　　고, 같은 시기에 서울의 신사紳士들이 이미 사무소를 설치하여 조직하였다"고 하
　　였고, 또 뒤의 취지서에서는 "禁烟償債하자는 의논은 동래항에서 말하고, 達府에
　　서 글을 지어 서울에 도달하여 전국으로 소리쳐 나가 귀가 있는 사람은 모두 듣고
　　응하였다"고 하였다. 이 점에 대해서는 拙稿,〈韓末 大邱地域 商人層의 動向과 國
　　債報償運動〉,《啓明史學》8, 1997 참고.

도 많은 자산가와 유생층이 가담하였다. 대한자강회 지회가 고령과 청도에, 대한협회 지회는 대구·경주·영천·자인·칠곡·성주·인동·선산·김산·안동 등지에 설치되었다. 각 지회는 주로 학교 설립과 교육운동을 이끌었다.[187] 대구에서는 독자적으로 계몽운동 단체가 조직되었고, 이 단체를 중심으로 교육운동이 일어났다. 1906년 1월에 세워진 대구 광문사大邱廣文社와 8월에 만들어진 대구광학회大邱廣學會 등이 그것이었다.[188]

상인층, 전직관료, 유생층이 중심이 된 대구 광문사는 서적·잡지를 간행하기 위해 만들어진 것이었다.[189] 동시에 대구 광문사에서는 "치국治國의 요무는 교민敎民에 있고, 교민의 방법은 학교의 설립에 있다"고 하며,[190] 교육운동을 펼쳤다. 그들은 고종의 〈흥학조칙〉에 따라 관찰사와 더불어 경북 전군을 순회하면서 학교 설립에 앞장섰으며,[191] 이를 더 적극적으로 추진하고자 대구 광문사 안에 문회

---

187) 대개 지회 안에는 교육부가 따로 설치되어 교육운동을 주도하였는데, 대구지회의 교육부장은 노동야학교 교장이었던 현경운玄擎運이었다. 1908년 5월의 총회에서 국민야학교國民夜學校를 세우기로 결의하였고, 그 뒤 노동야학교의 교원을 지회의 통상평의회에서 선정하였다(《大韓協會會報》 8, 62쪽; 《大韓協會會報》 12, 56쪽).

188) 이들의 활동에 대해서는 權大雄, 〈韓末 慶北地方의 私立學校와 그 性格〉, 《國史館論叢》 58, 1994, 28~30쪽; 졸고, 앞의 글(1997), 292~300쪽.

189) 《大韓每日申報》 1906년 1월 14일 〈廣文創設〉.

190) 《大韓每日申報》 1906년 2월 8일 〈學校請設〉.

191) 《大韓每日申報》 1906년 5월 24일 〈文社大進〉; 6월 2일 〈新聞承認〉. 사무실에 활주기계活鑄機械 칸을 건축하여 교과서 인출印出과 영남신보의 간행을 계획하였다. 신문의 간행은 예정대로 이루어지지 않은 것 같으나 교과서는 몇 종류 출판하였다. 현재 확인되는 것으로는 ①李元祚, 《中等算學》, 1907년 10월. 심상중학교 수학 교과서용, 이원조는 탁지부 양지과 대구출장소 수학 교수. 광문사 사장 김광제가 교열 ②장지연 역술, 《商業學》, 1907년 11월, 張相轍 교열 ③李炳台 역, 《經濟敎科書》, 1908년 4월, 원저자 일본인 和田垣謙三 등(康允浩, 《開化期의 敎科用圖書》, 1973 참조)이 있다. 자체적인 교과서 출판 계획은 고령의 영신학교靈新學校에서도 추진되었다(《大韓每日申報》 1906년 8월 23일 〈高倅報告〉).

文會를 만들었다. 문회는 1907년에 대동광문회大東廣文會로 개편되어 "강제적 의무, 구립적區立的 제도"라는 의무교육제의 시행을 정부에 건의하였다.192)

최대림崔大林, 이일우李一雨 등이 조직한 대구광학회에서도 "우리 나라가 위급하고 망하게 된 것은 민지가 아직 열리지 않았기 때문" 이라고 판단하고, 백성의 학문을 넓히고 민지를 개발하여, 민업을 확장하고자 하였다. 이를 위해 학교 설립은 말할 것 없고, 외국처럼 미취학 아동을 위한 유치원, 그리고 장년층을 위한 박물관·도서관· 박람회·연설회·토론회·도서종람회·신문종람소 등을 강구하여 지식을 연마하자고 하였다.193) 대구광학회의 사무소는 이일우가 경영하던 우현서루友弦書樓에 두었는데, 이곳에 만들어진 시무학당時務學堂에서 는 내외국의 신구서적과 각종 신문, 잡지 등을 널리 구입하여 비치 하였다.194)

그 밖에 대구에서 만들어진 여러 조직들, 가령 민의를 결집하고 민기民氣를 진작시키기 위한 대구민의소大邱民議所,195) 시장 상인들 이 중심이 된 대구시의소大邱市議所,196) 달성친목회,197) 일반 여자 교육의 발전을 위한 교육부인회教育婦人會198) 등도 모두 교육운동에

---

192) 《皇城新聞》 1907년 2월 4일 〈文會建議〉; 1907년 2월 11일 광고; 1907년 2 월 22일 〈廣會建議〉. 대동광문회를 조직하는 자리에서 대구광문사의 부사장이었 던 서상돈이 단연보상운동斷烟報償運動을 제의하였다.

193) 《大韓每日申報》 1906년 8월 21일 〈大丘廣學會趣旨〉.

194) 《皇城新聞》 1905년 2월 1일 〈有志開明〉.

195) 《皇城新聞》 1906년 6월 1일 〈慶北代議所〉.

196) 《大韓每日申報》 1907년 4월 28일 〈幻燈開設〉.

197) 《大韓每日申報》 1909년 12월 30일 〈達校振興〉; 《大韓民報》 1910년 1월 8일 〈達西女校大發展〉. 달성친목회는 회관 안에 법률야학강습소를 설립하고 보성전문 학교의 강의록 수백 부를 가져와 교육하였다(《皇城新聞》 1910년 6월 15일 〈親睦 會法律夜學〉).

동참하여 활발하게 활동하였다. 대구 외에 지역에서도 교육운동을
위한 단체들이 만들어졌다. 봉화의 금석주琴錫柱, 김호규金濩圭 등
이 중심이 된 봉성광학회鳳城廣學會는 향교에 학교를 세웠으
며,199) 경주에서는 군수를 중심으로 경주군교육회를 조직하였
다.200) 안동에서는 영가학교永嘉學校를 세우고 교육 방침을 연구
하기 위하여 영북학회永北學會를 만들었으며,201) 청도에서도 문
명학교文明學校 유지를 위해 간친교육회懇親敎育會를 조직하였
다.202) 이와 더불어 서울에서 만들어진 교남교육회嶠南敎育會에서
도 영남 지역의 교육 확산을 지원하였다. 교남교육회에는 지방
인사들도 다수 가입하였는데, 서울의 본회에서는 영남 지역의 교
육 발전을 위하여 교육선유위원을 파견하여, 지회의 확장과 교육
의 발달을 위해 노력하였다.203)

계몽운동 단체의 지회가 각 지역에 만들어지고 관료층의 교육운
동이 펼쳐지면서 많은 유생층도 신교육을 위한 학교 설립에 참여하
였다.204) 당시 경북 유림을 대표하는 안동 정재학파의 이상룡李相龍
·유인식柳寅植, 그리고 성주 한주학파의 김창숙과 이인재 등도 그러

---

198)《大韓民報》1910년 1월 8일 〈達西女校大發展〉.
199)《皇城新聞》1908년 4월 19일 〈鳳城廣學會〉.
200)《皇城新聞》1908년 9월 24일 〈慶郡敎育會〉; 1908년 11월 5일 〈事不穩當〉.
201)《皇城新聞》1908년 10월 31일 〈永北學會〉.
202)《皇城新聞》1909년 6월 24일 〈兩個目的〉.
203)《大韓民報》1909년 8월 3일 〈嶠會漸進〉;《大韓民報》1909년 12월 2일 〈敎育
    宣諭員〉;《皇城新聞》1909년 2월 3일 〈嶠南의 曙兆〉;《皇城新聞》1909년 12월 7
    일 〈嶠南勸諭〉;《大韓每日申報》1910년 7월 17일 〈果有是譽〉등의 기사에서 남형
    우南亨祐, 박태훈朴泰薰, 강하형姜夏馨 등이 파견되어 활동한 것을 확인할 수 있다.
204) 말할 것도 없이 당시 계몽운동이나 학교 설립에는 유생층 외에도 경제적으로
    여유가 있던 상인층이나 지주층도 참여하였다. 대체로 이들도 유교적 소양을 가지
    고 있었던 것은 틀림없다. 대구나 김천의 경우에는 상인층의 역할이 대단하였다.
    拙著,《大韓帝國期의 政治思想 硏究》, 지식산업사, 1994, 160쪽 참조.

하였다.205)

안동의 이상룡은 1905년 의병이 실패하자, 의병이 시국에 어두
워 패배하였다고 판단하고, 동서의 서적을 구람購覽하면서 여러 사
람의 마음을 합하여 인재를 교육하고자 대한협회 안동지회를 설립
하였다.206) 유인식도 의병에 실패한 뒤, 1903년 서울에 가서 유근
柳瑾·장지연·신채호 등과 교유하면서 "금일의 급무는 다만 교육에 있
으며, 민권을 신장시키고 민지를 개발한 연후에 국세國勢를 만회할
수 있고, 민족을 보존할 수 있다"는 것을 깨닫고, 바로 안동으로 돌
아와 신학교육을 위해 협동학교協東學校를 만들었다.207) 안동 지역
유생층의 신학 수용에는 양계초의 《음빙실문집》이 큰 영향을 끼쳤는
데, 이 책은 대한협회 지회의 활동 지침으로, 또 협동학교의 교재로
사용되었다.208) 이 밖에도 안동 지역의 유생 김동삼·김대락金大洛·
송기식宋基植 등이 활동에 동참하였다.

앞서 본 바와 같이 성주의 유학자들도 일찍부터 서양사상에 관
심을 가지고 있었다. 이인재는 고령 민의소民議所의 민회장民會長으
로, 민지 개발, 자강 추진을 통해 보국報國하고자 하였다. 그곳에서
는 이미 군수와 유지들이 영신학교靈新學校를 세워 교육운동을 펼치

205) 조동걸은 이런 계열의 유자층을 '혁신유림'으로 규정하였다(〈解題〉, 《國譯許蒍
全集》, 아세아문화사, 1984).
206) 金基承, 〈韓末 儒敎知識人의 思想轉換과 그 論理〉, 《民族文化》 4, 한성대, 1989.
207) 《東山文稿》 권1, 〈上金拓菴先生〉戊申; 권2, 〈略歷〉. 유인식의 사상적 전환에 대
해서는 金貞美, 〈東山 柳寅植의 國權回復과 民族敎育運動〉, 《大丘史學》 50, 1995;
金喜坤, 〈東山 柳寅植의 생애와 독립운동〉, 《한국근현대사연구》 7, 1997 참조.
208) 이상룡은 "舊聞을 述하고 新法을 參酌하여 條略 1부를 저술하여 여러 우인들
이 같이 힘쓰기 위한 요령을 제공하여 재료로 취용하게 하였는데, 많은 것은 支那
人 梁啓超 문집 중에서 본을 받았다"라고 하였다(《石洲遺稿》 권5, 〈書揭大韓協會
會館〉). 협동학교에 대해서는 金喜坤, 〈安東 協東學校의 독립운동〉, 《조동걸정년
기념논총(Ⅱ) 韓國民族運動史研究》, 1997 참조.

고 있었고, 또 이들이 1906년 7월에 대한자강회 고령지회를 세웠다.[209] 자강회 지회가 해체된 뒤 이들은 민의소에 참여하였다. 민의소는 지방의 자치 기구이면서도 동시에 교육을 담당하는 계몽 단체였다.

성주의 김창숙은 아버지의 영향으로 "변혁의 이치"를 깨닫고 시대의 변화에 따라 계급과 문벌을 타파해야 한다는 생각을 갖게 되었다. 그에 따라 성명학교星明學校를 만들고 대한협회 성주지회의 총무로 참여하면서 계급을 타파하고 구습을 혁파하여 나라를 구하자고 하였다. 그는 대한협회 성주지회를 조직하면서

> 우리가 이 회를 설치하는 것은 장차 종국宗國을 구하려는 것이다. 조국을 구하고자 할진대 마땅히 구습의 혁파부터 시작해야 하며, 구습을 혁파하고자 할진대 마땅히 계급타파로부터 시작해야 하며, 계급을 타파하고자 할진대 마땅히 우리의 이 모임으로부터 시작해야 할 것이다.[210]

라고 천명하였다.

이처럼 경북 지역의 교육운동은 대개 '산구학절충'의 차원에서 추진되었다. 그들은 영남 유생의 역사적 책임을 강조하였다. 경주군 교육회, 인동의 동락학교同樂學校, 안동의 동명학교東明學校 등에서는 우리나라의 유학 전통과 소중화 그리고 영남 지역의 유학에 자부심을 내세우면서도 동시에 시대가 내려오면서 유교가 현실에서 멀어져 허문虛文으로 흐른 폐단을 지적하였다.[211] 그들은 모두가 "수시

---

209) 《大韓自强會月報》 3, 41쪽; 《大韓自强會月報》 4, 42쪽.
210) 《心山遺稿》 권5, 〈躄翁七十三年回想記〉, 302쪽.
211) 《皇城新聞》 1908년 9월 24일 〈慶郡敎育會〉; 1908년 9월 18일 〈嶺儒開明〉;

변역隨時變易"이라는 변통의 원리에 따라 시대에 맞는 신학 수용을 주장하였던 것이다.

이상룡은 〈대한협회안동지회취지서〉에서 "구학을 근본으로 신학을 참작하면서, 정신을 단합하고 지덕智德을 나아가게 하여 대한의 자립권을 흥복興復하고자 노력"하자고 하였으며, 지회에서 펼칠 8가지의 의무를 제시했다. 그는 그 가운데 "국민을 교육할 것"을 제시하고, 교육은 전통적인 경전과 사서를 가르치고, 더불어 화학·전기·격산格算·농광農鑛·공상工商·법률에 관한 신서적을 연구하여 교재로 사용해야 할 것을 제시하였으며, 젊은 인재의 해외유학도 거론하였다. 또한 학교에서는 병식兵式의 체조 등과 같은 군사교육을 실시하여 의용義勇을 양성해야 한다고 하였다.212)

유인식은 지지地誌·역사·법률·산술·농상학·기화학氣化學 등의 신학은 이단異端 사설邪說로 윤리와 인심을 파괴하는 것이 아니라 유자가 마땅히 강구해야 할 것이라고 하였다. 그는 "신구학이 판연하게 다른 것이 아니라 구학가에서 신학을 산출하게 하고, 신학으로 하여금 구학을 접하게 한다면 그 후에 가히 민기民氣를 양성할 수 있다"고 하여, 구학과 신학의 동시 발전을 주장하였다. 더욱이 그는 구학의 발전에 대한 책임은 유학자들이 지고 있다고 하였다.213)

고령의 이인재도 학교의 교육에 대해서 "오늘날만 근거하여 옛것을 배우지 않으면 피부처럼 얕아 본원에 도달하지 못하고, 옛것만 따르고 오늘 것을 참작하지 않으면 점점 멀어져 사정事情에 합치되지 못한다"고 경고하였다.214)

1908년 9월 3일 〈東明設立〉.
212)《石洲遺稿》권5,〈書揭大韓協會會館〉, 206쪽 ;〈大韓協會安東支會趣旨書〉, 207쪽.
213)《東山文稿》권1,〈上金拓菴先生〉;〈與族孫圭元〉.
214)《省菴集》권5,〈自治民議會趣旨書〉;〈漫錄〉;〈學校警告文〉.

신구학절충의 교육론은 여러 교육운동 단체나 학교의 설립 취지
에서도 확인할 수 있다. 대구 광문사에서는 학교 교과서로 시대에
적합한 동서양의 서적을 번역·인쇄하였는데, 신학문이 덕육에 소홀
한 점이 있으므로, 교과서의 찬술은 덕육을 위해 사서四書의 심성정
心性情과 인의예지 등에서 요긴하고 심오한 문의文意를 취하여 신
학문의 덕육과德育課에 참호參互하고자 하였다.215) 이일우가 세운
우현서루에서도 "내외국 신구서적의 지식 발달에 유익한 서책과
각종 신문, 잡지 등을 광구廣求 구입하여 그 학당에 저치貯寘"하였
다.216) 또 대구의 수창학교는 15세 이하에서는 구학(한문)을 수
학하고 15세 이상의 학생은 외국인 신학 교사들에게 어학과 같
은 신학을 배우게 하였으며,217) 청송의 낙일樂一학교도 한문을
기본으로 하고 시무를 용用으로 하면서 어학·산술·역사·지지 등
을 교육하였다.218) 이것은 서원을 기반으로 설립된 도산서원陶山
書院의 보문의숙寶文義塾, 옥산서원玉山書院의 옥산학교, 삼계서원三
溪書院의 조양학교朝陽學校 등에도 마찬가지였다.219) 당시 설립된
학교의 설립 취지서에서는 대개 '수시변통隨時變通, 고금참작古今
參酌'을 천명하였다.

민지개발, 부국강병, 국권 회복을 위한 신학 수용을 산구학절충적
인 입장에서 추구했던 사립학교의 교육이념을 단적으로 보인 일례로
는 의성 육영학교育英學校에서 부르던 교육가教育歌를 들 수 있다.220)

---

215) 《皇城新聞》 1906년 7월 26일 〈廣文社長注意〉.
216) 《皇城新聞》 1905년 2월 1일 〈有志開明〉.
217) 《大韓每日申報》 1907년 12월 21일 〈學界競爭〉; 10월 8일 〈大邱壽昌學校趣旨書〉.
218) 《大韓每日申報》 1907년 6월 15일 〈靑松郡私立樂一學校趣旨書〉.
219) 《皇城新聞》 1910년 1월 12일 〈陶山書院의 寶文義塾〉; 1910년 3월 29일 〈不
必請願〉; 1910년 9월 3일 〈朝校有人〉.
220) 《皇城新聞》 1909년 2월 17일 〈慶北義城郡育英學校教育歌〉.

(전략)

檀箕 以來 數千年에 禮樂 敎化 文明ᄒᆞ고 / 我朝 開國 五百年에 聖子 神孫 相繼ᄒᆞ샤
堯舜禹湯 心法이오 孔孟顔曾 道統이라 / 皇天이 眷顧ᄒᆞ사 萬年 基業 鞏固ᄒᆞ다
大千 世界 한바다에 開化 種子 남기 나셔 / 봄바람이 도라오니 歐羅巴에 꽂치 열고
美利堅에 입피 피여 亞細亞에 結實인가 / 育英學校 生徒들아 어셔 밧비 敎育ᄒᆞ셰
孔夫子의 眞面目을 六經으로 宗旨숩고 / 泰西學問 硏究ᄒᆞ야 經世 大義 通達ᄒᆞ셰
天文地志 歷史學과 算術 法律 政治學과 / 五十三門 專科學을 實地工夫 卒業ᄒᆞ야
國家義務 擴張ᄒᆞ고 社會 倫理 開明ᄒᆞ세 / 優勝劣敗 競爭局에 自由 强權 第一일네
民智民權 發達하여 一等國民 되어보세.

이 노래에서는 우승열패와 같은 경쟁 아래에서 강자가 되고, 일
등국민이 되기 위해 신학을 수용하여 민지와 민권을 발달시켜야 하
지만, 어디까지나 유교를 종지로 하여야 한다고 강조하였다.

산구학절충적인 입장에서 신학문 수용을 추진하면서 안동의 협
동학교처럼 유교만이 아니라 국민정신과 국혼을 강조하는 경우도
있었다.[221] 국혼의 강조는 매우 관념적이기는 하였지만, 이에 근
거하지 않고 진행된 서양학문의 수용이 간혹 비주체적으로 흐르는
잘못을 막을 수 있었다. 이는 후술할 변법개혁론의 '국수보전론國粹
保全論'과 상통하는 것이었다. 대한협회 안동지회의 운동론이 서울
본회와 차이가 있었고, 또 이들이 1910년 전후 국외의 독립전쟁으
로 전환할 수 있었던 것도 이런 점과 무관하지 않을 것이다.[222]

유학의 전통이 강하던 안동과 성주 지역의 신학 수용과 근대

---

221) 《皇城新聞》 1910년 7월 29일 〈協校學生哀函〉. 유인식이 《大東史》를 집필했던 것
　　도 바로 이 점 때문이었다.
222) 金基承, 앞의 글(1989) 참조.

교육 추진은 지역 내부의 강한 반발에 부딪치기도 하였지만, 전국
적으로는 큰 반향을 불러일으켰다. 가령 《황성신문》의 논설에서는
여러 번 "가장 비루한 것이 교남嶠南 인사, 완고한 것이 교남嶠南
인사"라고 하면서 지역의 보수성을 비판하였고, 학교만 세우면 이
를 공격하는 영남 인사들에게 '경고'하면서, 안동의 명문 집안에서
누습을 타파하고 문명 진보를 위해 교남교육회의 지회나 협동학교
를 설립한 것은 "교남嶠南 산천에 문명文明 광선光線이 발현하였고,
우리나라의 전도에 희망이 있다"고 찬양하였다.223)

2) 유교개혁론의 제기와 종교화

(1) 박은식의 유교개혁론

(가) 앞서 장지연은 국약國弱의 원인으로 국부國富가 소모된 점을
들면서 일도 하지 않고 이를 소모하는 집단을 지적하였다. 그 가운데
하나가 유교와 유림이었다. 변법론이 시세의 변화를 강조한 만큼 그
들은 당시의 유자들이 유교의 근본이념을 알지 못하고 시세에 뒤떨
어진 학문을 고수하는 완고성, 고루성, 보수성이 있다고 비판하였다.

변법론의 출발이 되었던 신구학절충론은 시세의 변화와 장단점
을 참작하여 신학문을 받아들이자는 것으로, 이는 구학문이 시의에
부족하거나 단점이 있다는 것을 인정하는 것이었다. 그들은 신학 수
용이 유교의 원리에도 어긋나지 않는다는 점을 강조하였다. 이는 유
교 자체에 대한 비판이라기보다는 시세에 따라 변하는 유교의 원리
를 깨닫지 못하는 보수적 유학자를 비판한 것이었다.

---

223) 《皇城新聞》 1908년 6월 27일 〈警告嶠南人士〉; 1908년 9월 24일 〈嶠南의 一
雷〉; 1909년 2월 3일 〈嶠南의 曙兆〉.

그들은 먼저 서양학문의 원류가 동양 학문이라는 점을 들었다. 윤상현은 공교국孔敎國이라고 칭하면서 그 진리를 행하지 못하여 폐단이 생겼다고 지적하고, 학교에서 가르치는 산학·외국어학·외국사·체조·창가 등의 과목은 말할 것 없고 단발, 양복도 모두 삼대사회나 주공·공자 등의 성인이 이미 행한 것이라 하였다.224) 호남학회의 유희열劉禧烈도 신학문을 교육하는 제도는 옛 중국의 교육제도에서 찾을 수 있고, 학교에서는 반드시 먼저 육경六經을 근본으로 하면서 서양의 공리, 공법을 보완하여 천하를 다스리는 도道를 구해야 한다고 하였다.225)

또한 그들은 유교가 본래 시세의 변화에 따라 변하는 것임을 강조하였다. 김중환金重煥은 자연이 춥기도 하고 덥기도 하며, 낮과 밤이 있으며, 또 사람이 "겨울에는 가죽옷을 입고, 여름에는 갈옷을 입는 것"같이 시세에 따라 변하는 것이 이치인데, 완고한 유학자들은 신학문에 몽매할 뿐 아니라 구학문도 모른다고 비판하고, 격변하고 있는 당시 현실에서는 법률·정치·경제·위생·물리 및 제조製造 등의 학술을 강구하여 최고 단계의 문명에 도달해야 지구상의 다른 사람에게 대우받을 수 있다고 하였다.226)

그리하여 그들은 완고한 유학자를 여러 형태로 열거하였다. 그 가운데서도 도학道學만을 추구하여 현실 문제를 모르는 유자儒者, 과거 공부만 하는 유자 등을 심하게 비판하였다.227) 어윤적魚允迪은 글을 짓고 시를 쓰기 위해 경서를 읽는 '속된 선비[俗士]', 심성과 이

---

224) 尹商鉉, 〈孔敎問答〉, 《畿湖興學會月報》 5 (1908. 12), 1~4쪽.
225) 劉禧烈, 〈學界讜說(續)〉, 《湖南學報》 8 (1909. 1), 4쪽. 아울러 "우리 역사를 날줄[緯]로 하여 만국의 사적을 보완하여 천하를 다스리는 법을 구해야 한다"고 하였다.
226) 金重煥, 〈敎育論〉, 《大韓俱樂》 1, 9~11쪽.
227) 邊昇基, 〈新舊同義〉 《湖南學報》 2, 12~15쪽.

기理氣만 논하고 서양의 문물은 거부하면서 인의만 주장하는 '굽은 선비[拘儒]'가 있다고 비판하고, 앞으로 교육은 "지엽적인 말末은 버리고 근본을 다스려야 하며, 때에 따라 변한다는 도에 따라 고금古今을 참작하고, 장단점을 취사해야 한다"고 하였다.228)

　장지연이 완고한 유학자를 비판한 것도 그들이 때에 따라 변통하지 못하기 때문이었다. 그는 유학자를 '놀고먹으면서 재물을 소모하는 자[遊食耗財]'라고 하며, 그런 부류로 탐관오리, 공경 귀족의 가족, 권세 있는 집안의 자제, 그리고 구학을 공부하는 유사儒士와 산림학자山林學者 등을 지적하였다. 책만 읽는 유학자는 사숙이나 서원에 자제를 모아 놓고 옛날 책이나 가르치고, 과거가 없어졌는데도 고풍古風이 나는 시나 쓸모없는 책들만 가르치고 있으며, 역사·산술 등과 같은 신학문을 '왜놈 학문', '사학邪學'이라고 배척한다고 하였다. 또 그들은 향교나 서원에 출입하여 향교 재산이나 도적질하고 공물을 먹어치우면서, 학교 설립을 배척하여 교육을 방해한다고 하였다. 장지연은 이런 유생들을 "실로 나라를 소모시키는 큰 쥐[鼠]요, 백성을 해롭게 하는 큰 좀"이라고 비난하였다. 또 이기理氣를 논하는 산림학자는 비록 향교 재산이나 팔아먹는 사람보다 분별력이 있다고 할 수 있지만, 신학문의 실용을 배척하고 고상한 담론과 옛 습관이나 지키면서 결국 후진들의 총명함을 막게 되므로, 이들 또한 "가정과 국가에 해를 입히는 좀"이라고 비판하였다.229) 그리하여 장지연은 시세에 따라 변통하지 않는 것은 모두 삐뚤어진 선비[拘儒, 曲士]의 생각이지, 결코 선성先聖과 선사先師의 대도大道는 아니라고 하였다.230)

---

228) 魚允迪, 〈敎育界迷惑解〉《畿湖興學會月報》 2 (1908. 9), 2~4쪽.
229) 張志淵, 〈國家貧弱之故(續)〉,《大韓自强會月報》 7, 5~11쪽.

(나) 그들은 시대의 변화도 알지 못하고, 또 시세에 따라 변해야 하는 유교의 원리도 모르는 유림을 비판하면서 차츰 유교 자체의 문제점을 제기하였다. 당시 국가 쇠락의 원인은 중세의 이념이었던 유교 논리 속에 있다는 것이었다. 따라서 그들은 유교를 종교개혁 차원에서 개혁해야 한다고 주장하였다.

유교를 개혁한다는 것은 "유교의 진리를 확장하여, 허위를 버리고 실학을 도모하며, 소강小康을 버리고 대동大同을 도모하여 유교의 빛을 우주에 비추는 일"이었다.231) 그들은 우리나라에서 서둘러 해야 될 일은 정법쇄신政法刷新이나 실업 발달보다도 '종교개혁'이라고 하면서, 정치의 근본인 종교를 유지하고 부흥할 방책을 연구하여 루터처럼 유교를 개혁해야 한다고 주장하였다.232) 이는 유교를 근대적인 종교로 만드는 운동으로 펼쳐졌다.233) 이것을 주도하던 사람은 박은식, 김원극金源極, 장지연 등이었다.

박은식은 "때에 따라 변하고〔隨時變易〕, 옛것을 익혀서 새로운 것을 안다〔溫故知新〕는 것이 유교의 큰 요점"이라고 하면서,234) 공자가 당시에 다시 태어난다 하여도 서양인의 '이용후생'의 제조품과 신법률, 신학문을 거절할 수 없을 것이라고 하였다.235) 따라서 유학자가 주역이 되어 변화를 이끌어야 한다고 하면서, "우리나라를 사랑하여 우리나라를 보전코자 할진대 부득불 시무時務의 필요와 신학의 실용을 강구하는 것이 우리 유학자의 뛰어난 식견이 아니며, 4천 년 국

---

230)《韋庵文稿》권6, 〈皇城中央學會趣旨文〉, 246쪽.
231)《大韓每日申報》1909년 6월 16일 論說〈儒敎擴張에 대한 論〉.
232) 朴相駿, 〈告我山林學者同胞〉,《太極學報》15, 44~46쪽.
233) 유준기,《韓國近代儒敎改革運動史》, 삼문, 1994; 申淳鐵, 〈愛國啓蒙運動의 儒敎改革思想·運動〉,《韓國宗敎》8, 1983 참조.
234)《朴殷植全書(下)》, 〈賀吾同門諸友〉, 32쪽.
235)《朴殷植全書(下)》, 〈舊習改良論〉, 9쪽.

토를 보전하고 2천만 생령을 구하는 일이 바로 우리 유학자의 책임이 아닌가"라고 하였다.236)

그러나 박은식은 당시의 유학자들이 때에 따라 변하면서 마땅함을 구하는 유교의 핵심 원리를 모른다고 보았다. 이런 유학자는 "옛 것에 빠져 나쁜 습관을 단단하게 지키고, 때에 따라 새로운 것을 구하는 것을 연구하며, 예의 같은 것을 공담空談하고, 경제를 강구하지 않는" 구습에 얽매여 있다고 지적하고, 이 때문에 국가와 민족도 보전하지 못할 것으로 판단하였다.237) 그리하여 그는 유교를 종교개혁 차원에서 개량하고 새롭게 구하여야 한다고 주장하였던 것이다. 1905년 이전, 변법론의 틀 안에서 유교의 강화와 보급을 주장하던238) 수준에 견주어 더 진전된 것이었다.

박은식의 유교개혁론은 〈유교구신론儒教求新論〉으로 제기되었다.239) 그는 공자의 가르침이 암담해진 원인을 세 가지로 정리하였다.

> 所謂 三大問題는 何也오. 一은 儒教派의 精神이 專히 帝王側에 在ㅎ고 人民社會에 普及홀 精神이 不足홈이오. 一은 轍環列國ㅎ야 思易天下의 主義를 不講ㅎ고 匪我求童蒙이라. 童蒙이 求我라는 主義를 是守홈이오. 一은 我韓儒家에서 簡易直切흔 法門을 不要ㅎ고 支離汗漫흔 工夫를 專尙홈이라.240)

이와 같이, 유교의 쇠퇴는 본래 유교가 지향하던 인민에 대한 교

---

236) 《朴殷植全書(下)》, 〈賀吾同門諸友〉, 32쪽.
237) 《朴殷植全書(下)》, 〈舊習改良論〉, 9~10쪽.
238) 《謙谷文稿》, 〈宗教說〉〔《朴殷植全書(中)》, 418~420쪽〕.
239) 謙谷生, 〈儒教求新論〉, 《西北學會月報》 10 (1909. 3) 〔《朴殷植全書(下)》〕.
240) 위의 글, 13쪽 〔《朴殷植全書(下)》, 44쪽〕.

화와 시대의 변화에 따른 적극적 대응이 없어지고, 지루하고 사변화
된 주자학의 논리 구조 때문에 초래되었다고 보았다.

그가 첫 번째 문제로 지적한 것은 주자학과 유생층이 공자·맹자
당시의 유교이념을 계승하지 못한 점이었다. 본래 공자의 '대동'의
뜻과 맹자의 '백성을 중하게 여기는 것〔民爲重之說〕'은 유교를 인민에
게 보급하는 정신이었지만, 순자가 군권을 존중하는 의리를 내세워
유교가 제왕의 편에 서게 되면서 문제가 나타나게 되었다. 순자의
논의가 진나라의 진시황을 거쳐 한나라의 정치에서도 실현되어, 드
디어 군권을 존중하고 백성들을 어리석게 만드는 술책을 시행하였
다는 것이었다. 그는 중국의 역대 제왕들이 비록 유자를 우대하고
공자를 제사 지내면서도, 공자의 도덕을 경모景慕한 것이 아니라 오
직 유교의 예의절문禮義節文을 취하여 신민臣民을 부리기만 하게 되
면서, 유자나 유교의 정신도 마침내 제왕의 측에 있게 되고, 유교를
인민사회에 보급하여 "민지를 개발하고 민권을 신장케 할 방침을 시
행하지 않았다"고 지적하였다. 박은식은 우리나라에 사화士禍가 일
어난 것도 이런 연유로 분석하였다. 그리하여 그는 유교를 개혁하여
백성을 근본으로 하는 맹자의 학문〔民爲重之說〕을 드러내고 이를 인
민사회에 보급해야 한다고 하였다. 그는 이것을 '변통'이라고 하였
다.241)

두 번째로 지적한 유교의 폐단은 유교가 넓은 세상을 구하려는
의지가 약해지고 폐쇄적·소극적으로 되었다는 점이었다. 박은식은
유교와 불교 그리고 기독교는 '세상을 구한다'는 점에서는 동일하지
만, 유교는 불교·기독교와 견주어 세상에 유교이념을 전파하려는 적

---

241) 위의 글, 13~14쪽〔《朴殷植全書(下)》, 44~45쪽〕.

극성이 없어서 세계적으로 발전하지 못했다고 하였다. 더욱이 기독교는 오대양, 육대주에 전파되지 않는 곳이 없고, 생명을 희생하면서 선교의 목적을 달성하고 있는데, 유교는 공자가 열국列國을 돌아다니며 천하를 바꾸겠다는 정신을 펼치지 않고, 오직 "어린아이[童蒙]가 나를 찾으러 올 것"만을 고수하기 때문이라고 하였다. 결국 유교는 견해가 고루해지고, 세상 물정을 알지도 못하고, 인민에게 교화도 보급하지 못하게 되었다는 것이었다. 따라서 유교계도 인민사회를 대상으로 적극적으로 유교를 전수할 방법을 찾아야 한다고 하였다. 박은식 등이 대동교大同敎를 만들고 각종 경전 간행, 강연회 등을 시행한 것은 이런 폐단을 고치기 위한 방안이기도 하였다.242)

세 번째로 거론한 유교 폐단은 주자학의 이념이나 이를 공부하는 법이 매우 어렵고 지루하다[支離汗漫]는 점이었다. 더욱이 당시에는 각종 과학이 복잡하고 인생 사업도 빠르게 진행되고 있었으므로, 그 근본이 되는 유교도 '간이직절簡易直切'해야 한다고 보았다. 조선은 6백 년 동안 유자들이 주자학을 신봉하면서 주자학이 아닌 학문은 모두 사문난적斯文亂賊·이단사설異端邪說로 배척하여 다른 학문이 존립할 수 없었다. 또한 후세의 유자들이 주자의 학문 수준에 다다르지 못하게 되면서, 마침내는 학문을 통해 실제 성취할 수 있는 것도 없고, 또 일생 동안 힘을 들여도 학문을 끝낼 기약이 없어지게 되었다는 것이었다. 따라서 지리한만支離汗漫한 주자학을 청년들이 시간을 들이고 힘을 쏟아 택할 까닭도 없고 싫어만 할 것이므로, 각종 과학을 배우면서 동시에 '본령의 학문'으로는 간단하면서도 긴요한 법문인 양명학을 배워야 한다고 하였다.243)

---

242) 위의 글, 15쪽〔《朴殷植全書(下)》, 46쪽〕.
243) 위의 글, 16~18쪽〔《朴殷植全書(下)》, 46~48쪽〕.

박은식은 유교의 폐단을 비판하였지만, 결코 유교 자체를 부정한 것은 아니었다. 그가 "〈유교구신론〉에서 삼대三大 문제에 대해 다소의 어리석은 생각을 감히 개진한 것은 실로 독창적인 의견이 아니오, 경전 가운데 모두 있는 보물"이라고 하고, 이는 유교의 실제적인 면목을 회복하는 것이라고 하였다. 곧 본래의 유교 모습을 바로 세우자는 것이었다. 이는 곧 유교의 고유한 광명인 '신新'의 의미에 따라서 '새롭게 하자〔求新〕'는 것이었다.244)

박은식이 유교개혁론을 주장하자 많은 사람이 이에 찬성하였다. 한광호韓光鎬는 공자의 진면목이 없어져 보이지 않는 것이 우리나라의 액운인데, 〈유교구신론〉은 말류의 폐단을 고쳐 추락된 공자를 영원히 멸하지 않게 하는 것이라고 평가하면서, 이를 '종교적 혁명'이라고 규정하였다.245) 《대한매일신보》에서도 "박은식씨의 논의가 세상 사람의 믿음을 얻으면 유교계에 새로운 관성이 일어날 것"이라고 찬동하였다.246)

서북학회의 김원극도 유교개혁에 찬성하였다. 그도 시대의 변화를 거부하는 수구 인사를 비판하고, 유교도 시대에 따라 변해야 한다고 하였다.247) 그는 당시 유림계가 경쟁시대를 깨닫지 못하고 신

---

244) 위의 글, 18쪽 〔《朴殷植全書(下)》, 48쪽〕. 그는 천하의 모든 사물이 오래되면 폐단이 생기고, 폐단은 마땅히 고쳐야 하며 "久則必弊오 弊則當改", 고치지 않으면 마침내 사라져 없어지게 된다는 점, 그리고 '구신求新'이라는 말도 '온고이지신'이라는 말과 같이 유교가 가진 고유한 '광명'이고, "도덕은 以日新而輝光ᄒ고 邦命은 以維新而增長"이라고 한 바와 같이, 결코 외부에서 온 것이 아니라는 점 등을 들어 유교개혁을 강조하였다.

245) 韓光鎬, 〈儒敎求新論에 대하여 儒林界에 贊否를 望함〉, 《西北學會月報》 12, 28~29쪽.

246) 《大韓每日申報》 1909년 2월 28일 論說 〈儒敎界에 對한 一論〉.

247) 金源極, 〈敎育方法必隨 其國程度〉, 《西北學會月報》 1, 1908. "然ᄒ 즉 금일 경쟁 무대에 坐在ᄒᄋ야 物競天擇의 公理를 不知ᄒ고 우승열패의 見想이 闇昧ᄒ면 열

학新學을 이단과 원수같이 배척하고 있다고 비판하고,248) 이는 공자
가 '널리 베풀어 무리를 구한다[博施濟衆]'고 한 뜻에 어긋나는 것이
라고 하였다.249) 그는 "가령 공자가 오늘날에 다시 나와도 육주六洲
오양五洋의 학문을 어쩔 수 없이 일차로 돌아볼 것이오, 전기·이화理
化 등의 학술도 어쩔 수 없이 일차로 섭렵하여 그 장점을 취하고 그
단점을 버릴 것"이라고 하고,250) 공자는 시의時宜와 세상의 변화를
살펴 종교가, 교육가 또는 정치가가 되었을 것이라고 하였다.251)

(2) 양명학과 대동교

(가) 〈유교구신론〉에서 박은식은 '지리한만支離汗漫'한 주자학 대
신에 '간이직절簡易直切'한 양명학을 공부해야 한다고 주장하였
다.252) 박은식은 "주학朱學과 왕학王學이 공맹의 후예라는 것은 한

강 旗幟중에 巍然獨立홈이 불능ᄒ기ᄂ 童豎의 소견이어늘 目今 我國의 守舊ᄒᄂ
인사ᄂ 乃猶曰 祖宗之憲을 不可變이라 ᄒ며 夷狄之道를 不可師라 ᄒ니 不思之甚
이 胡至於此오"라고 하였다.

248) 松南, 〈開化守舊 兩派의 胥失〉, 《西北學會月報》 19 (1910. 1), 6쪽.
249) 松南, 〈因海山朴先生仍舊就新論告我儒林同胞〉, 《西北學會月報》 18 (1909. 12),
5쪽.
250) 金源極, 〈告我海西同胞〉, 《西北學會月報》 6 (1908. 11), 5쪽.
251) 松南, 〈今日은 吾人의 活動時代〉, 《西北學會月報》 17 (1909. 11), 3쪽. 김원
극은 공자 이하의 유자들이 이미 2천 년 전에 오늘날의 학문을 시작하였다고 언급
하기도 하였다. "道千乘之國호듸 節用而愛人이라 ᄒᆞ얏스니 此ᄂ 經濟學을 發端ᄒ
言論이라 홀지오. 大學은 孔子의 遺書로 曾子가 所述ᄒ 者라. 此에 格物致知를 首
言ᄒᆞ얏스니 是ᄂ 物理學을 發端ᄒ 言論이라 홀지며, 政事에ᄂ 冉子季路요, 文學에
ᄂ 子游 子夏라 ᄒᆞ야스니 是ᄂ 政治와 文學을 發端ᄒ 者라 홀지로다"라고 하고,
오늘날 같은 격변의 시대에서도 "天文, 地理, 電, 汽, 聲, 光 등의 學을 愈益發明ᄒ
야 正德利用厚生의 利澤이 人民의게 普及케 할 것으로 보았다〔金源極, 〈大同敎
演說(演題: 孔子ᄂ 聖之時者)〉, 《西北學會月報》 18〕.
252) 박은식의 양명학에 대해서는 愼鏞廈, 《朴殷植의 社會思想研究》, 서울대출판부,
1982, 185~195쪽; 최재목, 〈박은식의 양명학과 근대 일본 양명학과의 관련성〉,
《일본문화연구》 16, 2005.

가지"라고 하고, "공맹의 도가 전해지지 않게 된다면 어쩔 수 없이 간단하면서 핵심적인 법문으로 후진을 지시함"이 옳다고 하였다.[253] 곧 그는 공맹의 학문을 이어가고자 양명학을 거론하였던 것이다.[254]

박은식이 양명학에서 주목한 것은 양명학에서 주장하는 '치양지致良知'와 '지행합일知行合一'이었다. 곧

> 蓋 致良知의 學은 直指本心ᄒ야 超凡入聖ᄒᄂᆫ 門路오, 知行合一은 在於心術之微에 省察法이 緊切ᄒ고 在於事物應用에 果敢力이 活潑ᄒ니 此ᄂᆫ 陽明學派의 氣節과 事業의 特著ᄒᆫ 功效가 實多ᄒᆫ 所以라.[255]

고 하여, '치양지'의 학문은 본래의 마음을 알고 범인을 넘어 성인으로 가는 문로門路이고, '지행합일'은 미세한 마음을 성찰하기에 긴요하고 사물을 응용하는 과감한 힘이 있다고 하였다.

박은식은 《왕양명실기王陽明實記》(1910)에 양명학의 원리를 자세하게 정리하였다.[256] 먼저 그는 양지良知를 ①저절로 주어진 밝은 지각의 앎[自然明覺之知], ②순수하고 한결같으며 거짓이 없는 앎[純一無僞之知], ③두루 행하여 중단됨이 없는 앎[流行不息之知], ④널리 대

---

253) 〈儒敎求新論〉, 18쪽 〔《朴殷植全書(下)》, 48쪽〕.
254) 한말, 일제 강점기의 양명학에 대해서는 금장태, 《한국양명학의 쟁점》, 서울대 출판부, 2008, 4장 참조.
255) 〈儒敎求新論〉, 17쪽 〔《朴殷植全書(下)》, 47쪽〕.
256) 이 책은 본래 《신양명연보新陽明年譜》로 구상했던 것으로, 박은식은 일본의 다카세 다케지로高瀨武次郎가 지은 《양명상전陽明詳傳》, 그리고 《전습록傳習錄》, 《명유학안明儒學案》 등을 참고하여 저술하였다. 왕양명의 생애를 중심으로 군데군데 자신의 생각을 〈안설按說〉로 정리하였으며, 서문을 장지연에게 부탁하였다〔〈與韋菴書〉《朴殷植全書(下)》, 246쪽〕.

응하고 막힘이 없는 앎[泛應不滯之知], ⑤성인과 범우凡愚 사이에 틈이 없는 앎[聖愚無間之知], ⑥하늘과 사람이 하나로 합치되는 앎[天人合一之知] 등으로 구분하였다. 이 가운데 ③, ⑥의 지知는 곧 지행합일, ④의 지는 임사응변臨事應變, 수시변역隨時變易, ⑤의 경우는 신분의 차이, 현우賢愚의 차이를 뛰어넘는 '양지諒知'를 의미하였다.257)

더욱이 박은식은 양명학의 지행합일론이 당시 시세의 변화에 가장 적합한 논리임을 강조하였다. 그는 지행합일론이 서양의 소크라테스, 칸트 등 여러 철학자의 학설과도 '암상부합暗相符合'하는 것으로 보았다.258) 그리하여 그는 주자학과 양명학의 이동異同을 밝히는 것을 모두 무익하다고 하고, 학자들은 다만 자신을 닦고 다른 사람에게 미치며 세상에 보탬이 되는 것일 뿐이라고 하였다. 그러고는

> 當今之時ᄒ야 所謂 聖賢之學을 全行廢却則已어니와 如亦講明此學ᄒ야 以爲修己及人之要領이면 則惟王學之簡易直切이 爲適於時宜라. …… 故 竊以爲惟王學이 爲今日學界 獨一無二之良藥者가 是也라.259)

고 하여, 당시 성현의 학문이 모두 폐기되는 사정에서 그 학문을 강명講明하여 '자신을 닦고 다른 사람에게도 미치게[修己及人]'하려면 오직 '간이직절'한 양명학밖에 없다고 하였다. 그리하여 그는 오직 양명학이 학계의 유일한 양약良藥이라고 하였다.

박은식은 양명학을 통하여 주자학을 비판하지 않았다. 오히려 두

---

257) 신용하, 앞의 책(1982), 188~190쪽; 최재목, 앞의 글(2005), 272~273쪽 참조.
258) 《朴殷植全書(下)》, 〈與韋菴書〉, 246쪽.
259) 《王陽明實記》, 145쪽(《朴殷植全書(中)》, 183쪽).

학문이 서로 연관이 있다고 보았다. 곧 주자학은 '격물格物'의 이치
로 앎을 얻는다[致知]면, 양명학은 본심本心을 얻음으로써 앎에 이르
므로, 주자의 '치지致知'가 '후천의 앎'이라면, 왕양명의 '치지'는 '선
천先天의 앎'이라고 하여, 선천과 후천이 원래 떨어질 수 없는 것이
라고 보았다.260)

　박은식이 양명학을 거론한 원리도 앞서 언급한 '산구학절충'의
차원이었다. 그는 일본의 양명학에도 관심을 가지고, 일본 양명학자
와 교류하면서 일본이 서양기술과 양명학을 '절충'한 점을 강조하였
다. 그는 서양의 학문이 대부분 물질문명에 관한 것이므로, 물질문
명 외 도덕을 밝히고, 인도人道를 유지하며, 생민生民에 행복을 주고
나아가 세계 평화를 위하는 원리는 모두 양명학에 의거해야 한다고
하였다.261) 또한 "일본의 학자들이 양명의 학문을 활용하여 메이지
유신 이후 중국보다 우세하게 발전할 수 있었고, 이를 더욱 밝혀 서
양의 물질문명으로 국력을 진작하고, 동양의 철학으로 민덕을 배양
시켜 문명 사업을 추진하고 있다"고 지적하였다.262) 그는 메이
지유신 이후 일본의 문명화는 서양의 기술문명과 동양의 철학인
양명학을 절충적으로 결합한 결과라고 보았던 것이다. 양명학의
간단하면서도 핵심적인 원리, 곧 치양지와 지행합일에 따라 본령
이 되는 윤리 도덕을 확립하고, 그 위에 서양의 신학문도 배워
민지 개발, 민권 확립을 달성하자고 하였던 것이다.

　박은식의 유교개혁론을 지지하였던 김원극도 양명학에 주목하였

---

260) 위와 같음.
261) 《朴殷植全書(下)》, 〈日本陽明學會主幹에게〉, 237~238쪽. 박은식과 일본 양명
　　 학자의 교류에 대해서는 최재목, 앞의 글(2005) 참조.
262) 《皇城新聞》 1909년 12월 28일, 〈再與日本哲學士陽明學會主幹東敬治書〉(《朴
　　 殷植全書(下)》, 236쪽].

다.263) 그는 이를 〈왕양명학론王陽明學論〉으로 정리하였다. 그는 양명학이 서양학문의 분류로는 '윤리학'이 된다고 하였다. 중국의 철학이 '윤리학'이므로, 왕양명도 이를 벗어날 수 없고, 또 양명학에서 서양의 화학·물리학·금석학·지질학 등에 대해 언급한 바도 없기 때문이었다.264) 이런 논의는 당시 산구학절충의 차원에서 유교나 양명학의 역할과 위상이 점차 축소되고 있었음을 보여 주는 것이었다.

김원극은 양명학에서 말하는 '양지'가 '도덕의 표준'이라고 하였다. 그는 이 학설을 맹자가 처음 주창한 것으로 보았다면서, 양명학의 지행합일설을 강조하였다.

> 且 王陽明의 最一說이 有ᄒ니 卽 知行一致가 是耳라. 陽明이 以爲ᄒ되 物事룰 知홈과 物事룰 行홈이 同一ᄒ 事이라. 萬若 物事룰 行치 아니ᄒ고 物事룰 知ᄒ다 云ᄒ면 知라 云ᄒᄂ 事가 行홀 最早에 有ᄒ지라. 所以로 知行은 同一ᄒ 事라 云ᄒ니라. 陽明이 又云 未有知而不行者 知而不行只是未知라 ᄒ니 其主意ᄂ 如何ᄒ 事이든지 最早히 知ᄒ면 其 時에 卽 行홀지오. 萬若 行치 못ᄒ면 ᄯᅩᄒ 知치 못ᄒᄂ 事라 云홈이니, 是故로 知行一致의 說을 唱ᄒ 者니라.265)

고 하여, 아는 것을 행하지 않으면 곧 모르는 것과 같으므로 아는 것〔知〕과 행하는 것〔行〕은 같은 일이라고 하였고, 이 점이 주자와 서로 다른 점이라고 강조하였다.266)

---

263) 최재목, 〈金源極을 통해서 본 1910년대 陽明學 이해의 특징〉, 《陽明學》 23, 한국양명학회, 2009.

264) 金源極 述, 〈王陽明學論〉, 《西北學會月報》 19 (1910. 1), 14쪽.

265) 金源極, 위의 글, 20쪽.

266) 김원극은 주자가 이기병존론을 주장하였고, 왕양명은 이기합일론을 주장하였지만, 만년의 주자는 왕양명과 거의 같아졌다고 언급하였다(金源極, 위의 글, 15~20쪽).

양명학에 대한 관심은《황성신문》에도 나타났다. 현 시대의 학문
을 과학, 곧 '격물궁리格物窮理'라 하고, 이를 위해서는 "왕학王學의
간단직절簡單直切한 법"으로 "본심本心의 양지良知에 도달"해야 한다
고 하였다.267) 양명학을 통해 유교개혁을 시도한 것은 1910년 강
점 이후에도 계속되었다.

(나) 변법개혁론자들은 유교 폐단을 개혁하고 유교를 새로운 종
교로 조직하고자 하였다. 당시 유교를 근대적 종교로 만들자는 논의
는 여러 계통에서 일어났는데, 그 가운데도 대동교가 가장 대표적이
었다. 대동교는 1909년 9월에 이용직·김윤식 등 전·현직 고급 관료
와 박은식(종교부장), 원영의元泳義(교육부장), 장지연(편집부장),
이병소李秉韶(掌務부장), 조완구趙琬九(典禮부장), 신하균申夏均(議事부
장) 등이 조직하였다.268) 유교의 종교화는 청나라 강유위康有爲의
영향이 컸다.269)

---

267)《皇城新聞》1910년 1월 30일〈舊學改良意見〉.
268) 愼鏞廈,〈朴殷植의 儒敎求新論·陽明學論·大同思想〉, 1977[앞의 책(1982), 202쪽].
269) 박은식은 대동사상이 맹자 이후에 그 전통이 끊어지고 그 뜻이 행해지지 않았
는데, 강유위와 양계초梁啓超의 공교孔敎가 대동학에서 나오게 되었다고 지적하였
다.〔《朴殷植全書(下)》,〈孔夫子誕辰紀念會講演〉〕, 강유위의 대동학설大同學說은
皇城子,〈大同學說의 問答〉《畿湖興學會月報》10 (1909. 5), 4~6쪽에도 소개되
었다. 또한 조용은趙鏞殷[조소앙趙素昻]은 종교의 중요성을 지적하고, 당시 일본의
침략으로 재정·정치·군사권이 강탈되고, '4천 년 국성國性'이 점차 쇠멸하고 있는
현실을 면하기 위해서도 정신을 유지해야 하고, 이 정신은 신교信敎에 있다고 하였
다. 더욱이 그는 우리나라는 4천 년 동안 "공교지국孔敎之國"이라고 하면서, 강유
위의 "孔敎는 進步主義요 保守主義가 아니며, 孔子는 汎愛主義요 獨善主義가 아니
며, 孔敎는 世界主義요 國別主義가 아니라"는 말을 지극히 당연한 말이라고 평가하
였다(趙鏞殷,〈信敎論〉《大韓留學生學報》1, 31~34쪽). 조용은이 지적한 공교에
대한 정의는 후술하게 될 장지연의 대동교의 종지[6대 주의] 설명과 그 맥을 같이
하는 표현이다.

대동교는 이름 그대로 대동사상을 구현하려는 것이었다. 박은식은 개교식에서 대동교의 연원과 종지, 그리고 활동 방향 등을 제시하였다. '대동'이라는 말은 《예경》에 있고, 그 뜻은 《춘추》에 있으며, 성인이 세상을 경영하는 뜻이 바로 '대동지치大同之治'에 있다고 하였다. 그리고 그 종지는 "인仁을 회복하여 천하 사람이 태평의 복락을 공동으로 향유하는 것"이라고 하였으며, '인'을 회복한다는 점에서 대동교는 성인이 종교를 편 근본원리에 부합된다고 하였다.270) 그런데 대동교의 원리 또한 서양학문을 절충적으로 이해하고 받아들인 것이었다. 대동교 총장 김윤식은 서양의 정치론도 유교의 대동에 '우연하게 일치〔暗合〕'된다고 보았다.271)

유교개혁의 필요성에 공감하였던 김원극도 대동교 운동에 참여하였다. 그는 대동교의 연설회에서 "유교를 실행하여 국가의 중흥을 도모코자 하므로 친구들이 모여 강습하는 의미를 취하여 대동교라고 하고, 유림계의 사상을 크게 변화시키고 일반 국민의 도덕성을 고취하기 위하여 발기"한다고 하여,272) 유림계의 사상 변화를 강조하였다.

장지연도 대동교에 가담하여 편집부장이 되었다.273) 그도 당시를 종교개혁의 시기라고 하고, 천년 동안 이어져 온 공자의 종교를 숭배하는 동시에 이를 혁신하여 '시의'에 적합하게 만든 것

---

270) 《朴殷植全書(下)》, 〈孔夫子誕辰紀念會講演〉, 59~60쪽.
271) 《雲養集》 권10, 〈大同敎緒言序〉 庚戌〔《金允植全集(貳)》, 180쪽〕.
272) 金源極, 〈大同敎會 演說(演題: 孔子는 聖之時者)〉, 《西北學會月報》 18, 53~54쪽.
273) 장지연은 1908년 2월 해삼위海蔘威의 《해조신문海潮新聞》 주필로 초빙되었다가 그 신문이 폐간되자 상해를 경유하여 8월에 귀국하였는데, 대한협회가 김가진金嘉鎭 회장 이후 점차 일제에 타협하는 방향으로 흐르자 이에 관여하지 않았다. 장지연은 대동교 운동에 마지막 기대를 걸었던 것으로 보인다.

이 대동교라고 주장하였다.274) 그는 대동교의 종지를

> 원 종지는 春秋 三世之義에 있으니, 萬世를 위해 큰 종교를 세워서 太平의
> 기본을 연 것이다. 그런 까닭으로 그 교를 펴는 데는 保守가 아닌 進化로, 專
> 制가 아닌 平等으로, 獨善이 아닌 兼善으로, 文弱이 아닌 强立으로, 單狹이
> 아닌 博包로, 虛僞가 아닌 至誠으로 하였다. 六大主義를 포괄하고 두루 널리
> 넓히면 가히 천지의 化育을 도우고, 세계의 민중을 구제할 만하다.275)

고 하여, 대동교는 6대 주의, 곧 진화·평등·겸선兼善·강립强立·박포博
包·지성至誠 등을 통하여 세계의 태평과 민중을 구할 종교라고 생각
하였다.

유교개혁과 대동교 운동을 통하여 그들은 국권 회복과, 더 나아
가 세계 평화까지 추구하였다. 이를 위해 그들은 먼저 국민을 개도
하고 대동교의 교의를 확산하고자 하였다. 박은식은 유교가 중등 이
하의 사람들을 위한 교육을 행하지 못하는 것이 최대 결점이라고 보
아, 경전 가운데 좋은 말과 행동을 뽑고, 또 대동교에서 새로 지은
책자를 모두 국문으로 번역해서 일반 남녀 동포에게 보급하여 모두
믿게 하자고 하였다. 김원극은 더 구체적으로 ①경전 가운데 중요한
구절을 국한문으로 번역하여 전국민을 대상으로 강연회를 펼칠 것,
②청년들의 교육에 물질상의 교육도 필요하지만, 장래 국성國性을
양성하기 위해서 도덕을 고취시킬 것, ③중국을 따르는 존화주의를
버리고, 우리나라를 존숭하는 존아주의尊我主義를 취할 것, ④대동주
의는 단체주의이므로 이 뜻을 실행하기 위해서 교회 안에 양로원과

---

274) 《韋庵文稿》권6, 〈大同敎育會趣旨文〉, 244~245쪽.
275) 위의 글, 244쪽.

유치원을 설치할 것 등을 제안하였다.276)

또한 그들은 대동교를 세계적 차원의 종교로 확장하는 방안도 제시하였다. 박은식은 퇴계나 율곡의 저술, 대동교에서 새로 저술한 것들을 한문으로 번역하여 중국과 일본에 전파하고, 또 영문으로 번역하여 서양 학계에 파급시키자고 하였으며, 이를 통해 대동교의 광명이 세계에 보급될 것으로 기대하였다.277) 그들은 대동교 운동을 통하여 유교적 인의仁義를 회복하고, 세계 평화를 추구하였던 것이다.

3) 민족의식의 심화와 국수보전론

1907년 8월, 고종의 퇴위와 군대해산 이후 사실상 식민 체제가 굳어지면서 부강화·문명화에 대한 전망은 점차 희박해졌다. 이에 '민족'의식이 고양·심화되고, 민족의 주체로서 국민을 거론하는 경향이 대두되었다. 변법개혁론자들은 민족의 핵심을 정신·혼에서 구하였고, 이는 역사를 통해 계승되는 것으로 보았다. 그리하여 침탈된 국권을 회복할 수 있는 방안은 우리의 역사와 문화를 지키는 일이라고 확신하였다. 그들은 역사 속에서 축적된 민족정신을 '국수國粹'라고 하고, 역사연구를 통하여 국수보전國粹保全을 주장하였다. 바로 이 과정에서 근대민족주의가 정립되었다. 우리는 이런 전환과 발전의 단적인 모습을 신채호에게서 볼수 있다.278)

---

276) 金源極, 〈大同教會 演說(演題: 孔子는 聖之時者)〉, 《西北學會月報》 18, 54~55쪽.
277) 《朴殷植全書(下)》, 〈孔夫子誕辰紀念會講演〉, 61쪽.
278) 鄭昌烈, 〈20세기 前半期 韓國에서의 優勝主義와 民族的 正體性〉, 《民族文化論叢》, 18·19합, 1998 참조.

(1) '민족주의'와 신국민

(가) 자강과 실력양성을 목표로 계몽운동이 활발하게 펼쳐졌음에도 불구하고 대한제국은 차츰 망국의 길을 걷고 있었다. 그러자 계몽운동의 일각에서는 실력양성 운동의 한계점을 인식하면서 변화를 모색하였다. 말할 것도 없이 이런 모색과 전환이 계몽운동 전반에 걸쳐 일어난 것은 아니었고, 개인에 따라 편차도 많았다. 그러나 점차 민족주의를 명확하게 제기하고, 자강, 실력양성의 주체로 '신국민新國民'을 제기하였다.

민족을 경쟁의 단위로 파악한 것은 당시의 세계 질서를 설명하던 사회진화론적인 인식에서 벗어나면서 가능해진 일이었다. 곧 경쟁 세계에서 횡행하는 강자의 약자 침략·지배를 제국주의의 강권주의·침략주의로 파악하게 된 것이다. 박은식은 "생존경쟁을 천연天演이라 논하며 약육강식을 공례公例라 말하는" 시대인 점에 동의하면서도, 문명국이라는 영국도 인도와 이집트를 지배하고 도의를 숭상한다는 미국도 필리핀을 점령한 점을 거론하면서, 이들 제국주의 침략자들은 "입으로 보살菩薩을 말하면서도 행동은 야차夜叉와 같다"고 비난하였다.[279] 신채호도 국가 사이에 피차 간섭을 하지 않는다는 먼로주의[門羅主義]가 포기된 뒤에 6대 강국 또는 8대 강국이 모두 숭배하는 것이 '제국주의'라고 비판하였다.[280]

이런 인식 위에서 신채호는 일본의 침략 이데올로기였던 동양주의東洋主義를 비판할 수 있었다. 그는 "동양 제국이 일치단결하여 서력西力의 동점東漸함을 막는다"고 하지만, 이는 일본의 침략성을 깨닫지 못하는 사람들이 주장하는 '마설魔說'이고, 이 논리에 따르면,

---

279) 《朴殷植全書(下)》, 〈自强能否의 問答〉, 68쪽.
280) 《丹齋申采浩全集(下)》, 〈帝國主義와 民族主義〉, 108쪽.

동양의 나라면 적국도 아국으로 보고, 동양 민족이면 원수의 종족도 아족我族으로 파악하게 되어, 결국 외국 세력이 우리의 국혼을 찬탈하게 될 것이라고 지적하였다.281)

제국주의 침략에 저항하는 논리는 역시 '민족주의民族主義'였다. 제국주의는 민족주의가 약한 나라에만 침략해 들어오므로 "다른 민족의 간섭을 받지 않는" 민족주의가 민족을 보전하는 유일한 길이라고 하였다. 따라서 우리는 민족주의를 팽창적·웅장적雄壯的·견인적堅忍的으로 발휘하여 "아족我族의 국國은 아족我族이 주장한다"는 취지를 호신護身의 부적으로 삼아야 한다고 주장하였다.282)

말할 것도 없이 그들이 거론했던 '민족주의'는 우리도 강해져 제국주의국가처럼 강자가 되겠다는 우승주의·국가주의 경향을 띠고 있었다. 그리하여 동양주의에 대항하는 논리로 거론된 '국가주의'를 민족주의와 같은 논리로 사용하고,283) 또 민족 사이의 경쟁과 정복, 곧 우승열패의 참극이 일어난 것도 '민족주의'의 결과라고 보았다.284) 그들은 당시 유행하듯이 만국공법도 믿을 수 없고, 인의나 도덕보다는 강권을 가지면 성현·군자·영웅이 될 수 있다고 생각하였다.285) 이는 제국주의에 대항하기 위해서는 결국 힘을 가져야 한다는 것으로, 민족주의는 제국주의를 비판하면서도 동시에 이를 지향하고 있었다고 할 것이다.

---

281)《丹齋申采浩全集(下)》,〈東洋主義에 對한 批評〉, 88~91쪽.
282)《丹齋申采浩全集(下)》,〈帝國主義와 民族主義〉, 108쪽.
283)《丹齋申采浩全集(下)》,〈東洋主義에 對한 批評〉, 90쪽.
284)《丹齋申采浩全集(別)》,〈二十世紀新國民〉, 212~213쪽.
285)《大韓每日申報》1909년 7월 21일 논설〈世界에 唯一 强權〉.

(나) 신채호는 경쟁의 주체로서 '민족'을 발견함과 동시에 민족의 계급적 편차에 주목하고, 민족의 주체로 '국민'을 발견하였다.286) 그는 고대에는 나라의 원동력이 한 두 호걸·영웅에 있고 국민은 그 지휘를 따르기만 했지만, 이제는 나라의 흥망이 국민 전체의 실력에 있다고 생각하였다.287)

계몽운동에서는 영웅을 매우 중시하였다. "영웅자英雄者는 세계를 창조創造한 성신聖神이며, 세계자世界者는 영웅의 활동하는 무대"이고,288) "국가의 강약은 영웅의 유무에 있고, 장졸중과將卒衆寡에 있지 않다"289)고 한 바와 같이, 영웅주의가 일반적이었다. 당시 거론되던 영웅은 무공가武功家뿐 아니라 문필을 통하여 능력을 발휘한 사람들도 영웅으로 규정되었지만,290) 대개는 대외적 위협 속에서 외경력外競力을 발휘하여 민족을 구한 사람들, 가령 광개토대왕을 비롯한 을지문덕, 연개소문, 최영, 이순신 등이었다.291) 신채호는《을지문덕乙支文德》을 서술하면서, "일국의 강토는 그 나라의 영웅이 몸을 바쳐 장엄케 한 것이며, 일국의 민족은 그 나라의 영웅이 피를 흘려 보호한 것"이라고 표현하였다.292)

---

286) 李萬烈, 〈丹齋史學에 있어서의 歷史主體 認識의 問題〉,《丹齋申采浩와 民族史觀》, 1980; 姜萬吉, 〈申采浩의 英雄·國民·民衆主義〉,《申采浩의 思想과 民族獨立運動》, 1986.
287)《丹齋申采浩全集(下)》, 〈所懷一幅으로 普告同胞〉, 93쪽.
288)《丹齋申采浩全集(別)》, 〈英雄과 世界〉, 111쪽.
289)《丹齋申采浩全集(中)》, 〈乙支文德〉, 45쪽.
290) 신채호는 신라고구려의 무략武略과 더불어 "道德에는 趙靜庵·李退溪며, 經世에는 丁茶山·柳磻溪며, 將略에는 李忠武·郭忘憂며, 문장에는 崔簡易·柳於于" 등을 거론하였다(《丹齋申采浩全集(下)》, 〈大韓의 希望〉, 64쪽). 정약용, 유형원을 경세의 영웅으로 들고 있는 점이 주목된다.
291)《丹齋申采浩全集(別)》, 〈韓國의 第一豪傑大王〉; 〈許多古人之罪惡審判〉 등.
292)《乙支文德》, 4~5쪽.

　　그러다가 점차 일반 '국민'의 중요성을 지적하는 견해도 나타나기 시작하였다. 곧 영웅도 국민과 결합되어 있었다. 신채호는 이런 영웅을 "20세기 동국의 신영웅新英雄"이라고 하였다. 신영웅은 "삼천리 강토를 그 가사家舍라 하고, 이천만 민족을 그 권속眷屬이라 하며, 과거 4천 년 역사를 그 보첩譜牒"으로 보고, "애국우민愛國憂民을 그 천직天職이라 하며, 독립자유 일구一句는 그 생명"으로 삼는 영웅이었다. 곧 국민 속에서 나와 국민을 위하는 "국민적 영웅"이었다.293)

　　그리하여 신영웅과 더불어 '신국민'을 양성하는 문제도 부각되었다. 당시 국가 경쟁의 원동력이 국민 전체에 있고, 그 승패의 결과도 국민 전체에 미치기 때문에, 국민 또한 신국민이 되어야 한다는 것이었다. 신국민 양성을 통하여 제국주의 침략과 민족주의의 경쟁 아래에서 자유주의를 주장할 수 있고, 또 국민적 국가의 기초를 공고히 할 수 있다고 하였다. 이는 곧 세계 대세의 풍조에 따라 문명을 확산하여 강국의 기초를 과시하자는 것이었다.294)

　　말할 것도 없이 신국민을 양성하고 부국강병 및 문명화하기 위해서는 서양의 문명을 수용하여야 하였다. 그리고 서양문명의 주체적 수용을 지향하던 변법론적인 자세에 따라 "자국 고유의 장점을 지니고 외래문명의 정수를 뽑아야"하고, 이를 통해 "신국민을 양성할 만한 문화를 진흥"하자고 하였다.295) 따라서 신국민을 양성하고, 이들을 역사의 주체로 세우기 위해서는 고유문화 속에 담긴 장점을 보전하는 일에서부터 출발하지 않을 수 없었다.

---

293) 《丹齋申采浩全集(下)》, 〈二十世紀新東國之英雄〉, 112~113쪽; 115~116쪽.
294) 《丹齋申采浩全集(別)》, 〈二十世紀新國民〉 참조.
295) 《丹齋申采浩全集(別)》, 〈文化와 武力〉, 201쪽.

(2) 역사 서술과 국수보전론

(가) 앞서 본 바와 같이, 변법론자들은 국권 상실이 물질적인 우열에 따라 결정되었다고 파악하고, 문명화·부강화를 지향하면서 동시에 정신적 차원의 조국정신과 애국심을 강조하였다. 이 정신은 전래된 고유의 역사와 문화 속에 담겨 있다고 보았다. 변법개혁론에서 역사를 중시한 것은 바로 이런 점 때문이었다.[296]

변법개혁론에서 조국정신과 역사를 계승하기 위한 다양한 방안을 제기하였다. 먼저, 그들은 전래되는 서적을 간행하였다. 신채호는 "자국의 서적은 기 천년 이래의 국민 선조, 선배의 사상과 심혈이 결집한 것으로, 국민의 정신을 보고 알 수 있는 것"이라고 하면서, 이 간행사업은 "조국정신을 환기하는 한 법문法門"이 되고, 또 이 사업은 조국의 역사를 바로 쓰는 일이며, 독립과 자존심을 기르는 것이라 하였다. 이에 《연암문집燕巖文集》, 《여유당전서與猶堂全書》, 《동사강목東史綱目》, 《연려실기술》, 《조야집요朝野輯要》 등이 간행되지 못함을 아쉬워하였으며, 《택리지擇里志》, 《이십사걸전二十四傑傳》, 《산수명화山水名畵》, 《동국통감東國通鑑》, 《반계수록磻溪隨錄》 등을 중요하게 거론하였다. 아직 간행되지 않은 이런 서적들이 만약 일본 등지로 빠져나가 없어지게 되면 우리 영웅 열협烈俠의 성광聲光과 철유학사哲儒學士의 학설도 없어질 것이라고 우려하였다.[297]

---

296) 역사와 더불어 지리학도 강조하였다. 장지연은 "지리학이 발달하지 않으면 애국심이 생기지 않는다"는 외국학자의 말을 인용하면서 지리에도 "4천 년 조국정신"이 담겨있다고 하였다(《韋庵文稿》 권4, 〈大韓新地志序〉, 151~152쪽). 역사지리가 역사학의 중요한 영역이 되었던 점도 이런 연유였다.

297) 《丹齋申采浩全集(別)》, 〈舊書蒐集의 必要〉, 171쪽; 《丹齋申采浩全集(下)》, 〈舊書刊行論〉. 말할 것도 없이 서양의 신서적을 간행하는 일도 중요하다고 하였는데, 이 사업도 반드시 한국의 풍속, 학술상의 고유한 특질을 발휘하여 서구 외래의 신이상, 신학설을 수입하여 국민의 심리를 활현活現할 수 있는 '한국의 신서적'이

고서 간행과 더불어 그들은 본격적으로 역사 서술의 중요성을 제기하였다. 장지연은 역사를 '정치의 귀감'이라고 하면서,

> 교육을 시작함에서는 반드시 본국의 역사를 가르쳐 祖國精神을 환기시키고, 同族 感情을 鼓發하여 愛國의 血性을 배양하고 발전의 腦力을 공고히 해야 한다.[298]

고 하여, 역사를 통해 조국정신의 환기, 애국 혈성의 배양 등을 이루자고 하였다. 계몽운동에서 일반적으로 강조하던 애국주의는 바로 역사를 통해서 이룰 수 있다는 것이었다.

애국심을 키우고자 역사를 강조한 논자 가운데 신채호가 가장 적극적이었다. 신채호는 영웅을 강조하면서, 영웅을 알지 못하면 나라의 됨됨이도 없다고 하면서 "대가의 사필史筆로 영웅의 진면목을 사전寫傳하며 재자才子의 사부詞賦로 영웅의 대공덕大功德을 찬미"해야 한다고 하였다.[299] 박은식도 "역사는 국가의 정신이오, 영웅은 국가의 원기라"고 하면서 "국민이 문명할수록 역사를 더욱 존중히 하고 영웅을 숭배하나니 모두 그 역사를 존중함과 영웅을 숭배함이 곧 그 국가를 애愛하는 사상"이라고 하였다.[300]

신채호는 애국심이 당시의 국가 경쟁에서 반드시 필요하다고 보았다. 그는 "애국자가 없는 나라는 비록 강하다고 해도 반드시 약해지고, 애국자가 있는 나라는 비록 약하더라도 반드시 강"해진다고 표현하였다.[301] 그리고 애국심 고취는 당시 계몽운동에서 행하는

되어야 된다고 강조하였다(〈舊書刊行論〉, 99~100쪽).
298) 《韋庵文稿》권4, 〈新訂東國歷史序〉, 146쪽.
299) 위와 같음.
300) 《朴殷植全書(下)》, 〈讀高句麗永樂大王墓碑謄本〉, 42쪽.

연설회나 언론 활동으로는 부족하다고 하면서

> 今日 我國民의 愛國心을 喚起코자 하면 其術이 何에 出할까. 獨立館에 進하여 空前絶後의 大演說을 開하고 比牧丁其禮敦 같은 雄辯家를 邀하여 愛國하라 愛國하라 하는 聲에 喉를 裂盡하면 其舌下에 幾十萬 愛國者를 可産할까. 余曰 必不能이니라. 皇城 中央에 向하여 唯一無二의 大新聞을 創하고 …… 余又曰 必不能이니라. …… 嗚呼라. 我가 國을 愛하려거든 歷史를 讀할지며, 人으로 하여금 國을 愛케 하려거든 歷史를 讀케 할지어다.302)

라고 하여, 애국심의 배양은 오직 역사를 아는 것에 있다고 하였다. 그는 "역사는 애국심의 원천이라. 고로 사필史筆이 강하여야 민족이 강하며, 사필이 무武하여야 민족이 무武하는 바"라고 단언하였다.303)

애국심을 키우기 위한 역사 서술은 무엇보다도 "일정한 주의와 일관된 정신"이 있어야 하였다. 역사는 "그 나라 국민의 변천소장變遷消長한 실적"이며, "일국민一國民의 보첩譜牒"이므로 역사 서술은 단순히 연대나 기술하고 인명·지명을 나열할 것이 아니라는 것이었다. 또한 그는 역사 속에 우리 조종의 공열功烈·덕업德業·장적壯蹟은 말할 것도 없고, 심지어 우리의 치욕·상심사傷心事까지 기록해야 한다고 하였다. 따라서 역사 서술은 먼저 "우리[內]를 존중하고 남[外]은 지엽[岐]으로 하고, 또 백성의 적을 죽이고[誅] 공적인 원수를 죽이는

---

301) 《伊太利建國三傑傳》, 《丹齋申采浩全集(中)》, 183쪽. 서문을 쓴 장지연도 "애국자와 애국심을 위해 이를 번역한 것"이라 지적하였다(179쪽).
302) 《丹齋申采浩全集(下)》, 〈歷史와 愛國心의 關係〉, 76~77쪽.
303) 《丹齋申采浩全集(別)》, 〈許多古人之罪惡審判〉, 119~120쪽.

〔戱〕"원칙과 정신이 있어야 한다고 강조하고, 동시에 민족진화民族進化의 상태와 국가치란國家治亂의 인과가 서술되어야 한다고 하였다. 이를 거쳐야 비로소 "일국 민족을 소성蘇醒"케 할 수 있는 역사가 된다는 것이었다.304) 곧 우리 민족을 중심으로 민족의 흥망성쇠를, 그리고 민족 내부의 우리 '민'을 위한 역사 원칙을 강조하였던 것이다.

신채호는 또한 애국심을 키우기 위해서는 모든 국민이 역사를 알아야 한다고 하였다. 곧 "역사는 어릴 때부터 읽어야 하고, 늙을 때까지 읽어야 하며, 남녀, 상층과 하층 모두가 읽어야 한다"는 것이었다. 더욱이 하층계급이 역사를 읽지 않으면 민중 출신의 애국자와 인재를 양성하지 못할 뿐 아니라 2천만의 대다수를 차지하는 장부丈夫를 묻어 버리고, 국민이 되는 것도 막아 버리게 된다고 하였다.305)

덧붙여 본국의 역사, 더욱이 본국의 정치사를 읽어야 애국심이 일어난다고 하였다. 외국 역사는 지피지기知彼知己의 차원이나 경쟁에는 도움이 되며 애국심을 방조傍助할 수는 있으나, 애국심을 주동主動하는 것은 불가능하다고 보았다. 또 우리의 역사 가운데 정치사 외의 역사도 애국심을 도울 수는 있지만 "애국심을 낳아 만들어 낼 수는 없다"고 판단하였다.306)

그리하여 변법개혁론자들은 올바른 자국사 서술 방안을 모색하였다. 그들은 먼저 외국사의 번역 작업에 힘을 기울였지만, 차츰 자국 역사를 서술하는 쪽으로 나아갔다. 자국사 서술에서 무엇보다도 종전의 존화주의적 역사관을 청산해야 하였다. 신채호는 소중화小中華, 숭정기원崇禎紀元 등을 거론하는 역사는 매국노·망국적亡國賊만

만들고, 부외벽附外癖·배외열拜外熱만 치성하게 할 뿐이라고 하였다.[307] 이런 인식에서 그는 김부식金富軾을 더욱이 비판하였다. 신라 문무왕이 당나라 병사를 격파한 것을 "이소적대以小敵大"한 것으로 기술하고, 수·당의 군사가 고구려를 침범한 것을 "중조中朝가 병兵을 움직인 것"이라 존중하였던 점 등을 지적하면서, 김부식을 "배외拜外의 벽견자僻見者"이며, "독립 정신을 말살한 자, 역사가의 죄인"이라고 힐난하였다.[308]

(나) 애국심을 키우기 위해 역사를 강조하고, 자국사를 강조했던 신채호는 이를 《독사신론讀史新論》으로 정리하였다. 우리 민족을 중심으로 역사를 서술한 최초의 글이었다.[309]

신채호는 먼저, 국가·민족·역사의 관계를 설명하였다. 곧 국가는 "민족정신으로 구성된 유기체"이고, 나라의 역사는 "민족 소장성쇠의 상태를 열서閱敍할 자"라고 하였다. 따라서 민족을 버리면 역사가 없어지고, 역사를 버리면 민족의 그 국가에 대한 관념이 작아진다고 하였다.[310] 역사를 통해 민족정신을 키우고, 국가에 대한 관념도 크게 가질 수 있다는 것이었다.

이에 따라 신채호는 역사를 체계화하고자 기존 역사 서술의 잘못

---

307) 앞의 글, 79쪽.
308) 《丹齋申采浩全集(別)》, 〈許多古人之罪惡審判〉, 120쪽. 그 외 "숭배지나주의崇拜支那主義를 만포滿抱한 최치원 등은 문학가의 죄인이고, 여진이나 몽고의 일갈에 청화걸명請和乞命한 고려의 명종, 원종 등은 제왕가의 죄인"이라고 규정하였다.
309) 《讀史新論》에 대해서는 慎鏞廈, 〈申采浩의 讀史新論의 比較分析－1908년경 市民的 近代民族主義史學의 成立〉, 《丹齋 申采浩와 民族史觀》, 1980; 韓永愚, 〈韓末에 있어서의 申采浩의 歷史認識〉, 《丹齋 申采浩와 民族史觀》, 1980(《韓國民族主義歷史學》 2장, 〈韓末 申采浩의 民族主義史論〉, 일조각, 1993) 등 참조.
310) 《丹齋申采浩全集(上)》, 〈讀史新論〉, 471쪽.

을 지적하였다. 곧 기존의 국사 서술이 비주체적 비자립적으로 이루
어졌다는 점이었다. 이때에도 그는 김부식을 거론하면서, 발해사를
우리 역사에 편입시키지 않고 압록강 이북을 포기하였던 점을 비판
하였다.311) 또한 당시 역사 교과서도 우리 민족이 아니라 중국이나
일본 같은 다른 민족을 중심으로 서술하고 있던 점을 지적하였다.

> 余가 現今 各 學校 敎科用의 歷史를 觀하건대, 有價値한 歷史가 殆無하도
> 다. 第一章을 閱하면 我民族이 支那族의 一部分인 듯하며, 第二章을 閱하면
> 我民族이 鮮卑族의 一部分인 듯하며, 末乃 全篇을 閱盡하면, 有時乎 靺鞨族
> 의 一部分인 듯 하다가, 有時乎 蒙古族의 一部分인 듯하며, 有時乎 女眞族의
> 一部分인 듯하다가, 有時乎 日本族의 一部分인 듯하니, 嗚呼라 果然 如此할
> 진대 我 幾萬方里의 土地가 是 南蠻北狄의 修羅場이며, 我 四千餘載의 産業
> 이 是 朝梁暮楚의 競賣物이라 할지니 ……312)

라고 하였다. 더욱이 역사 교과서에 임나일본부가 수록되고 있던
점을 비판하고, 일본을 숭배하는 노성奴性을 크게 하여 드디어
우리나라 4천 년 역사를 일본사의 부속품으로 만들려고 한다고
경고하였다.313)

또한 그는 역사 서술에서 자료 수집과 실증 작업의 중요성을 지
적하였다. 역사 서술을 위해서는 구사舊史의 "허다한 잔결殘缺과 탄
망誕妄"을 일제히 삭제해야 하는데, 이를 위해서는 실증적인 작업이
필요하다고 하였다. 본국의 문헌에 있는 조사朝史, 야승野乘도 모으

---

311) 위의 글, 510~512쪽.
312) 위의 글, 471~472쪽.
313) 위의 글, 496쪽.

고, 편린片鱗 잔갑殘甲도 수집하여야 하고, 또한 고금의 정치 풍속을 여러 방면으로 정세하게 관찰해야 한다고 하였다. 그전부터 계속해 오던 고적故籍, 유문遺文의 모집이 극히 어렵다는 점도 지적하였다.[314]

전날의 역사 서술에 대한 비판 위에서 신채호는 철저하게 '민족주의'에 입각한 역사를 강조하였다.

> 今日에 民族主義로 全國의 頑夢을 喚醒하며, 國家觀念으로 靑年의 新腦를 陶鑄하여, 優存劣亡의 十字街頭에 幷金麗하여 一綫尙存의 國脈을 保有코자 할진대 歷史를 捨하고는 他術이 無하다 할지나 ......[315]

라고 하여, 국맥國脈을 보존하는 역사가 되기 위해서는 반드시 민족주의로 무장해야 한다고 주장하였다. 만약 이렇게 하지 않으면 '무정신'의 역사가 되고, '무정신'의 민족이 된다는 것이었다.

민족주의 이념에 따라 신채호는 우리 역사를 부여족 중심으로 체계화하였다. 그는 우리 '동국東國 민족'을 구성하는 인종을 6종, 곧 선비족, 부여족, 지나족, 말갈족, 여진족, 토족土族으로 구분하고, 이 가운데 부여족이 다른 5종족을 형질상, 정신상으로 정복·흡수하여 동국 민족의 역대 주인이 된 것으로 보았다. 다시 말해 4천 년 동국 역사는 부여족의 흥망성쇠의 역사였다는 것이다. 따라서 우리의 국사 서술은 부여족을 중심으로 그 정치, 실업, 무공武功, 습속, 외래 각족의 흡입吸入, 타국과의 교섭을 포함하여야 하며, 반드시 민족의 대화복大禍福, 대이해大利害와 관련된 사건과 인물을 함께 서술

---

314) 위의 글, 472쪽.
315) 위의 글, 472쪽.

해야 한다고 하였다.316) 민족의 흥망성쇠를 모두 기록해야 한다는
원칙이었다.

《독사신론》이 단군을 중심으로 우리 민족사를 체계화하였지만,
아직은 민족과 국가 관념이 아직 분리되지 않고 뒤섞여 있었다. 국
가가 민족정신으로 구성된 유기체라고 하면서, 민족적 관념에서 주
된 종족을 중심적으로 파악하고, 이를 국가의 역사 서술의 단위로
삼았던 것이다. 아직 민족주의의 주체에 대한 인식은 명확하지 않았
으나 민족주의에 대한 맹아적인 인식은 가지고 있었음을 알 수 있
다. 따라서 《독사신론》이 "근대 역사의식의 초석"을 놓은 것으로 보
아도 좋을 것이다.317)

(다) 이와 같이 변법론자들은 '민족의식'을 유지하기 위한 핵심
방안으로 역사를 강조하면서, 민족의 정수를 '정신'에서 찾았다.

이들은 민족의 정수를 '국수國粹'로 표현하고, 이를 보전해야
한다고 주장하였다. 신채호는 국수를 "그 나라에 역사적으로 전래
하는 풍속, 습관, 법률, 제도 등의 정신"이고, 이는 "선성先聖 석현
昔賢의 심혈의 응취凝聚한 바며, 거유巨儒 철사哲士의 성력誠力의 결
습結習한 바며, 기타 일체 조종祖宗 선민先民의 기거동작起居動作,
시청언어視聽言語, 시정행사施政行事 등 제반 업력業力의 훈염薰染한
바"라고 정의하였다.318) 이에 따라 그는 당시 전래하는 모든 것을
없애야 한다는 '파괴주의'가 선악과 미추美醜를 구분하지 않는 잘
못을 지적하며,

---

316) 위의 글, 472~474쪽.
317) 韓永愚, 앞의 글(1980) 참조.
318) 《丹齋申采浩全集(別)》, 〈國粹保全說〉, 116쪽.

其 中에 惡者·醜者가 有하여 不得已 破壞手段을 下할지라도 …… 破壞
二字를 誤解하여 歷史的 習慣의 善惡을 不分하고 一倂 掃却하면 將來 何에
基礎하여 國民의 精神을 維持하며, 何에 根據하여 國民의 愛國心을 喚起하
리오. 外國文明을 不可不 輸入할지나 但只 此만 依恃하다가는 蟪蛄敎育을
成할지며, 時局風潮를 不可不 酬應할지나 但只 此만 趨向하다가는 魔鬼 試
驗에 陷할지니, 重哉라 國粹의 保全이며, 急哉라 國粹의 保全이여.319)

라고 하여, 애국심을 환기하고 국민의 정신을 유지하기 위해서는 반
드시 국수를 보전해야 하고, 서양문명에만 의지해서는 안 된다고 강
조하였던 것이다.

국수보전을 통해 이루려던 애국심, 국민정신은 국성國性과 국
혼國魂으로도 표현되었다. 국혼의 유무가 나라의 강약을 결정하
므로, "세계 역사에 어느 나라를 가리지 아니하고 그 국민 뇌수
腦髓 가운데 국혼이 완전 견실하면 그 국이 강하고 그 族이 성하
는 것이오, 국혼이 소삭마멸消鑠磨滅하면 그 국이 망하고 그 족이
멸"한다고 하였다.320) 그리하여 신채호는 호걸의 출현, 교육의
융성, 실업의 흥왕을 바라지 않고 국민의 혼이 멸하지 않도록 해
야 한다고 하였다. 또 학술과 기술의 발달이나 법률과 정치의 정
비보다는 국민의 혼이 건전한 것을 더 좋아하며, 토지의 광대,
많은 인민, 풍부한 재정, 강력한 군사 등을 자랑하지 않고 국민
의 혼이 강함을 자랑하여야 한다고 하였다.321) 문명화·부강화보
다도 국혼을 더 강조하였던 것이다.

---

319) 위의 글, 116~117쪽.
320) 《皇城新聞》 1908년 3월 20일 논설 〈朝鮮魂이 稍稍還來乎〉.
321) 《丹齋申采浩全集(別)》, 〈國民의 魂〉, 167~168쪽.

변법론자들은 고유의 장점과 국수의 보전, 국성·국혼의 양성 등
은 모두 역사를 통해서만 가능하다는 점도 강조하였다. 곧 "인지人智
를 증장增長하며 국성國性을 배양함은 사학史學에 재在한다"는 것
이었다.322) 또한 국수보전을 강조하면서 "20세기 신세계 유신주
의維新主義"에 적당한 인물이 되기 위해서는 역사상의 허다한 인
물을 통하여 단점을 버리고 장점을 취하여, 청년으로 하여금 선
민先民을 숭배케 하고 인민으로 하여금 국성을 발휘케 해야 한다
고 한 것도 같은 발상이었다.323) 박은식도 존화사관尊華史觀으로
말미암아 "자국의 역사를 발휘치 않고 타국의 역사를 전송傳誦"
하면서 "맹학자盲學者의 무리가 '존화' 두 자를 칭탁하고 노예 학
문을 전상수수轉相授受하여 국인國人을 불러내니 결국 국성이 소
삭消鑠하고 국수가 마멸함에 지至"하게 된 것을 개탄하였다.324)
그가 1910년대 《한국통사》에서 주장하던 국혼론은 이미 이때
제시되기 시작하였던 것이다.

국수, 국혼, 국성의 배양을 위한 국사 연구에서 가장 강조된 것
은 단군을 중심으로 우리 역사를 체계화하는 일이었다. 당시는 단군
과 기자를 같이 거론하면서도 오히려 기자를 중심으로 한 마한정통
론馬韓正統論을 따르고 조선, 곧 대한제국 황실의 권위를 높였다.325)
하지만 차츰 단군을 더 강조하는 경향이 강화되었다. 이는 '민족'을
단위로 역사를 체계화하려던 것과 결합되어 나타났다. 앞서 본 신채
호의 《독사신론》이 그러하였다.

322) 《皇城新聞》 1908년 6월 3일 논설 〈歷史著述이 爲今日必要〉.
323) 《丹齋申采浩全集(別)》, 〈國粹保全說〉, 117~118쪽.
324) 《朴殷植全書(下)》, 〈讀高句麗永樂大王墓碑謄本〉, 42쪽.
325) 朴光用, 〈箕子·朝鮮에 대한 認識의 변천〉, 《韓國史論》 10, 1980; 〈檀君 認識의
變遷〉, 《趙東杰先生停年紀念論叢 韓國史學史研究》, 1997.

단군을 강조하는 경향은 개신유학자를 중심으로 두드러졌다. 그
들이 기자를 부정한 것은 아니었지만, 단군을 국조國祖로 명확하게
위치시켜 '자주와 독립'을 강조하였던 것이다. 정교는 《대동역사》
(1906)에서 단군으로부터 우리 역사를 기술하면서, 《삼국사기》에서
단군을 언급하지 않았던 점을 비판하였다. 또 단군조선-기자조선-
마한을 정통으로 처리하면서도 "우리 동방은 단군, 기자, 마한 이후
로 자주독립국"이라는 사실을 강조하였으며, 임나일본부는 아예 기
술하지도 않았다. 또한 유근도 《신정동국역사新訂東國歷史》(1906)를
단군부터 시작하면서 임나일본부를 기술하지 않았는데, 이 책의 서
문을 쓴 장지연도 이를 "독립주의를 천명한 것"으로 평가하였다.326)
단군, 고구려에 대한 관심이 고조되면서 이른바 '단군국수사관檀君國
粹史觀'이 널리 보급되고 있었던 것이다.327)

　이런 분위기에서 1909년 대종교가 창립되었다. 정교와 유근이
모두 대종교와 관련이 있었고, 또 위작의 시비가 있지만 《환단고기桓
檀古記》 역시 변법개혁론자 이기李沂의 감수로 간행되었다.328) 이기
는 1909년 1월 나철羅喆이 창시한 단군교檀君敎(뒤에 대종교) 창립
발기인으로 참여하였다. 그는 〈단군교포명서檀君敎布明書〉를 작성하였
고, 또 단학강령 3장을 만들어 3월에 강화도 마니산에서 단학회를
발기하였으며, 〈증주진교태백경增註眞敎太白經〉을 편찬하였다.329)

---

326) 拙稿, 〈정교·장지연·유근〉, 《한국의 역사가와 역사학(하)》, 창작과비평, 1994
　　참조. 물론 이들은 일제의 간섭이 강화되면서 이런 점들을 애매하게 처리하였다.
327) 佐佐充昭, 〈檀君ナショナリズムの形成〉, 《朝鮮學報》 174, 2000 참조.
328) 《桓檀古記》 가운데 한 책인 〈太白逸史〉는 李沂 소장본이었다. 대종교의 창건과
　　개신유학자의 관계는 朴烜, 《滿洲韓人民族運動史硏究》, 제3편 제1장 〈羅喆의 人
　　物과 活動〉, 일조각, 1991, 269~270쪽 참조. 그리고 대종교 관련 서적의 진위에
　　대해서는 趙仁成, 〈韓末 檀君關係史書의 再檢討〉, 《國史館論叢》 3, 1989; 朴光用,
　　〈대종교 관련 문헌에 위작 많다〉, 《역사비평》 10, 1990 등 참조.

그들이 만주 지역에 관심을 가진 것도 이런 역사인식과 무관하지 않았다. 더욱이 신채호는 역사적인 차원에서 만주 지역을 중시하였다. 그는 "한민족이 만주를 득得하면 한민족이 강성하며, 타민족이 만주를 득하면 한민족이 열퇴劣退"되었다고 파악하였다. 단군이 고조선을 창건한 이후 중시되던 만주 지역이 고구려의 평양 천도 이후 경시되었는데, 이에 따라 국세가 점차 하락하고 멸망하였다고 본 것이다.330) 또한 신채호는 '합방'이 가까워지면서 만주 지역으로 이주하는 사람이 많아지고 있으므로, 만주 한인들의 애국사상을 고양하고 국수를 보전하면서 정치 능력을 배양해야 한다고 하였다.331) 1910년대 만주 지역에서 이루어진 박은식, 신채호 등의 역사연구나 신규식 등의 국수보전론이 대종교의 강한 영향 아래서 이루어졌던 점은 당연한 것이었다.

---

329) 이 글에 대한 서지학적 검토는 박종혁, 앞의 책(1995), 아세아문화사, 18~22쪽 참조.
330) 《丹齋申采浩全集(別)》, 〈韓國과 滿洲〉, 232~234쪽.
331) 《丹齋申采浩全集(別)》, 〈滿洲問題에 就하여 再論함〉, 242~243쪽.

제5장

결 론

(가) 자본주의체제가 세계적 규모로 형성되면서, 서양문명은 우세한 군사력과 경제력을 내세워 전 세계에 파급되었다. 서양문명은 비유럽 세계의 전통과 체제를 근본적으로 변형·파괴하면서 자본주의체제 속으로 종속시켰다. 이 체제는 오늘날에도 지속되면서 더욱더 확고하게 구조화되어 가고 있다. 각 민족 및 국가의 특수성은 있지만, 현대문명의 수립 과정에서는 외래문명과 전통문명 사이에 매우 다양한 대립과 결합 그리고 변용이 일어났고, 이 과정에서 야기된 문제들은 지금도 여전히 현실적인 문제로 잔존해 있다.

동아시아 지역에서 서양문명의 수용은 '근대화', '문명화'라는 이름으로 진행되었다. 구조적으로 상이한 '문명 사이의 충돌' 속에서 대전환이 일어났고, 전통문화는 변용, 청산, 온존 등을 거치게 되었다. 물질적인 우열에 따라 서양문명의 수용이 불가피하였지만, 자민족의 역사와 문화 전통 속에서 이를 어떻게 이해하고 처리할 것인가는 언제나 중요한 문제로 제기되었다. 동아시아 지역, 이른바 유교문화권의 경우에는 유교의 처리 문제가 그 핵심이 되었다. 유교 스스로도 변화하는 시대 속에서 이질적인 서양문명을 다루어야 하였다. 이 대응은 당시 동아시아 국가들이 유교의 공통적으로 직면했던 근대개혁의 성격을 결정하였다. 곧 유교 문제는 근대개혁운동의 핵심 문제였고, 이 과정에서 유교의 변용도 수반되었다.

근대개혁운동의 전개 과정에서 유교와 서양문명 문제를 관건으로 하는 다음과 같은 논의들이 제기되었다. 정통 유학, 주자학에서는 유교와 그 이념에 의해 구축된 사회를 '문명'의 단계로 보았다. 그 입장에서 서양문명은 야만과 금수의 문명이었다〔斥邪衛正論〕.

그러나 현실적으로 서양문명이 힘을 가지고 동아시아 지역에 침범해 오면서 문명을 보는 관점도 서서히 변하게 되었다. 먼저, 서양문명의 우수성을 인정하지만 여전히 유교문명을 '문명'으로 보는 관점에서 서양의 기예技藝를 '이용후생' 차원에서 받아들이자는 논의〔洋務改革論〕가 대두하였다.

얼마 지나지 않아 일본의 근대화 성과나 서양을 직접적으로 경험하면서 '문명'에 대한 생각을 달리하는 논자들이 나타났다. 곧 서양문명을 높은 '개화'의 단계로 설정하고, 그 아래에 동양문명을 半개화 단계로 규정한 것이다. 그리하여 반개화 단계의 문명을 개화의 단계로 '문명화'하자는 논의가 대두되었다〔文明開化論〕. 이 논의에서는 당연히 반개화 수준에 지나지 아니한 조선의 부진과 쇠약의 원인은 유교와 그 원리에 근거하여 구축된 사회 문화에 모아졌다. 문명개화론에서는 서양문명이 가능했던 기반은 기독교에 있다고 보면서, 종교의 자유를 거론하여 기독교도 인정해야 한다고 하였으며, 점차 유교의 절대성을 부정하고, 심지어 기독교 신앙을 강조하는 수준으로 나아갔다.

한편 문명개화론이 서구화·문명화를 지향하면서 초래된 고유의 역사와 문화에 대한 부정과 민족의식의 약화 등을 지적하면서, 유교의 폐단을 개혁하면서 동시에 서양문명을 절충적으로 수용하여 새로운 문명을 이루자는 논의도 제기되었다〔變法改革論〕.

이러한 가운데 서양문명의 확산과 유교 비판의 공세로 유교의 사회적 입지는 점차 더 좁아졌다. '망국'의 책임이 유교에 집중되면서 유교는 서양의 물질문명을 통한 문명화를 윤리적·도덕적으로 보완하는 차원으로 그 역할과 의미가 축소되었다. 동양적 윤리도덕을 강조하는 유교진흥론은 여전하였지만 식민 지배 아래에서 유교를 통한 민족문제의 해결은 거의 기대할 수 없었다. 이에 따라 국내외에서 전개된 여러 계열의 민족운동에서는 대체로 유교를 철저하게 비판하고 '신도덕新道德'을 제안하기도 하였고, 혹은 우리의 역사 속에서 고유의 국수國粹, 도덕 등을 그 대안으로 모색하기도 하였다.

(나) 조선 후기 급속한 사회 변화 속에서 중세 사회는 차츰 붕괴되어 갔다. 청국 등을 통해 서학西學이 조선에 전래되고 사회 내부적으로는 농민층의 항쟁이 일어나 중세체제의 위기는 더욱 심화되었다. 19세기 전후, 조선 유자들이 가졌던 현실 변화와 서양문명에 대한 인식은 크게 세 계열이 있었다. 전통적 주자학자들의 척사위정론, 노론계 실학파들의 북학론 그리고 남인계 실학자들의 변법적 실학이었다.

중세 사회체제의 변화에 직면한 조선의 유자들은 조선사회를 지탱해 오던 이념인 주자학을 더욱 공고히 하고, 이 체제를 위협하는 사상적 논조를 사문난적으로 배척하였다. 이는 송시열에 와서 절정에 달하였다. 그들은 명의 멸망 이후 중화 문명의 맥을 계승한 조선을 소중화小中華로 자부하였다. 이런 주자학의 교조주의적 입장은 서양문명에 대해서도 마찬가지였다. 그들이 보기에 서양의 문명은 유교 인륜의 근본인 강상綱常이 전혀 없는 짐승들〔금수〕의 문명이었다.

따라서 인류가 이룬 '문명'의 영역에 금수의 문명이 전래되면 인류의 문명이 금수의 그것으로 변하게 된다는 것이었다. 그들이 우려했던 서양문명의 폐단은 바로 '통색通色'과 '통화通貨'에 따른 폐단이었다. 곧 남녀의 인륜이 파괴되어 '무별無別'의 사회가 될 것이고, 또한 기묘한 물건으로 말미암아 사람의 성정性情이 타락하게 될 것이라고 본 것이다. 요컨대 이는 유교 사회체제를 위협하는 것이다. 이런 흐름 속에서 19세기에 들어 조선사회에 유입된 천주교는 서양문명의 첨병으로 인식되면서 대대적인 박해를 받았다. 이를 뒷받침한 것이 '척사위정론'이었다.

18세기 후반에서 19세기에 걸쳐 서울 지역에 거주하는 유자들, 더욱이 집권 노론 세력을 중심으로 한 '경화사족京華士族' 사이에는 새로운 학문이 유행하였다. 그들은 청국 사행使行 등을 통해 청국의 문화와 청국에 수용되었던 서양의 문명(서학, 주로 과학기술)을 경험하였고, 이를 이용후생의 차원에서 배워야 한다고 주장하였다. 전통적인 화이관에 따르면 청국 문화는 북쪽 오랑캐, 곧 북로北虜의 문명이었지만, 그 문명이 생활에 이득이 된다면 배워야 한다는 것이 '북학론'이었다. 이를 대표하던 사람이 박지원, 홍대용, 박제가 등이었다. 그들은 뛰어난 청국 기술을 수용하여 농업생산력을 증대하고, 상공업을 발전시켜야 한다고 하였다. 이들은 서양의 과학기술을 수용하는 것에 별 거부감이 없었다. 청국에서 그러하였던 것처럼, 그들은 서양문명이 모두 중국 문명에 그 연원이 있으므로 서양기술을 받아들이는 것은 문제가 없다고 생각하였다. 그러나 서양의 자연과학은 우주와 세계를 보는 관점을 변하게 하였고, 또한 유자들이 고수하던 중국 중심의 화이관도 따라서 바뀌기 시작하였다.

한편 북학론이 성행하던 그 시기에 서울 인근의 다른 경향의 실학사상을 체계화하였다. 남인 세력〔近畿南人, 京南〕의 학문은 유형원에서 비롯되어, 이익을 거쳐 정약용에 의해 집대성되었다. 남인 계열의 실학자들은 당시의 사회문제 가운데 농민층 몰락과 토지 소유문제를 가장 근본적인 것으로 보고, 무엇보다도 토지개혁을 통한 사회 개혁을 추구하였다. 이들은 균전제均田制, 한전제限田制, 여전제閭田制, 정전제井田制 등을 제기하여, 지주층의 과도한 토지 집적과 이로 말미암아 생겨나는 농민의 몰락과 농민항쟁을 해결하고자 하였다. 정약용의 경우에는 토지문제 해결과 더불어 농업생산력의 증대와 상업적 농업을 주도한 역농층力農層〔부농층〕을 관료로 임용하는 방안도 제기하였다. 요컨대 이들 남인 계열 실학은 토지개혁을 통한 사회 전반의 개혁을 구상한 점에서 변법적變法的 개혁론이었다. 그들도 북학론과 마찬가지로 발달된 청국과 서양의 기술 수용을 주장하였으며, 당시 일본의 기술 발달을 긍정적으로 인식하기도 하였다. 또한 이들은 자국〔東國〕 문화와 역사를 중시하였고, 민족 역사의 시조로서 단군과 북방 지역의 역사(발해, 만주, 북방 영역 등)에 관심이 많았다.

그런데 실학파 가운데는 서양의 종교에 대해 다소 상이한 노선이 존재하였다. 전반적으로 앞의 북학론에서는 철저하게 서양의 종교〔西敎〕를 반대하였다. 남인 실학파 안에서도 서교를 유교적 입장에서 비판하였다(攻西派, 星湖右派). 그러나 일부에서는 서학을 종교적으로 신앙하거나 혹은 학문적으로 관심을 가진 사람들(信西派, 星湖左派)도 있었다. 이들은 정조, 순조대에 이르러 대대적인 탄압을 받았다. 정약용 역시 본인의 신앙 여부와 관계없이 주변 사람들과 관계 때문에 기나긴 유배 생활을 하게 되었다.

개항 전에 형성된 현실대응론 가운데, 개항 뒤 근대개혁사업에 사상적 연원으로 작용했던 것은 '실학'의 범주로 언급된 두 계열이었다. 북학론은 1880년대 정부의 개혁론의 사상적 배경이 되었고, 변법적 실학은 대한제국기에 들어 새롭게 주목을 받았다. 근대화, 개화를 위해서는 서양문명을 수용해야 하지만, 이를 어떤 사상적 계승 위에서, 그리고 기존의 사유체계였던 유교를 어떻게 변용하느냐에 따라 근대개혁론의 성격도 달라졌다.

(다) 개항 전후 형성된 근대개혁론은 집권 노론 낙론洛論 계열의 북학론의 후예들에 의해 시작되었다. 북학론은 서양의 종교와 기술을 분리하여 파악하고, 종교의 수용은 불가하지만 과학기술은 이용후생의 차원에서 수용할 수 있다는 입장이었다. 이 논리는 정부가 문호를 개방하고 서양의 기술문명을 수용하여 부국강병을 위한 일련의 개혁정책을 추진하는 사상적 연원과 논리가 되었다.

북학론을 근대개혁론으로 연결해 준 사람은 박지원의 손자였던 박규수였다. 박규수는 청국 사행 등을 경험하면서 종래 동아시아 관계를 유지하던 중국 중심의 화이체제가 변동되고 있다는 사실을 깨닫게 되었다. 그는 믿었던 '대국' 청국이 서양의 무력 앞에서 굴복하는 모습을 보면서 큰 위기의식을 가지게 되었다. 이에 박규수는 청국의 정책을 보면서 나라의 자주권·국권을 지키기 위해서는 유교를 강화하면서 다른 한편으로는 서양의 기술을 배워 서양을 막아야 한다고 생각하였다. 박규수는 유교의 우월성을 확신하고, 유교를 서양에도 보급해야 한다고 하였다. 곧 이는 중체서용론에 의거한 청국의 양무운동과 같은 수준의 논의였고, 북학론의 학문 전통을 그대로 계승한 것이었다. 또한 일본의 문호개방 요구에 대해서도 현실적인 군사력의 차이를 인정하고, 또 표류하게 될 우리 백성을 위해서 일본이 종래의 관계를 깨고 스스로를 높인 이른바 서계書契 문제가 있더라도, 이를 문제 삼지 말고 수교 요구를 들어 주어야 한다고 하였다.

1876년 일본과 조일수호조규를 체결할 때만 하여도 근대개혁에 대한 조선 정부의 입장은 명확하지 않았다. 북학론을 이은 박규수 등도 그러하였다. 조선 정부는 일본의 통상 요구에 수동적으로 응하면서도 체제 유지를 위해 종교·아편·무기 반입 등에만 신경을 썼지, 정작 새로운 국제질서 속에서 문호개방이 가지는 의미나 불평등한 약관 등에 대해서는 잘 알지 못하였다. 그 결과 〈조규〉의 제1관에서 일본이 '자주지방自主之邦'을 삽입하여 새로운 국제질서를 구축하여 조선을 청국의 영향권에서 떼어내려 했던 점을 인식하지도 못하였다. 척사유생층은 일본이 서양의 앞잡이이며, 서양과 같다는 '왜양일체론倭洋一體論'에 의거하여 〈조규〉 체결을 대대적으로 반대하였지만, 정부에서는 다만 중단된 일본과 교린 관계를 복구한다는 차원에서만 이 문제에 접근하였다. 여전히 유교적 체제와 사회질서를 유지한다는 입장이었다.

그러나 조선 정부는 1880년대에 들어 점차 국제질서의 변동을 인식하고 서양기술 수용을 통한 부국강병을 추구하기 시작하였다. 청국의 양무운동이나 일본의 메이지유신의 성과를 직간접적으로 알게 되면서 그러했을 것이다. 1880년대 정부는 일본에 몇 차례 수신사나 시찰단을 파견하고, 또한 청국에도 시찰단을 파견하였으며, 새로운 국제정세에 맞는 통리기무아문 같은 기구를 만들고, 신식 군대도 만들었다. 기존의 유교와 그 사회체제는 유지하되 서양의 기술, 더욱이 군사, 의료, 농상農桑 등의 분야는 수용하여 자강해야 한다고 판단하였던 것이다. 북학론에서 가졌던 '이무夷務'가 그 범위를 넓혀 '양무'로 발전된 양무개혁론이었다.

조선 정부나 이를 추진하던 양무개혁 관료들은 이런 정책을 '개화'라고 보지 않았다. 이미 조선은 유교문명으로 '개화'된 나라였기 대문이었다. 김윤식의 경우, 현실적으로 제기된 문제를 우선적으로 처리해야 하는 '시무時務'는 인정하였지만, 시무는 나라마다 다르므로, 일본이나 청국의 근대화 사업을 조선에 그대로 시행할 수 없다고 보았다. 조선은 변화된 국제질서를 따라 외국과 맺은 조약을 지키면서 서양의 기술을 배워 나라의 군비를 강화해야 한다고 하였다. 그는 유교를 부정하고 서양을 따르는 것을 '개화'라고 생각하지 않았다. 그들에게 유교문명은 여전히 최상의 문명이었고, 서양의 기술은 시대적 필요에 따라 수용하고자 한 것이었다. 정부는 기독교를 통하여 의료와 교육 사업을 추진하면서도 기독교 선교를 공식적으로 허용하지 않았다.

1880년대 초반 정부가 주도하던 양무개혁사업은 많은 반발을 불러일으켰다. 김홍집이 가지고 온 《조선책략》을 반대하는 척사유생층의 만인소운동도 제기되었고, 또 신식 군대 별기군 설치의 여파로 임오군란도 일어났다. 이런 반발 속에서 정부의 개혁사업이 청국의 속방화 간섭 아래 놓이게 되자 새로운 진로를 모색하려는 세력이 형성되었다. 김옥균, 박영효, 유길준 등의 개화파가 그들로서, 그 개혁 논리는 문명개화론이었다.

개화파는 대부분 박규수의 문하에서 수학하였다. 그들은 1880년대 초반 정부의 양무개혁사업에 참여하면서 민씨 세력, 김윤식 등과 마찬가지로 양무론을 견지하였다. 양무개혁론은 북학론이 개항을 거치면서 변용된 논의였다. 그러다가 개화파 세력은 임오군란을 거치면서 문명개화론으로 변전하여 양무개혁론에서 이탈하였다. 이런 변화는 메이지유신 이후 일본 문명화의 성과를 목격한 충격

으로 일어났다. 박영효의 경우, 임오군란 수습 차원에서 수신사
로 일본에 가게 되었는데(1882), 그때 일본 문명개화의 성과를
보고 일본 메이지유신과 같은 개혁론을 가지게 되었다. 개화파는
일본에 드나들면서 기독교 선교사와 접촉하거나 보빙사에 참여
하여 미국 문명을 직접 경험하기도 하였다.

　한편 그들은 임오군란 이후 조선의 내정에 간섭하면서 속방화를
추진하던 청국의 행위를 만국공법적 논의에 따라 비판하고, 이를 가
장 중요한 '국권國權' 문제로 인식하였다. 또한 개화파는 신문 발간
과 도로 정비 등 일본에서 경험한 것을 시행하고자 하였고, 국내의
화폐 문제를 해결하기 위해 일본의 차관 도입을 시도하기도 하였다.
그러나 이런 일련의 정치활동은 청국에 의지한 김윤식 등과 일치하
지 않았고, 또 국내 정치 문제를 둘러싸고는 민영익 등의 민씨 세력
과도 대립하였다. 개화파가 이런 현실적 위기의식을 타파하고자 일
으킨 것이 갑신정변이었다.

　개화파가 구상했던 문명개화론은 일본의 문명개화론을 모델로
하였다. 그 가운데 후쿠자와 유키치의 문명개화론은 이들에게 많은
영향을 끼쳤다. 개화파는 이 논리에 따라 서양문명을 적극적으로 수
용하여 사회 전반을 개혁하고자 하였다. 그들은 서양의 문명관, 곧
문명(개화)―야만이라는 위계적 구도를 받아들이고, 반개화 상태의
조선은 서양문명을 통하여 문명화, 곧 개명의 상태로 나아가야 한다
고 주장하였다. 이런 문명화 과정에서 당연히 구래의 정치이념이었
던 유교의 절대성은 부정되었고, 다른 종교와 같은 수준으로 간
주되어 서양 문명국에서 시행하고 있는 '신교信敎의 자유'라는 원
칙 아래에서 처리하였다. 개화파들은 초기에 서양의 문명을 유교
적 논리로 이해하고 필요한 부분을 수용하려고 하였지만, 그들이

서양을 목표로 한 문명화를 추구하고 유교문명을 상대화하였던 점에서 그들의 논리는 문명개화론이었다. 우리가 흔히 개화파와 개화사상의 연원을 북학사상에서 구하지만, 실은 이들의 문명개화론은 북학론의 전통과 원리에서 이탈·변형된 것이었다.

(라) 청일전쟁에서 일본의 승리는 조선의 개혁론과 개혁사업에 큰 영향을 끼쳤다. 정부를 비롯한 지배층, 식자층 등은 모두 일본의 승리의 원인이 메이지유신 이후의 문명개화에 있다고 파악하고, 일본과 같이 서양문명을 적극적으로 받아들여 개명開明, 곧 문명화의 길을 가야 한다고 하였다. 이에 1880년대 초반에 형성되었던 문명개화론도 더욱 확산되어 개화, 문명화의 여론을 주도하였다.

문명개화론에서 제기한 가장 핵심적인 사안은 문명화와 자주독립이었으며, 문명화를 자주독립의 기초로 보아 서양문명의 수용을 통한 문명화를 중시하였다. 그들은 《독립신문》을 통해 이런 방안을 제기하였다. 종래와 같이 서양의 기술문명을 받아들여 식산흥업을 추진하는 한편, 정치 운영과 봉건적 법률의 개혁, 생활 속에 남아 있는 사회 신분제의 혁파, 일상적인 생활의 변화 등, 개인과 사회의 모든 부분을 고쳐 문명화하자고 하였다. 곧 서양의 근대 자유주의 이념을 받아들이는 과정이었다.

또한 그들은 일반 인민의 개명과 지식 계발이 중요하다고 판단하고 계몽활동을 전개하였다. 일반 인민의 수준이 아직 자신의 권한을 행사할 정도가 아니었기 때문에 식자층이 인민들을 교육해야 한다는 것이었다. 그에 따라 《독립신문》을 순 한글로 편찬하여 일반인들에게 보급하고, 토론회 등을 통해 새로운 사회문제에 대한 시각을 만들어 나갔다. 곧, 개인의 독립과 민권 신장을 추구하면서도 아직은 인민들이 직접 전면에 나서는 것은 시기상조라고 본 것이다.

문명개화론이 심화되면서 유교의 입지는 더욱 좁아졌다.《독립신문》등에서 아직 노골적인 유교 비판이나 배척을 제기하지는 않았지만, 유교의 경전 학습만으로는 당시의 현실 문제에 대처할 수 없다는 점을 지적하였다. 문명개화론은 서구문명에 대한 직간접적 경험에서 확립되었는데, 더욱이 한국에 있던 선교사들과 접촉을 통해 문명개화에 대한 구상을 체계화하기도 하였다. 이런 과정에서 서양 부강의 바탕이 기독교라고 인식하였고, 그 가운데 기독교 신앙을 가진 세력도 대두하였다. 기독교 신앙의 체계 아래에서 유교는 계급적이고 보수적인 사상으로 비판되었다. 하지만 이들은 기독교 신앙과 과도한 서구화·문명화가 자칫 당시의 현실적 과제였던 민족의 국권과 자주독립 문제에 소홀할 수 있다는 점까지는 지적하지 못했다.

청일전쟁에서 일본의 승리, 그리고《독립신문》,《대한매일신보》등에서 적극적으로 소개된 서양문명은 정부는 말할 것 없고 국내 식자층에게도 큰 영향을 미쳤다. 급진적이고 외세 의존적으로 추진된 갑오개혁에 대한 보수 유생층이나 정부의 일부 집권세력 사이에 불만도 있었지만, 갑오개혁에서 추진했던 개화의 방향은 거스를 수 없는 것이 되었다. 더욱이 청일전쟁 이후 동아시아 조공질서가 무너지고 조선이 '독립'되었다는 인식 아래서 정부의 자세도 새롭게 정립되지 않을 수 없었다.

변화된 국제정세 속에서 조선 정부는 자주독립국임을 확실히 하고자 하였다. 다른 나라와 어깨를 나란히 하기 위해서는 국제사회에서 인정하는 황제의 나라, 자주독립국임을 천명할 필요가 있었던 것이다. 이에 대한제국大韓帝國이 수립되었다. 대한제국은 당당한 자주독립의 나라로 서기 위해 근대적 개혁을 추진하였고, 그 개혁은 이전 정부의 개혁노선을 재조정하면서 제기되었다. 정부 스스로 처음으로 개화開化를 천명하면서 외국의 문명을 배우기 위한 교육·계몽을 강화하고, 갑오개혁에서 추진했던 개화사업을 계속하였다. 하지만 이 과정에서 정부는 갑오개혁 시절 약화되었던 군주의 권한을 강화하고 황제가 전제하는 국체國體를 만들었다.

대한제국의 개혁은 황제가 개혁의 중심에 서서 서양문명을 수용하는 '구본신참'의 원칙 아래 추진되었다. 황제의 전제권은 역사적으로 내려오던 것인 동시에, 내외정內外政에 관한 권한(통치권, 군대통수권, 외교권 등)은 국제사회에서 통용되는 만국공법에 의거하여 그 정당성을 확보하였다. 또한 황권에 도전하는 어떠한 활동도 허용하지 않았다. 독립협회와 만민공동회 운동이 황권에 위협적으로 전개되자 황제는 이들을 가차 없이 탄압하여 해체시켜 버렸다.

유교는 황제의 정치에 매우 적합한 논리였다. 고종은 수시로 자신이 군주이면서 또한 학문의 스승이라는 군사君師의 원리를 천명하였다. 통치에서 유교이념을 절대 포기할 수 없음을 수시로 강조하였고, 유교적인 신민臣民 아래 '국민'을 만들어 갔다. 그러나 '황권과 유교'라는 틀 외의 모든 정치·사회는 차츰 서양의 근대문명으로 채워 갔다. 도시를 정비하고 상공업을 발전시켰으며, 심지어 궁궐 안에 서양식 건물을 축조하였다. 따라서 대한제국 정부가 추진한 개혁은 전통적인 유교이념과 서양의 새로운 문물이 결합된 '신구절충'의 근대개혁이었다. 이런 개혁이 단적으로 드러난 것이 교육진흥정책이었다. 정부는 학교를 만들고 서양의 기예를 가르치면서도, 동시에 덕육德育을 중시하는 유교이념을 가르쳤다. 자주독립과 충군애국, 그리고 민지개발 등이 가장 핵심적인 교육이념이었다.

한편, 이런 정세의 변동으로 많은 유생층에게도 변화가 일어났다. 독립협회운동이나 정부의 개화정책에 자극을 받은 유학자, 곧 '개신유학자改新儒學者'들이었다. 이들은 《황성신문》을 중심으로 활동하였다. 그들은 시세의 변화에 따라 유생층도 변해야 하고, '온고지신'의 원리에 따라 새로운 서양문명도 받아들여야 한다고 하였다. 이 변통론은 '오래되어 폐단이 생긴 법'까지 개혁해야 한다는 변법론으로 확립되었다. 이들은 변법을 이루어야 당시의 정세 아래서 민족과 국가를 보존할 수 있다고 확신하였던 점에서 변법개혁론이었다. 박은식, 장지연, 이기 등이 이런 흐름을 주도하였다.

변법개혁론은 서양 신문명의 수용이나 전통 학문의 계승도 모두 시세에 따라 장단점을 따져 취사取捨해야 한다고 주장하였다. 이에 따라 변법개혁론은 당시의 사상적 흐름을 비판하였다. 시세의 변화도 모르고 옛것만 지키려는 변화의 원리는 유교적 변통론이었고, 보수적 유생층에 대한 비판이었다. 그들은 이들 보수적 유생들이 때에 따라 변하는 유교의 본래 뜻도 모른 채 고루해졌다고 하였다. 현실 변화를 깨닫지 못하고 능동적으로 대처하지 못한 보수적 유림에 대한 비판은 후에 유교개혁론으로 제기되었다. 또 다른 하나는 과도한 서구화에 대한 우려였다. 서양문명을 최상의 단계로 설정한 문명개화론이 우리의 역사적 문명을 부정하는 비주체적인 태도를 보이고 있다는 비판이었다. 변법개혁론에서는 전통적인 개혁론, 곧 조선 후기 실학의 개혁론을 계승해야 한다고 하였고, 우리의 고유한 문화, 역사를 중시하였다.

그들이 유의했던 실학은 유형원, 이익, 정약용으로 이어지는 남인 계열의 변법적 실학이었다. 변법적 실학에서는 토지개혁을 통하여 농민의 토지 소유를 실현하고, 이에 기초해 국가 사회체제를 변혁하고자 하였다. 남인 계열의 변법적 실학을 계승한 이기는 토지개혁론을 근대개혁론으로 정립하였다. 더욱이 그는 입헌군주제로의 정체 개혁은 말할 것도 없고 토지개혁과 지세의 개혁으로 지주층의 자본이 토지에 재투자되지 않고 상공업으로 전환될 수 있도록 하였다. 그러나 대체로 조선 후기의 실학론에서 제기되었던 토지개혁 문제를 근대개혁론으로 계승하기는 쉽지 않았다. 다만 자주독립이 중시된 당시의 현실에서 실학파의 역사와 지리, 더욱이 북방 영토에 대한 연구는 이후에도 계승되고 소개되었다. 이런 논의는 뒤에 민족문제를 명확하게 부각할 수 있는 밑거름이 되었다.

(마) 1905년 11월, 을사늑약으로 대한제국은 일본의 '보호국'이 되었다. 당시 식자층은 이를 국권 상실로 보고, 국권 회복을 위한 다양한 운동을 전개하였다. 그 일환으로 식자층, 자산가, 관료층 등 다양한 계층이 참여하여 계몽운동을 펼쳤다. 그들은 당시의 국권 상실이 우리의 '실력 부족' 곧 힘이 약해서 초래된 것으로 파악하고, 실력을 양성하고 자강을 이루면 국권을 회복할 수 있다고 믿었다. 그에 따라 서울에 대한자강회와 대한협회를 비롯한 사회단체가 조직되고, 교육운동을 위한 학회(서북학회, 기호흥학회, 호남학회, 교남교육회, 한북흥학회, 관동학회 등)가 만들어졌다. 또한 《대한매일신보》, 《황성신문》, 《대한민보》, 《만세보》 등의 신문이나 각 사회단체의 기관지를 통해 계몽활동이 전개되었다. 서울에서 시작된 계몽운동은 지방에 지회들이 만들어지고, 학교가 건립되면서 전국으로 확산되었다.

계몽운동에서 자강을 이루는 방안으로 제기한 것이 교육 진흥과 식산흥업, 그리고 조국정신祖國精神이었다. 이를 위해서는 당연히 서양의 학문이 필요하였고, 또한 민족을 명확하게 인식하기 위하여 전통의 문화와 역사가 중요시되었다. 그러나 이 문제를 둘러싼 논의는 통일되지 않았다. 계몽운동에는 매우 다양한 계열이 연합적으로 참여하고 있었기 때문이었다. 독립협회 이후 조직된 단체 활동의 경험을 지닌 문명개화론자, 그리고 대한제국기에 형성된 변법개혁론자도 참여하였다. 이 두 계열은 사상적 배경이 다르고, 사회경제적 입장도 차이가 있었다. 이들은 국권 회복이라는 목표 아래 결합하고 있었지만, 유교를 비롯한 구학문 및 전통의 문화와 역사 등을 둘러싸고 일치된 입장을 보이지 않았다.

기독교 수용과 적극적인 신학문 수용론에서 유교는 당연히 청산되고 없어져야 할 것이었다. 그러나 대부분의 계몽운동 잡지에서는 신학문과 구학문을 '절충'해야 한다는 입장을 보였다. 이 논의에서는 더욱이 우리의 역사와 문화에 대한 중요성을 강조하였다. 자강을 위한 정신적인 자세로 '조국정신'을 밝히고, 국권 회복을 위한 민족의 결집을 강조하였다. 우리 역사 속에 보이는 '국수國粹'를 민족 보존의 핵심 이념으로 제기하였으며, 이를 보전하기 위해서 역사의 중요성을 강조하였다. 그에 따라 조선 후기 실학자들의 역사, 지리 연구를 계승하면서 이를 체계화하였다. 이를 주도한 것은 박은식과 신채호 등의 변법개혁론자들이었다.

아울러 변법개혁론에서는 유교의 폐단을 지적하고, 유교의 개혁을 제기하였다. 더욱이 국권 상실과 국력의 약화 등이 모두 유교의 폐단에서 말미암았다는 판단에서 그러하였다. 박은식의 〈유교구신론〉은 그런 맥락에서 제기된 것이었다. 그는 성리학의 '지리한만'한 점을 비판하고, 그 대안으로 '간이직절'한 양명학을 주장하였다. 박은식의 유교개혁론은 유교의 종교화로 이어졌고, 많은 변법개혁론자들의 강한 지지를 받았다.

(바) 이상과 같이 한국의 근대개혁 과정에서 제기된 유교를 다루는 문제의 향방은 각 개혁노선의 성격을 보여 주는 핵심적인 사안이었다. 이는 곧 양무개혁론, 문명개화론, 변법개혁론으로 제기되었다. 그러나 1910년, 일제에 의한 강점으로 이 문제는 새로운 차원으로 접어들었다. 유교 문제는 일제하 민족운동 과정에서도 중요한 논제로 제기되었다. 더욱이 일제의 식민 지배를 극복하고 민족의 문화, 신도덕의 수립을 위해서는 반드시 해결해야 할 문제로 인식되었다.

유교가 지닌 상명하복의 명분과 충효론은 일제의 식민 지배 원리와도 결합하였다. 조선총독부는 유교를 진흥하고 유학자를 동원하여 식민 정책을 선전하였다. 총독부는 회유의 방법으로 경학원을 설치하고 유생층을 동원하여 일본 문명을 경험하게 하면서, 일본 문명과 유교의 힘으로 조선 유생을 압도하였다. 이런 과정에서 일본의 지배와 지도에 따라 문명화를 추진하던 유학자도 다수 존재하였다. 유생들은 일본 문명을 받아들이면서 문명화를 이루어야 하지만, 적어도 사람이 살아가는 데 필요한 윤리·도덕은 유교적 인륜으로 해야 한다는 공통된 논리를 갖게 되었다. 이런 점에서 그들은 문명화를 거부하는 보수 유생층도 비난하였다. 간혹 제기되는 유교진흥론도 유교의 인륜과 도덕으로 한정되었다.

문명화와 독립을 추구하던 민족운동 진영에서 유교는 망국의 원인으로 여겨지면서 비판받고, 그 지위는 축소되었다. 서양문명의 적극적 수용을 주장하던 문명개화론의 후예들은 망국과 쇠약의 원인을 유교에서 찾았다. 그들은 여전히 힘을 길러야 한다고 하면서 유교는 시대 변화에 맞지 않는 봉건사상이라고 보고, 청산해야 할 구습이자 구사상으로 규정하였다. 1920년대 문화운동의 신도덕, 신문화운동의 논리에서도 그러하였다. 봉건적 유교에 대한 비판, 극복은 새로운 이념체계였던 사회주의 진영에서도 마찬가지였다.

한편 대한제국의 망국으로 말미암아 강대국의 침략주의와 강권주의를 정확하게 인식하게 되었으며, 당시를 풍미하던 사회진화론의 틀을 깨고 도덕적인 인의와 평화주의가 제기되었다. 아울러 제국주의 세력과 경쟁에서 물질적 경쟁보다 더 중요한 것은 정신적인 문제라고 보게 되었다. 민족정신은 당시 국수, 국혼 등으로 표현되었고, 이를 보전하는 방법으로 역사를 서술하였다. 이에 박은식, 신채호 등은 만주와 중국에서 민족운동을 펼치면서 동시에 나라의 혼을 지키기 위한 역사연구에 몰두하였다. 더욱이 그들은 단군을 중심으로 우리 역사를 체계화하고, 역사에서 자주적·진취적 기상을 강조하였다. 국혼·국수를 지킬 수 있는 또 다른 방안으로 종교가 중시되면서 단군을 신봉하는 대종교大倧敎 역시 확산되었다. 대종교는 단순한 종교가 아닌 민족운동을 이끄는 이념으로 작용하였다. 이런 논의는 1930년대 조선학운동에서도 계속되었다.

이와 같은 일제하 민족운동의 동향과 이에 연관된 유교의 변화, 그리고 해방 뒤 남북한의 체제 속에서 살아남은 유교의 향방은 또 다른 과제로서 이 책의 후속 작업을 통해 해결해야 할 것이다.

참 고 문 헌

1. 자 료

《高宗實錄》

《承政院日記》

《日省錄》

《官報》

郭鍾錫, 《俛宇先生文集》(景仁文化社, 1990)

金玉均, 《金玉均全集》(亞細亞文化社, 1979)

金允植, 《金允植全集》(亞細亞文化社, 1979)

_____, 《陰晴史》, 《續陰晴史》(國史編纂委員會, 1958, 1960)

金昌淑, 《心山遺稿》(國史編纂委員會, 1973)

《東學思想資料集》(亞細亞文化社, 1979)

《東學亂記錄》(國史編纂委員會, 1959)

閔泳煥, 《閔忠正公遺稿集》(國史編纂委員會, 1958)

朴珪壽, 《朴珪壽全集》(亞細亞文化社, 1978)

_____, 《朴瓛齋文》(《朝鮮學報》 87, 1978)

朴泳孝, 〈建白書〉(《日本外交文書》 21, 1888)

朴殷植, 《朴殷植全書》(檀國大學校出版部, 1975)

_____, 《明臨答夫傳》, 《渤海太祖建國誌》, 《大東古代史論》

_____, 《한국독립운동지혈사》(김도형 옮김, 소명출판, 2008)

申箕善, 《申箕善全集》(亞細亞文化社, 1981)

申采浩, 《丹齋申采浩全集》(螢雪出版社, 1977)

魚允中, 《魚允中全集》(亞細亞文化社, 1978)

吳知泳, 《東學史》(영창서관, 1940)

俞吉濬, 《俞吉濬全書》(一潮閣, 1971)

柳寅植, 《東山文稿》, 《東山全集》(東山先生紀念事業會, 1978)

尹致昊, 《尹致昊日記》(國史編纂委員會, 1973~1988)

李光洙, 《李光洙全集(17)》 (삼중당, 1962)

李沂, 《海鶴遺書》(國史編纂委員會, 1955)

李相龍, 《石洲遺稿》(高麗大學校出版部, 1973)

李承晚, 《독립정신》, 1910(國民精神振興會, 1946)

李承熙, 《大溪先生文集》(景仁文化社, 1994)

李寅梓, 《省窩集》(亞細亞文化社, 1980)

李震相, 《寒洲先生文集》(景仁文化社, 1999)

張志淵, 《韋庵文稿》(國史編纂委員會, 1956)

_____, 《張志淵全書》(檀國大 東洋學研究所, 1979~1989)

鄭喬, 《大韓季年史》(國史編纂委員會, 1957)

許薰, 《國譯舫山全集》(成均館大學校 大東文化研究院, 1983)

黃玹, 《梅泉野錄》(國史編纂委員會, 1955)

《修信使記錄》(국사편찬위원회1958)

《漢城旬報》

《漢城週報》

《독립신문》

The Independent

《미일신문》

《皇城新聞》

《大韓每日申報》

《萬歲報》

《大韓民報》

《親睦會會報》

《협성회회보》

《大韓自强會月報》

《大韓協會會報》

《西友》

《西北學會月報》

《嶠南教育會雜誌》

《畿湖興學會月報》

《湖南學報》

《大東學會月報》

《大韓俱樂》

《大韓留學生學報》

《大韓學會月報》

《大韓興學報》

《太極學報》

《天道敎會月報》

《高靈郡自治民議所程式》

옥성득 · 이만열 편역, 《대한성서공회사 자료집(1)》, 대한성서공회, 2004.

이만열 · 옥성득 편, 《언더우드자료집(Ⅰ)》, 연세대학교출판부, 2005.

2. 저 서

姜東鎭, 《日帝의 朝鮮侵略政策史》, 한길사, 1980.

姜萬吉, 《分斷時代의 歷史認識》, 창작과비평사, 1978.

강세구, 《성호학통 연구》, 혜안, 1999.

康允浩, 《開化期의 敎科用圖書》, 敎育出版社, 1973.

강재언, 《근대한국사상사연구》, 한울, 1983.

高柄翊, 《東亞交涉史의 硏究》, 서울대출판부, 1970.

具仙姬, 《韓國近代 對淸政策史 硏究》, 혜안, 1999.

권기훈, 《심산 김창숙 연구》, 선인, 2007.

權五榮, 《崔漢綺의 학문과 사상 연구》, 집문당, 1999.

금장태, 《조선후기 유교와 서학》, 서울대출판부, 2003.

_____, 《한국양명학의 쟁점》, 서울대출판부, 2008.

김경태, 《근대한국의 민족운동과 그 사상》, 이화여대출판부, 1994.

金道泰, 《徐載弼博士自敍傳》, 首善社, 1948.

金度亨, 《大韓帝國期의 政治思想研究》, 知識産業社, 1994.

김명호, 《초기 한미관계의 재조명 – 셔먼호 사건에서 신미양요까지-》, 역사비
　　　평사, 2005.

_____, 《환재 박규수 연구》, 창비, 2008.

金炳佑, 《大院君의 統治政策》, 혜안, 2006.

김봉렬, 《俞吉濬 開化思想의 研究》, 경남대학교출판부, 1998.

김성배, 《유교적 사유와 근대 국제정치의 상상력 -구한말 김윤식의 유교적 근대 수용》, 창비, 2009.

金容燮, 《韓國近代農業史研究(Ⅰ)》, 신정증보판, 지식산업사, 2004.

_____, 《韓國近代農業史研究(Ⅱ)》, 신정증보판, 지식산업사, 2004.

_____, 《東아시아 역사 속의 한국문명의 전환》, 지식산업사, 2008.

金駿錫, 《朝鮮後期 政治思想史 研究 -國家再造論의 擡頭와 展開-》, 지식산업사, 2003.

김학준, 《한말의 서양정치학 수용 연구 -유길준 · 안국선 · 이승만을 중심으로-》, 서울대학교출판부, 2000.

노대환, 《동도서기론 형성 과정 연구》, 일지사, 2005.

도면회, 《한국 근대 형사재판제도사》, 푸른역사, 2014

文一平, 《韓米五十年史》, 朝光社, 1945.

민두기, 《中國近代改革運動의 研究》, 일조각, 1985.

朴永錫, 《日帝下 獨立運動史研究》, 일조각, 1984.

_____, 《韓民族獨立運動史研究》, 일조각, 1984.

朴鍾赫, 《韓末 激變期 海鶴 李沂의 思想과 文學》, 아세아문화사, 1995.

박찬승, 《한국근대정치사상사연구》, 역사비평사 1992.

白樂濬, 《韓國改新敎史》, 연세대출판부, 1973.

서영희, 《대한제국 정치사 연구》, 서울대학교출판부, 2003.

서인한, 《대한제국의 군사제도》, 혜안, 2000.

孫炯富, 《朴珪壽의 開化思想研究》, 일조각, 1997.

송병기, 《한국, 미국과의 첫 만남》, 고즈윈, 2005.

愼鏞廈, 《獨立協會 研究》, 일조각, 1976.

_____, 《朴殷植의 社會思想研究》, 서울대학교출판부, 1982.

_____, 《韓國近代社會思想史研究》, 일지사, 1987.

연갑수, 《대원군 집권기 부국강병정책 연구》, 서울대출판부, 2001.

吳瑛燮, 《華西學派의 思想과 民族運動》, 국학자료원, 1999.

왕현종, 《한국근대국가의 형성과 갑오개혁》, 역사비평사, 2003.

원재린, 《朝鮮後期 星湖學派의 形成과 學風》, 혜안, 2003.

유봉학, 《燕巖一派 北學思想 研究》, 一志社, 1995.

柳永烈, 《開化期의 尹致昊 研究》, 한길사, 1985.

柳子厚, 《李儁先生傳》, 동방문화사, 1947.

유준기, 《韓國近代儒敎改革運動史》, 삼문, 1994.

_____, 《증보판 한국근대유교개혁운동사》, 아세아문화사, 1999.

尹炳喜, 《俞吉濬 研究》, 국학자료원, 1998.

李光麟, 《改訂版 韓國開化史研究》, 일조각, 1974.

_____, 《韓國開化思想研究》 증보판, 일조각, 1974.

_____, 《開化黨研究》, 일조각, 1975.

_____, 《韓國開化思想研究》, 일조각, 1979.

_____, 《韓國史講座 ― 近代篇》, 일조각, 1981.

_____, 《韓國開化期의 諸問題》, 일조각, 1986.

李萬珪, 《朝鮮教育史》, 을유문화사, 1949.

李瑄根 著, 震檀學會 편, 《韓國史 5 - 最近世篇》, 乙酉文化社, 1961.

李完宰, 《韓國近代 初期開化思想의 研究》, 한양대학교출판부, 1998.

_____, 《朴珪壽 研究》, 집문당, 1999.

이지원, 《한국근대문화사상사 연구》, 혜안, 2007

이태진, 《고종시대의 재조명》, 태학사, 2000.

장영숙, 《고종의 정치사상과 정치개혁론》, 선인, 2010.

전복희, 《사회진화론과 국가사상》, 한울, 1996.

정용화, 《문명의 정치사상 : 유길준과 근대 한국》, 문학과지성사, 2004.

정호훈, 《朝鮮後期 政治思想 研究 : 17세기 北人系 南人을 중심으로》, 혜안, 2004.

趙東杰, 《韓國民族主義의 成立과 獨立運動史研究》, 지식산업사, 1989.

崔起榮, 《大韓帝國期 新聞 研究》, 일조각, 1991.

_____, 《韓國近代啓蒙運動研究》, 일조각, 1997.

_____, 《한국근대 계몽사상사 연구》, 일조각, 2003.

崔昌圭, 《近代韓國政治思想史》, 일조각, 1972.

韓永愚, 《韓國民族主義歷史學》, 일조각, 1993.

韓哲昊, 《親美開化派研究》, 국학자료원, 1998.

함재봉, 《유교 자본주의 민주주의》, 전통과 현대, 2000.

허동현, 《일본이 진실로 강하더냐》, 당대, 1999.

근대사연구회, 《韓國中世社會 解體期의 諸問題: 朝鮮後期史 연구의 현황과 과제 (上·下)》, 한울, 1987.

심산사상연구소 편, 《심산 김창숙의 사상과 행동》, 성균관대학교, 1986.

연세대학교 국학연구원 편, 《서구문화의 수용과 근대개혁》, 태학사, 2004.

_____ 편, 《전통의 변용과 근대개혁》, 태학사, 2004.

_____ 편, 《한국 중세의 정치사상과 周禮》, 혜안, 2005.

한국기독교사연구회, 《한국기독교의 역사(Ⅰ)》, 기독교문사, 1989.

한국철학사상연구회 논전사분과 엮음, 《현대중국의 모색》, 동녘, 1992.

한국현대사회연구회, 《한국근대 개화사상과 개화운동》, 신서원, 1998.

高田淳, 《中國の近代と儒教》, 紀伊國屋書店, 1970.

金原左門, 《日本近代化論の歷史像―その批判的檢討への視點》 증보판, 中央大學出版部, 1971.

小野川秀美, 《淸末政治思想史硏究》, みすず書房, 1969.

月脚達彥, 《朝鮮開化思想とナショナリズム》, 東京大學出版會, 2009.

竹內弘行, 《中國の儒敎的近代化論》, 硏文出版, 1995

金觀濤 지음, 河世鳳 옮김, 《中國史의 시스템理論的 分析》, 신서원, 1995.

L. H. 언더우드 지음, (신복룡·최수근 역주) 《상투의 나라》, 집문당, 1999.

두유명 지음, 나성 옮김, 《문명 간의 대화 : 유교 인문주의의 현대적 변용에 관한 연구》, 철학과 현실사, 2007.

Kim, Dong-no·Duncan, John·Kim, Dohyung, *Reform and Modernity in The Taehan Empire*, Jimoondang, 2007

Deuchler, M., *The Confucian Transformation of Korea : A Study of Society and Ideology*, Cambridge: Harvard Univ. Press, 1992(이훈상 옮김, 《한국사회의 유교적 변환》, 아카넷, 2003).

Levenson, Joseph, *Confucian China and Its Modern Fate*, University of California Press, Berkeley & L.A. 1968.

Elman, Benjamin A·Duncan, John B.·Ooms, Herman ed., *Rethinking Confucianism: Past and Present in China, Japan, Korea, and Vietnam*, UCLA Asian Pacific Monograph Series, 2002.

Palais, J., *Politics and Policy in Traditional Korea*, Cambridge, Mass: Harvard Univ. Press, 1975(李勛相 옮김, 《傳統韓國의 政治와 政策》, 신원문화사, 1993).

Reischauer, E. O. (エドウィン O. ライシャワー), 《日本近代の新しい見方》, 講談社, 1965.

Wagner, E., *The Literai Purges : Political Conflict in Early Yi Korea*, Cambridge, Mass: Harvard Univ. Press, 1974.

Tu, Wei-ming, ed, *Confucian traditions in East Asian Modernity: Moral Education and Economic Culture in Japan and the Four Mini-Dragons*, Cambridge: Harvard Univ. Press, 1996.

3. 논 문

姜東鎭, 〈문화주의의 기본성격〉, 《한국사회연구》 2, 1984.

姜萬吉, 〈朝鮮後期 商業의 문제점 -迂書의 商業政策分析-〉, 《韓國史研究》 6, 1971.

_____, 〈유길준의 한반도 중립화론〉, 《창작과 비평》 30, 1973.

_____, 〈東道西器論의 재음미〉(1982), 《韓國民族運動史論》, 한길사, 1985.

_____, 〈申采浩의 英雄·國民·民衆主義〉, 《申采浩의 思想과 民族獨立運動》, 형설출판사, 1986.

姜萬生, 〈皇城新聞의 현실개혁구상 연구〉, 《學林》 9, 1987.

姜聖祚, 〈桂庭 閔泳煥 研究〉, 《관동사학》 2, 1984.

高柄翊, 〈露皇戴冠式에의 使行과 韓露交涉〉, 《歷史學報》 28, 1965.

구희진, 〈갑오개혁 전후 전통교육제도에 대한 정책〉, 《역사교육》 100, 2006.

權大雄, 〈韓末 慶北地方의 私立學校와 그 性格〉, 《國史館論叢》 58, 1994.

_____, 〈韓末 寒洲學派의 啓蒙運動〉, 《大東文化研究》 38, 2001.

權錫奉, 〈朝鮮策略과 清側 意圖〉, 《清末 對朝鮮政策史研究》, 一潮閣, 1986.

權五榮, 〈申箕善의 東道西器論 研究〉, 《清溪史學》 1, 1984.

_____, 〈金平默의 斥邪論과 聯名上疏〉, 《韓國學報》 55, 1989.

_____, 〈1881년의 嶺南萬人疏〉, 《윤병석교수화갑기념 韓國近代史論叢》, 지식산업사, 1990.

權中達, 〈儒敎와 近代化〉, 《儒敎思想研究》 1, 1986.

권태억, 〈자강운동기 문명개화론의 일본 인식〉, 《韓國文化》 28, 2001.

琴章泰, 〈韓國 近代 儒學의 孔子敎運動〉, 《崇山朴吉眞博士古稀紀念 韓國近代宗敎思想史》, 원광대학교출판국, 1984

_____, 〈韓溪 李承熙의 生涯와 思想(Ⅰ)〉, 《大東文化研究》 19, 1985.

_____, 〈한국 經學에서 계승과 개혁〉, 《大東文化硏究》 49, 2005

금장태·이용주, 〈중국의 근대와 유교비판, 그리고 전통의 계승〉, 《인문논총》 47, 2002.

김경태, 〈중화체제·만국공법질서의 착종과 정치세력의 분열〉, 《한국사》 11, 한길사, 1994.

金炅宅, 〈韓末 東學敎門의 政治改革思想硏究〉, 연세대학교 석사학위논문, 1990.

金基承, 〈白巖 朴殷植의 思想的 變遷過程〉, 《歷史學報》 114, 1987.

_____, 〈韓末 儒敎知識人의 思想轉換과 그 論理〉, 《民族文化》 4, 한성대, 1989.

_____, 〈丹齋의 思想的 變化와 儒敎 −丹齋思想 形成의 儒敎的 基礎〉, 《大東文化 硏究》 29, 1994

_____, 〈심산 김창숙의 사상적 변화와 민족운동〉, 《한국독립운동사연구》 42, 2012.

김기혁, 〈開港을 둘러싼 國際政治〉, 《한국사시민강좌》 7, 1990.

金度亨, 〈海鶴 李沂의 政治思想 硏究〉, 《東方學志》 31, 1982.

_____, 〈韓末 啓蒙運動의 政治論 硏究〉, 《韓國史硏究》 54, 1986.

_____, 〈韓末 啓蒙運動의 地方支會〉, 《孫寶基停年紀念韓國史學論叢》, 지식산업 사, 1988.

_____, 〈한말 재야지배세력의 민족문제인식과 대응〉, 《역사와 현실》 1, 1989.

_____, 〈개항 이후 보수유림의 정치·사상적 동향〉, 《1894년 농민전쟁연구 3》, 역사비평사, 1993.

_____, 〈한말 근대화 과정에서의 구학·신학논쟁〉, 《역사비평》, 1996.

_____, 〈韓末·日帝時期 龜尾地域 儒生層의 動向〉, 《韓國學論集》 24, 계명대한 국학연구원, 1997.

_____, 〈韓末 大邱地域 商人層의 動向과 國債報償運動〉, 《啓明史學》 8, 1997.

_____, 〈近代社會成立論〉, 《韓國史 認識과 歷史理論》, 金容燮敎授停年紀念韓國 史學論叢 ①, 지식산업사, 1997.

_____, 〈한말 경북지역의 近代敎育과 儒敎〉, 《啓明史學》 10, 1999.

_____, 〈張志淵의 變法論과 그 변화〉, 《韓國史硏究》 109, 2000.

_____, 〈1910년대 박은식의 사상 변화와 역사인식〉, 《東方學志》 114, 2001.

_____, 〈寒洲學派의 形成과 現實認識〉, 《大東文化硏究》 38, 2001.

_____, 〈大韓帝國 초기 文明開化論의 발전〉, 《韓國史硏究》 121, 2003.

_____, 〈근대개혁기의 역사서술과 변법론〉, 《한국문화연구》 3, 2003.

_____, 〈개항 전후 실학의 변용과 근대개혁론〉,《東方學志》124, 2004.

_____, 〈개항 전후 儒者의 '三代' 인식과 近代改革論〉,《한국중세의 정치사상과 周禮》, 혜안, 2005.

_____, 〈1910년대 유생층의 근대개혁론과 유교〉, 김도형 외 지음,《일제하 한국사회의 전통과 근대인식》, 혜안, 2009

_____, 〈개항 후 한국의 근대개혁과 언더우드〉,《언더우드기념강연집》, 연세대학교출판부, 2011.

_____, 〈19세기 후반 下回 '屏儒'의 家學과 斥邪 활동〉,《退溪學과 儒教文化》 55, 2014.

김동노, 〈한말 개화파 지식인의 근대성과 근대적 변혁〉,《아시아문화》 14, 1998.

_____, 〈대한제국기 황성신문에 나타난 근대적 개혁관〉,《사회와 역사》 통권 69, 2006.

金東冕, 〈協成會의 思想的 研究〉《史學志》 15, 1981

_____, 〈協成會 活動에 관한 考察〉《韓國學報》 25, 1981.

金東煥, 〈白巖 朴殷植과 大倧敎〉,《白巖學報》 1, 2006.

金明昊, 〈大院君政權과 朴珪壽〉,《震檀學報》 91, 2001.

金炳佑, 〈大院君執權期 政治勢力의 性格〉,《啓明史學》 2, 1991.

_____, 〈高宗의 親政體制 形成期 政治勢力의 動向〉,《大丘史學》 63, 2001.

金鳳烈, 〈俞吉濬 開化思想에서의 傳統認識〉,《慶大史論》 7, 1994.

金庠基, 〈李海鶴의 生涯와 思想에 대하여〉,《亞細亞研究》 1, 1965.

金祥起, 〈1895~1896년 安東義兵의 思想的 淵源과 抗日鬪爭〉,《史學志》 34, 1998.

金泳鎬, 〈實學과 開化思想의 聯關問題〉,《韓國史研究》 8, 1972.

_____, 〈開港以後의 近代經濟思想 -東道西器論을 중심으로〉,《韓國學入門》, 학술원, 1983.

金龍國, 〈大倧敎와 獨立運動〉,《李殷相古稀紀念 民族文化論叢》, 1973.

金龍德, 〈朱子學的 民族主義論〉,《朝鮮後期思想史研究》, 을유문화사, 1977.

金源模, 〈에케르트軍樂隊와 大韓帝國愛國歌〉,《崔永禧華甲紀念韓國史學論叢》, 탐구당, 1987.

_____, 〈遣美使節 洪英植 研究〉,《史學志》 28, 단국대, 1995.

김의진, 〈雲養 金允植의 西學受容論과 政治活動〉, 연세대학교 사학과 석사학위논문, 1986.

김일곤, 〈유교자본주의의 인간존중과 공생주의〉, 《동아시아 문화와 사상》 2, 열화당, 1999.

金貞美, 〈東山 柳寅植의 國權恢復과 民族敎育運動〉, 《大丘史學》 50, 1995.

_____, 〈石洲 李相龍의 獨立運動과 思想〉, 경북대학교 박사학위논문, 2001.

金鍾錫, 〈韓末 嶺南 儒學者들의 新學 수용 자세〉, 《韓末 嶺南 儒學界의 동향》, 영남대학교출판부, 1998.

_____, 〈韓末 嶺南 儒學者들의 新學 수용자세(Ⅱ)〉, 《退溪學報》 95, 1997.

김주성, 〈한국에서의 자유주의 수용―김옥균, 박영효의 자유주의 정신〉, 《정치사상연구》 2, 2000.

金駿錫, 〈兩亂期의 國家再造 문제〉, 《韓國史硏究》 101, 1998.

金顯哲, 〈박영효(朴泳孝)의 '近代國家 구상'에 관한 연구―개화기 문명개화론자에 나타난 傳統과 近代를 중심으로〉, 서울대학교 박사학위논문, 1999.

金炯睦, 〈私立興化學校(1898~1911)의 近代敎育史上 位置〉, 《白山學報》 50, 1998.

김홍경, 〈유교자본주의론의 형성과 전개〉, 《동아시아 문화와 사상》 2, 1999.

金喜坤, 〈東山 柳寅植의 생애와 독립운동〉, 《한국근현대사연구》 7, 1997.

_____, 〈安東 協東學校의 독립운동〉, 《조동걸정년기념논총(Ⅱ) 韓國民族運動史硏究》, 1997.

_____, 〈韓末 嶺南儒學界의 啓蒙運動〉, 《韓末 嶺南 儒學界의 動向》, 영남대학교출판부, 1998.

_____, 〈안동의병장 拓菴 金道和(1825~1912)의 항일투쟁〉, 《歷史敎育論集》 23·24, 1999.

盧官汎, 〈대한제국기 朴殷植과 張志淵의 自强思想 연구〉, 서울대학교 박사학위논문, 2007.

_____, 〈1875~1904년 朴殷植의 朱子學 이해와 敎育自强論〉, 《韓國史論》 43, 2000.

_____, 〈張志淵의 經世史學〉, 《韓國思想과 文化》 40, 2007.

_____, 〈大韓帝國期 張志淵의 自强思想 연구〉, 《한국근현대사연구》 47, 2008.

盧大煥, 〈19세기 중엽 俞莘煥 學派의 學風과 現實 改革論〉, 《韓國學報》 72, 1993.

_____, 〈19세기 전반 지식의 對淸 危機認識과 北學論〉, 《韓國學報》 76, 1994.

_____, 〈19세기 전반 西洋認識의 변화와 西器受用論〉, 《韓國史研究》 95, 1996.

_____, 〈1860~70년대 전반 조선 지식인의 대외인식과 양무 이해〉, 《韓國文化》 20, 1997.

_____, 〈閔泳翊의 삶과 정치활동〉, 《韓國思想史學》 18, 2002.

都重萬, 〈國粹와 西學〉, 《中國現代史研究》 8, 1999.

梁潤模, 〈白巖 朴殷植의 '思想變動'에 관한 一考察〉, 《한국독립운동사연구》 14, 2000.

류대영, 〈한말 기독교신문의 문명개화론〉, 《한국기독교와 역사》 22, 2005.

閔斗基, 〈康有爲의 改革運動(1898)과 孔敎〉, 《역사교육》 36, 1984.

_____, 〈中體西用論考〉, 《東方學志》 18, 1978.

박경환, 〈동아시아 유학의 근현대 굴절양상 ─조선 유학을 중심으로─〉, 《국학연구》 4, 2004.

朴光用, 〈箕子朝鮮에 대한 認識의 변천〉, 《韓國史論》 10, 1980.

_____, 〈대종교 관련 문헌에 위작 많다〉, 《역사비평》 10, 1990.

_____, 〈檀君 認識의 變遷〉, 《趙東杰先生停年紀念論叢 韓國史學史研究》, 나남, 1997.

박명수, 〈한말 민족주의자들의 종교 이해─《대한매일신보》(1904~1910)의 논설을 중심으로〉, 《한국기독교와 역사》 5, 1996.

朴元在, 〈동산 유인식의 계몽운동과 유교개혁론〉, 《東洋哲學》, 26, 2006.

_____, 〈후기 정재학파의 사상적 전회의 맥락 ─이상룡과 유인식의 경우를 중심으로〉, 《大東文化研究》 58, 2007.

박은숙, 〈동도서기론자의 '民富國强'론과 민중 인식〉, 《한국근현대사연구》 47, 2008.

朴正心, 〈朴殷植의 思想的 轉換에 대한 考察 ─朱子學에서 陽明學으로─〉, 《韓國思想史學》 12, 1999.

_____, 〈申采浩의 儒敎認識에 관한 研究 ─近代的 主體 問題와 관련하여〉, 《韓國思想史學》 22, 2004.

朴珍泰, 〈改新儒學系列의 外勢對應樣式 ─石洲 李相龍의 思想과 行動을 중심으로〉, 《국사관논총》 15, 1990.

朴贊勝, 〈韓末 自强運動論의 각 계열과 그 성격〉, 《한국사학연구》 68, 1990.

_____, 〈1890년대 후반 도일 유학생의 현실인식〉, 《역사와 현실》 31, 1999.

朴忠錫, 〈儒敎와 資本主義〉, 《白山學報》 50, 1998.

방향, 〈開港後 한국의 對淸通商交涉의 변화와 近代外交關係의 수립〉, 연세대학교 대학원 박사학위논문, 2013.

백동현, 〈대한제국기 新舊學論爭의 전개와 그 의의〉, 《韓國思想史學》 19, 2002.

白永瑞, 〈大韓帝國期 韓國言論의 中國認識〉, 《歷史學報》 153, 1997.

邊勝雄, 〈大韓帝國政府의 經本藝參政策과 儒生層의 新教育參與〉, 《建大史學》 7, 1989.

서진교, 〈대한제국기 고종의 황실追崇사업과 황제권의 강화의 사상적 기초〉, 《한국근현대사연구》 19, 2001.

申龜鉉, 〈서양 사상의 섭취 수용과 영남 유학계의 동향 -영남 유학계의 유교 종교화 운동-〉, 《民族文化論叢》 17, 1997.

_____, 〈韓末 嶺南 儒學界의 유교 宗教化 운동〉, 《韓末 嶺南 儒學界의 동향》, 영남대학교출판부, 1998.

申淳鐵, 〈愛國啓蒙運動의 儒教改革思想·運動〉, 《韓國宗教》 8, 1983.

愼鏞廈, 〈오경석의 개화사상와 개화활동〉, 《歷史學報》 107, 1985.

안외순, 〈大院君執政期 高宗의 對外認識〉, 《東洋古典研究》 3, 1994.

_____, 〈유길준의 해외체험과 민주주의의 유교적 수용 : 전통과 근대의 융합〉, 《한국문화연구》 11, 2006.

安鍾哲, 〈親政前後 高宗의 對外觀과 對日政策〉, 《韓國史論》 40, 1998.

梁潤模, 〈白巖 朴殷植의 '思想變動'에 관한 一考察〉, 《한국독립운동사연구》 14, 2000.

연갑수, 〈개항기 권력집단의 정세인식과 정책〉, 《1894년 농민전쟁 연구 3》, 1993.

오연숙, 〈대한제국기 의정부의 운영과 위상〉, 《역사와 현실》 19, 1996.

옥성득, 〈초기 한국 개신교와 제사문제〉, 《종교와 조상제사》, 민속원, 2005.

王元周, 〈1910년대 전반기 韓溪 李承熙의 中華사상과 민족의식〉, 《歷史教育》 103, 2007.

원재연, 〈《해국도지》 수용 전후의 어양론과 서양인식 -이규경(1788~1856)과 윤종의(1805~1886)를 중심으로〉, 《韓國史思史學》 17, 2001.

유봉학, 〈19세기 京華士族의 生涯와 思想 -惠岡 崔漢綺를 중심으로〉, 《서울학연구》 2, 1994.

柳永烈, 〈尹致昊의 傳統觀과 國家像〉, 《史學研究》 29, 1979.

_____, 〈大韓自强會의 新舊學折衷論〉,《崔永禧先生華甲紀念韓國史學論叢》, 탐구당, 1987.

柳永益, 〈1880~90년대 開化派 人士들의 改新敎 受容 樣態〉,《震檀學報》70, 1990.

_____, 〈개화기의 대미인식〉《한국인의 대미인식》, 민음사, 1994.

柳漢喆, 〈1906년 光武皇帝의 私學設立 詔勅과 文明學校 設立 事例〉,《조동걸교수정년기념논총 Ⅱ −韓國民族運動史硏究》, 나남, 1997.

尹絲淳, 〈丹齋의 儒敎觀〉,《丹齋申采浩와 民族史觀−丹齋 申采浩 先生 誕辰 100周年紀念論集》, 형설출판사, 1980.

李光麟, 〈漢城旬報와 漢城周報에 대한 一考察〉,《歷史學報》38, 1968.

_____, 〈開化派의 改新敎觀〉,《歷史學報》66, 1975.

_____, 〈俞吉濬의 開化思想〉,《歷史學報》75·76, 1977.

_____, 〈舊韓末 新學과 舊學과의 論爭〉,《東方學志》23.24합, 1980.

_____, 〈舊韓末 獄中에서의 基督敎 信仰〉,《東方學志》46·47·48합, 1985.

_____, 〈皇城新聞 硏究〉,《東方學志》53, 1986.

_____, 〈統理機務衙門의 組織과 機能〉,《梨花史學硏究(李春蘭敎授 華甲紀念特輯)》17·18合輯, 1987.

_____, 〈개화기 지식인의 실학관〉,《東方學志》54~56합. 1987.

_____, 〈舊韓末 關西地方 儒學者의 思想的 轉回〉,《이병도구순기념한국사학논총》, 지식산업사, 1987.

李萬烈, 〈한말 기독교인의 민족의식 형성과정〉,《韓國史論》1, 서울대 국사학과, 1973.

_____, 〈丹齋史學에 있어서의 歷史主體 認識의 問題〉,《丹齋申采浩와 民族史觀》, 형설출판사, 1980.

李玟源, 〈俄館播遷 前後의 韓露關係〉, 한국정신문화연구원 박사학위논문, 1994.

李相一, 〈雲養 金允植의 政治思想硏究〉,《태동고전연구》6, 1990.

李松姬, 〈韓末 愛國啓蒙思想과 社會進化論〉,《釜山女大史學》2, 1984.

이승환, 〈반유교적 자본주의에서 유교적 자본주의로〉,《동아시아 문화와 사상》2, 1999.

이연주, 〈1880년대 전반 時務上疏의 개혁론과 갑신정변〉, 연세대학교 사학과 석사논문, 2013.

李完栽, 〈韓末 嶺南지역의 儒敎改革運動〉, 《韓末 嶺南 儒學界의 동향》, 영남대학
　　교출판부, 1998.

李佑成, 〈實學研究序說〉, 《實學研究入門》, 一潮閣, 1973.

＿＿＿, 〈解題〉, 《國譯舫山全集》, 成均館大學校 大東文化研究院, 1983.

이윤상, 〈대한제국기 국가와 국왕의 위상제고사업〉, 《震檀學報》 95, 2003.

李泰鎭, 〈大韓帝國 皇帝政과 民國 정치이념의 전개 ― 國旗의 제정·보급을 중
　　심으로〉, 《韓國文化》 22, 서울대 한국문화연구소, 1998.

＿＿＿, 〈고종의 국기제정과 군민일체(君民一體)의 정치이념〉, 《고종시대의 재
　　조명》, 태학사, 2000.

장규식, 〈개항 후 美國 使行과 서구 수용의 추이〉, 《중앙사론》 24, 2006.

장영숙, 〈동도서기론의 연구동향과 과제〉, 《역사와 현실》 50, 2003.

＿＿＿, 〈동도서기론의 정치적 역할과 변화〉, 《역사와 현실》 60, 2006.

鄭景鉉, 〈韓末 儒生의 知的 變身〉, 《陸士論文集》 23, 1982.

鄭崇敎, 〈대한제국기 지방학교의 설립주체와 재정〉, 《韓國文化》 22, 서울대 한
　　국문화연구소, 1998.

鄭玉子, 〈開化派와 甲申政變〉, 《國史館論叢》 14, 1990.

＿＿＿, 〈雲養 金允植(1835~1922)研究〉, 《歷史와 人間의 對應―高柄翊先生 回甲
　　紀念 史學論叢》, 한울, 1984.

정용화, 〈유교와 인권(Ⅰ) : 유길준의 '인민의 권리'론〉, 《한국정치학회보》 33,
　　1999.

＿＿＿, 〈유교와 자유주의 ―유길준의 자유주의 개념 수용〉, 《정치사상연구》
　　2, 2000.

＿＿＿, 〈문명개화론의 덫〉, 《國際政治論叢》 41-4, 2001.

＿＿＿, 〈사대·중화질서관념의 해체과정 : 박규수를 중심으로〉, 《국제정치논
　　총》 44집, 2004.

鄭震英, 〈19세기 후반 嶺南儒林의 정치적 동향 ―萬人疏를 중심으로〉, 《韓末 嶺
　　南 儒學界의 동향》, 영남대학교출판부, 1998.

鄭昌烈, 〈20세기 前半期 韓國에서의 優勝主義와 民族的 正體性〉, 《民族文化論
　　叢》 18·19합, 1998.

정호훈, 〈朝鮮後期 實學의 展開와 改革論〉, 《東方學志》 124, 2004.

조광, 〈개항 이후 유학계의 변화와 근대적응 노력 ―전통 유학의 근대종교화
　　운동을 중심으로―〉, 《국학연구》 5, 2004.

趙東杰, 〈安東 儒林의 渡滿經緯와 獨立運動 上의 性格〉, 《대구사학》 15. 16, 1978.

曹秉漢, 〈淸代 後期 經世思想과 洋務論의 形成〉, 서울대 동양사학과 박사논문, 1992.

_____, 〈19세기 중국 개혁운동에서의 '중체서용(中體西用)'〉, 《동아시아역사연구》 2, 1997.

趙仁成, 〈韓末 檀君關係史書의 再檢討〉, 《國史館論叢》 3, 1989.

주진오, 〈개화파의 성립과정과 정치·사상적 동향〉, 《1894년 농민전쟁연구3》, 역사비평사, 1993.

_____, 〈開化論의 論理와 系譜〉, 《韓國 近現代의 民族問題와 新國家建設》, 金容燮教授停年紀念韓國史學論叢③, 지식산업사, 1997.

_____, 〈19세기 후반 開化 改革論의 構造와 展開〉 연세대학교 박사학위논문, 1995.

_____, 〈19세기 후반 文明開化論의 형성과 전개〉, 《서구문화의 수용과 근대개혁》, 2004.

_____, 〈19세기 말 조선의 자주와 독립〉, 《한국근대국가 수립과 한일관계-한일관계사논집(16)》, 경인문화사, 2010.

千聖林, 〈20세기초 중국에서의 "國粹"와 反"國粹" 논쟁〉, 《梨大史苑》 30, 1997.

_____, 〈國學과 革命 - 淸末 國粹學派의 傳統學術觀〉, 《震檀學報》 88, 1999.

崔敬淑, 〈皇城新聞의 儒教改革論〉, 《釜山女大史學》 10, 1993.

崔起榮, 〈露日戰爭 발발 직후 지식인의 정치개혁론 ―1904년의 '政治更張에 關한 主要事項'을 중심으로〉, 《吉玄益教授停年紀念史學論叢》, 1996.

崔德壽, 〈獨立協會의 政體論 및 外交論 연구〉, 《民族文化研究》 13, 고려대 민족문화연구소, 1978.

_____, 〈朴泳孝의 內政改革論 및 外交論 研究〉, 《民族文化研究》 21, 고려대 민족문화연구소, 1988.

최재목, 〈박은식의 양명학과 근대 일본 양명학과의 관련성〉, 《일본문화연구》 16, 2005.

_____, 〈金源極을 통해서 본 1910년대 陽明學 이해의 특징〉, 《陽明學》 23, 한국양명학회, 2009.

崔震植, 〈韓國近代의 穩健開化派 研究 ―金允植·金弘集·魚允中의 思想과 活動을 中心으로〉, 영남대학교 사학과 박사학위논문, 1990.

하우봉, 〈개항기 수신사의 일본인식〉, 《근대교류사와 상호인식(I)》, 아연출판
　　부, 2000.

하원호, 〈개화사상과 개화운동의 역사적 변화〉, 《한국근대 개화사상과 개화운
　　동》, 한국근현대사회연구회, 신서원, 1998.

韓永愚, 〈韓末에 있어서의 申采浩의 歷史認識〉, 《丹齋 申采浩와 民族史觀》, 형설
　　출판사, 1980.

韓㳓劤, 〈開港 當時의 危機意識과 開化思想〉, 《韓國史研究》 2, 1968.

韓哲昊, 〈閔氏戚族政權期(1885~1894) 內務府의 組織과 機能〉, 《韓國史研究》
　　90, 1995.

＿＿＿, 〈閔氏戚族政權期(1885~1894) 內務府 官僚研究〉, 《아시아문화》 12,
　　1996.

＿＿＿, 〈1884~1894年間 時務開化派의 改革構想〉, 《史叢》 45, 1996.

＿＿＿, 〈시무개화파의 개혁구상과 정치활동〉, 《한국근대 개화사상과 개화운
　　동》, 한국근현대사회연구회, 신서원, 1998.

韓興壽, 〈駐佛公使館 設置過程〉, 《韓佛外交史: 1886~1986》, 한국정치외교사학
　　회, 1987.

許東賢, 〈1881年 朝鮮 朝士 日本視察團에 관한 一研究〉, 《韓國史研究》 52,
　　1986.

＿＿＿, 〈어윤중의 개화사상 연구 -온건개화파 내지 친청사대파설에 대한 비
　　판적 검토〉, 《한국사상사학》 17, 2001.

홍원식, 〈애국계몽운동의 철학적 기반 -박은식과 장지연을 중심으로-〉, 《동양
　　철학연구》 22, 2000.

康成銀, 〈20世紀初頭における東學敎上層部の活動とその성격〉, 《朝鮮史研究會論
　　文集》 24, 1987.

趙景達, 〈朝鮮における大國主義と小國主義の相克〉, 《朝鮮史研究會論文集》 22,
　　1985.

佐佐充昭, 〈檀君ナショナリズムの形成〉, 《朝鮮學報》 174, 2000.

靑木功一, 〈朝鮮開化思想と福澤諭吉の著作〉, 《朝鮮學報》 52, 1969.

＿＿＿＿, 〈朴泳孝の民本主義・新民論・民族革命論(一)〉, 《朝鮮學報》 80, 1976.

＿＿＿＿, 〈朴泳孝の民本主義・新民論・民族革命論(二)〉, 《朝鮮學報》 82, 1977.

J. Palais, "*Confucianism and the Aristocratic/Bureaucratic Balance in
　　Korea*", Harvard Journal of Asiatic Studies, vol.44, no.2, 1984.

찾아보기